2024版

★★★★★

中华人民共和国年鉴社 ◎ 编

新华出版社

图书在版编目（CIP）数据

中国国情读本：2024版 / 中华人民共和国年鉴社编
北京：新华出版社，2024.4
ISBN 978-7-5166-7386-7

Ⅰ．①中… Ⅱ．①中… Ⅲ．①中国—概况—现代
Ⅳ．① K92

中国国家版本馆 CIP 数据核字（2024）第 079997 号

中国国情读本（2024版）
作者：中华人民共和国年鉴社编
出版发行：新华出版社有限责任公司
　　　　　（北京市石景山区京原路 8 号　邮编：100040）
印刷：河北鑫兆源印刷有限公司

成品尺寸：170mm×240mm 1/16		印张：25.5	字数：462 千字
版次：2024 年 4 月第 1 版		印次：2024 年 4 月第 1 次印刷	
书号：ISBN 978-7-5166-7386-7		定价：78.00 元	

版权所有·侵权必究
如有印刷、装订问题，本公司负责调换。

微店

视频号小店

抖店

京东旗舰店

扫码添加专属客服

微信公众号

喜马拉雅

小红书

淘宝旗舰店

目　录

第一编　图说中国　/1—18

第二编　国情概略　/19—62

概貌　/21
　　疆域和行政区划　/21
　　人口和民族　/23
　　地形　/26
　　气候　/28
　　河流和湖泊　/34
　　自然资源　/36

区域地理　/39
政党　/42
　　中国新型政党制度　/42
经济社会　/57
　　2023年国民经济回升向好
　　高质量发展扎实推进　/57

第三编　国情特载　/63—84

国情特载　/65
登高壮观天地间　/65

第四编　专题国情　/85—160

关键词① "一带一路" 10周年　/87
　　长风万里启新程　/87
　　携手拓展造福世界的幸福路　/94
　　"一带一路"十年，这些亮点
　　令外媒瞩目　/102
关键词② 科技创新　/107
　　科技创新激发澎湃动力　/107
　　2023那些振奋人心的科技成果　/112
　　2024中国科技创新开年传捷报　/114
关键词③ 防汛抗洪抗震救灾　/118
　　全力以赴打赢防汛抢险硬仗　/118
　　风雨同心　人民至上　/124
　　"一切为了灾区群众的安危冷暖"　/131

关键词④ 成都大运会、
　　　　 杭州亚运会　/137
　　汇聚青春力量　共创美好未来
　　中国为国际青年体育事业发展
　　作出新贡献　/137
　　第31届世界大学生夏季运动会
　　奖牌榜　/143
　　凝聚体坛力量　照亮前行之路　/144
　　杭州第19届亚运会奖牌榜　/151
　　自强不息　与爱同行　/152
　　杭州亚残运会中国代表团214金
　　圆满收官　/160

1

第五编　魅力国情　/161—362

时政篇

001. 《新时代的中国绿色发展》白皮书发布　/163
002. 事业单位工作人员考核有了新规定　/164
003. 2023 年中央一号文件公布　/165
004. 海军启动 2023 年度招飞选拔将首次选拔女舰载机飞行员　/166
005. 《新时代的中国网络法治建设》白皮书发布　/166
006. 五部门：禁止上市公司、外商投资义务教育阶段学科类培训机构　/167
007. 《习近平著作选读》第一卷、第二卷在全国出版发行　/168
008. 公安部发布百项公共安全行业标准　/169
009. 京杭大运河再次实现全线水流贯通　/170
010. 全国生态保护红线划定工作完成　/171
011. 第 27 届"中国青年五四奖章"评选揭晓　/172
012. 中央宣传部、全国妇联发布 2023 年"最美家庭"先进事迹　/173
013. 国家金融监督管理总局正式挂牌　/174
014. 人社部启动 2023 年百日千万招聘专项行动　/175
015. 8 月 15 日正式成为全国生态日　/176
016. 京津冀"联合办"共谋"一盘棋"　/176
017. 司法部正式上线新版国家行政法规库　/177
018. 最高法发布司法解释明确破坏森林资源犯罪定罪量刑标准　/178
019. 2023 年版标准地图正式发布　/178
020. 中国建立农作物种子认证制度　/179
021. 中国地热直接利用规模居世界首位　/180
022. "两高一部"联合发文依法严惩网络暴力违法犯罪　/181
023. 85 项新食品安全国家标准发布　/182
024. 雅万高铁为地区经济发展"提速"　/183
025. 工业和信息化部等部门职责调整　/185
026. 联合国教科文组织通过在华设立国际 STEM 教育研究所的决议　/186
027. 2023 年中国十大新闻　/186

经济篇

028. 中国首个超大城市区块链基础设施支持数百亿条数据共享　/190
029. 国内首家国家级氢能检测机构在渝投用　/191
030. 全面实行股票发行注册制正式实施　/191
031. 证监会发布境外上市备案管理规则　/192
032. 长三角一体化示范区国土空间总体规划获批　/193
033. 中国汽车自动驾驶 2025 年将有"图"可依　/194
034. 亚洲陆上最深油气水平井在塔里木盆地完钻　/195
035. 中国海上首口二氧化碳封存回注井开钻　/196
036. 中国西北地区首条智轨线路通车运营　/197
037. 中国将全面推进房产"带押过户"　/197
038. 海南离岛免税购物 4 月 1 日起增加两种提货方式　/198
039. 我国首个 10 万吨级陆相页岩油开发平台正式投产　/199
040. "吉祥鸟"成功完成全状态首次飞行　/199
041. 中老铁路开行国际旅客列车昆明至万象间当日通达　/200
042. 港珠澳大桥主体工程通过国家竣工验收　/201
043. 2022 年我国数字经济规模达 50.2 万亿元　/202

044. 我国首座深远海浮式风电平台
"海油观澜号"成功并网投产　/203
045. C919大型客机圆满完成首次
商业飞行　/203
046. 四川田湾河水电站"中国芯"
机组发出"第一度电"　/204
047. 甘肃开行首列"一带一路"津陇
共建铁海联运东亚货运班列　/205
048. 全球最大水光互补电站雅砻江
柯拉光伏电站投产发电　/205
049. "复兴号"驶上青藏铁路 首日西格
两地近千名乘客"双向奔赴"　/207
050. 北京发布首批数据资产登记证书　/208
051. 私募投资基金首部行政法规发布　/209
052.《中共中央 国务院关于促进民营
经济发展壮大的意见》发布　/209
053. 中国首个航运指数期货上市交易　/210
054. 中国最长盾构高速公路隧道双线
贯通　/211
055. 贵南高铁全线贯通 穿越中国南方
喀斯特　/212
056. 我国最大跨径钢箱混合梁独塔
斜拉桥成功合龙　/214
057. 大藤峡水利枢纽主体工程完工　/214
058. 国家发展改革委设立民营经济
发展局　/215
059. 西宁至成都铁路全线首次实现
隧道贯通　/216
060. 两部门发布中国系统重要性银行
名单　/217
061. 中国首条空轨线路开通运营　/217
062. 青海"引大济湟"工程实现全线
通水　/218
063. 中国首条时速350公里跨海高铁
正式开通运营　/219
064. 白鹤滩水电站累计发电量突破
1000亿千瓦时　/220
065. 西北五省（区）实现税务行政
处罚裁量基准统一　/221
066. 我国海上首个超高温超高压
气田——乐东10-1气田生产
平台安装就位　/222

067. 我国最大超深油田富满油田实现
规模效益开发　/224
068. 我国森林食物年产量超2亿吨　/224
069. 首批公共领域车辆全面电动化
先行区试点在15个城市启动　/225
070. 渤海首个千亿方大气田Ⅰ期开发
项目投产　/226
071. 我国海域管理从"二维"向
"三维"转变　/227
072. 三峡枢纽航运通过量突破历年
最高水平　/227
073. 首批123个全国县域商业
"领跑县"典型案例公布　/229
074. 全球首座第四代核电站商运投产　/229
075. 钻地壳、进地幔：我国首艘大洋
钻探船"梦想"号亮相　/230
076. 我国新一代深远海一体化大型
风电安装船交付试航　/231
077. 2023年中国十大经济新闻　/232

文化篇

078. 三星堆"神人""神兽"成功
"跨坑"合体　/235
079. 国家体育总局发布首批高危险性
体育赛事活动目录　/236
080. 北京划定中轴线保护区域范围
边界　/237
081. 新疆史前高台遗存出土木质车辆
与骨质冰鞋　/238
082. 河南三门峡发现570座古墓葬
出土战国铜编钟　/238
083. 何杰打破尘封逾15年的男子
马拉松全国纪录　/239
084. 中国将深入开展青少年学生读书
行动　/240
085. 2022年度全国十大考古新发现
揭晓　/241
086. 北京首座国际标准专业足球场
"新工体"竣工　/242
087. 九尾狐甲鱼，被发现了　/243
088. 西藏石窟寺调查发现罕见吐蕃
时期摩崖石刻　/244

089. 2022年度普通高等学校本科新增
备案专业1641个 /244
090. 女性第一人！董红娟登顶全部
14座8000米级高峰 /245
091. 7名中国护理工作者荣获第49届
南丁格尔奖 /246
092. 内蒙古阿鲁科尔沁旗发现消失
40余年物种蒙古郁金香 /246
093. 我国南海发现两处古代沉船 /247
094. 中国登山者勇攀"地球之巅"致敬
人类首次登顶珠峰70周年 /247
095. 大熊猫"丫丫"平安回到北京
动物园 /249
096. 国家文物局通报陕西清涧寨沟
遗址等重要考古成果 /249
097. 汝州张公巷窑出土青瓷首次面向
公众展出 /250
098. 中国女篮击败日本 时隔12年
再夺亚洲杯冠军 /250
099. 山东烟台发现34座唐宋土洞墓 /251
100. 中国哈尔滨获得2025年第九届
亚冬会举办权 /251
101. 13处中国自然保护地被授予
"世界最佳自然保护地" /253
102. 中国科研团队在周口店北京人
遗址新发现古人类顶骨化石 /253
103. 近600件"国宝"首展！三星堆
新馆开启全新文化盛宴 /254
104. 侵华日军731部队犯罪协同机构
原始档案首次公布 /255
105. 江西发现植物新物种阳际峰景天 /257
106. 江苏兴化发现距今约7000年的
新石器遗址 /257
107. 吉林长春境内首次考古发现明代
女真遗存 /258
108. 联合国教科文组织为敦煌研究院
及樊锦诗等颁发杰出贡献奖 /259
109. 中国考古博物馆正式面向社会
公众开放 /260
110. "普洱景迈山古茶林文化景观"
成功申遗 /261

111. 陕西发现北周开国皇帝宇文觉墓 /262
112. 北京金中都遗址发现一处大型
建筑基址 /262
113. 莆田获评国家历史文化名城 /264
114. 我国新增4个联合国世界旅游
组织"最佳旅游乡村" /265
115. 澳大利亚向中国返还流失文物
艺术品与古生物化石 /266
116. "南海Ⅰ号"转入全面保护新阶段 /267
117. 我国新增4处世界灌溉工程遗产 /268
118. 第一届全国学生（青年）运动会
隆重开幕 /269
119. 首届国际篮球博览会在晋江开幕 /270
120. 中国艺术体操首次设立世界
冠军榜 /271
121. 汉文帝霸陵动物殉葬坑入选2023
世界十大考古发现 /272
122. 再现战国礼书原貌！我国在"清
华简"中首次发现"先秦礼书" /273
123. 2023年中国十大体育新闻 /275

科技篇

124. 中国科学家发现长着恐龙头骨的
白垩纪鸟类 /278
125. 科学家发现2亿多年前的"奇异
罗平龙" /279
126. 中国科学家命名5.18亿年前
"帽天山开拓虾" /280
127. 我国空间新技术试验卫星发布
第二批科技成果 /281
128. 一尼安德特男孩容貌"再现" /282
129. 中国科学家首次在实验中实现
模式匹配量子密钥分发 /283
130. 中国科学家发现2.5亿年前贵阳
生物群 /285
131. 中国首颗超百Gbps容量高通量
卫星成功发射 /286
132. 中国科学家研制"微型化三光子
显微镜"首次实现小鼠"深脑
成像" /286
133. 中国全社会研发经费支出首次
突破3万亿元 /288

134. 中国自主研制空间站双光子显微
镜首获航天员皮肤三维图像 /289
135. 云南福贡发现濒危植物彩云兜兰
野生居群 /290
136. 中国空间站成功实施首次点火
实验 /291
137. 我国科学家首创开放式新架构
实现 615 公里光纤量子通信 /292
138. "奋斗者"号完成国际首次环
大洋洲载人深潜科考任务 /294
139. 云南发现新记录植物大花舟翅桐 /295
140. 中国科学家实现量子纠错新突破 /296
141. 中国两栖爬行动物又添新物种 /297
142. 古生物学者发现约 1.7 亿年前
的"花" /298
143. 长征二号丁"一箭四星"发射
成功 /298
144. 郭守敬望远镜发布光谱数量突破
2000 万条 /299
145. 我国首颗生态环境综合高光谱
观测业务卫星投入使用 /300
146. 我国科学家开发首例温和条件下
超快氢负离子导体 /301
147. 中国"人造太阳"获重大突破 /301
148. 世界首台！我国在中红外太阳
观测领域取得新进展 /302
149. 古生物学家为 5.2 亿年前的虫子
拍 CT /303
150. 中国首次火星探测火星全球影像
图发布 /304
151. 国家航天局与亚太空间合作组织
签署关于国际月球科研站合作
联合声明 /304
152. 时隔千日中国北斗卫星家族再添
新成员 /305
153. 全国首次两座不同高铁特大桥
同步成功转体 /306
154. 神舟十六号 3 名航天员顺利进驻
中国空间站 /306
155. 神舟十五号载人飞船返回舱成功
着陆 /307

156. 科学家首次发现第一代超大质量
恒星化学遗迹 /308
157. "中国天眼"发现迄今轨道周期
最短脉冲星双星系统 /309
158. 中国自动驾驶大模型获得国际
顶级会议"最佳论文奖" /309
159. 我国业务化应用星地激光高速
通信试验取得成功 /310
160. 我国科学家实现 51 个超导量子
比特簇态制备 /311
161. 中国新型液氧甲烷火箭朱雀二号
发射成功 /311
162. 中国载人登月初步方案公布 计划
2030 年前实现登月开展科学探索 /312
163. "玲龙一号"全球首堆核心模块
在大连完工 /313
164. 16 兆瓦超大容量海上风电机组
并网发电 /314
165. 中国首次在四川盆地开钻万米
深井 /315
166. 中国超高海拔风电场 3.6 兆瓦
风力发电机组成功并网发电 /316
167. 2023 世界机器人大会聚焦机器人
技术产业开放合作 /317
168. "深海一号"大气田完成首次超
深水海管清管作业 /318
169. 中国首次约 4000 米深海电磁
联合探测地质实验获突破 /319
170. 中国科学家首次在猪体内培育
出人源中期肾脏 /319
171. 中国科学家第一次在高山上发现
陨石坑 /320
172. 开采时间缩短约 70% 中国科学家
发明新型稀土开采技术 /321
173. 墨子巡天望远镜正式启用 /322
174. 中国成为拥有最多科技集群的
国家 /323
175. "中国天眼"新发现 76 颗暗弱的
偶发脉冲星 /323
176. 2023 未来科学大奖在港颁发，
获奖人数历届最多 /324

177. 中子探测器关键技术和器件实现
　　国产化　　　　　　　　　　　/325
178. 长江上游发现疏花水柏枝新
　　分布点　　　　　　　　　　/326
179. 科学家研制出首个全模拟光电
　　智能计算芯片　　　　　　　/327
180. 我国科学家实现基于器件无关
　　量子随机数信标的零知识证明　/328
181. 中国"机器化学家"成功研发
　　火星制氧催化剂　　　　　　/329
182. 中国科学院地球系统模式最新版
　　发布　　　　　　　　　　　/330
183. 中国科学家揭秘1.3亿多年前
　　恐龙皮肤化石　　　　　　　/331
184. 自然指数：中国科研城市持续
　　提升影响力，北京再登榜首　/332
185. 我国自主研发的新一代国产CPU
　　发布　　　　　　　　　　　/333
186. 我国科研人员构建首个黍稷高质量
　　泛基因组　　　　　　　　　/334
187. 我国考察队员在南极发现一块
　　月球陨石　　　　　　　　　/335
188. 我国已累计培养1100多万
　　研究生　　　　　　　　　　/336
189. 2023年中国十大科技新闻　　/337

民生篇

190. 到2025年全面完成农村房屋安全
　　隐患排查整治　　　　　　　/343
191. 保护和增进广大妇女健康 10部门
　　印发加速消除宫颈癌行动计划　/344
192. 全国基本养老保险参保人数达
　　10.5亿人　　　　　　　　　/345
193. 中国新增国际重要湿地18处　/346
194. 医保局：支持定点零售药店开通
　　门诊统筹服务　　　　　　　/347

195. 中国专家团队完成首例全程机器
　　人辅助冠状动脉造影　　　　/348
196. 我国全面实现不动产统一登记　/349
197. 十一部门联合发文加强医疗美容
　　行业监管　　　　　　　　　/350
198. 我国基本建立制止餐饮浪费国家
　　标准体系　　　　　　　　　/351
199. 5月15日起全面恢复口岸快捷
　　通关　　　　　　　　　　　/351
200. 2023年退休人员基本养老金上调
　　3.8%　　　　　　　　　　　/352
201. 我国将于2025年年底前基本实现
　　垃圾分类全覆盖　　　　　　/353
202. 12306网站试行在线选铺服务　/354
203. 苏沪轨交互通　长三角核心城市
　　进入"地铁同城"时代　　　/354
204. 国家疾控局启用95120全国疾控
　　电话流调专用号码　　　　　/355
205. 国家医保局：及时将符合条件的
　　养老机构内设医疗机构纳入医保/356
206. 全国校外教育培训监管与服务综合
　　平台正式上线　　　　　　　/357
207. 公安部交管局推出优化机动车登记
　　服务新措施　　　　　　　　/357
208. 三部门推动落实购买首套房贷款
　　"认房不用认贷"政策措施　　/358
209. 教育部颁布《校外培训行政处罚
　　暂行办法》　　　　　　　　/359
210. 国产大型邮轮发布首航日期：
　　2024年商业首航　　　　　　/360
211. 强调家校社协同　多措并举促进
　　儿童心理健康　　　　　　　/360
212. "2023中国最具幸福感城市"
　　调查结果发布　　　　　　　/361

第六编　年度大事　/363—397

第一编 图说中国

▲ 2023年4月起，全党自上而下分两批开展学习贯彻习近平新时代中国特色社会主义思想主题教育。图为6月30日，在延安宝塔山参观的党员干部重温入党誓词。

新华社记者 张博文 摄

▲ 2023年5月18日，国家金融监督管理总局正式挂牌。

新华社记者 李鑫 摄

▲ 2023年10月16日，在位于北京的第三届"一带一路"国际合作高峰论坛新闻中心，来自马尔代夫的记者在高清大屏幕前进行报道。

新华社记者 王毓国 摄

◀ 2023年12月13日是第十个南京大屠杀死难者国家公祭日，南京大屠杀死难者国家公祭仪式在侵华日军南京大屠杀遇难同胞纪念馆举行。

新华社记者 季春鹏 摄

▲ 2023年1月22日,在位于西藏日喀则拉孜县扎西宗乡杂村的家中,次旦老人的儿孙们一边弹扎念琴一边跳舞,庆祝藏历农家年。

新华社记者 孙非 摄

▲ 位于贵州省黔东南苗族侗族自治州从江县大山深处的西山镇中寨教学点是一所目前仅有1名老师和17名学生的"微小学",全校学生均为瑶族。近年来,教学条件逐渐改善,学生享有免费午餐,教师以校为家,村民尊师重教,学校发生了翻天覆地的变化。图为2023年2月16日,领到新书的瑶族学生在一起交流。

新华社记者 杨文斌 摄

▲ 自云南丽江华坪女子高中的学生2011年首次参加高考以来,张桂梅校长每年都要送考,这一送就是13年。图为2023年6月7日,第一天考试结束,张桂梅与学生在返回的车辆上一起唱歌。

新华社记者 江文耀 摄

▲ 往返于遵义、重庆间的5630/5629次列车自1993年4月开行以来,由于票价低廉、停靠站点多,部分沿线的村民通过这趟列车携带农产品进城售卖,带动着当地社会经济的发展。图为2023年10月17日,5630次列车到达贵州桐梓站后,村民携带农产品下车。

新华社记者 刘续 摄

▼ 近年来,西藏全面落实农牧民子女"上学无负担"措施,农牧民子女受教育水平显著提升。图为2023年11月15日,西藏当雄县中学学生斯曲卓玛(右)和爸爸、妹妹一起。

新华社发(丁增尼达 摄)

▲ 2023年7月4日,在重庆市万州区五桥街道,武警重庆总队船艇支队官兵在转移受困群众。

新华社发(李宇阳 摄)

▲ 2023年12月18日,甘肃临夏州积石山县发生6.2级地震,造成重大人员伤亡。在青海省海东市民和县官亭镇,一家拉面店店主不顾自家在地震中受损的店铺,支起锅灶为乡亲们免费提供拉面。图为12月20日,店员和附近帮忙的村民在拉面摊上忙碌。

新华社记者 张宏祥 摄

▲ 2023年7月底8月初,华北、东北、黄淮等地出现极端降雨,引发洪涝和地质灾害,各地区各有关方面全力以赴防汛抗洪抗震救灾,推动灾后重建各项目标任务落地落实,让灾区群众在低温雨雪天气中温暖过冬。图为12月12日,在北京市房山区佛子庄乡陈家台村,61岁的村民马书金在修缮完毕的院子里展示不久前在山上摘得的柿子。

新华社记者 鞠焕宗 摄

▲ 图为12月12日,位于涿州市的河北华商印刷有限公司工人在整理图书。

新华社记者 牟宇 摄

▼ 图为12月7日,吉林省舒兰市开原镇新开村异地重建的新房。

新华社记者 许畅 摄

▲ 2023年12月10日,香港特别行政区成功举行第七届区议会选举。这是落实"爱国者治港"原则、重塑区议会制度后首次区议会选举。图为当日,香港市民投票后在投票站外合影。

新华社记者 朱炜 摄

▲ 2023年11月1日,澳门首个全面系统的产业发展规划《澳门特别行政区经济适度多元发展规划(2024—2028年)》正式发布。

新华社记者 张金加 摄

▲ 2023年6月17日,第十五届海峡论坛大会在福建厦门举行。图为当日拍摄的大会举办地外景。

新华社记者 魏培全 摄

▲ 2023年7月15日至23日,应马英九文教基金会邀请,北京大学党委书记郝平教授率领北京大学、清华大学、复旦大学、武汉大学、湖南大学5所大陆高校师生一行37人赴台进行交流参访。图为7月15日,大陆高校师生团一行抵达台湾桃园机场。

新华社记者 陈君 摄

▼ 2023年11月28日,粤港澳大湾区超级工程深中通道主线正式贯通,图为深中通道伶仃洋大桥东塔及西人工岛(无人机照片)。

新华社记者 邓华 摄

▲ 新疆军区某边防团红其拉甫边防连常年担负中国巴基斯坦边境线近百公里的守防任务，驻地平均海拔4700多米，最低气温零下40多摄氏度，含氧量不足平原一半。该连被中央军委授予"卫国戍边模范连"荣誉称号。图为2023年4月13日，边防连的战士在巡逻。

新华社记者 费茂华 摄

▲ 当地时间2023年4月27日，中国海军导弹驱逐舰南宁舰和综合补给舰微山湖舰载着678名从苏丹撤离人员穿越红海抵达沙特阿拉伯西部吉达港，其中668人为中国公民，10人为外籍。图为当日，从苏丹撤离的中国同胞抵达吉达港。

新华社记者 王海洲 摄

▲ 2023年7月26日，2023年空军航空开放活动·长春航空展在长春开幕。图为开幕式上，运油-20单机和歼-20双机、歼-16双机加油编队进行飞行展示。

新华社发（余红春 摄）

▲ 2023年11月13日，"和平友谊-2023"多国联合演习在广东湛江开幕。来自中国、柬埔寨、老挝、马来西亚、泰国、越南6国参演官兵参加了开幕式。图为中方参演官兵参加开幕式。

新华社发（银欢 摄）

▼ 2023年伊始，从大漠戈壁到沿海一线，从雪域高原到山地密林，在祖国大江南北，解放军和武警部队热血开训，展开新年度军事训练。图为1月3日，在海拔3700米的拉萨某训练场，西藏军区某旅各型直升机依次升空，向预定作战地域机动。

新华社发（龙伟 摄）

▲ 近年来,斗南花市鲜花加工、交易、物流体系不断完善,鲜花年销售数量和年销售额双双突破"百亿"目标,成为我国鲜切花交易的"风向标""晴雨表"。图为2023年1月31日,台车在昆明国际花卉拍卖交易中心运输鲜花。

新华社记者 陈欣波 摄

▲ 2003年6月,浙江省委启动实施"千村示范、万村整治"工程。20年来,"千万工程"久久为功、扎实推进,造就浙江万千美丽乡村,造福万千农民群众,成效显著、影响深远。图为2023年6月8日拍摄的浙江省宁波市奉化区萧王庙街道滕头村民居(无人机照片)。

新华社记者 黄宗治 摄

▲ 吉林省吉林市永吉县万昌镇位于"世界黄金水稻带",2023年水稻种植面积12.5万亩,是吉林省水稻重要主产区之一。图为9月12日,万昌镇花家村的农民在收割水稻。

新华社记者 张楠 摄

▲ 2023年,我国继续提高小麦、稻谷最低收购价,完善玉米大豆生产者补贴,增加产粮大县奖励资金规模,扩大三大粮食作物完全成本保险和种植收入保险实施范围。图为10月14日,在河南省洛阳市孟津区会盟镇黄河岸边的下古村,农民收获大豆。

新华社发(李卫超 摄)

◀ 2023年10月18日,在贵州省黔东南苗族侗族自治州施秉县,苗绣传承人龙禄颖(左二)与公司员工在苗绣产品数字化云生产平台查看刺绣产品。

新华社记者 杨文斌 摄

▲ 2023年7月3日，中国新能源汽车第2000万辆下线活动在广州广汽埃安第一智造中心举行，这是作为中国第2000万辆下线的新能源汽车的昊铂GT。

新华社记者 邓华 摄

▲ 苏州工业园区常年领跑全国，专注实体经济，筑链强链延链，正成为全球工业地标。图为2023年7月3日拍摄的苏州工业园区（无人机照片）。

新华社记者 李博 摄

▲ 长江经济带是汽车产业的重要集聚地，这里生产制造和出口的新能源汽车日渐成为中国出口的"金名片"，为长江经济带高质量发展增添新动力。图为2023年7月11日，在江苏省太仓港国际集装箱码头，一批新能源汽车即将通过专用框架运输方式出口（无人机全景照片）。

新华社发（计海新 摄）

▲ 中国石油长庆油田苏里格气田处于内蒙古鄂尔多斯乌审旗毛乌素沙地腹地，为我国目前已探明的最大整装气田。图为2023年7月24日，在长庆油田苏里格气田一处钻井平台旁，牛羊悠闲地吃着草（无人机照片）。

新华社记者 王毓国 摄

▲ 2023年，重庆发布多条政策措施鼓励夜间消费，不断调整优化业态、改善消费环境，对多个特色夜市街区进行了提档升级，"夜经济"成为推动重庆建设国际消费中心城市的新动力。图为2月9日晚，在重庆市南岸区南滨路旁拍摄的彩虹集市（无人机照片）。

新华社记者 黄伟 摄

▲ 2023年8月18日，游客在湖北省宣恩县贡水河上乘坐竹筏欣赏夜色。丰富的夜游生活，使这座山区小城的"夜经济"持续火热。

新华社记者 程敏 摄

▲ 2023年5月28日，C919首个商业航班东航MU9191从上海虹桥国际机场起飞，到达地为北京首都国际机场。图为当日在上海虹桥机场停机坪拍摄的首航的C919飞机。

新华社记者 丁汀 摄

▲ 2023年10月11日，我国首艘氢燃料电池动力示范船"三峡氢舟1"号在长江三峡起始点湖北宜昌首航，标志着氢燃料电池技术在我国内河船舶应用实现零的突破。图为当日"三峡氢舟1"号行驶在长江湖北宜昌水域（无人机照片）。

新华社记者 肖艺九 摄

▲ 2023年11月4日，我国国产首艘大型邮轮"爱达·魔都号"正式命名交付，运营准备工作全面启动，"爱达·魔都号"于2024年1月1日开启商业首航。图为当日拍摄的"爱达·魔都号"。

新华社记者 丁汀 摄

▲ 2023年11月20日，参展者在2023中国"5G+工业互联网"大会创新成果展上参观。

新华社记者 伍志尊 摄

▲ 2023年11月7日，在第六届进博会技术装备展区，人工智能技术吸引了大批观众前来体验和互动。图为观众观看智能机器狗。

新华社记者 张建松 摄

▲ 全长34.5公里的鹤港高速东连港珠澳大桥西延线，西接黄茅海跨海通道，共同组成粤港澳大湾区基础设施"硬联通"交通主干线之一。图为2023年12月8日拍摄的广东鹤港高速高栏港枢纽（无人机照片）。

新华社记者 刘大伟 摄

▲ 2023年6月14日，在广东省江门开平市，位于地下700米的江门中微子实验探测器呈现巨大的球形结构（无人机照片）。

新华社记者 邓华 摄

▲ 2023年，贵南高铁实现全线贯通运营，我国西南和华南地区新增一条交通大动脉，黔桂两地间交通出行更加便捷、西南与华南地区联系将更加紧密。图为8月31日，一列动车组在晨曦中经过位于贵州省独山县郊外的贵南高铁银坡河特大桥（无人机照片）。

新华社记者 刘续 摄

▲ 2023年11月26日，云南丽江至香格里拉铁路开通运营，两地间最快1小时18分可达，昆明经大理、丽江可直达香格里拉。图为列车从玉龙雪山脚下驶过。

新华社记者 胡超 摄

▲ 2023年11月27日，中铁二局建设者在胶州湾第二海底隧道内施工作业，正在建设中的胶州湾第二海底隧道工程施工已达设计最大深度——距海平面115米处，这也是目前已知国内海底隧道施工所达到的最深位置。

新华社记者 李紫恒 摄

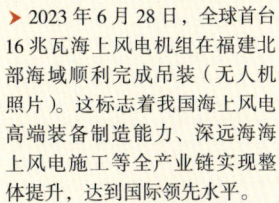

▶ 2023年6月28日，全球首台16兆瓦海上风电机组在福建北部海域顺利完成吊装（无人机照片）。这标志着我国海上风电高端装备制造能力、深远海海上风电施工等全产业链实现整体提升，达到国际领先水平。

新华社记者 林善传 摄

▲ 2023年6月4日，神舟十五号载人飞船返回舱在东风着陆场成功着陆。

新华社记者 任军川 摄

▲ 2023年11月28日，中国载人航天工程首次对外发布由神舟十六号乘组返回地面前手持高清相机，通过飞船绕飞拍摄的空间站组合体全景照片。这是我国首次在轨获取以地球为背景的空间站组合体全貌图像，也是中国空间站的第一组全构型工作照。

新华社发（中国载人航天工程办公室供图）

▲ 2023年4月12日，中国有"人造太阳"之称的全超导托卡马克核聚变实验装置（EAST）创造新的世界纪录，成功实现稳态高约束模式等离子体运行403秒。图为5月29日在合肥科学岛拍摄的全超导托卡马克核聚变实验装置（EAST）。

新华社记者 杜潇逸 摄

▲ 2023年12月7日，中国锦屏地下实验室二期极深地下极低辐射本底前沿物理实验设施（简称"锦屏大设施"）土建公用工程完工，具备实验条件。这标志着世界最深、最大的极深地下实验室正式投入科学运行。图为11月7日，上海交通大学PandaX实验组成员在锦屏大设施调试实验设备。

新华社记者 胥冰洁 摄

▲ 2023年11月28日，我国自主研发的新一代通用CPU——龙芯3A6000在北京正式发布。

新华社发

▲ 2023年12月11日，国家重大科技基础设施高能同步辐射光源（HEPS）储存环最后一台磁铁安装就位，标志着HEPS储存环主体设备安装闭环。图为当日拍摄的高能同步辐射光源（HEPS）全景（无人机照片）。

新华社记者 金立旺 摄

▲ 2023年，我国持续推进山水林田湖草沙一体化保护和系统治理，在蓝天、碧水、净土保卫战中交出新的答卷。图为5月14日，25年来一家三代接力植树造林，让3000亩荒山变林海的李秀雄一家和工人走在四川省荣县东兴镇长兴林场（无人机照片）。

新华社记者 江宏景 摄

▲ 2023年7月5日，在湖北武汉中科院水生所白鱀豚馆，世界第一头在全人工环境中成功繁育的长江江豚"淘淘"迎来18岁生日。

新华社记者 肖艺九 摄

▲ 白头叶猴是我国特有的国家一级重点保护野生动物，种群数量稀少，主要分布在广西崇左市左江和明江之间约200平方公里的喀斯特石山地区。图为2023年8月4日，在广西崇左市江州区罗白乡的白头叶猴国家级自然保护区板利片区核心区，一只白头叶猴在吃构树的果实。

新华社记者 费茂华 摄

▲ 2023年8月13日，在浙皖两省交界处的清凉峰野外博物馆，环保志愿者向小朋友讲解生态环保知识。

新华社记者 徐昱 摄

▲ 2023年9月12日在地处新疆巴音郭楞蒙古自治州东南部的阿尔金山国家级自然保护区拍摄的藏野驴。

新华社记者 郝昭 摄

▲ 2023年9月16日，鱼群在河北省唐山市丰南区黑沿子镇"渔光一体"现代渔业产业园鱼塘内觅食（无人机照片）。

新华社记者 杨世尧 摄

▲ 漫步大唐不夜城步行街区，散落在史书典籍中的故事遗珠通过现代舞蹈、真人演绎、现场互动等形式，再次呈现在世人面前。图为2023年5月8日，游客在大唐不夜城观看互动节目"盛唐密盒"。

新华社记者 邹竞一 摄

▲ 2023年7月31日，和田地区新玉歌舞团在乌鲁木齐京剧院演出舞剧《五星出东方》后和观众互相挥手致意。这场演出是第六届中国新疆国际民族舞蹈节的参演剧目之一，曾荣获国家"文华奖"等。

新华社记者 郝昭 摄

▲ 2023年6月22日，农历五月初五，中国传统节日端午节，村民在杭州西溪国家湿地公园的蒋村龙舟胜会上划龙舟。蒋村龙舟胜会于2011年被列入国家级非物质文化遗产名录。

新华社记者 黄宗治 摄

▲ 2023年9月15日，位于北京奥林匹克公园核心区的中国考古博物馆正式面向公众开放。图为当日观众在馆内参观珍贵文物。

新华社记者 李贺 摄

◀ 中国文物工作者搭乘"深海勇士"号载人潜水器将水下永久测绘基点布放在海底，标志着南海西北陆坡一号、二号沉船第一阶段考古调查工作正式启动，我国深海考古的新篇章由此开启。图为2023年5月30日，俯瞰驶向深海考古的潜水器——"深海勇士"号（无人机照片）。

新华社发（黎多江摄）

▲ 贵安新区招果洞遗址入选 2020 年度"全国十大考古新发现",这里出土的大量遗物对解答现代人类起源和旧石器时代向新石器时代过渡时期的若干重大问题具有重要意义。图为 2023 年 5 月 22 日,工作人员在贵州贵安新区招果洞遗址考察。

新华社记者 欧东衢 摄

▲ 2023 年 9 月 17 日,中国"普洱景迈山古茶林文化景观"申遗项目在第 45 届世界遗产大会上通过审议,被列入《世界遗产名录》,成为中国第 57 项世界遗产。图为当日在云南省普洱市拍摄的被山林与茶园环绕的景迈山翁基古寨一景(无人机照片)。

新华社记者 胡超 摄

▲ 2023 年 4 月 21 日,一名读者在浙江省嘉兴市图书馆元宇宙阅读体验馆内通过触碰不同光线来感受音律的变化。

新华社记者 徐昱 摄

▲ 2023 年 10 月 18 日,第 81 届世界科幻大会在成都开幕,这是这一世界性科幻文化主题活动首次走进中国。图为当日人们穿过第 81 届世界科幻大会主场馆——成都科幻馆内的"时空隧道"。

新华社记者 沈伯韩 摄

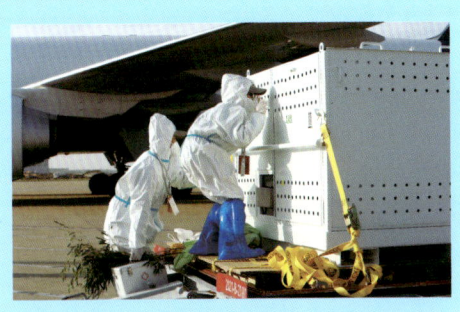

▲ 2023 年 4 月 27 日,23 岁的旅美归国大熊猫"丫丫"抵达上海浦东国际机场,在中方兽医和工作人员的陪护下,前往封闭隔离检疫区。图为中方兽医在检查旅美归国大熊猫"丫丫"情况。

新华社发(张海波 摄)

▲ 文化和旅游部发布《关于试点恢复旅行社经营中国公民赴有关国家出境团队旅游业务的通知》,2023 年 2 月 6 日起,试点恢复全国旅行社及在线旅游企业经营中国公民赴 20 个国家的出境团队旅游和"机票+酒店"业务。图为当日,首个赴泰国旅游团在广州白云国际机场出发。

新华社发

▲ 2023年9月23日,第19届亚洲运动会开幕式在杭州举行。图为中国代表团在开幕式上入场。

新华社记者 宋彦桦 摄

▲ 9月30日,浙江杭州奥体中心网球中心进行的杭州亚运会网球男子单打决赛中,中国选手张之臻以2比0战胜日本选手绵贯阳介,夺得冠军。图为张之臻庆祝夺冠。

新华社记者 孟晨光 摄

▲ 10月5日,在杭州智慧新天地沿江景观带举行的杭州亚运会田径男子马拉松决赛中,中国选手何杰以2小时13分02秒的成绩夺得冠军。图为何杰(右)和杨绍辉在比赛后庆祝。

新华社记者 孙非 摄

▲ 10月27日,在杭州第4届亚残运会女子50米自由泳S6级决赛中,中国选手蒋裕燕以33秒44的成绩创造新的亚残运会纪录并夺得金牌。图为蒋裕燕在比赛后向观众致意。

新华社记者 才扬 摄

▲ 2023年7月7日,成都古蜀蜀锦研究所所长胡光俊展示大运会奖牌绶带纹样,其中有芙蓉花、太阳神鸟、棋盘格及大运会会徽。

新华社记者 胥冰洁 摄

▲ 2023年7月28日,第31届世界大学生夏季运动会开幕式在成都东安湖体育公园主体育场举行。图为开幕式点火仪式。

新华社记者 张博文 摄

▲ 3月12日，在韩国首尔进行的2023年短道速滑世锦赛男子5000米接力决赛中，中国队以7分04秒412的成绩获得冠军。图为中国队选手钟宇晨（前右）在比赛中。

新华社发（李相浩 摄）

▲ 4月30日，在2023国际棋联国际象棋世界冠军赛快棋加赛中，中国棋手丁立人以2.5比1.5力克俄罗斯棋手涅波姆尼亚奇，成为首位夺得国际象棋个人世界冠军的中国男子棋手。5月1日，颁奖仪式在哈萨克斯坦首都阿斯塔纳举行。图为国际棋联主席德沃尔科维奇为丁立人（右）颁发奖杯。

新华社发（奥斯帕诺夫 摄）

▲ 5月28日，在南非德班进行的2023年世界乒乓球锦标赛闭幕，中国队包揽五冠。图为中国队获得冠军的选手赛后合影。

新华社记者 陶希夷 摄

▲ 7月2日，在澳大利亚悉尼举行的2023年女篮亚洲杯决赛中，中国队以73比71战胜日本队，夺得冠军。图为中国队在夺冠后庆祝。

新华社发（胡泾辰 摄）

▲ 2023年8月19日，在美国波士顿举行的UFC292比赛中，现任女子草量级冠军、中国选手张伟丽战胜巴西选手莱莫斯，卫冕金腰带。图为张伟丽在比赛后展示金腰带。

新华社发

▲ 10月22日，2023年世界泳联游泳世界杯布达佩斯站落幕，在男子200米蛙泳决赛中，覃海洋以2分07秒32的成绩获得冠军。图为覃海洋在男子200米蛙泳决赛中。

新华社发（弗尔季·奥蒂洛 摄）

▲ 2023年3月26日，贵州省首届"美丽乡村"篮球联赛总决赛在黔东南州台江县台盘村落幕。这项由台盘村"六月六"吃新节篮球赛发展而来的赛事因为火热的现场氛围和"接地气"的办赛风格，在2022年火爆全网，被网友亲切地称为"村BA"。图为"村BA"比赛开始前，球员在场上热身（无人机照片）。

新华社记者 欧东衢 摄

▲ 跑酷运动以日常生活的环境为场所，没有明确的既定规则，跑酷者将各种日常设施当作障碍物或辅助，在其间跑跳穿行。图为2023年4月21日，重庆跃飞跑酷队员文舜尧在重庆朝天门对岸的江滩上展示跑酷动作。

新华社记者 唐奕 摄

▲ 洛堆峰登山探险活动是2023第二十届中国西藏登山大会的系列活动之一，共有来自全国各地的52名登山探险爱好者尝试登顶洛堆峰，其中43人成功登顶。5月3日，活动在西藏拉萨市当雄县顺利落幕。图为登山爱好者凌晨出发，攀登海拔6010米的洛堆峰。

新华社记者 孙非 摄

▲ 5月23日12时30分许，2023年珠峰科考13名登顶队员成功登顶地球之巅珠穆朗玛峰。这是我国珠峰科考继2022年之后，再次突破8000米以上海拔高度。图为当日科考登顶队员在珠峰峰顶展示国旗。

新华社特约记者 拉巴 摄

▽ 4月16日，2023武汉马拉松比赛鸣枪开跑，共吸引来自国内外约2.6万名选手参赛。图为参赛选手经过武汉黄鹤楼。

新华社记者 伍志尊 摄

第二编 国情概略

概貌

疆域和行政区划

位置和面积

中国位于北半球，赤道以北。中国幅员辽阔，最北端位于黑龙江省漠河市北端的黑龙江主航道中心线上（北纬53°33′）；最南端位于南沙群岛的曾母暗沙（北纬3°51′），南北跨纬度约50°，相距约5500千米。最东端位于黑龙江省抚远市黑龙江与乌苏里江交汇处的黑瞎子岛（东经135°5′）；最西端位于新疆维吾尔自治区乌恰县乌兹别里山口（东经73°40′），东西跨经度约62°，相距约5200千米。

中国位于亚洲东部、太平洋西岸，是背陆面海、海陆兼备的国家。这样的海陆位置，既有利于同众多陆上邻国的联系，也有利于同海外各国的交往；每年来自海洋上的湿润空气带来丰沛的降水，是中国淡水资源的重要来源和发展农牧业生产的必要条件。沿海地区还利于海洋事业的发展。

中国是世界上纵跨温度带最多的国家之一。北起黑龙江省北部的寒温带，向南依次为中温带、暖温带、北亚热带、中亚热带、南亚热带、边缘热带和中热带以及赤道带。青藏高原因其地势高峻、面积广大，具有明显的垂直带性，又可划分为高原寒带、高原亚寒带和高原温带三个特殊类型。喜马拉雅山南坡的部分地区还出现了狭长的山地热带、亚热带地区。中国南北跨纬度范围广，光热充足，适合多种动植物的生长和发育。

中国陆地总面积约960万平方千米，占地球陆地面积的1/15。在世界各国中面积仅次于俄罗斯和加拿大，居世界第三位，差不多同整个欧洲面积相等。海域总面积约473万平方千米。其中，根据《联合国海洋法公约》的规定，中国主张管辖的海域面积约为300万平方千米，包括了内海、领海、毗连区、专属经济区和大陆架。

疆界和邻国

中国陆地边界长度约2.2万千米。陆地与14个国家接壤，从东北开始，按逆时针顺序,依次是朝鲜、俄罗斯、蒙古、哈萨克斯坦、吉尔吉斯斯坦、塔吉克斯坦、阿富汗、巴基斯坦、印度、尼泊尔、不丹、缅甸、老挝、越南。中国在海上与8个国家相邻,分别是朝鲜、韩国、日本、菲律宾、马来西亚、文莱、印度尼西亚、越南。其中,朝鲜、越南既是中国的陆上邻国,又是中国的海上邻国,其余6个国家则与中国隔海相望。

中国大陆海岸线长度约1.8万千米。中国近海有五大海区,包括渤海、黄海、东海、南海及台湾以东太平洋海区,其中渤海为中国内海。中国海域分布着大小岛屿7600个,其中面积在500平方米以上的岛屿有6500多个,主要分布在东海和南海。面积最大的是台湾岛,面积35759平方千米,海南岛位列第二,面积33900平方千米。主要群岛有长山列岛、庙岛群岛、舟山群岛、澎湖列岛、钓鱼岛列岛以及南海中的东沙群岛、西沙群岛、中沙群岛和南沙群岛等。主要海峡自北往南有渤海海峡、台湾海峡、巴士海峡、琼州海峡。中国较大的半岛有辽东半岛、山东半岛和雷州半岛等。

中国领海的宽度为12海里,专属经济区宽度为200海里。根据《联合国海洋法公约》的规定,中国主张管辖的海域面积约为300万平方千米。辽东半岛和山东半岛环抱的渤海、雷州半岛和海南岛之间的琼州海峡是中国的内海,全部属于中国的领海。

行政区划

中国宪法规定,行政区划有省(自治区、直辖市)、县(自治县、市)、乡(镇、街道)三级。乡镇和街道是中国的基层行政单位。自治区、自治州、自治县是少数民族聚居地区的民族自治区域,它们都是祖国不可分割的部分。国家根据需要,可以设立特别行政区。此外,为了便于行政管理和经济建设,加强民族团结,国家可根据需要对行政区划作必要的调整和变更。

目前中国有34个省级行政区,包括23个省、5个自治区、4个直辖市、2个特别行政区。在历史上和习惯上,各省级行政区都有简称。省级人民政府驻地称省会(首府),中央人民政府所在地是首都。北京是中国的首都。

香港和澳门是中国领土的一部分。中国政府已于1997年7月1日对香港恢复行使主权,成立了香港特别行政区。于1999年12月20日对澳门恢复行使主权,成立了澳门特别行政区。

台湾是中国不可分割的一部分。

省级行政区划

名称	简称	人民政府驻地	名称	简称	人民政府驻地	名称	简称	人民政府驻地
北京市	京	北京	福建省	闽	福州	云南省	云或滇	昆明
天津市	津	天津	江西省	赣	南昌	西藏自治区	藏	拉萨
河北省	冀	石家庄	山东省	鲁	济南	陕西省	陕或秦	西安
山西省	晋	太原	河南省	豫	郑州	甘肃省	甘或陇	兰州
内蒙古自治区	内蒙古	呼和浩特	湖北省	鄂	武汉	青海省	青	西宁
辽宁省	辽	沈阳	湖南省	湘	长沙	宁夏回族自治区	宁	银川
吉林省	吉	长春	广东省	粤	广州	新疆维吾尔自治区	新	乌鲁木齐
黑龙江省	黑	哈尔滨	广西壮族自治区	桂	南宁	香港特别行政区	港	
上海市	沪	上海	海南省	琼	海口	澳门特别行政区	澳	
江苏省	苏	南京	重庆市	渝	重庆	台湾省	台	
浙江省	浙	杭州	四川省	川或蜀	成都			
安徽省	皖	合肥	贵州省	贵或黔	贵阳			

人口和民族

人口大国

截至 2022 年年底，中国人口总数已达 14.1175 亿人（不含香港、澳门特别行政区和台湾省）。

中国人口分布极不均衡，从东南沿海向西北内陆人口逐渐减少，人口主要集中分布在东部和东南部地区，西部地区人口相对稀少，如果以黑龙江省的瑷珲和云南省的腾冲画一条直线，此线以东面积约占全国的 43%，人口却占全国人口的 95% 左右，该线以西面积约占全国的 57%，人口仅占 5% 左右。中国人口除在水平方向上不均衡外，在垂直方向上呈现平原地区人口密集，山地丘陵人口密度低，随地势增高人口密度递减的分布特点。

统一的多民族国家

中国是一个团结统一的多民族国家。在中国广大的土地上，居住着56个民族，它们共同组成了中华民族大家庭。在中国历史发展中，各民族共同发展了经济和文化，共同反抗阶级压迫和抵御外来侵略，为缔造和发展统一的多民族国家作出了自己的贡献。

在民族大家庭中，汉族人口最多，约占全国总人口的90%以上。其他55个民族人口较少，称为少数民族。在55个少数民族中，人口在百万人以上的有18个民族，依次为壮、维吾尔、回、苗、满、彝、土家、藏、蒙古、布依、侗、瑶、白、哈尼、朝鲜、黎、哈萨克、傣族，其中壮族人口最多，有1900多万人。人口在1万人以下的有6个民族，它们是鄂伦春、独龙、塔塔尔、赫哲、高山、珞巴族（按2020年实地普查区域的人数计算）。各民族虽然人数多少不同，但都是祖国大家庭中的亲密兄弟。

少数民族2020年人口普查汇总数及主要分布

民族	人口数（人）	主要分布地区	民族	人口数（人）	主要分布地区
蒙古族	6290204	内蒙古、辽宁、吉林、河北、黑龙江、新疆	纳西族	323767	云南
			景颇族	160471	云南
回族	11377914	宁夏、甘肃、河南、新疆、青海、云南、河北、山东、安徽、辽宁、北京、内蒙古、天津、黑龙江、陕西、贵州、吉林、江苏、四川	柯尔克孜族	204402	新疆
			土族	281928	青海、甘肃
			达斡尔族	132299	内蒙古、黑龙江
			仫佬族	277233	广西
藏族	7060731	西藏、四川、青海、甘肃、云南	羌族	312981	四川
维吾尔族	11774538	新疆	布朗族	127345	云南
苗族	11067929	贵州、湖南、云南、广西、重庆、湖北、四川	撒拉族	165159	青海
			毛南族	124092	广西
彝族	9830327	云南、四川、贵州	仡佬族	677521	贵州
壮族	19568546	广西、云南、广东	锡伯族	191911	辽宁、新疆
布依族	3576752	贵州	阿昌族	43775	云南

续表

民　族	人口数（人）	主要分布地区	民　族	人口数（人）	主要分布地区
朝鲜族	1702479	吉林、黑龙江、辽宁	普米族	45012	云南
满族	10423303	辽宁、河北、黑龙江、吉林、内蒙古、北京	塔吉克族	50896	新疆
侗族	3495993	贵州、湖南、广西	怒族	36575	云南
瑶族	3309341	广西、湖南、云南、广东	乌孜别克族	12742	新疆
白族	2091543	云南、贵州、湖南	俄罗斯族	16136	新疆、黑龙江
土家族	9587732	湖南、湖北、重庆、贵州	鄂温克族	34617	内蒙古
哈尼族	1733166	云南	德昂族	22354	云南
哈萨克族	1562518	新疆	保安族	24434	甘肃
傣族	1329985	云南	裕固族	14706	甘肃
黎族	1602104	海南	京族	33112	广西
傈僳族	762996	云南、四川	塔塔尔族	3544	新疆
佤族	430977	云南	独龙族	7310	云南
畲族	746385	福建、浙江、江西、广东	鄂伦春族	9168	黑龙江、内蒙古
高山族	3479	台湾、福建	赫哲族	5373	黑龙江
拉祜族	499167	云南	门巴族	11143	西藏
水族	495928	贵州、广西	珞巴族	4237	西藏
东乡族	774947	甘肃、新疆	基诺族	26025	云南

　　中国民族的分布具有既集中又分散，大杂居、小聚居，交错分布的特点。汉族分布最广，主要集中分布在东部地区，少数民族聚居的地区主要集中在东北三省、内蒙古、新疆、西藏、云南、广西、贵州和海南等省区，约占全国总面积的1/2以上。少数民族的分布具有分布广又相对集中、相对聚居又互相杂居等特点。这样的分布既有利于各民族间经济、文化上的交流，又促进相互间的往来，形成了相互依存、密不可分的关系。

　　《中华人民共和国宪法》第一章总纲第四条规定：中华人民共和国各民

族一律平等。国家保障各少数民族的合法权利和利益，维护和发展各民族的平等、团结、互助关系。禁止对任何民族的歧视和压迫，禁止破坏民族团结和制造民族分裂的行为。

国家根据各少数民族的特点和需要，帮助各少数民族地区加速经济和文化的发展。

各少数民族聚居的地方实行区域自治，设立自治机关，行使自治权。各民族自治地区都是中华人民共和国不可分离的部分。

各民族都有使用和发展自己的语言文字的自由，都有保持或者改革自己的风俗习惯的自由。

侨胞和侨乡

侨居在外国的中国人称作华侨，中国有很多侨胞分布在世界各地。有些华侨取得了居留国的国籍，就成了外籍华人。侨胞的原籍主要集中在东南沿海地区，以广东、福建两省最多，其中珠江三角洲、粤东的潮汕地区、梅州以及福建的泉州、厦门、漳州、莆田为著名的侨乡。广大侨胞热爱祖国、热爱家乡，大力支持祖国建设和家乡的经济文化发展，为发展中国与世界各国的友好关系、加强各国人民之间的往来作出了许多贡献。

地　　形

地形的主要特征

1. **地形复杂多样**　全球陆地上的5种基本地貌类型，在中国境内均有分布，包括雄伟的高原、起伏的山地、低缓的丘陵、广阔的平原，以及四周群山环抱、中间低平的盆地。这为中国工农业的发展提供了多种选择和条件。

2. **山区面积广大**　山地、丘陵和高原统称为山区。中国山区面积占全国国土面积的2/3。尽管山区给交通运输和农业发展带来了一定困难，但其丰富的森林、矿产、水和旅游等资源，为改变山区面貌、发展山区经济提供了基础支撑。

3. **地势西高东低，大致呈三级阶梯状分布**　地势的第一级阶梯是青藏高原，平均海拔在4000米以上。其北部与东部边缘分布有昆仑山脉、阿尔金山脉、祁连山脉、横断山脉，它们的北、东缘是地势第一、二级阶梯的分界线。

地势的第二级阶梯平均海拔在1000～2000米，这里分布着大型的盆地和高原，包括内蒙古高原、黄土高原、云贵高原、塔里木盆地、准噶尔盆地和四川盆地。其东部边缘有大兴安岭、太行山脉、伏牛山、巫山、雪峰山等，它们的东麓是地势的第二、三级阶梯的分界线。

地势的第三级阶梯上主要分布着广阔的平原，间有丘陵和低山，海拔多在500米以下。

如果通过北纬32°线，自西向东作一幅中国地形剖面图，从西部的大高原，到中部的盆地，再到东部平原，西高东低，呈阶梯状逐级下降的地势特点十分明显。

从第三级阶梯继续向海面以下延伸，就是浅海大陆架，这是大陆向海洋自然延伸的部分，一般深度不大，坡度较缓，海洋资源丰富。中国近海大陆架比较广阔，渤海和黄海的海底全部、东海海底的大部分和南海海底的一部分，都属浅海大陆架。目前，开发海洋资源，尤其是石油资源主要在大陆架上进行。

西高东低的地势，有利于海上湿润空气向中国陆地输送，也利于北方冷空气南下，为降水的形成提供条件。受地势影响，中国大多数河流东流入海，便于沿海与内地联系。随着地势逐级下降，河流在第一、二级阶梯的过渡地带形成巨大落差，蕴藏着丰富的水能资源。

各类地形占国土陆地总面积的比例（%）				
山地	高原	盆地	丘陵	平原
33.33	26.04	18.75	9.90	11.98
不同海拔高度占国土陆地总面积的比例（%）				
>3000米	2000～3000米	1000～2000米	500～1000米	≤500米
25.94	6.07	24.55	15.86	27.58

各类地形的分布

1. **山脉**　山地呈脉状延伸即为山脉。山脉构成中国地形的骨架，常常是不同地形区的分界线，山脉延伸的方向称作走向，中国山脉的分布按其走向一般可分为5种情况。

东西走向的山脉主要有3列：北列为天山—阴山；中列为昆仑山—秦

岭；南列为南岭。

东北—西南走向的山脉主要分布在中国东部：西列为大兴安岭—太行山—雪峰山；中列为长白山—武夷山；东列为台湾山脉。

西北—东南走向的山脉主要分布在中国西部，著名山脉有两条：阿尔泰山和祁连山。

南北走向的山脉主要有两条，分布在中偏西部，分别是横断山脉、贺兰山脉。

弧形山系由几条并列的山脉组成，其中最著名的山脉为喜马拉雅山，位于青藏高原南缘，绵延2400多千米，平均海拔6000米左右，其主峰珠穆朗玛峰，海拔8848.86米，是世界最高峰，坐落在中国与尼泊尔的边界上。

2. 高原　中国有四大高原，即青藏高原、云贵高原、黄土高原和内蒙古高原。它们集中分布在地势第一、二级阶梯上。由于位置、成因、海拔高度和外力侵蚀作用不同，高原的外貌特征各异。

3. 盆地　中国有四大盆地，即塔里木盆地、准噶尔盆地、柴达木盆地和四川盆地。它们主要分布在地势第二级阶梯上。

此外，著名的吐鲁番盆地也分布在地势第二级阶梯上，它是中国地势最低的盆地（最低处为 -154 米）。

4. 平原　中国有三大平原，即东北平原、华北平原和长江中下游平原。它们分布在中国东部地势第三级阶梯上。三大平原南北相连，土壤肥沃，是中国最重要的农耕区。除此以外，中国还有成都平原、汾渭平原、潮汕平原、台湾西部平原等，它们也都是重要的农耕区。

5. 丘陵　中国丘陵众多，主要分布在东部地势第三级阶梯上，主要有辽东丘陵、山东丘陵、江南丘陵。

气　　候

气温和温度带

1. 冬季气温的分布　1月，中国等温线的分布大体与纬度平行。0℃等温线位于35°～36°N附近，10℃等温线位于25°N附近。其中东北北部在 -20℃以下，内蒙古东部和东北中南部为 -10℃～-20℃，辽宁南部、华北北部为 -10℃～-5℃，晋、冀中南部、豫北及山东大部为 -5℃～0℃；35°N以南至长江以北地区一般为 0℃～5℃，长江以南至南岭以北为 5℃～10℃（其中四川盆地和长江中游谷地因受地形作用而较其东面的同纬度其他地区更为温暖一些），南岭以南地区达10℃以上；广东、广西、台湾南部及海南岛超过15℃，海南南部超过20℃。在西部，等温线受地势影响较大，其中内蒙古高原多在–10℃以下，关中及黄土高原为–10℃～0℃，祁连山地、河西走廊及北疆地区多在–12℃，天山山地在–15℃以上，但塔里木、吐鲁番等盆地为–8℃以上；青藏高原北部为–10℃以下，中部为–5℃～–10℃，南部为–5℃～0℃，仅喜马拉雅山南麓的雅鲁藏布江河谷及藏东南的其他一些河谷地区达0℃左右；而在云贵高原，贵州及云南北部多为5℃～10℃、高山地区低于5℃，云南中南部为10℃～15℃、南部部分河谷地区达15℃以上。

这一特征形成的原因主要有：

纬度位置的影响。冬季太阳直射点移向南半球，位于北半球的中国大部分地区从太阳辐射获得的热量少，同时中国南北纬度相差约50°，北方与南方太阳高度差别显著，故造成北方大部地区冬季气温低，且南北气温差别大。

冬季风的影响。冬季，从蒙古、西伯利亚一带常有寒冷干燥的冬季风吹来，北方地区首当其冲，因此更加剧了北方严寒并使南北气温的差别增大。

2. 夏季气温的分布 夏季是中国南北温差最小的季节，且纬向分布特征极不明显。在东部，即使是在东北、内蒙古东部，大部分地区的夏季平均气温也可达18℃～22℃，仅大兴安岭北部低于18℃，而东北平原多高于22℃；40°N以南除云贵高原外的大部分地区均在24℃以上，其中秦岭—淮河以南除一些高山外的大部分地区均达26℃～28℃，甚至连豫东、冀南、鲁西南等也达26℃以上；而云贵高原因地势悬殊使得夏季平均气温垂直差异较大，其中河谷与山间盆地多在24℃以上，高原面上一般为20℃～24℃，高山地区则低于20℃。在西北，夏季平均气温除南北有差异外，主要受地势与下垫面的影响，其中内蒙古高原、黄土高原及北疆地区一般为18℃～22℃，而祁连山、天山等山地一般低于18℃，但海拔较低的沙漠、沙地、戈壁地区通常达22℃以上，巴丹吉林沙漠腹地达24℃～26℃，塔里木盆地和吐鲁番盆地中心地区甚至超过28℃。而青藏高原大都低于16℃，其中三江源地区低于10℃，仅柴达木盆地和喜马拉雅南麓及藏东南的部分河谷地区高于16℃。

其形成原因有：夏季太阳直射点移到北半球，中国各地从太阳辐射获得的热量普遍增多。加之北方纬度较高，白昼又比较长，获得的热量相对增多，缩短了与南方的气温差距，因而全国普遍高温。此外，夏季风将东南暖湿气流带到北方，也提高了北方地区气温。

3. 中国的温度带　以日平均气温稳定≥10℃的日数作为划分温度带的主要指标，以日平均气温稳定≥10℃的积温为参考指标。同时以1月平均气温作为划分温度带的辅助指标，以极端最低气温的多年平均值为其参考指标。由于青藏高原地势差异大，气候垂直差异显著，植物能否良好生长，不仅取决于其能否越冬，还取决于生长期间的热量强度，因此对青藏高原，还同时将7月平均气温作为辅助指标。在同一水平地带中，云贵地区（特别是云贵高原）因受地形影响，其温度带的划分标准较东部低海拔地区低。

链接

二十四节气

立春　在每年公历2月4日前后。中国习惯把它作为春季开始的节气。

雨水　在每年公历2月19日前后。此时农村开始备耕生产。

惊蛰　每年公历3月6日前后为惊蛰。"过了惊蛰节，春耕不停歇。"北方进入惊蛰，春耕大忙便开始了。

春分　每年公历3月21日前后太阳到达黄经0°时为春分。这时阳光直照赤道，南北半球得阳光平均，所以昼夜几乎等长。

清明　每年公历4月5日前后为清明。此时，中国黄河流域及大部分地区的气温开始升高，雨量增多。

谷雨　在每年公历4月20日前后。"雨生百谷"道出了谷雨节气的由来。谷雨是北方春作物播种、出苗的季节。

立夏　中国习惯把立夏作为夏季的开始，一般在每年公历5月6日前后。

小满　每年公历5月21日前后为小满。顾名思义，小满是指夏收作物籽粒将要饱满成熟的意思。小满后，北方各地的小麦就要熟了，而黄淮流域的冬小麦将开镰收割。

芒种　芒种表示麦类等有芒作物成熟的季节，一般在每年公历6月6日前后。

夏至　每年公历6月21日前后为夏至。夏至表示炎热的夏天已经到来，同时也是一年中白天最长的一天。

小暑　在每年公历7月7日左右。一般小暑后就要数伏（伏指初伏、中伏和末伏，它是从夏至后第三个庚日开始的），所以小暑标志着一年最炎热的季节就要到来了。

大暑　在每年公历7月23日前后。顾名思义，大暑是一年中气候最热的时候。

立秋　在每年公历8月8日前后。中国习惯上把这一天作为秋季的开始。

处暑　在每年公历8月23日前后。处暑是反映气温由热向冷变化的节气。

白露　在每年公历9月8日前后。白露指气温降低，并出现露水。

秋分　在每年公历9月23日前后。"秋分秋分，日夜平分。"此时，阳光直照赤道，昼夜几乎等长。

寒露　在每年公历10月8日前后。寒露一到，华北地区便开始进入深秋，原野一片金黄，是秋游的好时节；而东北地区则呈初冬景象，长江流域及以南地区却仍郁郁葱葱。

霜降 每年公历10月23日或24日。霜降表示气候渐渐寒冷，北方地区已出现降霜或开始有霜。

立冬 每年公历11月7日前后为立冬。立冬是表示冬季开始的节气。这时，黄河中下游地区即将结冰。

小雪 在每年公历11月22日前后。它表示已经到了开始下雪的节气。此时，东北、内蒙古、华北北部地区气候寒冷。

大雪 每年公历12月7日前后。一交大雪，黄河流域的冬小麦进入了休眠期。

冬至 每年公历12月22日前后为冬至。冬至为北半球冬季的开始。这天昼最短，夜最长。冬至过后便是"数九"了。

小寒 在每年公历1月6日前后。这时正值"三九"前后，中国大部分地区进入严寒时期。

大寒 在每年公历1月20日前后。大寒为中国大部分地区一年中最冷的时期。

降水和干湿地区

1. 年降水量的空间分布 受距海洋远近的影响，年降水量由东南沿海向西北内陆递减，等雨量线大致呈东北—西南走向；等400mm雨量线自东北大兴安岭西侧起，经内蒙古东部、吉林西部、河北北部、山西北部、陕西北部、宁夏南部、甘肃东南部、青海南部、西藏东南部，至喜马拉雅山南麓止，将中国大致分为湿润区和干旱区两大部分。该线以东、以南降水相对丰沛，为主要农业区；其中东北大部年降水量为400～600mm，小兴安岭达600mm以上，长白山东南部更达800mm以上；华北北部及汾、渭流域年降水多为400～600mm，黄河以南区域年降水量一般大于600～800mm；秦岭山地及淮河流域800～1000mm；四川盆地至长江中下游流域1200mm左右；云贵高原因受地形影响，降水垂直差异大，河谷地区降水一般为800～1000mm，山地一般为1200～1600mm，高原南部甚至达1600mm以上；东南和华南沿海及丘陵地区为1600～2000mm，广东、广西和海南的部分地区年降水量超过2000mm，广东的阳江、广西的东兴和海南的琼中超过2400mm，是中国大陆年降水量最多的地区。该线以西除一些高山降水稍多外，降水匮乏，以牧业为主。其中内蒙古高原以东、河套、甘肃中部、青海中部及唐古拉山西段、冈底斯山及喜马拉雅中段年降水多为200～400mm，仅雅鲁藏布江大峡谷地区达600mm以上；祁连山地、天山的部分山地为400mm左右；新疆天山以北地区为100～300mm，以南（包括昆仑山）多不足100mm，塔里木盆地、吐鲁番盆地和其东面的柴达木盆地中心年降水不足50mm。此外，因降水分布还明显受地形影响，因而使得大多数多雨中心一般都位于与海洋有一定距离的山地丘陵区迎风坡，如闽浙赣交界的武夷山区、广东云开大山的南坡、广西十万大山的东南坡、海南五指山的东部、台湾山脉的东部均为高降水中心。

2. 降水量的时间变化　降水量的时间变化包括季节变化和年际降水变率两个方面。

季节变化是指一年内降水量的分布状况。中国降水的季节分布特征是：全国大部分地区夏秋多雨，冬春少雨。南方雨季开始早，结束晚，雨季长，集中在5—10月；北方雨季开始晚，结束早，雨季短，集中在7、8月。

年际降水变率反映一地降水的稳定程度，是影响一地旱涝灾害的主要指标之一。一般是降水多的地区相对变率小，而降水少的地区相对变率反而大；除西北干旱区外，大部分地区年降水相对变率为10%～30%；其中河北中南部是一个高值中心，达30%～40%，是东部季风区降水变率最大的地方。西北干旱区降水量小，因而年降水相对变率较大，一般为30%～70%，其中塔里木盆地降水稀少，部分地区年降水相对变率超过70%，是中国年降水变率最大的地区。

3. 季风活动与季风区　中国降水空间分布与时间变化特征，主要是由季风活动影响形成的。影响中国降水的季风主要有来源于西太平洋热带海面的东亚季风和赤道附近印度洋上的南亚季风。这些季风把温暖湿润的水汽吹送到中国大陆上，成为中国夏季降水的主要水汽来源。

在夏季风正常活动的年份，每年4、5月暖湿的夏季风推进到南岭及其以南的地区。广东、广西、海南等省区进入雨季，降水量增多。

6月夏季风推进到长江中下游，秦岭—淮河以南的广大地区进入雨季。这时，江淮地区阴雨连绵，由于正是梅子黄熟时节，故称这种天气为梅雨天气。

7、8月夏季风推进到秦岭—淮河以北地区，华东、东北等地进入雨季，降水明显增多。

9月间，北方冷空气的势力增强，暖湿的夏季风在它的推动下向南后退，北方雨季结束。

9—10月，仍有西南气流不断沿青藏高原东侧向华西地区输送，而同时从北方南下的冷空气也开始活跃，冷暖空气交汇在华西地区形成了一条静止锋，从而在甘肃南部、陕西中南部、四川、重庆、贵州及两湖西部地区形成持续性降水，这便是华西秋雨。10月中下旬以后，随着华西秋雨结束，全国的夏季风雨带也随之消失。

在中国大兴安岭—阴山—贺兰山—巴颜喀拉山—冈底斯山连线以西以北地区，夏季风很难到达，降水量很少。习惯上把夏季风可以到达的地区称为季风区，夏季风势力难以到达的地区称为非季风区。

4. 中国的干湿地区 干湿状况是反映气候特征的标志之一，以年干燥度（最大可能蒸散多年平均与年降水量多年平均的比值）作为干湿区划分的主要指标，以年降水量作为辅助指标。干湿状况与天然植被类型及农业等关系密切。中国各地干湿状况差异很大，共划分为4个干湿地区：湿润区、半湿润区、半干旱区和干旱区。

气候的特征

1. 气候复杂多样 中国幅员辽阔，跨纬度较广，距海远近差距较大，加之地势高低不同，地貌类型及山脉走向多样，因而气温、降水的组合差别很大，形成了各地多种多样的气候。从气候类型上看，东部属季风气候（又可分为热带季风气候、亚热带季风气候和温带季风气候），西北部属温带大陆性干旱气候，青藏高原属高寒气候。从温度带划分看，有热带、亚热带、暖温带、中温带、寒温带和高原气候带。从干湿地区划分看，有湿润区、半湿润区、半干旱区、干旱区之分。而且同一个温度带内，可含有不同的干湿区；同一个干湿区中又含有不同的温度带。因此在相同的气候类型中，也会有热量与干湿程度的差异。丰富的温度带与干湿气候类型又与垂直气候分异类型相结合，使得中国境内的气候纷繁复杂、类型极为多样。

2. 季风气候显著 中国季风气候特征极为明显，具有干冷同期、雨热同季，冬季南北气候差异大、夏季差异小，雨带进退明显等三大特点。由于中国位于世界最大的大陆——亚欧大陆东部，又在世界最大的大洋——太平洋西岸，西南距印度洋也较近，因而气候受大陆、大洋的影响非常显著。冬季盛行从大陆吹向海洋的偏北风，夏季盛行从海洋吹向陆地的偏南风。冬季风产生于亚洲内陆，性质寒冷、干燥，在其影响下，中国大部分地区冬季普遍降水少、气温低，北方更为突出。夏季风来自东南面的太平洋和西南面的印度洋，性质温暖、湿润，在其影响下，降水普遍增多，"雨热同季"。尽管降水还受到地形、下垫面物理性质等许多局地因素的影响，但中国大陆上主要降雨带的移动是同每年的冬夏季风进退与交替紧密相连的，具有与季风同步进退的特点，特别是一地集中降水的时段（通常称雨季）与夏季风的建立及进退是几乎同步发生的。中国受冬、夏季风交替影响的地区广，是世界上季风最典型、季风气候最显著的地区。和世界同纬度的其他地区相比，中国冬季气温偏低，而夏季气温又偏高，气温年较差较大，降水集中于夏季，这些又是大陆性气候的特征。因此中国的季风气候，大陆性较强，也称作大陆性季风气候。

　　3. 气候条件的优势　　复杂多样的气候，使世界上大多数农作物和动植物都能在中国找到适宜生长的地方，因此中国农作物与动植物资源都非常丰富。例如玉米的故乡在墨西哥，引种到中国后却被广泛种植，已成为中国重要的粮食作物之一。红薯最早引种在浙江一带，目前全国普遍种植。季风气候也为中国农业生产提供了有利条件，因夏季气温高，热量条件优越，这使许多对热量条件要求较高的农作物在中国的纬度分布远比世界上其他同纬度国家的更高，例如在中纬度地区，中国可以生长水稻、棉花等喜温作物，而同纬度其他海洋性气候强的地区只能种植麦类和马铃薯等适应温凉气候的作物；水稻甚至可在北纬52°的黑龙江省呼玛县种植。季风气候"雨热同期"的特点，还有利于农作物生长发育，例如中国长江中下游地区为亚热带季风气候，温暖湿润，因而物产富饶，而与之同纬度的非洲北部、阿拉伯半岛等地却多呈干旱、半干旱的荒漠景观。

　　中国气候虽然有许多方面有利于发展农业生产，但灾害性天气频发，对生产建设和人民生活也常常造成不利的影响。春季气象气候灾害发生种类多、频率高，其中主要灾害包括干旱、干热风、雨涝、冻害、低温连阴雨和冰雹等。夏季是气象气候灾害发生最为频繁的季节，其中干旱、暴雨洪涝、台风、冰雹及低温冷害等最为多见。秋季气象气候灾害主要为干旱、雨涝、寒露风、连阴雨和冻害。冬季主要气象气候灾害为干旱、冻害和牧区的雪灾。

河流和湖泊

　　中国河流湖泊众多。这些河流、湖泊不仅是中国地理环境的重要组成部分，而且还蕴藏着丰富的自然资源。中国的河湖地区分布不均，内外流区域兼备。中国外流区域与内流区域的界线大致是：北段大体沿着大兴安岭—阴山—贺兰山—祁连山(东部)一线，南段比较接近于200mm的年等降水量线(巴颜喀拉山—冈底斯山)。这条线的东南部是外流区域，约占全国总面积的2/3，河流水量占全国河流总水量的95%以上；内流区域约占全国总面积的1/3，但是河流总水量还不到全国河流总水量的5%。

河流

中国是世界上河流最多的国家之一。中国有许多源远流长的大江大河。第一次全国水利普查公报显示，流域面积超过1000平方千米的河流就有2221条。

中国的河流，按照河流径流的循环形式，有注入海洋的外流河，也有与海洋不相沟通的内流河。

长江 长江发源于青海省西南部、青藏高原上的唐古拉山脉主峰各拉丹冬雪山，曲折东流，干流先后流经青海、四川、西藏、云南、重庆、湖北、湖南、江西、安徽、江苏、上海共11个省、自治区和直辖市，最后注入东海。全长6363千米，是中国第一大河，也是亚洲最长的河流，世界第三大河。流域面积180万平方千米，约占全国总面积的1/5，年入海水量9513亿立方米，占全国河流总入海水量的1/3以上。流经中国青藏高原、横断山区、云贵高原、四川盆地、长江中下游平原，流域绝大部分处于湿润地区。

黄河 黄河发源于青海省中部，巴颜喀拉山北麓，流经青海、四川、甘肃、宁夏、内蒙古、山西、陕西、河南、山东9个省、自治区，注入渤海，全长5464千米，是中国第二大河。流域面积79.5万平方千米，流经中国青藏高原、黄土高原、内蒙古高原、华北平原，以及干旱、半干旱、半湿润和湿润地区。

珠江 珠江是中国南方最大的河流，其干流西江发源于云南东部。珠江流经云南、贵州、广西、广东入南海，全长2214千米，流域在中国境内45.37万平方千米。主要有西江、北江、东江三大支流水系，北江与东江基本上都在广东境内，三江水系在珠江三角洲汇集，形成纵横交错、港汊纷杂的网状水系。

京杭运河 中国除天然河流外，还有许多人工开凿的运河，其中有世界上开凿最早、最长的京杭运河。京杭运河北起北京，南到杭州，纵贯北京、天津两市和河北、山东、江苏、浙江四省，沟通海河、黄河、淮河、长江、钱塘江五大水系，全长1801千米，是中国历史上与万里长城齐名的伟大工程。从开凿至今已有2000多年的历史，对沟通中国南北交通曾起过重大的作用，但由于过去维护不善，许多河段已断航。新中国成立后，对运河进行了整治，目前江苏、浙江两省境内的河段仍是重要的水上运输线。同时，运河还发挥灌溉、防洪、排涝等综合作用。在"南水北调"东线工程中，它又被用作长江水源北上的输水渠道。

湖泊

中国湖泊众多，共有湖泊24800多个，其中面积在1平方千米以上的天然湖泊就有2759个。湖泊数量虽然很多，但在地区分布上很不均匀。总的来说，东部季风区，特别是长江中下游地区，分布着中国最大的淡水湖群；西部以青藏高原湖泊较为集中，多为内陆咸水湖。

外流区域的湖泊都与外流河相通，湖水能流进也能排出，称为排水湖，湖水含盐分少，属于淡水湖。中国著名的淡水湖有鄱阳湖、洞庭湖、太湖、洪泽湖、巢湖等。

内流区域的湖泊大多为内流河的尾闾湖，河水只能流入湖泊，但湖水不能流出，称为非排水湖，又因蒸发强烈、盐分较多，形成咸水湖，如中国最大的湖泊青海湖以及海拔较高的纳木错湖等。

中国的湖泊按成因有河迹湖（如湖北境内长江沿岸的湖泊）、海迹湖（包括潟湖、残迹湖等，如西湖）、溶蚀湖（如云贵高原区石灰岩溶蚀所形成的草海等）、冰蚀湖（如青藏高原区的巴松错、帕桑错等）、构造湖（如青海湖、鄱阳湖、洞庭湖、滇池等）、火山口湖（如长白山天池）、堰塞湖（如镜泊湖）等。

自然资源

土地资源

中国土地资源有四个基本特点：绝对数量大，人均占有量少；类型复杂多样，耕地比重小；利用情况复杂，生产力地区差异明显；地区分布不均，保护和开发问题突出。

绝对数量大，人均占有量少 中国陆地总面积约960万平方千米，海域总面积473万平方千米。陆地面积居世界第3位，但按人均占土地资源论，在面积居世界前12位的国家中，中国居第11位，中国人均占有的土地资源只相当于澳大利亚的1/58、加拿大的1/48、俄罗斯的1/15、巴西的1/7、美国的1/5。按利用类型区分的中国各类土地资源也都具有绝对数量大、人均占有量少的特点。

类型复杂多样，耕地比重小 中国地形复杂、气候多样，土地类型复杂多样，为农、林、牧、副、渔多种经营和全面发展提供了有利条件。

但也要看到，有些土地类型难以开发利用。例如，中国沙质荒漠、戈壁合占国土总面积的12%以上，改造、利用的难度很大。而对中国食物安全至关重要的耕地，所占比重仅为10%多一点。

利用情况复杂，生产力地区差异明显 土地资源的开发利用是一个长期的历史过程。由于中国自然条件的复杂性和各地历史发展过程的特殊性，中国土地资源利用的情况极为复杂。东北平原大部分是黑土，盛产小麦、玉米、大豆、亚麻和甜菜。华北平原大多是褐土，土层深厚，农作物有小麦、玉米、棉花、花生；水果有苹果、梨、葡萄、柿子等。长江中下游平原多为红黄壤和水稻土，盛产水稻、柑橘、油菜、蚕豆和淡水鱼，被称为"鱼米之乡"。四川盆地多为紫色土，盛产水稻、油菜、甘蔗、茶叶和柑橘、柚子等。

不同的利用方式，土地资源开发的程度也会有所不同，土地的生产力水平会有明显差别。例如，在亚热带山区，经营茶园、果园、经济林木会有较高的经济效益，而毁林毁草开垦种粮，不仅收益较低，还会造成水土流失，使土地资源遭受破坏。

分布不均，保护和开发问题突出 分布不均主要指两个方面：其一，具体土地资源类型分布不均。如有限的耕地主要集中在中国东部季风区的平原地区，草原资源多分布在内蒙古高原的东部、新疆天山南北坡等。其二，人均占有土地资源分布不均。

不同地区的土地资源，面临着不同的开发利用与保护问题。中国林地少，森林资源不足。可是，在东北林区力争采育平衡的同时，其西南部分林区却面临过熟林比重大、林木资源浪费的问题。中国广阔的草原资源利用不充分，畜牧业生产水平不高，然而有些地区的草原又存在过度放牧、草场退化的问题。

水资源

中国淡水资源总量为2.8万亿立方米，占全球水资源的6%，仅次于巴西、俄罗斯、加拿大、美国和印度尼西亚，居世界第六位，但人均只有2200立方米，不足世界人均水平的1/3。受气候和地形影响，淡水资源的地区分布极不均匀，大量淡水资源集中在南方，北方淡水资源只有南方淡水资源的1/4。河流和湖泊是中国主要的淡水资源赋存空间，河湖的分布、水量的大小，直接影响着各地人民的生活和生产。各大流域中，以珠江流域人均水资源最多，长江流域稍高于全国平均数，海河、滦河流域是全国水资源最紧张的地区。

中国水资源的分布情况是南多北少，而耕地的分布却是南少北多。如中国农产品集中产区——华北平原，耕地面积约占全国的40%，而水资源只占全国的6%左右。水、土资源配合欠佳的状况，进一步加剧了中国北方地区缺水的程度。

中国水能资源理论蕴藏量近7亿千瓦，是世界上水能资源总量最多的国家。其中，经济可开发容量近4亿千瓦，年发电量约1.7亿千瓦时。中国水能资源的70%分布在西南四省市和西藏自治区，其中以长江水系为最多，其次为雅鲁藏布江水系。黄河水系和珠江水系也有较大的水能蕴藏量。目前，已开发利用的地区集中在长江、黄河和珠江的上游。

生物资源

植物资源　中国植被种类丰富，分布错综复杂。在东部季风区，有热带雨林，热带季雨林，南亚热带、中亚热带常绿阔叶林，北亚热带落叶阔叶—常绿阔叶混交林，温带落叶阔叶林，寒温带针叶林，以及亚高山针叶林、温带森林草原等植被类型。在西北部和青藏高原地区，有干草原、半荒漠草原灌丛、干荒漠草原灌丛、高原寒漠、高山草原草甸灌丛等植被类型。据统计，有种子植物300个科、2980个属、24600个种，兼有寒、温、热三带的植物。其中被子植物2946属（占世界被子植物总属的23.6%）。较古老的植物种属，约占世界种属总数的62%。有些植物，如水杉、银杏等，世界上其他地区现代已经绝灭，现在是残存于中国的"活化石"。此外，还有丰富的栽培植物。从用途来说，有用材林木1000多种、药用植物4000多种、果品植物300多种、纤维植物500多种、淀粉植物300多种、油脂植物600多种、蔬菜植物80多种，是世界上植物资源最丰富的国家之一。

动物资源　中国是世界上动物资源最为丰富的国家之一。全国陆栖脊椎动物约有2070种，占世界陆栖脊椎动物的9.8%。其中鸟类1170多种、兽类400多种、两栖类184种，分别占世界同类动物的13.5%、11.3%和7.3%。在西起喜马拉雅山—横断山北部—秦岭山脉—伏牛山—淮河与长江间一线以北地区，以温带、寒温带动物群为主，属古北界。以南地区以热带性动物为主，属东洋界。由于东部地区地势平坦，西部横断山南北走向，使得两界动物相互渗透混杂的现象比较明显。

矿产资源

中国幅员辽阔，地质条件多样，矿产资源丰富，有矿产171种，已探明储量的有157种。其中钨、锑、稀土、钼、钒和钛等的探明储量居世首位。煤、铁、铅锌、铜、银、汞、锡、镍、磷灰石、石棉等的储量均居世界前列。

中国矿产资源分布的主要特点是，地区分布不均匀。如铁主要分布于辽宁、冀东和川西，西北很少；煤主要分布在华北、西北、东北和西南区，其中山西、内蒙古、新疆等省区最集中，而东南沿海各省则很少。而一些矿产相对集中，如钨矿，虽然在19个省区均有分布，但储量主要集中在湘东南、赣南、粤北、闽西和桂东—桂中，有利于大规模开采。

区域地理

在中国辽阔的疆域内，各地自然条件各有特点，综合考虑自然条件的差异，全国可分为东部季风区、西北干旱区、青藏高寒区三个自然大区。其中东部季风区由于南北纬度跨度较大，以秦岭—淮河为界，又分为北方地区和南方地区。因此全国可分为北方地区、南方地区、西北地区、青藏地区四大部分。

北方地区

中国的北方地区指中国东部季风区的北部，主要是秦岭—淮河一线以北，大兴安岭、乌鞘岭以东的地区，东临渤海和黄海。包括东北三省、黄河中下游五省二市的全部或大部分，以及甘肃东南部，内蒙古东部与北部，江苏及安徽的北部，面积约为213.1万平方千米，约占全国陆地总面积的22.2%。中国的北方自东向西呈山地—平原—山地—高原盆地相间分布；在气候分区上，属温带大陆性季风气候和暖温带大陆性季风气候；区内植被北部以温带湿润森林和草甸草原为主，往南依次递变为暖温带森林草原、暖温带落叶阔叶林。区内河流多，河流冬季结冰。该区北端的大、小兴安岭还有冻土分布。该区北部有东北平原，南部有黄淮海平原，平原面积大，垦殖率很高，人烟稠密，阡陌相连，农业发达。区内人口约占全国总人口的40%，其中汉族占绝大多数，少数民族中人口较多的民族主要有居住在东北的满族、朝鲜族等。

南方地区

中国的南方地区指中国东部季风区的南部，秦岭—淮河一线以南的地区，西部为青藏高原，东部与南部濒临东海和南海，大陆海岸线长度约占全国的 2/3 以上。行政范围包括长江中下游六省一市，南部沿海和西南四省市大部分地区。面积约 251.8 万平方千米，约占全国陆地总面积的 26.2%。除长江中下游平原、珠江三角洲平原外，区内广布山地丘陵和河谷盆地。区内南部石灰岩分布广泛，为中国喀斯特地貌发育最广泛的地区。在川、赣、湘、浙、闽诸省的红色盆地多发育丹霞地貌。气候类型属于温暖湿润的亚热带季风气候和湿热的热带气候，常绿阔叶林广布，南部可见热带雨林和季雨林景观。河流冬不结冰，作物经冬不衰。区内人口约占全国总人口的 55%，汉族占大多数。区内的少数民族有 30 多个，其人数有 5000 多万，主要分布在桂、云、贵、川、湘、琼等地，人数较多的为壮、苗、彝、土家、布依、侗、白、哈尼、傣、黎等族。

西北地区

中国的西北地区深居内陆，位于昆仑山—阿尔金山—祁连山和长城以北，大兴安岭、乌鞘岭以西，包括新疆维吾尔自治区、宁夏回族自治区、内蒙古自治区的西部和甘肃省的西北部等。这一地区国境线漫长，与俄罗斯、蒙古、哈萨克斯坦、吉尔吉斯斯坦等国相邻。该区面积广大，约占全国陆地总面积的 24.3%。东部是波状起伏的高原，西部呈现山地和盆地相间分布的地表格局。中国西北的中、西部居亚欧大陆的腹地，四周距海遥远，周围又被高山环绕，来自海洋的潮湿气流难以深入，自东向西，由大陆性半干旱气候向大陆性干旱气候过渡，植被则由草原向荒漠过渡。气候干旱、地面坦荡、植被稀疏、沙源丰富，风沙现象在大部分地区十分常见。中国是世界上沙漠、戈壁分布较多的国家之一。区内的塔克拉玛干沙漠是中国面积最大的沙漠，占全国沙漠总面积的 43%，沙丘高大，形状复杂，景观多样。区内人口约占全国总人口的 4%，是地广人稀的地区。西北地区是中国少数民族聚居地区之一，少数民族人口约占总人口的 1/3，主要有蒙古族、回族、维吾尔族、哈萨克族等。

青藏地区

中国的青藏地区位于中国西南边陲，横断山脉以西，喜马拉雅山以北，昆仑山和阿尔金山、祁连山以南，与缅甸、不丹、尼泊尔、印度、巴基斯坦、阿富汗、塔吉克斯坦等国相邻。行政上包括青海省、西藏自治区的全部、四川省西部，以及新疆维吾尔自治区和甘肃省一隅，总面积约 260 万平方千米，约占全国国土面积的 27%。青藏地区是一个强烈隆起的大高原，平均海拔近 4400 米，有多座海拔 8000 米以上的高峰，是全球海拔最高的高原，素称"世界屋脊"。区内气候独特，属特殊的高原气候，高大山体终年积雪，还有冰川分布，多年冻土和季节性冻土分布广泛。植被为高原寒漠、草甸和草原。青藏地区是亚洲许多大江大河，如长江、黄河、怒江、澜沧江、雅鲁藏布江以及印度河等的发源地。这里还是全球海拔最高、数量多、面积大的高原内陆湖区。区内的湖泊总面积约占全国湖泊面积的一半。区内人口不足全国总人口的1%，以藏族为主。

来源：《中华人民共和国年鉴（2023）》

政党

中国新型政党制度

（2021年6月）

中华人民共和国国务院新闻办公室

前言

政党制度是现代民主政治的重要实现形式，是国家政治制度的重要组成部分。一个国家实行什么样的政党制度，是由这个国家的历史传统和现实国情决定的。世界政党制度具有多样性，没有也不可能有普遍适用于各国的政党制度。

中国共产党领导的多党合作和政治协商制度是中国的一项基本政治制度。这一制度既植根中国土壤、彰显中国智慧，又积极借鉴和吸收人类政治文明优秀成果，是中国新型政党制度。《中华人民共和国宪法》规定："中国共产党领导的多党合作和政治协商制度将长期存在和发展。"

中国新型政党制度中包括中国共产党和八个民主党派，以及无党派人士。八个民主党派是中国国民党革命委员会（简称民革）、中国民主同盟（简称民盟）、中国民主建国会（简称民建）、中国民主促进会（简称民进）、中国农工民主党（简称农工党）、中国致公党（简称致公党）、九三学社、台湾民主自治同盟（简称台盟）。中国共产党同各民主党派长期共存、互相监督、肝胆相照、荣辱与共，形成了"共产党领导、多党派合作，共产党执政、多党派参政"的政治格局。

中国新型政党制度创造了一种新的政党政治模式，在中国的政治和社会生活中显示出独特优势和强大生命力，在推进国家治理体系和治理能力现代化中发挥了不可替代的作用，也为人类政治文明发展作出了重大贡献。

一、中国新型政党制度中各政党的基本情况

政党是国家政治生活中的重要力量。世界政党数量繁多、类型多样，具有不同的历史渊源、阶级基础、价值追求和政治主张，在国家中的地位作用也各不相同。在中国，中国共产党和各民主党派都是在探索救国救民道路中产生和发展起来的，实现民族独立、人民解放和国家富强、人民幸福是中国新型政党制度中各政党的共同目标。

中国是世界上历史最悠久的国家之一，中华民族创造了光辉灿烂的文明。1840年鸦片战争后，由于西方资本主义列强的野蛮入侵和封建统治的腐朽衰败，中国逐渐成为半殖民地半封建社会。为了救亡图存，无数仁人志士进行了不懈探索，从太平天国运动到洋务运动，从戊戌变法到义和团运动，各种尝试都失败了。1911年，孙中山先生领导的辛亥革命，推翻了统治中国两千多年的君主专制制度，推动了中国社会的变革，但没有改变旧中国的社会性质，没有改变中国人民的悲惨境遇，没有完成实现民族独立、人民解放的历史任务。

在中华民族内忧外患、社会危机空前深重的背景下，1921年中国共产党应运而生。自诞生之日起，中国共产党就把为中国人民谋幸福、为中华民族谋复兴作为初心和使命，将马克思主义基本原理同中国具体实际相结合，团结一切可以团结的力量，组成广泛的统一战线，推动党和人民事业沿着正确方向胜利前进，取得了举世瞩目的辉煌成就。在百年奋斗历程中，中国共产党团结带领中国人民完成新民主主义革命，建立了中华人民共和国，彻底结束了旧中国半殖民地半封建社会的历史，实现了民族独立和人民解放；完成社会主义革命，确立社会主义基本制度，推进社会主义建设，实现了中华民族有史以来最为广泛而深刻的社会变革；进行改革开放新的伟大革命，开辟了中国特色社会主义道路，使人民生活显著改善，综合国力显著增强，国际地位显著提高；推动中国特色社会主义进入新时代，统筹推进"五位一体"总体布局、协调推进"四个全面"战略布局，党和国家事业取得历史性成就、发生历史性变革，中华民族迎来了从站起来、富起来到强起来的伟大飞跃，迎来了实现中华民族伟大复兴的光明前景。中国共产党的领导地位是在中国革命、建设、改革的实践中形成并不断巩固的，是历史的选择、人民的选择。截至2019年年底，中国共产党党员总数为9191.4万名。

各民主党派是在中国人民反帝爱国、争取民主和反对独裁专制的斗争中产生和发展起来的，其社会基础是民族资产阶级、城市小资产阶级以及同这些阶级相联系的知识分子和其他爱国人士。在中国共产党领导下，各民主党派积极投身建立新中国、建设新中国、探索改革路、实现中国梦的伟大实践，共同致力于民族独立、人民解放和国家富强、人民幸福的宏图伟业。

民革是由原中国国民党民主派和其他爱国民主人士创建的政党。在反对蒋介石集团专制独裁统治的斗争中，国民党内部的爱国民主人士继承发扬孙中山先生爱国、革命、不断进步的精神，逐步发展和联合，于1948年1月在香港成立中国国民党革命委员会，提出"实现革命的三民主义，建设独立、民主、幸福之新中国为最高理想"，并制定了推翻国民党独裁政权、建立民主联合政府的行动纲领。目前，民革主要由同原中国国民党有关系的人士、同民革有历史联系和社会联系的人士、同台湾各界有联系的人士以及社会和法制、"三农"研究领域专业人士组成，现有党员15.1万余名。

民盟是由一批社会知名人士和追求民主进步的知识分子建立的政党。为争取抗战、团结、民主并保障自身生存权利，一些党派和团体决定联合起来，于1941年3月在重庆秘密成立中国民主政团同盟，提出"贯彻抗日主张""实践民主精神""加强国内团结"。1944年9月，中国民主政团同盟改组为中国民主同盟，主张"反对独裁，要求民主；反对内战，要求和平"。目前，民盟主要由文化教育以及相关的科学技术领域高、中级知识分子组成，现有盟员33万余名。

民建是由爱国的民族工商业者及有联系的知识分子发起建立的政党。抗日战争时期，一部分爱国的民族工商业者和所联系的知识分子开始由"实业救国"投身政治活动，积极参加抗日民主运动，要求实行政治民主和经济民主，于1945年12月在重庆成立中国民主建国会，主张"建国之最高理想，为民有、民治、民享"，提出"有民主的经济建设计划，与在计划指导下的充分企业自由"。目前，民建主要由经济界人士以及相关的专家学者组成，现有会员21万余名。

民进是由文化教育出版界知识分子及一部分工商界爱国人士发起建立的政党。抗日战争全面爆发后，一批文化教育界进步知识分子和工商界爱国人士坚持留在上海沦陷区进行抗日救亡斗争。抗战胜利后，他们利用掌握的报纸刊物，揭露控诉国民党反动政策，于1945年12月在上海成立中国民主促进会，以"发扬民主精神，推进中国民主政治之实践"为宗旨，提出结束一党专政、停止内战、还政于民等政治主张。目前，民进主要由教育文化出版传媒以及相关的科学技术领域高、中级知识分子组成，现有会员18.2万余名。

农工党是由坚持孙中山先生"联俄、联共、扶助农工"三大政策的国民党左派为主建立的政党。大革命失败后，为反抗蒋介石集团的迫害，国民党左派于1930年8月在上海成立中国国民党临时行动委员会，提出建立农工平民政权等政治主张。1935年11月改名为中华民族解放行动委员会。1947年2月改名为中国农工民主党，提出"全国同胞及民主党派共同推进团结，实现和平统一，建立独立富强之中国"的政治主张。目前，农工党主要由医药卫生、人口资源和生态环境以及相关的科学技术、教育领域高、中级知识分子组成，现有党员 18.4 万余名。

致公党是由华侨社团发起建立的政党。近代中国社会危机空前严重，许多中国人前往东南亚、美洲等地谋生，形成了众多华侨群体和社团组织。1925 年 10 月，华侨社团美洲洪门致公总堂在美国旧金山发起成立中国致公党，提出为争取国家独立、民族解放和维护华侨正当权益而奋斗的政治主张。1947 年 5 月，致公党在香港召开第三次代表大会，改组为新民主主义的政党。目前，致公党主要由归侨、侨眷中的中上层人士和其他有海外关系的代表性人士组成，现有党员 6.3 万余名。

九三学社是由部分文教、科学技术界知识分子建立的政党。1944 年底，一批文教、科学技术界学者为争取抗战胜利和政治民主，继承和发扬五四运动的反帝爱国与民主科学精神，在重庆组织了民主科学座谈会。1945 年 9 月 3 日，为纪念抗日战争和世界反法西斯战争的伟大胜利，民主科学座谈会更名为九三座谈会，1946 年 5 月 4 日在此基础上建立九三学社，提出"愿本'五四'的精神，为民主与科学之实现而努力"的政治主张。目前，九三学社主要由科学技术以及相关的高等教育、医药卫生领域高、中级知识分子组成，现有社员 19.5 万余名。

台盟是由从事爱国主义运动的台湾省人士为主建立的政党。抗战胜利后，台湾回到祖国怀抱。但国民党当局在台湾的专制统治和贪污腐败引起台湾人民强烈不满，1947 年台湾全省爆发"二·二八"起义。起义失败后，起义领导人由台湾撤至香港，于同年 11 月成立台湾民主自治同盟，主张建立独立、和平、民主、富强和康乐的新中国，反对把台湾从中国分裂出去。目前，台盟主要由居住在祖国大陆的台湾省人士以及从事台湾问题研究的高、中级知识分子组成，现有盟员 3300 余名。

此外，还有一批具有较大社会影响的知名民主人士，他们虽然没有参加任何党派，但同样为民族独立、人民解放和国家富强、人民幸福作出了积极贡献。目前，把没有参加任何政党、有参政议政愿望和能力、对社会有积极贡献和一定影响的人士称为无党派人士，其主体是知识分子。

在长期的革命、建设、改革实践中，在为中国人民谋幸福、为中华民族谋复兴的伟大历史进程中，中国共产党历经重重考验，成为中国工人阶级的先锋队、中国人民和中华民族的先锋队，成为中国特色社会主义事业的领导核心。各民主党派逐步发展成为各自所联系的一部分社会主义劳动者、社会主义事业建设者和拥护社会主义爱国者的政治联盟，成为中国特色社会主义参政党。无党派人士成为中国政治生活中的重要力量。

二、中国新型政党制度是伟大的政治创造

中国新型政党制度是马克思主义政党理论与中国实际相结合的产物，是中国共产党、中国人民和各民主党派、无党派人士的伟大政治创造，是从中国土壤中生长出来的，是在中国历史传承、文化传统、经济社会发展的基础上长期发展的结果。

中国新型政党制度植根于中华优秀传统文化。在人类文明的历史长河中，中国人民创造了源远流长、博大精深的优秀传统文化，倡导天下为公、以民为本，崇尚和合理念、求同存异，注重兼容并蓄、和谐共存，为中华民族生生不息、发展壮大提供了强大精神支撑，也为中国新型政党制度的形成发展提供了丰富文化滋养。

中国新型政党制度孕育于近代以来中国民主革命的历史进程。辛亥革命后，中国效仿西方国家实行议会政治和多党制，各类政治团体竞相成立，多达300余个。1927年后，蒋介石集团实行一党专制，打击和迫害民主进步力量，激起中国共产党、中国人民和各界民主人士强烈反对。中国共产党提出新民主主义革命纲领，在共同抗击日本帝国主义侵略、反对国民党独裁统治的斗争中，与各民主党派建立了亲密的合作关系。

专栏1：民国时期议会制乱象

民国初年，中国照搬西方议会政党制度，自1912年唐绍仪组建第一届内阁开始，到1928年止，16年间十易国家元首，组阁45届，总理更迭59人次，任期最长者不超过一年，最短者不到一天。国会、宪法层出不穷，组成5届国会，颁布7部宪法。总统、内阁、国会、宪法变换频繁，造成严重的社会动乱。

中国新型政党制度形成于协商筹建新中国的伟大实践。1948年4月，中国共产党发布纪念"五一"劳动节口号，提出召开政治协商会议、成立民主联合政府的主张，得到各民主党派、无党派人士和社会各界热烈响应，标志着各民主党派、无党派人士公开自觉接受中国共产党的领导，揭开了中国共产党同各党派、各团体、各族各界人士协商建国的序幕，奠定了中国共产党领导的多党合作和政治协商制度的基础。1949年9月，中国人民政治协商会议第一届全体会议召开，通过《中国人民政治协商会议共同纲领》，规定：在普选的全国人民代表大会召开以前，由中国人民政治协商会

议的全体会议执行全国人民代表大会的职权。在普选的全国人民代表大会召开以后，中国人民政治协商会议得就有关国家建设事业的根本大计及其他重要措施，向全国人民代表大会或中央人民政府提出建议案。中国新型政党制度由此确立。

> **专栏2：民主党派响应"五一口号"，接受中国共产党领导**
>
> 1948年4月30日，中共中央发布纪念"五一"劳动节口号，号召"各民主党派、各人民团体、各社会贤达迅速召开政治协商会议，讨论并实现召集人民代表大会，成立民主联合政府"。在短时间内，各民主党派、各人民团体、海外华侨团体和无党派人士，纷纷以发表通电、声明、宣言、告全国同胞书等方式，积极响应中国共产党的号召，并接受中国共产党的邀请和安排，克服重重困难，辗转北上解放区，共商建国大计，筹建新中国。这标志着各民主党派、无党派人士自觉、郑重地选择了中国共产党的领导和与中共团结合作的立场。

中国新型政党制度发展于社会主义革命、建设、改革的伟大进程。中华人民共和国成立后，中国共产党加强与各民主党派、无党派人士的团结合作，提出"长期共存、互相监督"的方针，之后进一步发展为"长期共存、互相监督、肝胆相照、荣辱与共"的方针，确立了中国新型政党制度长期存在和发展的格局。1989年，中共中央制定了关于坚持和完善中国共产党领导的多党合作和政治协商制度的意见，中国新型政党制度建设走上了制度化轨道。1993年，"中国共产党领导的多党合作和政治协商制度将长期存在和发展"载入宪法，中国新型政党制度有了明确的宪法依据。2005年，中共中央制定了关于进一步加强中国共产党领导的多党合作和政治协商制度建设的意见，2006年制定了关于加强人民政协工作的意见，中国新型政党制度进一步发展。

中国新型政党制度完善于中国特色社会主义新时代。中共十八大以来，以习近平同志为核心的中共中央大力推进多党合作理论、政策和实践创新，加强对多党合作事业的全面领导，推进多党合作制度建设，召开中央统一战线工作会议、中央政协工作会议，明确提出中国共产党领导的多党合作和政治协商制度是新型政党制度，是国家治理体系的重要组成部分，是对人类政治文明的重大贡献，推动多党合作事业发展进入新阶段；提出各民主党派是中国特色社会主义参政党，明确民主党派的基本职能是参政议政、民主监督、参加中国共产党领导的政治协商，为参政党更好发挥作用提供了广阔空间；发布加强社会主义协商民主建设的意见、加强人民政协协商民主建设的实施意见、加强政党协商的实施意见、加强中国特色社会主义参政党建设的意见、新时代加强和改进人民政协工作的意见等一系列重要文件，进一步提升了多党合作制度化规范化水平；提出中国特色社会主义进入新时代，多党合作要有新气象、思想共识要有新提高、履职尽责要有新作为、参政党要有新面貌，为新时代多党合作事业提供了根本遵循。各民主党派按照中国特色社会主义参政党的要求，不断加强自身建设，努力提升履职水平，在国家政治生活中发挥更加重要的作用。

三、中国新型政党制度中各政党形成了亲密合作的关系

长期以来，中国共产党同各民主党派风雨同舟、共同奋斗，一道前进，一道经受考验，形成了通力合作、团结和谐的新型政党关系。

中国共产党处于领导地位和执政地位。中国宪法规定："社会主义制度是中华人民共和国的根本制度。中国共产党领导是中国特色社会主义最本质的特征。"中国共产党是中国特色社会主义事业的坚强领导核心，各民主党派、无党派人士自觉接受中国共产党的领导，拥护中国共产党的领导地位和执政地位。中国共产党对各民主党派、无党派人士的领导，主要是政治领导，即政治原则、政治方向和重大方针政策的领导，中国共产党支持各民主党派、无党派人士独立自主地开展工作，充分履行职能、积极发挥作用。坚持中国共产党的领导是中国新型政党制度的鲜明特征和重要内容，也是多党合作事业健康发展的首要前提和根本保证。

各民主党派是中国特色社会主义参政党。民主党派不是在野党、反对党，也不是旁观者、局外人，而是在中国共产党领导下参与国家治理的参政党。民主党派参政的基本点是，参加国家政权，参与重要方针政策、重要领导人选的协商，参与国家事务的管理，参与国家方针政策、法律法规的制定和执行。民主党派的参政地位和参政权利受宪法保护，这是人民民主的重要体现。民主党派围绕国家经济社会发展重大问题献计出力，是中国特色社会主义事业的亲历者、实践者、维护者、捍卫者。

中国共产党与各民主党派是亲密友党。中国共产党重视发挥各民主党派在国家政治和社会生活中的重要作用，尊重、维护和照顾同盟者利益。各民主党派认同中国共产党的基本理论、基本路线、基本方略，自觉做中国共产党的好参谋、好帮手、好同事。中国共产党与各民主党派、无党派人士真诚开展政治协商，广泛实行政治合作，不断夯实共同思想政治基础，协力巩固多党合作的政治格局。

中国共产党与各民主党派互相监督。这种监督主要是对中国共产党的监督，是通过提出意见、批评、建议的方式进行的政治监督，是一种协商式监督、合作性监督。中国共产党处于领导和执政地位，自觉接受各民主党派的监督。中国共产党和各民主党派是知无不言的挚友、过失相规的诤友，互相监督不是彼此倾轧，不是相互拆台、相互掣肘，而是相互促进、共同提高。各民主党派监督中国共产党，主要是为了促进中国共产党实现科学执政、民主执政、依法执政。

四、中国新型政党制度具有鲜明特色和显著优势

在中国特色社会主义制度下，有事好商量、众人的事情由众人商量，找到全社会意愿和要求的最大公约数，是人民民主的真谛。中国新型政党制度以合作、参与、协商为基本精神，以团结、民主、和谐为本质属性，具有政治参与、利益表达、社会整合、民主监督和维护稳定的重要功能，实现了执政与参政、领导与合作、协商与监督的有机统一，是人民当家作主的重要实现形式和社会主义协商民主的重要制度载体。

中国新型政党制度能够实现利益代表的广泛性。这一政党制度真实、广泛、持久地代表和实现最广大人民的根本利益、全国各族各界根本利益，有效避免了旧式政党制度只能代表少数人、少数利益集团的弊端。作为一个人口大国，中国存在着不同的阶层和社会群体，在根本利益一致的基础上存在着具体利益的差别。中国新型政党制度既尊重多数人的意愿，又照顾少数人的合理要求，能够更好地代表不同阶层、不同社会群体的利益诉求，拓宽、畅通各种利益表达渠道，全面、真实、充分地反映各社会阶层人士的意见建议，具有统筹兼顾各方利益和协调各方关系的优势。

中国新型政党制度能够体现奋斗目标的一致性。这一政党制度把各个政党和无党派人士紧密团结起来、为着共同目标而奋斗，有效避免了一党缺乏监督或者多党轮流坐庄、恶性竞争的弊端。这一政党制度通过广泛协商凝聚共识、凝聚智慧、凝聚力量，有利于达成思想共识、目标认同和行动统一，有利于促进政治团结和有序参与。这一政党制度围绕坚持和发展中国特色社会主义、实现中华民族伟大复兴的中国梦，形成了共同的理想、共同的事业、共同的行动，汇聚起强大的社会合力，集中力量办大事、办好事。

中国新型政党制度能够促进决策施策的科学性。这一政党制度通过政党协商、参政议政、民主监督等制度化、规范化、程序化的安排，集中各方面意见和建议，推动决策科学化民主化，有效避免了旧式政党制度囿于党派利益、阶级利益、区域和集团利益决策施政时固执己见、排斥异己、

导致社会撕裂的弊端。这一政党制度在民主集中的基础上求同存异，可以形成发现和改正错误、减少失误的机制，有效克服决策中情况不明、自以为是的弊端。这一政党制度将政治协商纳入决策程序，坚持协商于决策之前和决策实施之中，通过反复协商征求意见、理性审慎决策施策，增强决策的科学性和施策的有效性。

中国新型政党制度能够保障国家治理的有效性。这一政党制度以合作、协商代替对立、争斗，克服政党之间互相倾轧造成政权更迭频繁的弊端，能够有效化解矛盾冲突、维护和谐稳定。这一政党制度坚持在协商中求同，能够有效避免否决政治、议而不决、决而不行，保持政策的连续性和稳定性。这一政党制度着眼充分调动各方面的积极性，重视加强对各民主党派、无党派人士履职尽责的支持保障，能够优化政治资源配置，形成社会各界广泛参与国家治理的体制机制，推进国家治理体系和治理能力现代化。

专栏3：党外人士就经济工作资政建言

每年年底，中共中央总书记主持召开党外人士座谈会，就全年经济形势和下一年度经济工作吸取各民主党派中央、无党派人士代表的意见建议。会后，中共中央办公厅会同中共中央统战部对党外人士的建议梳理汇总后交付相关部门研办，并向党外人士反馈。每年梳理汇总的意见建议很多得到采纳，转化为相关政策和措施。

五、中国共产党和各民主党派、无党派人士开展政党协商

政党协商是中国共产党同民主党派基于共同的政治目标，就国家重大方针政策和重要事务，在决策之前和决策实施之中，直接进行政治协商的重要民主形式，是社会主义协商民主体系的重要组成部分。无党派人士参加政党协商。

政党协商的内容。中国共产党同民主党派主要就中国共产党全国和地方各级代表大会、中共中央和地方各级党委有关重要文件的制定、修改；宪法的修改建议，有关重要法律的制定、修改建议，有关重要地方性法规的制定、修改建议；人大常委会、政府、政协领导班子成员和监察委员会主任、法院院长、检察院检察长建议人选；关系统一战线和多党合作的重大问题等开展政党协商。

政党协商的形式。政党协商有会议协商、约谈协商、书面协商三种形式。会议协商包括专题协商座谈会、人事协商座谈会、调研协商座谈会以及其他协商座谈会等。约谈协商是中共党委负责同志不定期邀请民主党派负责同志就共同关心的问题开展小范围谈心活动，民主党派主要负责同志约请中共党委负责同志反映情况、沟通意见。书面协商是中共党委就有关重要文件、重要事项书面征求民主党派的意见建议，民主党派围绕重大问题以书面形式向中共党委提出意见建议。

政党协商的制度保障。政党协商基本形成了以相关法规为保障、以中共中央文件为主体、以配套机制为辅助的制度体系。中共中央每年委托民主党派中央就经济社会发展重大问题开展重点考察调研，支持民主党派中央结合自身特色开展经常性考察调研。有关部门向民主党派中央提供相关材料，组织专题报告会和情况通报会，邀请民主党派列席相关工作会议、参加专项调研和检查督导工作。

政党协商的显著成效。中共十八大以来，中共中央召开或委托有关部门召开政党协商会议170余次，先后就中国共产党全国代表大会和中央全会报告、修改宪法部分内容的建议、制定国民经济和社会发展中长期规划的建议、国家领导人建议人选等重大问题同党外人士真诚协商、听取意见，确保重大问题决策更加科学、民主。各民主党派中央、无党派人士深入考察调研，提出书面意见建议730余件，许多转化为国家重大决策。中共各级地方党委结合实际，就地方重大问题同民主党派各级地方组织进行协商，积极推动了当地经济社会发展。

专栏4：中共中央就"十四五"规划建议听取党外人士的意见建议

2020年8月25日，中共中央总书记习近平在中南海主持召开党外人士座谈会，就中共中央关于制定国民经济和社会发展第十四个五年规划和2035年远景目标的建议听取意见建议。各民主党派中央、无党派人士代表就优化区域经济布局，加快形成以国内大循环为主体、国内国际双循环相互促进的新发展格局，坚持创新引领、强化国家发展战略支撑，实施健康中国战略，加强规划的法治管理，深化开放合作等提出意见建议，对于制定好、实施好"十四五"规划发挥了积极作用。

六、中国共产党支持各民主党派、无党派人士开展民主监督

民主党派、无党派人士对中国共产党进行民主监督，是发挥中国新型政党制度优势的重要方式，是实现国家治理体系和治理能力现代化的必然要求，在中国特色社会主义监督体系中具有独特的、不可替代的重要作用。

民主监督的内容。主要包括国家宪法和法律法规的实施情况，中国共产党和政府重要方针政策的制定和贯彻执行情况，中共党委依法执政及中共党员领导干部履职尽责、为政清廉等方面的情况。

民主监督的形式。主要是民主党派、无党派人士在政治协商、调研考察，参与国家有关重大方针政策、决策部署执行和实施情况的监督检查，受中共党委委托就有关重大问题进行专项监督等工作中，提出意见、批评、建议。具体实施中，民主党派成员和无党派人士中的人大代表参与各级人大组织开展的执法检查。最高人民法院、最高人民检察院每年召开党外人士座谈会，听取各民主党派、无党派人士的意见建议。行政机关、监察机关、审判机关、检察机关聘请党外代表人士担任特约人员，对有关工作进行监督。目前，共有12700余名党外人士担任地市级以上有关部门特约人员。

民主监督的新实践。中共十八大以来，中共中央支持各民主党派加强对重大改革举措、重要政策贯彻执行情况和国家中长期规划中的重要约束性指标等的专项监督。自2016年起，中共中央委托各民主党派中央分别对口8个脱贫攻坚任务重的中西部省区，开展为期5年的脱贫攻坚民主监督工作，开辟了多党合作服务国家中心工作的新领域。各民主党派深入调研、坦诚建言，围绕贫困人口精准识别、精准脱贫等重点内容，提出一批有建设性的意见、批评、建议。据统计，各民主党派共有3.6万余人次参与脱贫攻坚民主监督工作，向对口省区各级中共党委和政府提出意见建议2400余条，向中共中央、国务院报送各类报告80余份，为打赢脱贫攻坚战作出重要贡献。

七、中国共产党和各民主党派、无党派人士在国家政权中团结合作

在中国国家政权中，中国共产党和各民主党派、无党派人士加强团结、合作共事，是中国新型政党制度的重要制度安排。中国共产党坚持平等相待、民主协商、真诚合作，支持各级人大、政府和司法机关中的民主党派成员和无党派人士发挥作用，共同推动国家政权建设。

人民代表大会是中国人民行使国家权力的机关，也是民主党派成员和无党派人士发挥作用的重要机构。民主党派成员和无党派人士在各级人大代表、人大常委会组成人员及人大专门委员会成员中均占一定数量。2018年第十三届全国人民代表大会第一次会议以来，民主党派成员和无党派人士共有15.2万余人担任各级人大代表。其中，全国人大常委会副委员长6人，全国人大常委会委员44人；省级人大常委会副主任32人，省级人大常委会委员462人；市级人大常委会副主任364人，市级人大常委会委员

2585人。他们履行人民代表的职责，参与宪法、法律和地方性法规的制定和修改，参与选举、决定和罢免国家机构组成人员，参与审查和批准国民经济和社会发展计划和计划执行情况的报告、国家预算和预算执行情况的报告，参与视察和执法检查工作，反映人民意愿，提出议案和质询案。

民主党派成员和无党派人士担任政府和司法机关领导职务，积极履职尽责、担当作为。目前，在最高人民法院、最高人民检察院和国务院部委办、直属局担任领导职务14人；全国31个省（自治区、直辖市）中，担任副省长（副主席、副市长）29人，担任副市（州、盟、区）长380人；有45人担任省级人民法院副院长和人民检察院副检察长，有345人担任地市级人民法院副院长和人民检察院副检察长。他们对分管工作享有行政管理的指挥权、处理问题的决定权和人事任免的建议权。

国务院和地方政府重视发挥各民主党派、无党派人士的作用。国务院和地方政府根据需要召开有民主党派负责人和无党派人士代表参加的座谈会，就拟提交人民代表大会审议的政府工作报告、有关重大政策措施和关系国计民生的重大建设项目征求意见，通报国民经济和社会发展的有关情况。政府召开全体会议和有关会议，视情邀请民主党派负责人和无党派人士代表列席；政府组织的有关专项检查工作，根据需要邀请民主党派成员和无党派人士代表参加。

八、各民主党派、无党派人士为促进国家经济社会发展议政建言、发挥作用

各民主党派、无党派人士紧紧围绕国家中心工作，充分发挥人才荟萃、智力密集、联系广泛等优势，积极参政议政、建言献策，为推进国家各项事业发展作出了重要贡献。

围绕国家方针政策的制定和重大战略的实施献计出力。就国家政治、经济、社会生活中的全局性、战略性、前瞻性重大问题开展考察调研，提出意见建议，是各民主党派、无党派人士发挥作用的重要渠道。多年来，各民主党派中央、无党派人士围绕"一带一路"建设、京津冀协同发展、长江经济带发展、粤港澳大湾区建设、长三角一体化发展、创新驱动引领高质量发展、推进供给侧结构性改革等关系国计民生的重大问题深入考察调研，向中共中央、国务院提出的许多意见建议被采纳。中国共产党积极完善知情明政机制、考察调研机制、工作联系机制、协商反馈机制，为各民主党派、无党派人士知情出力创造条件。

拓展发挥作用的渠道和途径。各民主党派、无党派人士积极推动和实施智力支边、温暖工程、思源工程等活动，参与职业培训、兴教办学、捐

资救灾、扶危济困等公益事业，积极助力打赢脱贫攻坚战。团结各自成员和所联系群众，反映意见诉求，重点就教育体制改革、医疗体制改革、美丽中国建设、促进就业创业、加强社会保障体系建设等人民群众普遍关心的重点难点问题提出意见建议，发挥了桥梁纽带和凝聚共识作用。拓展与港澳同胞、台湾同胞、海外侨胞的联系，促进两岸关系和平发展，遏制"台独"分裂势力，推进祖国统一大业。

专栏5：各民主党派、无党派人士集中参与毕节试验区建设

毕节试验区是经国务院批准，于1988年在贵州毕节建立的以"开发扶贫、生态建设、人口控制"为主题的试验区。据不完全统计，截至2020年年底，各民主党派、无党派人士向毕节试验区共投入资金21.88亿元，协调推动项目2665个，培训各类人才28.78万人次，新建改建扩建各类学校200余所，援建乡镇卫生院、村级卫生室235个。在各方的共同努力下，毕节试验区共减贫675.28万人，7个国家贫困县、1981个贫困村全部脱贫，全市GDP突破2020亿元大关。

携手并肩应对重大风险挑战。2003年"非典"疫情期间，民主党派成员和无党派人士积极行动，捐款捐物、建言献策，许多成员奋战在抗疫第一线。2008年5月，汶川特大地震后不到一个月，各民主党派号召广大成员捐款捐物共计5亿多元，赢得社会各界广泛赞誉。2020年，面对突如其来的新冠肺炎疫情，各民主党派、无党派人士第一时间积极响应中共中央号召，与中国共产党想在一起、站在一起、干在一起，凝聚起同心战"疫"的强大力量，体现了中国特色社会主义参政党在关键时刻的责任担当。

专栏6：各民主党派、无党派人士助力新冠肺炎疫情防控

新冠肺炎疫情发生以来，各民主党派、无党派人士为打赢疫情防控阻击战出主意、想办法、干实事。据不完全统计，共有6万余名民主党派、无党派医务工作者投身抗疫一线，各民主党派中央、无党派人士向中共中央、国务院和有关部门报送意见建议近4000件，民主党派成员和所联系群众、无党派人士捐款捐物合计51.08亿元。

九、中国人民政治协商会议是实行中国新型政党制度的重要政治形式和组织形式

中国人民政治协商会议[①]是中国人民爱国统一战线的组织，是中国共产党领导的多党合作和政治协商的重要机构，是中国政治生活中发扬社会主义民主的重要形式，是社会主义协商民主的重要渠道和专门协商机构，是国家治理体系的重要组成部分和具有中国特色的制度安排。

中国人民政治协商会议全国委员会由中国共产党、各民主党派、无党派人士、人民团体、各少数民族和各界的代表，香港特别行政区同胞、澳门特别行政区同胞、台湾同胞和归国侨胞的代表以及特别邀请的人士组成，设若干界别。各民主党派、无党派人士是人民政协的重要界别，在人民政协中发挥重要作用。

人民政协组织构成具有鲜明特色。民主党派、无党派人士等党外代表人士在各级政协中占有较大比例，换届时委员不少于60%，常委不少于65%；各级政协领导班子中副主席不少于50%（不包括民族自治地方）。2018年全国政协十三届一次会议时，党外代表人士担任政协委员的有1299人，占委员总数的60.2%；担任政协常委的有195人，占常委总数的65%；担任全国政协副主席的有13人，占副主席总数的54.2%。全国各级政协组织中，共有41万余名党外代表人士担任政协委员。政协各专门委员会主任、副主任及委员中的党外代表人士占有适当比例。

尊重和保障各民主党派以本党派名义在政协发表意见、提出建议的权利。重视健全发挥中国新型政党制度优势的机制，在中国人民政治协商会议全国委员会协商工作规则、专门委员会通则、重点提案遴选与督办办法、大会发言工作规则等制度文件中，对各民主党派以本党派名义在政协提出提案、提交大会发言、反映社情民意信息等作出机制性安排。2013年以来，各民主党派以本党派名义提交提案近3000件；提交大会发言525篇，其中口头发言81次；报送社情民意信息3万余篇，为发挥中国新型政党制度优势、促进政党关系和谐、服务新时代国家事业发展作出了积极贡献。

为各民主党派、无党派人士开展政治协商、民主监督、参政议政搭建平台。中共十八大以来，全国政协推进专门协商机构建设，支持各民主党派、无党派人士在政协平台参与广泛多层制度化协商，参与协商式监督，提出意见、批评、建议。2018年以来，围绕重点协商议题，全国政协专门委员会与各民主党派中央开展联合调研22次、共同举办协商活动24场。完善重点关切问题情况通报会等制度，为各民主党派、无党派人士知情明政、协商履职创造条件。

积极做好凝心聚力工作。坚持发扬民主和增进团结相互贯通、建言资政和凝聚共识双向发力,通过学习座谈、谈心交流、视察考察、调查研究、协商履职等,凝聚参加人民政协的各党派团体、各族各界人士的共识,夯实团结奋斗的共同思想政治基础。组织各民主党派、无党派人士参与委员讲堂、重大专项工作委员宣讲团等,面向社会各界讲解国家重大决策部署,团结引导服务所联系界别群众,协助做好协调关系、理顺情绪、化解矛盾、凝心聚力的工作。

结束语

实践证明,中国新型政党制度具有历史的必然性、伟大的创造性、巨大的优越性和强大的生命力,体现了中华优秀传统文化的精髓,反映了社会主义制度的本质要求,符合中国国情和国家治理需要,是有利于国家发展、民族振兴、社会进步、人民幸福的基本政治制度。

经过七十多年的发展,中国新型政党制度日渐成熟,为当代世界政党政治的发展贡献了中国智慧,也成为人类政治文明的新模式。中国将继续积极借鉴和吸收人类政治文明的有益成果,但绝不会照搬照抄别国政党制度模式,也不会将中国政党制度模式强加于其他国家;中国尊重世界其他国家选择的符合本国国情的政党制度,本着彼此平等、相互尊重的原则,加强交流互鉴,促进世界民主政治发展,推动构建人类命运共同体。

在中国共产党百年华诞的重大时刻和"两个一百年"历史交汇的关键节点,展望未来,中国将坚定不移坚持中国共产党的领导,坚定不移走中国特色社会主义政治发展道路,坚定不移坚持和完善中国新型政党制度。中国将结合新的时代条件,不断推进新型政党制度丰富理论内涵、健全制度体系、激发制度效能,使这一政党制度在全面建设社会主义现代化国家、实现中华民族伟大复兴的新征程中焕发更加旺盛的生机与活力。

注: ① 中国人民政治协商会议,简称人民政协。

经济社会

2023年国民经济回升向好 高质量发展扎实推进

（2024年1月17日）
国家统计局

2023年，面对复杂严峻的国际环境和艰巨繁重的国内改革发展稳定任务，在以习近平同志为核心的党中央坚强领导下，各地区各部门认真贯彻落实党中央、国务院决策部署，坚持稳中求进工作总基调，完整、准确、全面贯彻新发展理念，加快构建新发展格局，全面深化改革开放，加大宏观调控力度，着力扩大内需、优化结构、提振信心、防范化解风险，我国经济回升向好，供给需求稳步改善，转型升级积极推进，就业、物价总体稳定，民生保障有力有效，高质量发展扎实推进，主要预期目标圆满实现。

初步核算，全年国内生产总值1260582亿元，按不变价格计算，比上年增长5.2%。分产业看，第一产业增加值89755亿元，比上年增长4.1%；第二产业增加值482589亿元，增长4.7%；第三产业增加值688238亿元，增长5.8%。分季度看，一季度国内生产总值同比增长4.5%，二季度增长6.3%，三季度增长4.9%，四季度增长5.2%。从环比看，四季度国内生产总值增长1.0%。

一、粮食产量再创新高，畜牧业生产稳定增长

全年全国粮食总产量69541万吨，比上年增加888万吨，增长1.3%。其中，夏粮产量14615万吨，下降0.8%；早稻产量2834万吨，增长0.8%；秋粮产量52092万吨，增长1.9%。分品种看，稻谷产量20660万吨，下降0.9%；小麦产量13659万吨，下降0.8%；玉米产量28884万吨，增长4.2%；大豆产量2084万吨，增长2.8%。油料产量3864万吨，增长5.7%。全年猪牛羊禽肉产量9641万吨，比上年增长4.5%；其中，猪肉产量5794万吨，增长4.6%；牛肉产量753万吨，增长4.8%；羊肉产量531万吨，增长1.3%；

禽肉产量2563万吨，增长4.9%。牛奶产量4197万吨，增长6.7%；禽蛋产量3563万吨，增长3.1%。全年生猪出栏72662万头，增长3.8%；年末生猪存栏43422万头，下降4.1%。

二、工业生产稳步回升，装备制造业增长较快

全年全国规模以上工业增加值比上年增长4.6%。分三大门类看，采矿业增加值增长2.3%，制造业增长5.0%，电力、热力、燃气及水生产和供应业增长4.3%。装备制造业增加值增长6.8%，增速比规模以上工业快2.2个百分点。分经济类型看，国有控股企业增加值增长5.0%；股份制企业增长5.3%，外商及港澳台商投资企业增长1.4%；私营企业增长3.1%。分产品看，太阳能电池、新能源汽车、发电机组（发电设备）产品产量分别增长54.0%、30.3%、28.5%。12月份，规模以上工业增加值同比增长6.8%，环比增长0.52%。1—11月份，全国规模以上工业企业实现利润总额69823亿元，同比下降4.4%；其中11月份增长29.5%，连续4个月增长。

三、服务业增长较快，接触型聚集型服务业明显改善

全年服务业增加值比上年增长5.8%。其中，住宿和餐饮业，信息传输、软件和信息技术服务业，租赁和商务服务业，交通运输、仓储和邮政业，金融业，批发和零售业增加值分别增长14.5%、11.9%、9.3%、8.0%、6.8%、6.2%。12月份，服务业生产指数同比增长8.5%；其中，住宿和餐饮业，信息传输、软件和信息技术服务业生产指数分别增长34.8%、13.8%。1—11月份，规模以上服务业企业营业收入同比增长8.5%。其中，文化、体育和娱乐业，信息传输、软件和信息技术服务业，租赁和商务服务业营业收入分别增长18.9%、12.8%、12.7%。

四、市场销售较快恢复，服务消费快速增长

全年社会消费品零售总额471495亿元，比上年增长7.2%。按经营单位所在地分，城镇消费品零售额407490亿元，增长7.1%；乡村消费品零售额64005亿元，增长8.0%。按消费类型分，商品零售418605亿元，增长5.8%；餐饮收入52890亿元，增长20.4%。基本生活类商品销售稳定增长，限额以上单位服装、鞋帽、针纺织品类，粮油、食品类商品零售额分别增长12.9%、5.2%。升级类商品销售较快增长，限额以上单位金银珠宝类，体育、娱乐用品类，通讯器材类商品零售额分别增长13.3%、11.2%、7.0%。全国网上零售额154264亿元，比上年增长11.0%。其中，实物商品网上零售额130174亿元，增长8.4%，占社会消费品零售总额的比重为27.6%。12月份，社会消费品零售总额同比增长7.4%，环比增长0.42%。全年服务零售额比上年增长20.0%。

五、固定资产投资规模增加，高技术产业投资增势较好

全年全国固定资产投资（不含农户）503036亿元，比上年增长3.0%；扣除价格因素影响，增长6.4%。分领域看，基础设施投资增长5.9%，制造业投资增长6.5%，房地产开发投资下降9.6%。全国商品房销售面积111735万平方米，下降8.5%；商品房销售额116622亿元，下降6.5%。分产业看，第一产业投资下降0.1%，第二产业投资增长9.0%，第三产业投资增长0.4%。民间投资下降0.4%；扣除房地产开发投资，民间投资增长9.2%。高技术产业投资增长10.3%，快于全部投资7.3个百分点。其中，高技术制造业、高技术服务业投资分别增长9.9%、11.4%。高技术制造业中，航空、航天器及设备制造业，计算机及办公设备制造业，电子及通信设备制造业投资分别增长18.4%、14.5%、11.1%；高技术服务业中，科技成果转化服务业、电子商务服务业投资分别增长31.8%、29.2%。12月份，固定资产投资（不含农户）环比增长0.09%。

六、货物进出口总体平稳，贸易结构持续优化

全年货物进出口总额417568亿元，比上年增长0.2%。其中，出口237726亿元，增长0.6%；进口179842亿元，下降0.3%。进出口相抵，贸易顺差57884亿元。民营企业进出口增长6.3%，占进出口总额的比重为53.5%，比上年提高3.1个百分点。对共建"一带一路"国家进出口增长2.8%，占进出口总额的比重为46.6%，比上年提高1.2个百分点。机电产品出口增长2.9%，占出口总额的比重为58.6%。12月份，货物进出口总额38098亿元，同比增长2.8%。其中，出口21754亿元，增长3.8%；进口16345亿元，增长1.6%。

七、居民消费价格小幅上涨，核心CPI总体平稳

全年居民消费价格（CPI）比上年上涨0.2%。分类别看，食品烟酒价格上涨0.3%，衣着价格上涨1.0%，居住价格持平，生活用品及服务价格上涨0.1%，交通通信价格下降2.3%，教育文化娱乐价格上涨2.0%，医疗保健价格上涨1.1%，其他用品及服务价格上涨3.2%。在食品烟酒价格中，猪肉价格下降13.6%，鲜菜价格下降2.6%，粮食价格上涨1.0%，鲜果价格上涨4.9%。扣除食品和能源价格后的核心CPI上涨0.7%。12月份，居民消费价格同比下降0.3%，环比上涨0.1%。全年工业生产者出厂价格比上年下降3.0%；12月份同比下降2.7%，环比下降0.3%。全年工业生产者购进价格比上年下降3.6%；12月份同比下降3.8%，环比下降0.2%。

八、就业形势总体稳定，城镇调查失业率下降

全年全国城镇调查失业率平均值为5.2%，比上年下降0.4个百分

点。12月份，全国城镇调查失业率为5.1%。本地户籍劳动力调查失业率为5.2%；外来户籍劳动力调查失业率为4.7%，其中外来农业户籍劳动力调查失业率为4.3%。不包含在校生的16—24岁、25—29岁、30—59岁劳动力调查失业率分别为14.9%、6.1%、3.9%。31个大城市城镇调查失业率为5.0%。全国企业就业人员周平均工作时间为49.0小时。全年农民工总量29753万人，比上年增加191万人，增长0.6%。其中，本地农民工12095万人，下降2.2%；外出农民工17658万人，增长2.7%。农民工月均收入水平4780元，比上年增长3.6%。

九、居民收入继续增加，农村居民收入增速快于城镇

全年全国居民人均可支配收入39218元，比上年名义增长6.3%，扣除价格因素实际增长6.1%。按常住地分，城镇居民人均可支配收入51821元，比上年名义增长5.1%，扣除价格因素实际增长4.8%；农村居民人均可支配收入21691元，比上年名义增长7.7%，扣除价格因素实际增长7.6%。全国居民人均可支配收入中位数33036元，比上年名义增长5.3%。按全国居民五等份收入分组，低收入组人均可支配收入9215元，中间偏下收入组20442元，中间收入组32195元，中间偏上收入组50220元，高收入组95055元。全年全国居民人均消费支出26796元，比上年名义增长9.2%，扣除价格因素实际增长9.0%。全国居民人均食品烟酒消费支出占人均消费支出的比重（恩格尔系数）为29.8%，比上年下降0.7个百分点；全国居民人均服务性消费支出增长14.4%，占人均消费支出的比重为45.2%，比上年提高2.0个百分点。

十、人口总量有所减少，城镇化率持续提高

年末全国人口（包括31个省、自治区、直辖市和现役军人的人口，不包括居住在31个省、自治区、直辖市的港澳台居民和外籍人员）140967万人，比上年末减少208万人。全年出生人口902万人，人口出生率为6.39‰；死亡人口1110万人，人口死亡率为7.87‰；人口自然增长率为-1.48‰。从性别构成看，男性人口72032万人，女性人口68935万人，总人口性别比为104.49（以女性为100）。从年龄构成看，16—59岁的劳动年龄人口86481万人，占全国人口的比重为61.3%；60岁及以上人口29697万人，占全国人口的21.1%，其中65岁及以上人口21676万人，占全国人口的15.4%。从城乡构成看，城镇常住人口93267万人，比上年末增加1196万人；乡村常住人口47700万人，减少1404万人；城镇人口占全国人口的比重（城镇化率）为66.16%，比上年末提高0.94个百分点。

总的来看，2023年我国顶住外部压力、克服内部困难，国民经济回升

向好，高质量发展扎实推进，主要预期目标圆满实现，全面建设社会主义现代化国家迈出坚实步伐。同时也要看到，当前外部环境复杂性、严峻性、不确定性上升，经济发展仍面临一些困难和挑战。下阶段，要坚持以习近平新时代中国特色社会主义思想为指导，全面贯彻落实党的二十大和二十届二中全会精神，按照中央经济工作会议部署，完整、准确、全面贯彻新发展理念，加快构建新发展格局，聚焦高质量发展这一首要任务，坚持稳中求进、以进促稳、先立后破，加大宏观调控力度，统筹扩大内需和深化供给侧结构性改革，统筹新型城镇化和乡村全面振兴，统筹高质量发展和高水平安全，切实增强经济活力、防范化解风险、改善社会预期，巩固和增强经济回升向好态势，持续推动经济实现质的有效提升和量的合理增长。

来源：国家统计局官网

https://www.stats.gov.cn/sj/zxfb/202401/t20240117_1946624.html

第三编 国情特载

国情特载

登高壮观天地间

——以习近平同志为核心的党中央 引领全面建设社会主义现代化国家迈上新征程

历史长河奔腾不息,新征程开辟新的天地——

"从现在起,中国共产党的中心任务就是团结带领全国各族人民全面建成社会主义现代化强国、实现第二个百年奋斗目标,以中国式现代化全面推进中华民族伟大复兴。"

登高壮观,江山如画。

2023,全面贯彻党的二十大精神开局之年。在以习近平同志为核心的党中央坚强领导下,在习近平新时代中国特色社会主义思想科学指引下,亿万中华儿女向着强国建设、民族复兴的光荣和梦想昂扬奋进。

奔赴新的远征——"强国建设、民族复兴的接力棒,历史地落在我们这一代人身上"

2023年年末,结束对越南的国事访问后,习近平总书记来到广西进行考察,进企业、入社区、下农田、看工厂,勉励壮乡儿女"奋力谱写中国式现代化广西篇章"。

人们清晰记得,2022年10月,党的二十大期间,习近平总书记来到广西代表团,谈及新征程新使命,语重心长地说:

"我们的现代化既是最难的,也是最伟大的""当前最重要的任务,就是撸起袖子加油干,一步一个脚印把党的二十大作出的重大决策部署付诸行动、见之于成效"。

惟其艰巨,所以伟大;惟其艰巨,更显荣光。

2023年,迈上新征程的中国,面临着新的战略机遇、新的战略任务、新的战略阶段、新的战略要求、新的战略环境。

放眼全球,当今世界变乱交织,世界大变局加速演进,国际政治纷争和军事冲突多点爆发，全球发展和安全形势错综复杂，人类面临前所未有的挑战。

审视国内，三年新冠疫情防控转段，经济恢复面临繁重任务，国内周期性和结构性矛盾叠加，改革发展稳定依然有不少深层次矛盾，推动高质量发展仍需克服诸多困难挑战。

伟大而艰巨的事业，彰显坚定不移的使命担当。

2023年3月10日上午，北京人民大会堂。习近平总书记再次全票当选国家主席、中央军委主席，如潮的掌声响彻万人大礼堂。

掌声，反映人民心声。这是历史的选择、人民的选择、时代的选择。

人民殿堂里，习近平总书记的宣示掷地有声：

"强国建设、民族复兴的接力棒，历史地落在我们这一代人身上。我们要按照党的二十大的战略部署，坚持统筹推进'五位一体'总体布局、协调推进'四个全面'战略布局，加快推进中国式现代化建设，团结奋斗，开拓创新，在新征程上作出无负时代、无负历史、无负人民的业绩，为推进强国建设、民族复兴作出我们这一代人的应有贡献！"

伟大而艰巨的事业，尤需高瞻远瞩的战略谋划。

立春刚过，北京西郊的中央党校校园里，学习贯彻党的二十大精神研讨班开班。

"党的领导直接关系中国式现代化的根本方向、前途命运、最终成败""正确处理好顶层设计与实践探索、战略与策略、守正与创新、效率与公平、活力与秩序、自立自强与对外开放等一系列重大关系"。

聚焦如何"正确理解和大力推进中国式现代化"，习近平总书记给"关键少数"上了"关键一课"。

岭南四月，春风和煦，习近平总书记来到改革开放的前沿广东。

4天时间，自西向东穿行粤西大地，围绕农业农村现代化、生态文明建设、科技自立自强、推进共同富裕等发表一系列重要讲话，赋予广东新的重大使命——"在推进中国式现代化建设中走在前列"。

2023年，习近平总书记16次进行国内考察，行程密集，足迹遍及15个省份。

从南海之滨到神州北极，从西部边疆到长三角区域，习近平总书记以中国式现代化建设的全局视野，紧密结合各地实际，既讲认识论又讲方法论，为推进中国式现代化谋篇布局。

从考察调研中的细问深思，到重要会议上的深刻阐释，再到外事场合的深入交流，习近平总书记以一系列新思想新观点新论断，进一步回答了什么是中国式现代化、怎样建设中国式现代化的重大理论和实践问题。

新的实践中，中国式现代化的顶层设计不断完善、实践路径更加清晰，新时代党的创新理论持续开辟新境界。

伟大而艰巨的事业，激发团结实干的磅礴力量。

"每当党中央作出重大决策部署，我们就号召全党同志加强学习，以统一全党思想和行动，汇聚起攻坚克难、团结奋进的强大力量。这是党的一条成功经验。"

2023年，一场新时代中国共产党人的"新的学习竞赛"——学习贯彻习近平新时代中国特色社会主义思想主题教育，在全党深入展开。

习近平总书记将其视作"一件事关全局的大事"，亲自谋划、亲自部署、亲自推动。

4月在广东考察时强调"以学铸魂"，5月在陕西解读"以学增智"，6月在内蒙古阐释"以学正风"，7月在江苏号召"以学促干"……行之所至、念兹在兹，习近平总书记为广大党员干部上了一堂堂生动的党课。

时刻保持解决大党独有难题的清醒和坚定，坚持不懈推进党的自我革命，全面从严治党向纵深推进，反腐败斗争持续发力……新时代中国共产党人在党的旗帜下团结成"一块坚硬的钢铁"，心往一处想、劲往一处使，为中华民族伟大复兴号巨轮劈波斩浪、开启关键一程，注入强大动能。

"空谈误国、实干兴邦，一分部署、九分落实。"

从一次次生动而深刻的基层调研，到一项项接续推进的战略部署，从反复叮嘱"一以贯之""久久为功"的工作方法，到鲜明提出四个"抓落实"的工作要求……习近平总书记示范引领，全党全国各族人民撸起袖子加油干，中国式现代化宏伟蓝图正一步步变成美好现实。

交出超大规模经济体在持续承压中回升向好的答卷，在攻坚克难中扎实推进高质量发展，在新的更高起点上打开改革开放崭新局面，全面建设社会主义现代化国家迈出坚实步伐……一个充满活力的中国，升腾着新的希望，展现着新的气象。

锚定首要任务——"以高质量发展全面推进中国式现代化"

京畿大地，河北雄安新区建设现场热火朝天。这座新时代高质量发展的标杆之城，每一天都在书写新的历史。

2023年5月10日，习近平总书记来到雄安新区启动区核心位置，登高远望，塔吊林立的繁忙景象尽收眼底。

总书记勉励现场建设者："这是百年不遇的历史机遇，你们承担着重要的历史任务，要努力啊！"

2023年3月24日拍摄的雄安新区容东片区。

新华社记者 牟宇 摄

一代人有一代人的历史任务。以高质量发展全面推进中国式现代化，是新时代中国共产党人的使命担当。

2023年12月，开局之年的中央经济工作会议，举世瞩目。

波澜壮阔的发展实践中，我们党深化了新时代做好经济工作的规律性认识。在这次会议上，习近平总书记将之概括为"五个必须"：

"必须把坚持高质量发展作为新时代的硬道理""必须坚持深化供给侧结构性改革和着力扩大有效需求协同发力""必须坚持依靠改革开放增强发展内生动力""必须坚持高质量发展和高水平安全良性互动""必须把推进中国式现代化作为最大的政治"。

中国经济是一艘巨轮，体量越大，风浪越大，掌舵领航越重要。

塑造发展新优势，牢牢抓住高水平科技自立自强这个关键，以科技创新推动产业创新——

"新质生产力"——2023年9月，习近平总书记在黑龙江考察期间首次提出这一重要论断。

中央经济工作会议上，总书记深刻阐释："深化供给侧结构性改革，核心是以科技创新推动产业创新，特别是以颠覆性技术和前沿技术催生新产业、新模式、新动能，发展新质生产力。"

以科技创新推动产业创新，以产业升级构筑竞争新优势，使高质量发展更多依靠创新驱动的内涵型增长。

这一年，从实验室、研究院、科学城，到制造业企业、产业园、工业园区，习近平总书记国内考察始终聚焦科技创新，一次次深入科技创新最活跃的地方，多次强调高水平科技自立自强之于中国式现代化的重要意义，对科技创新和产业创新如何深度融合、转化为发展新优势深入调研、谋划部署。

抓住关键，化危为机。这一年，一批关键核心技术取得突破，新能源汽车、锂电池、光伏等"新三样"表现抢眼，人工智能、量子技术等科技新赛道处在世界第一梯队，中国载人航天工程进入空间站应用与发展阶段……创新链产业链资金链人才链加速融合，迸发强大活力。

2023年5月30日，在北京航天飞行控制中心拍摄的神舟十五号航天员乘组与神舟十六号航天员乘组拍下"全家福"的画面。

新华社发（韩启扬 摄）

开拓发展新空间，更好统筹供给侧结构性改革和扩大内需，畅通中国经济大循环——

"总书记好！""欢迎总书记来义乌！"9月20日上午，义乌国际商贸城内，掌声、问候声、欢呼声此起彼伏。

习近平总书记来到这里调研，同商户、小企业主亲切交流。

"你们是从哪里来的？"

"绍兴""内蒙古""约旦"……

"我来自尼泊尔。"一位客商走上前来,用中文介绍自己。

"欢迎你,来采购什么商品?"总书记问。

"想到的都买得到,想不到的也买得到!"听到他的回答,大家都笑了。

小商品闯出了大市场、做成了大产业。总书记希望商贸城再创新辉煌,为拓展国内国际市场、畅通国内国际双循环作出更大贡献。

2023年2月2日,来自印度的客商拉贾(右)在义乌国际商贸城的一家玩具店铺内选购。

新华社记者 黄宗治 摄

新空间,来自超大规模市场和强大生产能力优势结合释放的巨大潜能。

着力扩大国内需求,加快建设现代化产业体系,消费和投资良性循环,供给和需求有效对接……总书记高度重视增强国内大循环的内生动力和可靠性,聚焦制约加快构建新发展格局的主要矛盾和问题开药方、解难题。

新空间,来自城乡融合、区域协调发展释放的广阔纵深。

"推动长三角一体化发展取得新的重大突破,在中国式现代化中走在前列,更好发挥先行探路、引领示范、辐射带动作用。"初冬时节,习近平总书记在上海主持召开深入推进长三角一体化发展座谈会,在长三角一体化发展上升为国家战略实施5周年之际,提出新的要求。

深入推进京津冀协同发展、新时代推动东北全面振兴、进一步推动长江经济带高质量发展……2023年,习近平总书记围绕区域发展多次主持召开专题座谈会，既有一以贯之、不断深化的工作部署，也有着眼新发展、拓展新空间的长远考量。

激活发展新动力，用好关键一招，以更大决心和力度推进改革开放——

2023年，是改革开放45周年和党的十八届三中全会召开10周年。习近平总书记南下广东考察时深刻指出："中国的改革开放政策是长期不变的，一以贯之的。"

回京一周后，习近平总书记主持召开二十届中央全面深化改革委员会第一次会议，着重强调："要把全面深化改革作为推进中国式现代化的根本动力，作为稳大局、应变局、开新局的重要抓手，把准方向、守正创新、真抓实干，在新征程上谱写改革开放新篇章。"

走稳改革之路，扩大开放之门。

这一年，新一轮党和国家机构改革基本完成，中央金融工作会议部署加快金融强国建设，有力构建全国统一大市场，实施国有企业改革深化提升行动，出台促进民营经济发展壮大的意见，构建房地产发展新模式……

2023年12月29日拍摄的海南自贸港重点园区——洋浦经济开发区景色（无人机照片）。
新华社记者 蒲晓旭 摄

这一年，发布稳外资24条政策措施，在5个自贸试验区和海南自由贸易港试点对接相关国际高标准经贸规则，自贸试验区升级扩容至22个，宣布全面取消制造业领域外资准入限制措施……

砥砺奋进，春华秋实。

2023年，面对并不比疫情三年少的压力挑战，中国坚持高质量发展和高水平安全良性互动，推动经济整体好转、回升向好。全年经济社会发展主要预期目标圆满实现，经济预计增长 5.2% 左右，国内生产总值超过 126 万亿元。中国仍是全球增长最大引擎，对全球经济增长贡献约三分之一。

担负新的使命——"建设中华民族现代文明，是推进中国式现代化的必然要求"

北京中轴线，"文化之脊"历久弥新。北延长线上，中国历史研究院的建筑独具匠心，硕大的篆书"史"字高悬其上。

2023年6月2日，在这里召开的文化传承发展座谈会上，习近平总书记的重要讲话贯古通今、指引未来——

"在新的起点上继续推动文化繁荣、建设文化强国、建设中华民族现代文明，是我们在新时代新的文化使命。要坚定文化自信、担当使命、奋发有为，共同努力创造属于我们这个时代的新文化，建设中华民族现代文明。"

在以中国式现代化全面推进中华民族伟大复兴新征程扬帆起航的关键时刻，习近平总书记郑重提出"新的文化使命"，发出"建设中华民族现代文明"的伟大号召，为中华民族伟大复兴标定文化坐标、高擎精神旗帜。

纵览人类历史，一个文明根本的转型，是文化的转型；一个文明真正的新生，是文化的新生。

习近平总书记从新时代新征程审视中华文明，从中华文明的赓续弘扬观察中国式现代化，得出深刻结论："中国式现代化是中华民族的旧邦新命，必将推动中华文明重焕荣光。"

2023年，习近平总书记的文化足迹遍及全国：山西运城博物馆、中国国家版本馆中央总馆、中国考古博物馆、三星堆博物馆、陕西汉中市博物馆、浙东运河文化园、长江国家文化公园九江城区段、江西景德镇陶阳里历史文化街区……

通过深入的考察调研，习近平总书记对新时代党领导文化建设进行着深邃思考和长远谋划。

金秋十月，首都北京，全国宣传思想文化工作会议在京西宾馆召开。

与以往相比，这次会议的名称首次增加了"文化"二字。会议正式提出习近平文化思想，在全党全社会引发热烈反响。

既有文化理论观点上的创新和突破，又有文化工作布局上的部署要求，习近平文化思想明体达用、体用贯通，为做好新时代新征程宣传思想文化工作、担负起新的文化使命提供了强大思想武器和科学行动指南。

在习近平文化思想引领下，中华优秀传统文化的风骨神韵、革命文化的刚健激越、社会主义先进文化的繁荣兴盛在新时代伟大实践中融为一体，神州大地处处勃发着文化创新创造活力。

以文铸魂，文化自信更加坚定——

北京燕山脚下，中国国家版本馆中央总馆掩映在青山茂林之中。中华文明历经沧桑留下的古老典籍，在此"藏之名山、传之后世"。

2022年7月30日拍摄的中国国家版本馆中央总馆（无人机照片）。

新华社记者 李贺 摄

习近平总书记饱含深情的一番话犹在耳畔："我们的文化在这里啊！是非常文明的、进步的、先进的。将来传下去，还要传五千年，还不止五千年。"

在对中华文明作出五个突出特性"精准画像"的基础上，习近平总书记深刻揭示中国共产党和中国人民文化自觉和文化自信的"内在基因"，指出"中华文明历经数千年而绵延不绝、迭遭忧患而经久不衰，这是人类文明的奇迹，也是我们自信的底气"。

如果没有中华五千年文明，哪里有什么中国特色？如果不是中国特色，哪有我们今天这么成功的中国特色社会主义道路？坚定文化自信，就是坚持走自己的路。

习近平总书记立足波澜壮阔的中华五千多年文明史，创造性提出"第二个结合"，让中国特色社会主义道路有了更加宏阔深远的历史纵深，也为充分运用中华优秀传统文化宝贵资源探索面向未来的理论和制度创新开辟了广阔空间。

以文赋能，发展方向更加明确——

7月6日上午，正在江苏考察的习近平总书记，来到苏州古城东北隅的平江历史文化街区。

展板上，一幅刻制于南宋年间的《平江图》，清晰展示着古苏州的平面轮廓和街巷布局。如今的姑苏古城，依然与《平江图》里的整体布局基本一致，古老与现代在此交融共生，绘就一幅独特的江南水乡画卷。

"苏州在传统与现代的结合上做得很好，这里不仅有历史文化的传承，而且有高科技创新和高质量发展，代表未来的发展方向。"习近平总书记指出。

观乎人文，以化成天下。2023年全国两会期间，习近平总书记在参加江苏代表团审议时，专门提出一个课题："文化很发达的地方，经济照样走在前面。可以研究一下这里面的人文经济学。"

文化让经济拥有更深厚的底蕴，经济让文化创造更多元的价值。在习近平文化思想指引下，各地不断推动中华优秀传统文化创造性转化、创新性发展，在现代化道路中厚植人文底色，在人文与经济的良性互动中不断迈向高质量发展。

2023年7月3日，游客乘船在苏州平江历史文化街区休闲游玩。

新华社记者 李博 摄

以文化人，精神伟力更加磅礴——

冬日，阳光铺洒在江苏盐城市建军东路新四军纪念馆，主展馆正门上方的"N4A"臂章图案分外醒目。

弹孔累累的旗帜、锃亮的军号、满是补丁的军服……在这座全面反映新四军历史的综合性纪念馆，每一件静静陈列的文物，都是光辉历史的见证。

12月3日上午，习近平总书记在结束对上海的考察返京途中，专程来到这里参观。

"新四军的历史充分说明，民心向背决定着历史的选择，江山就是人民、人民就是江山。"习近平总书记说，"这是开展革命传统教育、爱国主义教育的生动教材，要用好这一教材，教育引导党员、干部传承发扬不怕困难、不畏艰险、勇于斗争、敢于胜利的精神，紧紧依靠人民，把强国建设、民族复兴伟业不断推向前进。"

没有先进文化的积极引领，没有人民精神世界的极大丰富，没有民族精神力量的不断增强，一个国家、一个民族不可能屹立于世界民族之林。

在习近平总书记引领推动下，以中华优秀传统文化、革命文化、社会主义先进文化培根铸魂、启智润心，中华民族伟大复兴汇聚起自信自强、勇毅前行的磅礴力量。

坚持人民至上——"让现代化建设成果更多更公平惠及全体人民"

东北平原，银装素裹。

黑龙江尚志市老街基乡龙王庙村，厚厚的积雪映着袅袅炊烟。村民杨春贵家的砖房已整修一新，炉子里柴火噼啪作响，屋子里暖意融融。

2023年7月底8月初，华北、东北、黄淮等地出现极端降雨，引发洪涝和地质灾害。习近平总书记密切关注灾情，持续指导救灾工作。

9月初，总书记专程来到龙王庙村察看灾后恢复重建和群众的生活保障情况。从外屋转到里屋炕边，总书记把杨春贵家受损的房子里里外外仔细看了一遍，同他亲切交谈、嘘寒问暖。

房子热了，心里暖了。

这个冬天，从低温雨雪冰冻灾害，到甘肃积石山6.2级地震，习近平总书记时刻牵挂人民群众冷暖安危，第一时间作出重要指示，全面部署应急救援和灾后重建工作。

"我将无我，不负人民。"推进中国式现代化建设的征程上，中国共产党人初心如磐。

"现代化不仅要看纸面上的指标数据，更要看人民的幸福安康"——

2023年12月19日，武警甘肃总队临夏支队官兵在甘肃省临夏回族自治州积石山县刘集乡阳洼村展开救援。

新华社发（侯崇慧 摄）

11月29日，上海市闵行区新时代城市建设者管理者之家。新上海人郑岚予和母亲在租住的两室一厅里迎来习近平总书记。

"租金贵不贵？""不贵，住得很舒服。"回答总书记的问题，郑岚予笑容灿烂，"感谢党和政府，让我在上海有了一个家。"

总书记又接连走进两间宿舍型租赁房，倾听护理员、保安等基层一线劳动者讲述追求美好生活的故事。

"城市不仅要有高度，更要有温度。"习近平总书记深情地说，要践行人民城市理念，不断满足人民群众对住房的多样化、多元化需求，确保外来人口进得来、留得下、住得安、能成业。

中国式现代化是以人民为中心的现代化。

中央财经委员会第一次会议研究以人口高质量发展支撑中国式现代化问题，中央政治局第五次集体学习聚焦加快建设教育强国，中央政治局会议强调把稳就业提高到战略高度通盘考虑……

2023年，百姓的身边事、贴心事、具体事不断融入党和国家发展的顶层设计，现代化建设更好回应了人民群众各方面诉求和多层次需要。

"中国式现代化既要有城市的现代化，又要有农业农村现代化"——

广西来宾市国家现代农业产业园，万亩糖料蔗基地一望无垠。

半个多月前，正值甘蔗榨季，习近平总书记考察期间走进甘蔗林。蔗农霍佳丽兴奋地向总书记汇报，2023年种了10亩甘蔗，亩产7吨多，预计能收入近4万元。

"除了种甘蔗，平常还有其他收入吗？"

"我和爱人农闲时在家附近的木板厂打工，一年能干10个月，每月能挣7000多元。"

"这么算下来，一年能有10多万了。"总书记欣慰地说，祝愿乡亲们的生活像甘蔗一样甜蜜！

一根甘蔗两头甜。习近平总书记又来到制糖企业了解甘蔗深加工情况，叮嘱大家："农业生产布局关乎发展与安全。种植面积要稳定，品种、技术也要提高，把这个特色优势产业做强做大。"

乡村振兴，是习近平总书记始终关心的重点领域。

锚定建设农业强国目标，全面落实粮食安全党政同责，树立大农业观、大食物观，守住耕地这个命根子，强化科技和改革双轮驱动，确保不发生规模性返贫，提升乡村产业发展水平、乡村建设水平、乡村治理水平……

乡村振兴事关中国式现代化建设全局，习近平总书记从战略高度统筹谋划、科学推进。

2023年8月26日，贵州省岑巩县水尾镇新场村的农民将收获的杂交水稻种子装车。

新华社记者 杨文斌 摄

2023年，我国粮食产量再创历史新高，连续9年稳定在1.3万亿斤以上，农民收入较快增长，农村社会和谐稳定，广大乡村展现一幅幅新图景。

"让各族人民实实在在感受到推进共同富裕在行动、在身边"——

浙江，高质量发展建设共同富裕示范区。9月20日，习近平总书记浙江考察的第一站义乌市后宅街道李祖村是共同富裕示范村。

村广场"共富市集"上，"90后"返乡大学生方天宁告诉总书记，自己发动30多名村民编织竹篮，可为他们每人每月增收2000元左右。

习近平总书记高兴地说，乡亲们要努力奋斗，一起奔向共同富裕的美好明天。

奔向共同富裕，从推动协调发展解决区域发展不平衡问题，到进一步健全城乡融合发展体制机制，总书记指明方向路径。

中国式现代化是全体人民共同富裕的现代化。

"从全国来看，推动全体人民共同富裕，最艰巨的任务在一些边疆民族地区。这些边疆民族地区在走向共同富裕的道路上不能掉队。"

"确保老区人民共享改革发展成果，过上幸福生活，是推进全体人民共同富裕的底线任务。"

庄严承诺，矢志不渝。

"中国共产党没有自己的私利，执政就是为人民服务，就是让人民群众幸福起来。"习近平总书记道出人民至上的真谛。

携手开创未来——"努力以中国式现代化新成就为世界发展提供新机遇"

环顾全球，世界之变、时代之变、历史之变正以前所未有的方式展开，世界进入新的动荡变革期。新的征程，新的使命，中国特色大国外交肩负更加积极主动的历史担当。

2023年，习近平总书记4次出访，在国内数十次会晤到访的各国各界人士，主持或出席中国—中亚峰会、第三届"一带一路"国际合作高峰论坛等主场外交活动，并在年底举行的中央外事工作会议上对当前和今后一个时期的对外工作作了全面部署。

把握大势，开创崭新局面——

"你的访问开启了中洪关系新的历史篇章。"2023年6月12日，习近平总书记热情迎接首度访华的洪都拉斯总统卡斯特罗。

3月，在习近平总书记亲自关心下，中国同洪都拉斯签署中洪建交公报。至此，中国已同182个国家建立外交关系，朋友圈再次扩大。

2023年10月17日在北京国家会议中心附近拍摄的"一带一路"国际合作高峰论坛景观布置。

新华社记者 陈斌 摄

  备受关注的"一来一往",彰显经受住风浪考验的中俄关系:

  3月,再次当选国家主席后,习近平总书记首访来到俄罗斯,拉开2023年元首外交新帷幕。10月,俄罗斯总统普京来华出席第三届"一带一路"国际合作高峰论坛,习近平总书记说:"2013年至今的十年里,我们先后42次会晤,建立了良好的工作关系和深厚友谊。"

  "双方坚持在不结盟、不对抗、不针对第三方原则基础上巩固和发展双边关系,树立了新型大国关系典范。"面对瞬息万变的国际形势,中俄两国永做好邻居、好朋友、好伙伴的意愿坚定不移。

  举世瞩目的元首会晤,凸显做好"最大发展中国家与最大发达国家如何正确相处"必答题的责任担当:

  一段时间以来,由于美方在落实巴厘岛共识上出现严重"行动赤字",导致中美关系出现新的困难。新的历史时期,中美关系去向何方?

  11月15日,旧金山斐洛里庄园,中美元首会晤。会谈、午宴、散步,全程使用同传,两国元首扎扎实实谈了4个小时。午宴前,美国总统拜登特地向习近平总书记展示了手机里的一张照片。那是1985年任正定县委书记时,习近平同志到旧金山访问在金门大桥前的留影。"您一点都没变!"拜登总统说。现场响起一阵轻松愉快的笑声。

"我和总统先生是中美关系的掌舵者,对人民、对世界、对历史都担负着沉甸甸的责任。"习近平总书记道出中美两国合则两利、斗则两伤的历史和现实逻辑。

"共同树立正确认知""共同有效管控分歧""共同推进互利合作"……在历史关头,习近平总书记推动中美关系稳下来、好起来。

意味深长的特殊安排,体现推动不同文明交流互鉴的中国智慧:

4月7日,习近平总书记同法国总统马克龙在广州举行非正式会晤。古琴演奏《流水》余韵悠长,深深打动了马克龙。马克龙现场询问乐曲名称,并请工作人员记录下来。

相知无远近,万里尚为邻。

这一年,习近平总书记同欧方领导人频密互动,明确指出,在当前动荡加剧的国际形势下,中欧关系具有战略意义和世界影响。

同各国政党领袖"云"聚一堂、接受南非总统拉马福萨授予的"南非勋章"、同越共中央总书记阮富仲手拉手并肩迈步……走过2023年,在元首外交引领下,中国广交深交朋友,不断书写相互交融、相互成就的新篇章。

胸怀天下,共享发展繁荣——

2023年11月28日,X8155次中欧班列在西安国际港站等待出发开往德国汉堡。

新华社记者 邹竞一 摄

"我们追求的不是中国独善其身的现代化,而是期待同广大发展中国家在内的各国一道,共同实现现代化。"

10月举行的第三届"一带一路"国际合作高峰论坛上,习近平总书记提出"推动实现世界各国的现代化",赢得广泛共鸣。

"我必须来!"联合国秘书长古特雷斯连续三次来华出席"一带一路"国际合作高峰论坛。10年来,在习近平总书记亲自谋划、亲自部署、亲自推动下,在各方的共同努力下,共建"一带一路"从中国倡议走向国际实践,为世界经济增长开辟了新空间。

中国和印尼共建雅万高铁,让东南亚有了高速铁路;中老铁路助力老挝实现从"陆锁国"到"陆联国";中欧班列1月至11月累计开行16145列……"共建'一带一路'源自中国,成果和机遇属于世界",习近平总书记的讲话,彰显"为天下谋大同"的大国胸襟。

立己达人。中国始终把中国人民利益同各国人民共同利益紧紧相系——

5月初夏,古都西安,中国—中亚峰会,党的二十大之后首场重大主场外交活动。习近平总书记同中亚五国元首种下6棵寄托着美好期待的石榴树,共同展望明天;

2023年5月18日在陕西省西安市大唐芙蓉园拍摄的中国—中亚峰会欢迎仪式。
新华社记者 申宏 摄

7月盛夏，成都大运会。青春盛会上，习近平总书记表示"以团结的姿态应对全球性挑战"；

9月仲秋，杭州亚运会。习近平总书记宣示"以体育促和平""以体育促团结""以体育促包容"……

国际媒体评论，2023年是属于中国的"盛会之年"。中国以实际行动，推动经济全球化更加开放、包容、普惠、平衡、共赢。

博鳌亚洲论坛，发出"团结合作迎挑战，开放包容促发展"强音；新冠疫情之后，进博会首次全面恢复线下办展；举办首届链博会，为维护全球产业链供应链安全稳定主动担当……

2023年11月30日，链博会绿色农业链展区参观者络绎不绝。

新华社记者 李贺 摄

在世界经济低迷背景下，中国仍是促进全球发展的"主引擎"。

应变解困，彰显大国担当——

11月21日，金砖国家领导人一场"云聚首"牵动世人目光。彼时，新一轮巴以冲突已造成上万人伤亡，民众祈盼止战与持久和平。

"中方呼吁尽快召开更具权威性的国际和会，凝聚国际促和共识……"习近平总书记提出停火止战等主张，以正义之声、和平之声为动荡的世界注入希望。

这一年，越来越多中国智慧、中国理念、中国贡献在国际舞台上展现光彩——是中国，成功促成沙特、伊朗在北京对话并恢复外交关系；是中国，和其他金砖国家一道，积极推进金砖扩员；是中国，在 11 月主持安理会巴以问题高级别会议……

"不搞意识形态对立，不搞地缘政治博弈，也不搞集团政治对抗""让世界文明百花园姹紫嫣红、生机盎然"……中国式现代化带给世界的是和平而非动荡，是机遇而非威胁。不论新朋还是老友、远亲还是近邻、发展中国家还是发达国家，有目共睹。

"支持习近平主席提出的系列全球倡议""愿同中方密切在联合国、金砖机制等多边框架内的沟通协作"……外国政要在不同场合纷纷表达赞许和钦佩之情。

在世界处于十字路口的重要关头，习近平总书记提出的构建人类命运共同体理念和全球发展倡议、全球安全倡议、全球文明倡议，在国际社会上愈加显示出强大的影响力、感召力、引领力。

大道如砥，壮阔无垠。

2024 年，新中国成立 75 周年，全国人民代表大会成立 70 周年，实施"十四五"规划进入关键一年，推进中国式现代化建设任务艰巨，前景壮阔。让我们更加紧密地团结在以习近平同志为核心的党中央周围，坚定信心、团结奋斗，爬坡过坎、攻坚克难，坚定不移朝着强国建设、民族复兴的宏伟目标奋勇前进！

第四编　专题国情

"一带一路"10周年

长风万里启新程

——全球瞩目高质量共建"一带一路"开启新阶段

金秋的北京，用绚烂的色彩和饱满的热情拥抱一场国际盛会。第三届"一带一路"国际合作高峰论坛成功举办，为共建"一带一路"长卷留下浓墨重彩的一笔，也成为推动全球发展的历史性时刻。

习近平主席在论坛开幕式上发表主旨演讲，回顾10年成就，总结成功经验，宣布中国支持高质量共建"一带一路"八项行动，为"一带一路"明确了新方向，开辟了新愿景，注入了新动力。

十年耕耘，梦想的种子长成参天大树，结出累累硕果。共建"一带一路"不断走深走实，铺就一条互利共赢、繁荣发展的大道。

面向未来，共建"一带一路"将更具创新与活力，更加开放和包容，为共同发展开拓广阔空间，为各国现代化事业增添澎湃动能，奏响构建人类命运共同体的新篇章。

按下推进各国现代化的"快进键"

2023年10月17日，伴随着热烈的掌声和快门闪动声，习近平主席同印度尼西亚总统佐科共同为雅万高铁正式开通运营揭幕。

佐科总统把雅万高铁列车命名为"Whoosh"，这既是高铁疾驰时呼啸而过的声音，也是印尼语"省时""高效"和"先进"的首字母缩写，生动表达出印尼民众的亲身感受和喜悦之情。

加速前行的列车，驶向现代化，驶向美好未来。

这次论坛提出的最宏伟愿景是携手实现世界现代化。实现现代化是各国人民的共同期待，也是应有权利。我们需要怎样的现代化，如何实现现代化，如何增强现代化成果的普惠性、包容性，这些时代课题迫切需要作答。

在论坛开幕式上，习近平主席与世界分享了自己的思考："世界现代化应该是和平发展的现代化、互利合作的现代化、共同繁荣的现代化。""我们追求的不是中国独善其身的现代化，而是期待同广大发展中国家在内的各国一道，共同实现现代化。"

温暖坚定的话语，彰显引领历史进步的勇气与担当，展现立己达人、兼善天下的大国襟怀，在国际社会引发强烈共鸣。

现场聆听习近平主席演讲的利比里亚驻华大使达德利·托马斯深受触动。他说，通过共建"一带一路"，不少非洲国家极大改善了自身的基建条件，获得融资、知识和技术，培养了人才，这些都是迈向现代化的基础条件。

近年来，中非在共建"一带一路"倡议和中非合作论坛等机制平台上不断深化农业务实合作，硕果累累。2023年6月20日，在布隆迪布班扎省吉汉加县，中国援布农业专家组与翻译在一处杂交水稻田考察。

新华社记者 韩旭 摄

在托马斯看来，共建"一带一路"带来了"真正的发展"，拓展了发展中国家走向现代化的路径选择。"只有非洲发展起来了，世界才能实现整体发展。人类是一个整体，我们不应该让任何人掉队。"

当前，全球发展事业面临严峻挑战，贫富差距和南北鸿沟不断扩大。"一带一路"打造了共同发展的合作平台，助力许多发展中国家加快了迈向现代化的步伐。

10年来，共建"一带一路"拉动近万亿美元投资规模，形成3000多个合作项目，为共建国家创造42万个工作岗位，让近4000万人摆脱贫困。中国和共建国家对接发展战略，分享发展路径，共绘发展新图景，携手走向现代化之路。

"我们修建了有史以来最多的公路,过去10年的发展成果,超过以往30年的总和。"塞尔维亚官员达尼耶尔·尼科利奇谈及共建"一带一路"给塞尔维亚带来的巨变充满骄傲。

2023年5月5日,在河钢集团塞尔维亚斯梅戴雷沃钢厂拍摄的成品钢卷。

新华社记者 任鹏飞 摄

"共建'一带一路'让中亚变成连通欧亚的桥梁,获得以前不敢想象的便捷和机遇。"接受记者采访时,吉尔吉斯斯坦前总理朱马尔特·奥托尔巴耶夫的眼中闪着希望的光芒。

从亚洲到非洲,从沙漠到海洋,这一世界工程、世纪工程汇聚五洲四海的智慧力量,激活共建国家的发展动能,诠释着"世界好,中国才会好;中国好,世界会更好"的意涵。

在智库交流专题论坛上,塞尔维亚前总统鲍里斯·塔迪奇指出,中国赋予现代化新的内涵,倡导不同国家和谐相处、经济社会和谐共进,"这是对世界现代化的重要贡献,更代表着希望和未来"。

高质量发展的"动力源"

"如果没有地球,我们的子孙将居住在哪里?"巴布亚新几内亚总理马拉佩在绿色发展高级别论坛上动情呼吁,"习近平主席说'赠人玫瑰则手有余香',希望我们都可以做赠人玫瑰的人,来共同拯救我们的星球。"

本届"一带一路"国际合作高峰论坛形成的重要共识是开启高质量共

建"一带一路"新阶段。习近平主席指出,中方愿同各方深化"一带一路"合作伙伴关系,推动共建"一带一路"进入高质量发展的新阶段,得到各方积极呼应支持。

2023 年 10 月 17 日拍摄的"一带一路"企业家大会签约仪式现场。

新华社记者 王毓国 摄

哈萨克斯坦总统托卡耶夫赞叹,共建"一带一路"已成为有巨大吸引力的国际公共产品和重要合作平台。乌兹别克斯坦总统米尔济约耶夫说,共建"一带一路"打造了国际合作的新模式,推动共同进步与繁荣。在当前地缘政治形势复杂的背景下,"这一倡议的意义尤为凸显"。

习近平主席宣布的中国支持高质量共建"一带一路"的八项行动,包括构建"一带一路"立体互联互通网络、促进绿色发展、推动科技创新等重大举措,也包括开展务实合作、支持民间交往、完善"一带一路"国际合作机制等具体项目。

这些实打实的举措,诠释着共商共建共享、开放绿色廉洁、高标准惠民生可持续等重要指导原则,也为世界描绘了一个包容、合作、可持续的未来。

联合国秘书长古特雷斯说,在共建"一带一路"倡议推动下,各国在基础设施领域获得更多机遇,加速落实可持续发展目标,"这为数十亿民众以及我们共享的地球带来希望和进步"。

秘鲁驻华大使马尔科·巴拉雷索告诉记者,他理解的高质量共建"一带一路"，与科技创新、数字经济、绿色发展、应对气候变化等议题紧密相连。世界正在经历深刻复杂变化，共建"一带一路"将为动荡的世界注入更多确定性和发展新动能。

对于习近平主席宣布的八项行动，格鲁吉亚副总理兼经济和可持续发展部部长列万·达维塔什维利高度赞赏。他在互联互通高级别论坛上表示，共建"一带一路"促进地区互联互通，提升物流、运输等领域数字化水平，有效降低贸易壁垒。

"点击一次按钮，就能跨越不同大陆间的距离，这是数字时代带来的无尽机遇。弥合数字鸿沟，迎接数字经济的愿景，必须要有坚实的设施基础，'一带一路'框架下的合作将进一步提升非洲的经济活力。"肯尼亚总统鲁托在数字经济高级别论坛上的发言，道出发展中国家尤其是非洲国家的心声。

2023年9月20日拍摄的肯尼亚蒙巴萨油码头（无人机照片）。

新华社发

在绿色发展高级别论坛期间，"人人享有可持续能源"首席执行官兼联合国秘书长特别代表达米洛拉·奥贡比伊告诉记者，过去十年间，共建"一带一路"国家在推动能源绿色转型领域成效显著。"习主席在主旨演讲中提到推动绿色发展，相信今后能够在共建'一带一路'中看到更多变革性的绿色能源项目。"

深入的交流，广泛的共识，汇聚前行的力量。论坛期间，各方共形成了458项成果，包括《深化互联互通合作北京倡议》《"一带一路"绿色发展北京倡议》《"一带一路"数字经济国际合作北京倡议》等重要合作倡议和制度性安排。

参加论坛的巴基斯坦学者、清华大学研究员明竺说，中国支持高质量共建"一带一路"的具体举措，着眼人类共同福祉，既有全球视野，也有实际行动，"这就是我们这个时代迫切呼唤的领导力"。

开启美好未来的"金钥匙"

18日上午，人民大会堂会场内，两排气势恢宏的旗阵吸引众人目光。参加高峰论坛开幕式的嘉宾纷纷走到本国国旗前合影。

多彩旗帜彰显着共建"一带一路"的成果之丰，也见证着各国共迎挑战、共创未来的团结之志、同行之愿。

"共建'一带一路'坚持共商共建共享，跨越不同文明、文化、社会制度、发展阶段差异，开辟了各国交往的新路径，搭建起国际合作的新框架，汇集着人类共同发展的最大公约数。"习近平主席的话语，深刻揭示了共建"一带一路"的时代价值和文明底色。

当前，世界进入新的动荡变革期，人类发展面临前所未有的挑战。高峰论坛从北京向世界发出了清晰而明确的信号，那就是，要团结不要分裂，

2023年9月6日，与会嘉宾在第六届丝绸之路（敦煌）国际文化博览会上参观敦煌文化主题展。

新华社记者 马希平 摄

要合作不要对抗，要开放不要封闭，要共赢不要零和。在变乱交织的百年变局之中，共建"一带一路"给世界带来的，永远是稳定性，永远是正能量。

"'一带一路'合作取得的成果，是共商共建共享原则在全球治理中的成功实践。"参与论坛的尼泊尔前总理贾拉·纳特·卡纳尔表示。匈牙利央行行长毛托尔奇·捷尔吉认为，各国通过共建"一带一路"合作可以共同建立和谐的国际秩序，"这是我们对未来的期待"。

秉持真正的多边主义，共建"一带一路"从来不是中国一家的独奏，而是各方的大合唱。在真诚对话、平等交流、开放合作中，共建"一带一路"为国家间交往提供了新的范式，推动全球治理体系朝着更加公正合理的方向发展。

"'一带一路'加强了不同人群、文化、宗教、知识间的相遇，这种相遇塑造了文明，激发了创造，丰富了学术，孕育了文学和科学宝藏，推动了文化传承和艺术发展。"联合国教科文组织前总干事伊琳娜·博科娃在智库交流专题论坛上用诗意的语言阐释共建"一带一路"如何推动文明对话、促进民心相通。

"我们有了新课桌、新板凳，还有新的教学楼。"在民心相通专题论坛上，来自老挝中老友好农冰村的小学生蓬批湾讲述学校发生的变化，幸福写满稚嫩的脸庞。

2019年，作为中老友谊和共建"一带一路"合作的见证者和受益者，

发展路、幸福路、友谊路。

2023年10月5日，在云南景洪市的中老铁路西双版纳站，旅客有序进入站台乘车。

新华社发（李云生 摄）

老挝中老友好农冰村小学师生致信习近平主席表达感谢,习近平主席复信欢迎他们"早日乘上中老铁路列车来到北京"。"现在我们如愿来了,感觉特别棒。"蓬批湾说。

坐在台下的老挝国会副主席宋玛·奔舍那看到这一幕很感慨:"不同国家间的年轻人应该多交流。正如习近平主席所说,国之交在于民相亲。"

在新加坡学者马凯硕看来,"一带一路"合作平台凝聚了来自不同国家人民的共同声音,"共建'一带一路'倡议将成为提振人类发展进程的宏大倡议"。联合国副秘书长、文明联盟高级代表莫拉蒂诺斯则认为,"一带一路"倡议将为不同国家互利共赢、不同文明包容互鉴"提供一种崭新范式"。

"我们要有乱云飞渡仍从容的定力,本着对历史、对人民、对世界负责的态度,携手应对各种全球性风险和挑战,为子孙后代创造和平、发展、合作、共赢的美好未来。"习近平主席坚定有力的话语,为推动共建"一带一路"行稳致远提供行动指南。

十年春华秋实,共建"一带一路"站在了历史正确一边,符合时代进步的逻辑,走的是人间正道。

站上新的历史起点,展望下一个金色十年,着眼更长远的未来,中国将同"一带一路"共建国家继续携手并肩,推动建设一个开放包容、互联互通、共同发展的世界,向着构建人类命运共同体的光明目标不断前行。

携手拓展造福世界的幸福路

——"一带一路"大道同行十年间

举世瞩目的第三届"一带一路"国际合作高峰论坛于2023年10月17日至18日在北京举行,主题为"高质量共建'一带一路',携手实现共同发展繁荣"。10年前,国家主席习近平提出共建"丝绸之路经济带"和"21世纪海上丝绸之路",即共建"一带一路"倡议,为世界描绘了一幅互联互通、合作共赢的宏伟蓝图。

10年来,从谋篇布局的"大写意"到精谨细腻的"工笔画",共建国家共同将这份宏伟蓝图绘制成一幅壮丽多姿、精彩纷呈的"丝路画卷":中老铁路让老挝从"陆锁国"变成"陆联国",希腊比雷埃夫斯港货轮繁忙进出,斯里兰卡普特拉姆电站点亮万家灯火……放眼望去,壮丽的"丝路画卷"上,展现的是各国民众携手创造幸福美好生活、共同建设更加和平繁荣世界的动人前景。

十年有成 书写互联互通"大文章"

"四海之内若一家""通流财物粟米,无有滞留,使相归移"。千百年前,中国先人就如此憧憬贸易畅通、共同富裕的美好图景。今天的"一带一路"建设正在努力让愿景变成现实。

习近平主席指出:"共建'一带一路',关键是互联互通。"10年来,"一带一路"共建国家弘扬以和平合作、开放包容、互学互鉴、互利共赢为核心的丝路精神,以互联互通为主线,促进政策沟通、设施联通、贸易畅通、资金融通、民心相通,不断实现更加深入的经济大融合、发展大联动、成果大共享。

中国与共建国家推进战略规划对接,政策沟通不断深化。截至2023年6月底,中国与五大洲的150多个国家、30多个国际组织签署了200多份共建"一带一路"合作文件。中国分别于2017年、2019年、2023年成功举办首届、第二届和第三届"一带一路"国际合作高峰论坛。共建各方不断加强政策沟通,达成合作共识,凝聚起携手推动高质量共建"一带一路"的强大合力。

2023年9月11日在埃及开罗以东拍摄的建设中的新行政首都中央商务区。

新华社发(艾哈迈德·戈马 摄)

共建"一带一路"在设施联通方面攻坚克难，不断取得新的进展和突破。在共建"一带一路"倡议框架下，一项项重大工程顺利竣工，一个个标志性设施启用：马尔代夫的跨海大桥通行流量已达上亿人次，埃及新行政首都中央商务区的"非洲第一高楼"拔地而起，雅万高铁将印度尼西亚首都雅加达和旅游名城万隆两地间的通行时间从3个多小时缩短到40多分钟……10年来，"六廊六路多国多港"的互联互通架构基本形成，陆、海、天、网"四位一体"互联互通布局不断完善。

汉班托塔港是中斯共建"一带一路"重点合作项目，位于斯里兰卡南端，是一座综合性人工深水海港。图为2021年12月14日拍摄的汉班托塔港堆场。

新华社记者 唐璐 摄

"一带一路"共建国家间贸易畅通水平不断提升，贸易自由化便利化水平不断提升。贸易投资规模稳步扩大，新能源汽车、工程机械和工程车辆、家用电器等"中国制造"对共建国家出口规模不断扩大，泰国香米、肯尼亚牛油果、乌兹别克斯坦巧克力等共建国家的优质食品越来越多摆上中国人的餐桌。统计数据显示，2013至2022年，中国与共建国家进出口总额累计19.1万亿美元，年均增长6.4%。2022年，中国与共建国家进出口总额近2.9万亿美元，占同期中国外贸总值的45.4%，较2013年提高了6.2个百分点。

"一带一路"金融交流合作不断向纵深拓展，为共建"一带一路"提供可持续的强大动力。在古丝绸之路的重要枢纽撒马尔罕，撒马尔罕旅游中心2022年顺利建成，上海合作组织成员国元首理事会第二十二次会议就在旅游中心内的撒马尔罕国际会议中心举行。这座丝路古城的新地标，是在丝路基金向乌兹别克斯坦国家对外经济银行提供的专项人民币贷款支持下开发建设而成，是共建"一带一路"资金融通不断扩大的一个缩影。截至2023年6月底，丝路基金累计签约投资项目75个，承诺投资金额约220.4亿美元；亚洲基础设施投资银行已有106个成员，批准227个投资项目，共投资436亿美元，项目涉及交通、能源、公共卫生等领域。

2019年8月30日航拍的连接马尔代夫首都马累和机场岛的中马友谊大桥。

新华社发（王明亮 摄）

"一带一路"共建国家之间的人文交流不断丰富和深入，各国民心相通的桥梁更加通畅。几年前，黎巴嫩影片《何以为家》在中国上映，打动无数中国观众；近年来，中国现实题材电视剧《人世间》《山海情》等作品在几十个"一带一路"共建国家热播。10年来，中国与共建国家广泛开展多层次、多领域人文交流，教育、文化、体育等领域合作有声有色，各类丝绸之路文化年、旅游年、艺术节、影视桥、研讨会、智库对话等人文合作项目拉近了共建各国民众心与心的距离，将不同文明间交流互鉴不断推向深入，也为高质量共建"一带一路"夯实民意基础。

"时人不识凌云木，直待凌云始道高。"从10年前的一个倡议，到今天成为惠及各国亿万民众的幸福之路，"一带一路"建设发展速度之快、取得成果之丰，令世界赞叹。塞尔维亚前总统博里斯·塔迪奇说："在'一带一路'倡议提出的初期，我们完全没有预想到它会给世界带来如此巨大的变化，能够引发如此深远的影响。"

携手同心 奏响和平发展"协奏曲"

当今世界，和平赤字、发展赤字、安全赤字、治理赤字有增无减，人类社会面临前所未有的挑战。要和平，不要战乱；要发展，不要贫困，是世界上绝大多数国家的共同心声。共建国家携手齐心，将"一带一路"建设不断推向深入，不断为消弭"四大赤字"作出巨大贡献，为世界和平与发展事业打下更加坚实根基。

"一带一路"建设的深入，让和平发展的理念在国际社会更加深入人心，让共建国家同走和平发展道路的决心更加坚定。

2022年11月23日拍摄的"复兴号"列车通过中老铁路元江特大桥（无人机照片）。

新华社记者 胡超 摄

2000多年前，张骞出使西域，打通东方通往西方的道路；15世纪初，中国航海家郑和七次远洋航海，留下千古佳话。这些开拓事业之所以名垂青史，是因为它们的主题不是掠夺与争战，而是文化和贸易、交流和友谊。今天的共建"一带一路"倡议继承着"和平""友好""交流"的历史文化基因，谱写着各国共同维护和平、促进交流的时代新篇。

不少古丝绸之路沿线地区曾经是"流淌着牛奶与蜂蜜的地方"，如今却成了冲突动荡和贫困落后的代名词。在和平、合作的国际环境中实现发展，是越来越多国家尤其是常年遭受动荡国家民众的共同期盼。共建"一带一路"倡议顺应各国人民过上更好日子的强烈愿望，带动越来越多国家共同走和平发展道路，不断壮大着维护世界和平的力量。

伊拉克曾饱受战争摧残，而在如今的伊拉克，重建家园、努力推动经济发展是伊拉克人民最大的心愿。中国和伊拉克2015年签署共建"一带一路"合作文件，近年来，中企承建的瓦西特省华事德电厂、巴比伦省希拉污水处理厂等一大批兼具经济和社会效益的项目顺利落地，推动了当地经济社会发展，民众生活的改善正从根本上消除动荡的根源，巩固近几年好转的安全局势。

阿联酋经济部次长阿卜杜拉·萨利赫说，共建"一带一路"倡议为地区的和平稳定带来机遇，为实现共同发展创造了典范。

"一带一路"建设的不断深入，让全球发展的动能更加强劲，让各国致力于共同发展的基础更加牢固。

中巴经济走廊为巴基斯坦经济社会发展注入强劲动能，蒙内铁路对肯尼亚经济增长的贡献率达2%，中欧班列"钢铁驼队"开辟了亚欧大陆供应链的新通道……共建"一带一路"，始终聚焦发展这个根本性问题，推动共建各国实现更加强劲的发展。

2023年9月20日在肯尼亚首都内罗毕拍摄的蒙内铁路内罗毕站（无人机照片）。

新华社记者 韩旭 摄

习近平主席强调，"在人类追求幸福的道路上，一个国家、一个民族都不能少。世界上所有国家、所有民族都应该享有平等的发展机会和权利"。共建"一带一路"十分重视广大发展中国家的发展权益。"一带一路"建设搭建起共同发展的全球网络，让经贸合作的血液流向那些需求最迫切的国家。

"一带一路"建设正努力帮助许多国家摆脱贫穷的困境，迎来发展的春天。

老挝副总理兼外长沙伦赛说，老挝从"一带一路"倡议中"受益良多"，从减贫脱贫到建设基础设施、实现联动发展，中国倡议为老挝经济复苏作出了重大贡献。约旦前副首相、经济学家贾瓦德·阿纳尼认为，共建"一带一路"倡议将使发展中国家，特别是一些亚洲和非洲的国家，"有机会真正依靠自己的力量站起来"。

2021年8月12日，福建农林大学国家菌草工程技术研究中心副主任林冬梅（中）为非洲留学生讲解菌草鹿角灵芝的栽培情况。

新华社记者 林善传 摄

近年来，一些国家内顾倾向抬头，贸易保护主义趋势加剧，给经济全球化、贸易自由化带来巨大阻力，国际社会对此十分担忧。共建"一带一路"倡议推动全方位开放合作，推进更有活力、更加包容、更可持续的经济全球化进程，得到越来越多国家的支持，也为继续推进构建更加开放的世界经济提供了新的路径。

委内瑞拉作家、国际问题专家罗德里格斯·格尔芬施泰因在接受新华社记者专访时表示，中国提出的共建"一带一路"倡议，旨在通过一个个合作项目将亚洲、非洲、欧洲和拉美等区域连接起来，促进各国贸易和投资，有助于营造和平健康的国际环境，为世界的繁荣发展作出了积极贡献。

天下一家 走向和合共生"幸福路"

共建"一带一路"倡议倡导共商共建共享，促进互联互通，其中蕴含的以人为本、包容发展、命运与共等理念，为助力世界走出发展困局、迈向持久繁荣贡献了中国智慧。

共建"一带一路"注重以人为本。在"一带一路"建设中，既有宏大擘画，也有细处关照，因地制宜筹划项目，注重参与个体的现实需求。马拉维600眼水井成为润泽当地15万民众的"幸福井"，"鲁班工坊"帮助塔吉克斯坦等国众多年轻人掌握职业技能，巴布亚新几内亚等国民众称赞中国菌草是"致富草""幸福草"……许多"小而美、见效快、惠民生"项目扎实推进，不断增强共建国家民众的获得感、幸福感。

2023年4月12日，学生们在塔吉克斯坦首都杜尚别的鲁班工坊内学习与实践。
新华社发（奥斯帕诺夫 摄）

共建"一带一路"注重包容发展，走的是一条各方携手前进的阳光大道，在团结新兴经济体力量的同时增进了发达国家与发展中国家的交流互动，凝聚和平衡了推动全球发展的各方力量，弥补了既有全球治理体系的不足。

共建"一带一路"的持续深入推进，也带来了全球治理理念的创新。各国携手做大共同利益的"蛋糕"，让合作共赢的理念更加深入人心；"一带一路"建设秉持共商共建共享原则，让真正的多边主义得到弘扬，为更加民主、公正的全球治理提供良好示范；"一带一路"建设跨越政治制度、发展方式、文化传统等差异，通过文明交流互鉴增进政治互信、超越文明隔阂，促进不同文明走向和合共生。正如习近平主席所说："我提出构建人类命运共同体，倡议共建'一带一路'，就是在反复思考世界各国应如何在千差万别的利益和诉求中实现共商共享、和而不同、合作共赢。"

新时代中国高举和平、发展、合作、共赢的旗帜，创造性提出推动构建人类命运共同体、共建"一带一路"等理念和倡议，体现了中国致力于汇聚各国人民求和平谋发展盼稳定的最大公约数。中国以实际行动推动不同文化背景和发展程度国家之间实现更好相处，推动全球治理朝着更加公正合理的方向发展。巴基斯坦前总理肖卡特·阿齐兹说，他从一开始就赞同共建"一带一路"倡议，"因为我们必须换个角度看世界、看问题"。

中华民族历来讲求"天下一家"，主张"民胞物与、协和万邦"，遵循"强不执弱，富不侮贫"的交往原则，憧憬"大道之行，天下为公"的美好世界。新时代中国提出并不断深入推进共建"一带一路"，正是基于五千多年的文明传承。中美洲议会议长阿马多·塞鲁德说，维护和平、为人类创造发展机遇和幸福生活才是光明正道，中国是助力世界稳定前行的重要力量。

"潮平两岸阔，风正一帆悬。"展望未来，共建"一带一路"合作必将在更大范围、更高水平、更深层次开展，进一步促进各国经济社会发展，让各国民众享受更多发展成果，为推动构建人类命运共同体注入不竭的动力。

"一带一路"十年，这些亮点令外媒瞩目

2023年10月10日，国务院新闻办公室发布的《共建"一带一路"：构建人类命运共同体的重大实践》白皮书指出，截至2023年6月底，中国已与五大洲的150多个国家、30多个国际组织签署了200多份共建"一带一路"合作文件。

十年来，在各方共同努力下，共建"一带一路"从中国倡议走向国际实践，从理念转化为行动，从愿景转变为现实，从谋篇布局的"大写意"到精耕细作的"工笔画"，成为深受欢迎的国际公共产品和国际合作平台，其成就与亮点受到越来越多外国媒体关注。

开放包容广受欢迎

古丝绸之路绵亘万里，延续千年，不仅是一条通商易货之路，也是一条文明交流之路，为人类社会发展进步作出重大贡献。共建"一带一路"倡议，创造性地传承弘扬古丝绸之路这一人类历史文明发展成果，并赋予

其新的时代精神和人文内涵。十年来，共建"一带一路"倡议不断激发各国实现互联互通的热情。

2022年12月21日，尼日利亚拉各斯轻轨蓝线上的一列轻轨列车（无人机照片）。

新华社发（托普·阿尤库 摄）

  2017年第一届"一带一路"国际合作高峰论坛，29个国家的元首和政府首脑出席，140多个国家和80多个国际组织的1600多名代表参会，形成5大类、279项务实成果；2019年第二届"一带一路"国际合作高峰论坛，38个国家的元首和政府首脑及联合国秘书长、国际货币基金组织总裁等40位领导人出席圆桌峰会，超过150个国家、92个国际组织的6000余名代表参会，形成6大类、283项务实成果。

  "一带一路"朋友圈持续扩大，引发不少外国媒体关注。墨西哥《千年报》网站题为《中国与"一带一路"》的文章指出，"一带一路"倡议旨在促进要素有序自由流动、资源高效配置和市场深度融合。来自欧亚大陆、非洲、中东和亚洲的很多国家加入倡议。

  文章强调，中国不干涉他国内政，不强加意志于相关国家，不在投融资合作中附加政治条件，不谋取政治私利等。

  乌干达《新景报》网站2023年1月刊文说，与其他地区相比，非洲国家更需要外国直接投资，而中国对推动当地基础设施改善发挥重大作用。在中国看来，由众多国家组成的世界千姿百态，各国都有自己的习俗和社会经济体系。中国向世界开放，贸易就会随之而来，从古丝绸之路到共建

"一带一路"都说明了这一点。

法国"中东之钥"网站刊文报道中东国家参与"一带一路"倡议的热情。文章援引一项在中东地区4.5万名18至24岁年轻人中开展的问卷调查结果说，80%受访者认为中国是他们国家的朋友。文章指出，中国与中东国家的双边伙伴关系至关重要且非常全面，这些战略伙伴关系有利于加强经济合作。

守望相助共谋发展

发展是解决一切问题的总钥匙。共建"一带一路"在理念、举措、目标等方面与联合国2030年可持续发展议程高度契合，也是为破解全球发展难题提供的中国方案。

从东非第一条电气化铁路亚吉铁路，到区域互联互通"大动脉"蒙内铁路，从使老挝由"陆锁国"变"陆联国"的中老铁路，到实现东南亚"最快速度"的雅万高铁……十年来，中国与"一带一路"共建国家携手铺筑发展振兴路，促进增长、传播技术、增加就业、改善民生，追求共同发展与繁荣。

《巴基斯坦观察家报》网站2022年年底刊文指出，"一带一路"倡议具有"引力"和"潜力"，有助于通过基础设施建设、刺激投资、消除贫困、促进区域互联互通和创造就业、促进经济转型等方式形成新的发展路径。

2022年6月22日在巴基斯坦旁遮普省拍摄的卡洛特水电站（无人机照片）。

新华社发

文章以埃塞俄比亚为例，阐述"一带一路"倡议在埃塞俄比亚机场、公路、铁路、天然气管道、风力发电站等基础设施建设方面发挥的重大作用，认为该倡议在融资、基础设施发展和地区一体化方面为非洲内陆国家埃塞俄比亚带来贸易和投资机会。

文章指出，"一带一路"倡议帮助非洲大陆突破发展瓶颈，促进全球价值链、产业链和供应链一体化。如今，埃塞俄比亚的咖啡、卢旺达的辣椒酱、肯尼亚的红茶……各种非洲产品正通过跨境电商平台走进中国千家万户。

2023年10月11日，"中欧班列—进博号"列车抵达上海。

新华社记者 丁汀 摄

德国《资本》月刊网站2023年年初发表文章，特别关注"一带一路"倡议对于世界经济提质升级的积极作用。文章指出，十年来，"一带一路"倡议推进全球经济发展，港口、铁路和集装箱转运点是有目共睹的成果。数字"丝绸之路"也具有重要意义，数字基础设施使路线上的节点更加高效。

绿色发展形成共识

建设一个持久和平、普遍安全、共同繁荣、开放包容、清洁美丽的世界，是全人类的美好愿景。共建"一带一路"顺应国际绿色低碳发展趋势，倡导尊重自然、顺应自然、保护自然，尊重各方追求绿色发展的权利，响应各方可持续发展需求，形成共建绿色"一带一路"共识。

十年来，中国与30多个国家及国际组织签署环保合作协议，与31个国家共同发起"一带一路"绿色发展伙伴关系倡议，与超过40个国家的150

多个合作伙伴建立"一带一路"绿色发展国际联盟，与 32 个国家建立"一带一路"能源合作伙伴关系。"绿色"成为"一带一路"合作中又一吸引外国媒体关注的亮点。

2023 年 8 月 10 日在南非北开普省德阿镇拍摄的中国国家能源集团龙源电力南非公司运营的德阿风电项目风机。

新华社记者 董江辉 摄

《巴基斯坦观察家报》网站曾发表文章指出，全球变暖正在造成社会经济和地缘政治问题，绿色政策和技术或有助于缓解变暖趋势，中巴经济走廊和"一带一路"倡议有望在未来发挥重要作用。文章说，中巴经济走廊被视为以人为中心，具有社会包容性、环境友好、绿色可持续的特点。

美国石油价格网站 2023 年 7 月刊文关注中国正在迅速扩大的绿色能源生产和增长潜力，指出中国在清洁能源领域的密集投资已初见成效。在拉丁美洲，大约 90% 的风能和太阳能技术产品由中国公司生产。

美国布鲁金斯学会网站在一篇题为《中国"一带一路"倡议将推动清洁能源转型》的文章中也指出，到 2050 年，可再生能源发电量预计将占全球总发电量的一半，中国将处于领先地位。通过"一带一路"倡议进行清洁能源合作与投资，将有力推动全球清洁能源行业发展。

科技创新

科技创新激发澎湃动力

一束"光",可以"倍增"——从精密加工、精准检测到新型芯片、自动驾驶,光电子信息技术不断跃升,催生出一批新领域新赛道。

一粒"药",开始"走出去"——2023年以来,公开披露的国产创新药授权"出海"交易超过30个,项目金额约150亿美元,同比增长2倍以上。

如同播下的种子,创新的力量蓬勃生长。科技这一"关键变量",正在成为高质量发展的"最大增量"。

新动能在积蓄

三秦大地,"光"在集聚。

能在头发丝上雕花,是激光制造;能耗更低、信息传输更快,是光电子芯片;几分钟发现微小的农药或细菌痕迹,是光子传感……

位于西安高新区的陕西光电子先导院,先后孵化了50余家与"光"相关的科技企业,多家企业在细分领域市场占有率超过50%。放眼整个陕西,光

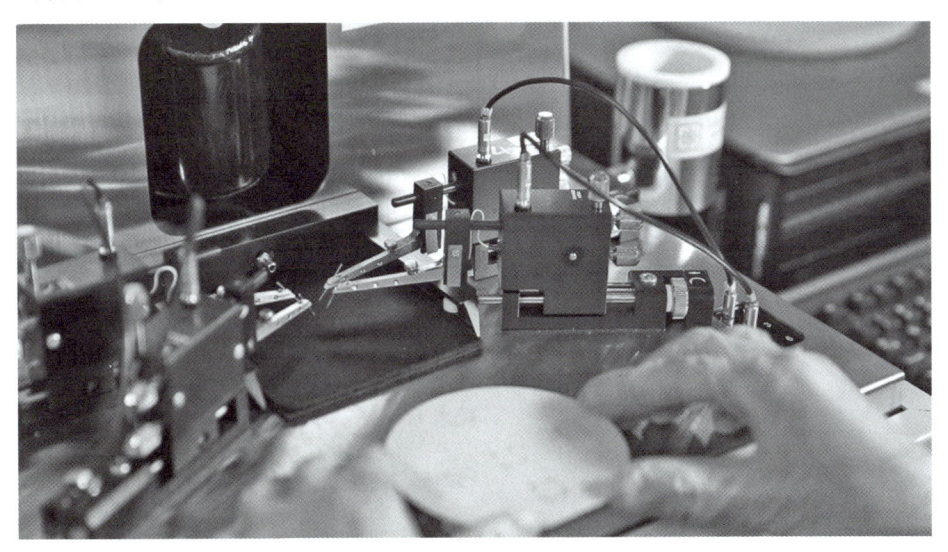

陕西光电子先导院工作人员正在进行芯片电性测试。

受访者供图

子产业链上下游的高新技术企业已发展至300多家，年产值超过300亿元。

源头有核心技术成果的转化，产业因创新而兴。

在美国创立3年后，攥着一把专利的赛富乐斯半导体公司迁到西安。创始人陈辰说，如果没有陕西光电子先导院提供的大型先进设备，企业不可能迅速将新一代显示技术产品量产。

"把科研资源'势能'转化为产业发展'动能'，是我们这些年一直努力的方向。"中国科学院西安光机所研究员、陕西光电子先导院执行院长米磊说，要更快打通样品、产品、商品的转变链条。

练好"内功"不断升级竞争力，企业因创新而强。

2023年8月，信达生物耗时8年自主研发的托莱西单抗注射液获批上市。这是国内首款、全球第三款PCSK9单抗药物，被通俗地称作"降脂针"。

创业之初，信达生物董事长俞德超的办公室是从苏州工业园区借来的一间屋子，小到甚至容不下一个存放试剂的冰箱。但他信心坚定：要做国际标准的创新药！

12年里，研发投入累计150亿元，上市10款创新药物；第一款商业化产品达伯舒，是唯一获批一线治疗国内五大高发瘤种的PD-1药物，可由国家医保报销……2023年上半年，信达生物营收超过27亿元，同比增长20.6%；三季度产品收入超16亿元，同比增长超45%。

自主创新能力如同金子，早晚会发光。临近2023年年底，新华社记者

信达生物制药（苏州）有限公司按照国际标准建设的生产线正在运营中。

受访者供图

走访中国经济发展一线，感受各地培育新动能的"加速度"——

广东，2023年上半年先进制造业增加值增长3.3%；1月至10月工业技术改造投资同比增长22.3%，为5年来最高增速。

上海，规划2026年建成特色产业园区约60个，集聚高新技术企业和专精特新中小企业约5500家，规模以上工业总产值突破万亿元。

2023年10月份，全国半导体器件专用设备制造业增加值同比增长33.9%；新能源汽车产量同比增长27.9%，光伏电池产量同比增长62.8%……

"制造业高端化、智能化、绿色化扎实推进，新动能加快成长壮大，工业经济呈现持续回升向好态势。"国家统计局工业司统计师孙晓说。

新链条在延伸

矿井深处，采煤机自动割煤，智能运输；远程地面，控制屏幕上一目了然，一键启停。

陕煤集团曹家滩煤矿，建设"无人矿山"一直是其目标。但数量繁多的井下设备、互不联通的数据孤岛，一度让智能升级停滞。

依托华为、中国电信等构建的一套"5G+工业互联网"应用系统，井下设备快速接入数据高速路，智能矿山进入常态化运行，企业迎来提质增效。

推动传统产业转型升级，科技创新正在发挥"增量器"作用。

走进位于浙江永康的飞剑工贸有限公司，智慧工厂里，机械臂不停挥舞翻转，制作杯身、打磨抛光、表面喷涂，一只色彩绚丽的精美钛杯很快

飞剑工贸有限公司的智慧工厂生产线。

受访者供图

就生产出来。数据化控制中心的屏幕上，订单详细情况、生产线走到哪一环节，一清二楚。

营收如何逆势增长？对于这家专注于做杯子的制造企业来说，数字化意味着更高的效率、更稳定的品控、更灵活的订单处理。

"仅今年就推出60多款新产品，我们有底气去设计创新。"飞剑工贸董事长助理徐良介绍说，通过数字化升级改造，不仅降低了成本，对于小订单、多频次的跨境生产需求也更能轻松"拿捏"。

数字与实体深度融合，现代化产业链不断强化延伸，创新力就是竞争力。

借助工业互联网平台，加料、调温等炼钢工序可以精准自动完成；匹配用户个性化需求，家电、服装等消费品开始"大规模定制"；引入智能制造系统，中药制剂生产实现全流程质量追溯……

数据显示，我国已建设近万家数字化车间和智能工厂，跨行业跨领域工业互联网平台达到50家，连接设备近9000万台套。

2023年前三季度，全国制造业技改投资占全部制造业投资的比重近四成，推动着传统产业加速向高端化、智能化、绿色化转型升级。

工业和信息化部有关负责人说，把发展先进制造业集群摆到更加突出位置，工业规模稳步壮大、产业结构持续优化、数字化绿色化转型不断推进，聚焦新型工业化持续发力，不断夯实中国经济根基。

新赛道在扩展

沿着攀岩墙一路向上，矫健身姿让人忽略了运动员右侧小腿的假肢。

第二届全球数字贸易博览会上，一款基于脑机接口技术和人工智能算法的智能仿生腿引来围观。强脑科技合伙人兼高级副总裁何熙昱锦说，企业正在仿生义肢、智能康复等领域加快研发和转化应用的步伐。

积极开辟新领域新赛道，不少企业敏锐地捕捉市场风向。

山东滕州，联泓新科的厂区，5万吨/年聚碳酸亚丙酯（PPC）生物可降解材料项目正在紧锣密鼓建设，有望2025年年底前投产。

聚碳酸亚丙酯是一种生物可降解材料，不仅具有刚韧平衡性好、阻隔性好等优点，还有减碳固碳的良好效果。

联泓新科高级副总裁解亚平介绍，瞄准"双碳"目标，企业大力布局新能源材料和生物可降解材料等绿色材料，正加快扩展清洁低碳能源的新赛道。

新兴产业离不开新链条、新生态。数据显示，我国在新一代信息技术、高端装备、新材料、新能源等领域建成了45个国家先进制造业集群，主导产业总产值达20万亿元。

走进位于安徽合肥高新区的"中国声谷"，让人感受到这个国家级产业

联泓新科新能源材料和生物可降解材料一体化项目建设现场。

受访者供图

基地涌动的活力——

入驻企业突破2000户，年产值超过2000亿元，形成以智能语音及人工智能产业为核心，网络安全、量子信息及空天信息等产业共同发展的新一代信息技术产业集群……依托科大讯飞和其开放的人工智能平台，上下游企业拔节生长。

合肥高新区管委会副主任吕长富说，战略新兴产业和未来产业是"用明天的科技锻造后天的产业"，只有用硬科技赋能现代产业体系，才能为未来发展蓄力。

从合肥的"声谷"到武汉的"光谷"，从北京建设国家区块链技术创新中心，到深圳加强脑科学、合成生物学等基础研究平台布局……以创新驱动助推产业集聚，一批新的增长点、增长极、增长带加快孕育。

5年前，这里播下一颗种子——

长三角G60科创走廊，串联起上海松江和江苏、浙江、安徽的多座城市。5年来，这里的高新技术企业数量占全国比重从十二分之一升至八分之一，战略新兴产业增加值占GDP比重从11.5%升至15%。

推进G60科创走廊建设专责小组组长、科技部副部长吴朝晖说，面对新一轮科技革命和产业变革的重大机遇，要不断探索科技创新支撑高质量发展的新路径。

神州大地上，创新的一颗颗种子，竞相发芽，不断生长。没有什么能够阻挡生长的力量。

2023 那些振奋人心的科技成果

百年变局之下，科技创新是"关键变量"，也是高质量发展的"最大增量"。科技立则民族立，科技强则国家强。

探月探火、载人航天、"天眼"远望、深地探测、超级计算机、人工智能……当前，中国科技实力正从量的积累迈向质的飞跃、从点的突破迈向系统能力提升，在深海、深空、深地、深蓝等领域积极抢占科技制高点。

2023年，中国科技"热词"不断涌现，一系列前沿科学技术研究斩获重大创新和突破，一大批科技成果在世界科技舞台上留下了浓墨重彩的中国印记。这些中国科技"热词"，传递科技创新的强劲脉动，是催生新发展动能的关键力量。

回首2023年，科学技术领域的突破不仅是国家科技实力的体现，也是我们为人类未来发展贡献的中国智慧。让我们致敬每一项科技成果背后科研工作者的辛勤付出和不断求索。探索未竟，我们有理由期待，2024年，他们将带来更多发现与惊喜！

第四编 专题国情

中国天眼 ZHONG GUO TIAN YAN
首次观测到黑洞"脉搏"
构建并释放世界最大的中性氢星样本

"中国天眼"进入成果爆发期
全球最大且最灵敏的单口径射电望远镜
向全世界共享高质量大样本观测数据
保持我国在低频射电天文学方面的领先地位

载人航天 ZAI REN HANG TIAN
中国首次载人航天飞行任务成功20周年
中国载人航天工程三十战三十捷

中国已有20名航天员登上太空
载人航天事业实现跨越式发展
加紧研制新一代
载人飞船、月面着陆器、载人月球车

墨子巡天望远镜 MO ZI XUN TIAN WANG YUAN JING
北半球光学时域巡天能力跃居榜首
首光获取仙女座星系图片

大视场光学成像望远镜
强大巡天能力,每3个晚上巡测整个北天球一次
"首光"照亮距离地球约250万光年的仙女星系
将揭开宇宙深处的更多秘密

九章三号 JIU ZHANG SAN HAO
成功构建255个光子的量子计算原型机
再度刷新光量子信息技术世界纪录
比目前全球最快的超级计算机快一亿亿倍

处理高斯玻色取样速度比
"九章二号"提升一百万倍
有望通过特定量子算法实现指数级别加速
研制量子计算机是当前世界科技前沿最大挑战之一

锦屏大设施 JIN PING DA SHE SHI
四川凉山彝族自治州锦屏山地下2400米处
世界最深、最大的极深地下实验室
我国开展暗物质研究的绝佳场所

宇宙线通量为地表的一亿分之一
极低环境氡析出、极低环境辐射
超低宇宙射线通量,超洁净空间
多学科交叉的世界级深地科学研究中心

人工智能 REN GONG ZHI NENG
人工智能行业市场规模持续上升
AI与各产业深度融合,赋能千行百业
AI FOR SCIENCE成为"科学研究第五范式"

第三次工业革命以来新一轮通用技术创新
改变生活,改变科研
人工智能驱动的科学研究"启动
布局"AI for Science"前沿科技研发体系

113

2024 中国科技创新开年传捷报

国产首艘大型邮轮"爱达·魔都号"开启商业首航，我国自主研制的 AG60E 电动飞机成功首飞，我国成功发射天目一号气象星座 15-18 星……

2024 新年伊始、万象更新，从邮轮首航到飞机首飞再到航天首发，一批科技创新实现新的突破，以科技创新引领现代化产业体系建设迈出坚实步伐。

"爱达·魔都号"正式开启商业首航 大邮轮出海旅行梦想成真

2024 年 1 月 1 日，"爱达·魔都号"停靠在上海吴淞口国际邮轮港（无人机照片）。

新华社记者 丁汀 摄

2024 年 1 月 1 日，国产首艘大型邮轮"爱达·魔都号"在上海吴淞口国际邮轮港正式开启商业首航。中国人乘坐自己的大型邮轮出海旅行的梦想成真。

"爱达·魔都号"是一座"海上现代化城市"，船上有客房 2125 间，可容纳乘客 5246 人，配置高达 16 层、面积 4 万平方米的生活娱乐公共区域，历经 8 年科研攻关、5 年设计建造，完成试航验证后正式投入市场运营。

通过打造国产大型邮轮，我国造船业整体实力进一步跃升。从船身设计、空间打造到特色餐饮、娱乐项目,"爱达·魔都号"融汇多元巧思和创新理念,通过东西方文旅要素的跨界融合打造"一船好戏"。

未来,"爱达·魔都号"还将开启中国至东南亚国家的邮轮航线,为宾客提供长、中、短相结合的多样旅行度假选择,并适时推出海上丝绸之路邮轮航线。

AG60E 电动飞机成功首飞 适应低空经济和绿色低碳发展

适应低空经济和绿色低碳发展要求,提升国产通用飞机节能、减排、降噪性能,全面提升航空绿色制造水平……2024 年 1 月 3 日,由中国航空工业集团通用飞机有限责任公司自主研制的 AG60E 电动飞机在浙江建德千岛湖通用机场圆满完成首次飞行。

AG60E 是一型单发上单翼轻型运动飞机,并排双座,全金属结构,主要面向航空俱乐部、通航公司、私人用户等,用于飞行体验、基本飞行培训和私人娱乐飞行。飞机机长 6.9 米、高 2.6 米、翼展 8.6 米,最大起飞重量 600 千克、最大平飞速度 220 千米每小时、最大巡航速度 185 千米每小时。

图为 AG60E 电动飞机。

航空工业集团供图

研制团队利用现有成熟的通用航空装备平台,在已定型的飞机上开展电动化改装,验证电动飞机关键技术。自 2022 年 8 月启动项目以来,研制团队先后开展了电机、电控、动力电池选型、电推进系统集成试验验证、电动飞机安全性和适航符合性设计技术研究等多项工作,完成了 AG60 轻型运动飞机电动化改装，突破了纯电动力装置的设计和系统集成等多项关键技术。

改装后的 AG60E 电动飞机动力系统额定输出功率与原型机相当，除航程航时外的各项性能指标均达到或超出原型机的水平。电动飞机扭矩输出线性度更好，加速响应更快，有利于提升飞机起飞性能。相比传统燃油发动机飞机因海拔高度增加而输出功率衰减，电机基本不受此类因素影响，可为飞机提供持续的爬升功率，缩短爬升时间。此外，电机噪声更小，更为环保和舒适，其结构更简单，使用维护方便。

AG60E 电动飞机技术验证机成功首飞，为电动飞机产品开发和现役固定翼飞机电动化改装积累了宝贵经验，为抢抓航空动力变革战略机遇，推进战略性新兴产业布局，促进低空经济产业发展奠定了坚实基础。

中国航天 2024 年首次发射圆满成功 未来航天任务看点十足

2024 年 1 月 5 日 19 时 20 分，我国在酒泉卫星发射中心使用快舟一号甲运载火箭，成功将天目一号气象星座 15-18 星发射升空，卫星顺利进入预定轨道，发射任务获得圆满成功，这是中国航天 2024 年首次发射。

快舟一号甲运载火箭成功将天目一号气象星座 15-18 星发射升空。

新华社发（汪江波 摄）

展望 2024 年，一系列重大航天任务看点十足。

在中国空间站，神舟十七号航天员乘组已圆满完成第一次出舱活动，未来还将开展大量科学实验与技术试验，以及多次航天员乘组出舱活动和应用载荷出舱任务。

此外，执行天舟七号发射任务的长征七号遥八运载火箭已完成出厂前所有研制工作并安全运抵文昌航天发射场。目前，发射场区各参试系统正按计划稳步做好任务准备工作。

天舟七号是我国的改进型货运飞船，发射后将与空间站组合体完成交会对接。这次天舟七号又将往我们的太空之家送去哪些"宝贝"，让我们坐等"开箱时刻"。

在深空探测领域，探月工程嫦娥六号任务正按计划开展研制工作，计划于2024年实施发射。根据安排，嫦娥六号任务将开展月球背面采样返回。迄今为止人类已进行的10次月球采样返回均位于月球正面，月球背面整体相对月球正面更为古老，且存在月球三大地体之一的艾特肯盆地，具有重要科研价值。为顺利完成月球背面航天器与地球间的通信，我国新研制的鹊桥二号中继通信卫星计划2024年上半年发射。

防汛抗洪抗震救灾

全力以赴打赢防汛抢险硬仗

——华北、黄淮等地抗击汛情一线直击

受台风"杜苏芮"北上影响，7月29日至8月1日，华北、黄淮等地出现极端降雨过程，海河发生流域性较大洪水，子牙河、大清河、永定河先后发生编号洪水，河北多地、北京西南部地区洪涝地质灾害严重，造成重大人员伤亡和财产损失。

8月1日，中共中央总书记、国家主席、中央军委主席习近平对防汛救灾工作作出重要指示，要求各地要全力搜救失联、被困人员，做好受伤人员救治和遇难者家属安抚工作，尽最大限度减少人员伤亡。要妥善安置受灾群众，抓紧修复交通、通讯、电力等受损基础设施，尽快恢复正常生产生活秩序。

防汛抢险，刻不容缓。连日来，华北、黄淮等地相关部门投入大量救援力量赶赴现场应急处置，及时调拨运送救灾物资、转移安置受灾群众、修复受损基础设施，全力以赴抗击汛情。

洪水来袭 华北、黄淮等地部分地区遭遇洪涝

7月29日以来，华北、黄淮多地持续笼罩在暴雨红色预警之下。

据中央气象台消息，7月29日至8月1日，北京、天津、河北、山东西部、河南北部、山西东部部分地区有大暴雨，北京西部山前和南部、河北中南部等地局地有特大暴雨。其中，京津冀部分地区降雨量200至450毫米，局地可达600毫米以上；最大小时降雨量30至60毫米，局地可达80毫米以上。主要降水时段为7月29日夜间至31日。

气象专家表示，本轮雨量最大的区域位于沿太行山一线，从河北邢台东部、石家庄东部到保定，最后到北京西南部的房山、门头沟一带。受此影响，部分地区遭遇洪涝灾害。

河北阜平县城南庄镇大岸底村位于太行山区，受极端暴雨影响，流经城南庄镇的胭脂河水位持续上涨，河中漂浮着被冲毁的树木，部分玉米倒伏在水中，河水不断冲击着岸边。村民梁爱宁被转移安置时，看到河水已漫出岸边，公路上不时出现从山上滚落的碎石和泥土。

截至7月31日早上8点，阜平县内县乡道路出现多处坍塌，冲毁4处，导致一个乡镇（夏庄乡）两个村（面盆、羊道）出现道路交通中断，正在抢修；交通设施、桥梁坍塌、冲毁9处；房屋、墙体倒塌7处；部分乡镇（台峪乡、夏庄乡）因光缆设施被冲毁导致通讯信号中断，部分行政村（面盆、羊道）受水毁影响供电中断。

本轮极端强降雨中，北京房山区、门头沟区平均雨量最大。湍急的洪水"卷"走汽车，路面积水成河、群众出行受阻……7月31日，房山兴良路、良常路，门头沟109国道、斋幽路等多条道路出现路面积水，并突发塌方和小规模山洪。当日下午，受持续强降雨影响，永定河水量暴涨，卢沟桥西侧的小清河桥坍塌。

此外，上述两区部分地区还出现断水、断电及通讯信号中断等情况。房山河北镇、南窖乡、霞云岭乡等7个乡镇共62个村通讯信号中断；北京市自来水集团门头沟城子水厂挡水墙被冲垮，配水机房进水，导致全厂停水，影响门头沟区门城等地区约15万户正常供水。

受到上游河道下泄洪水影响，永定河泛区紧急启动。7月31日下午，天津市发布洪水红色预警，连夜转移安置永定河泛区相关人员35000余人。目前，天津已经启动防洪一级响应，各区各部门坚守岗位，应对洪水经过。

在黄淮地区，地处大别山区的安徽省安庆市潜山市出现特大暴雨，水吼、天柱山、龙潭、槎水等乡镇出现短时强降雨，3小时降雨量超100毫米。

7月31日，在北京市门头沟区新桥大街，环卫工人在清理街头的杂物。

新华社记者 鞠焕宗 摄

水吼镇镇长杨培立介绍，暴雨引发的山洪冲毁部分公路，冲倒了一些电线杆，使交通和电力受到不同程度影响。

专家表示，本轮降雨强度已超过2012年"7·21"北京暴雨，呈现出极端性强、致灾性强的突出特点。

河北公布最新灾情数据显示，截至8月1日12时，此次强降雨造成河北省87个县（区）540703人受灾。其中因灾遇难9人，因灾失踪6人，灾害造成的经济损失正在统计中；北京市防汛抗旱指挥部1日通报，截至8月1日6时，强降雨已经造成11人遇难，其中两人在抢险救灾中因公殉职。

争分夺秒　全力投入抢险救灾

7月31日晚，国家防总办公室、应急管理部加密研判会商，与中国气象局、水利部会商研判，视频连线北京、天津、河北等重点省份，滚动分析研判海河流域暴雨洪涝灾害，进一步安排部署重点地区防汛抗洪抢险救灾工作。

一场争分夺秒的防汛救灾攻坚战持续打响。

灾情发生后，武警北京总队官兵闻令而动，机关和部队火速动员，2000余名官兵奔赴房山琉璃河镇投入抢险救灾。暴雨中，官兵们挥动铁铲，借助推土机、装载机等装备，在河床低洼地域迅速垒筑堤坝，防止河水暴涨出现漫灌危险。

针对房山、门头沟区多地灾情导致在途列车受困、群众通讯失联等情况，一批"空中力量"迅速投入救援。

8月1日，北京市人民政府航空队（北京市公安局警务航空总队）派出多架次警用直升机接续飞行，先后前往昌平、房山、门头沟等地，运送食品、药品、水等应急救援物资1.8万余份；长期值守房山霞云岭的航景房山区民兵森林灭火应急排在收到房山区政府任务指令后，第一时间部署应急救援型无人直升机，飞行27.22公里，精准投放35斤通讯物资。

为应对本轮强降雨，北京全市共落实防汛抢险队伍3128支超20万人，抢险救灾力量连续作战、昼夜值守，大量受灾被困群众被安全疏散或转移安置。截至7月31日20时，北京全市共转移受威胁群众52384人。

8月1日，在房山区青龙湖镇上万村的临时安置点，29户88位村民在这里临时落脚避险，一张张行军床整齐地码放成两列。11岁的赵浩楠刚刚写完当天的作业，记者问他害不害怕，小伙子勇敢地说："不害怕！"

位于天津市武清区职业教育中心的临时安置点，来自大黄堡蓄滞洪区和永定河泛区内的557名群众被转移到这里。"临时安置点预备了2000多个床位，并提供被服、一日三餐、24小时热水等，物资供应充足，完全能

8月2日,在北京市房山区的京港澳高速琉璃河出口,受灾群众乘坐冲锋舟前往转运车辆乘车点。

新华社记者 任超 摄

够保障大家的正常生活需要。"临近中午时分,值守在安置点的武清职业教育中心主任陈云涛正在食堂查看做好的午餐,"三菜一汤还有水果。"

在河北,连续强降雨造成涞源县北上屯村内涝积水,低洼处积水近2米深,危及村民住房和财产安全,9户18名村民被紧急转移。7月30日,当地供电公司紧急出动200千瓦应急电源车和10名供电员工赶往北上屯村。经过一夜排水,北上屯村内涝积水已下降到安全水位。

衡水市饶阳县地处滹沱河下游,河段长34公里。饶阳行洪区内的10个村、蓄滞洪区的35个村共有居民47865人。连日来,滹沱河饶阳段水位不断上涨,严重威胁人民群众生命财产安全,防汛形势严峻,党员、干部、志愿者迅速行动。

"经历了很多次考验,更明白关键时刻党员一定要冲上去。就是想为家乡父老多做些贡献,确保乡亲们都平安。"饶阳县留楚镇合我村有着45年党龄的老党员刘少春已经在滹沱河大堤上连续坚守了5天,在大雨中运物资、备砂石、排险情。

7月30日8时起,潜山市启动防汛Ⅱ级应急响应,开展险情排查,并对危险区域人员做到应转早转、应转尽转,7月30日共转移人员252户597人。水吼镇党委宣传委员周娟介绍,从7月31日至8月1日陆续有120位

第四编 专题国情

12月12日，河北省涿州市高新区学校四年级学生在上美术课。

新华社记者 牟宇 摄

群众自行返回家中居住，目前安置点内仍有23位群众留宿。"经过3天的努力，镇上的水、电、通讯基本恢复正常。"

守土尽责 确保各项措施落细落实

中央气象台1日消息，预计8月1日8时至8月2日8时，京津冀等地强降雨明显减弱，但河北中西部和北部沿山地区、北京、天津北部以及河南北部和西部、四川东部和南部、贵州、云南等地部分地区有中到大雨，其中，河北北部、北京西部沿山地区及吉林北部、四川东南部、云南西北部等地有分散性暴雨。

截至8月1日8时，北京市内已形成水资源量11.61亿立方米，其中市内大清河流域平均降水量350.6毫米，永定河流域平均降水量287.5毫米。北京市气象台预计，山区及浅山区出现强降水诱发的中小河流洪水、山洪、地质灾害等次生灾害风险仍较大，城市低洼地区容易出现积水。

北京要求严格落实"在岗、在职、在责、在状态"汛期值班值守工作要求，党政机关干部、公安、消防、排水集团等严阵以待，对地铁口、低洼院落、道路积水点、危旧房屋、隐患树木、下凹式立交桥、地下通道、拆迁地、建筑工地、山区及河道两侧等重点部位进行提前布控。

北京市防汛办消息，降雨以来至7月31日20时，北京全市共接报108处积水信息，46处已处置完毕。丰台、石景山、房山、门头沟、昌平、怀柔等区多条路段因积水断路。塌方、山体滑坡等14处地质灾害中，2处处置完毕，东五环远通桥（南向北方向）东侧护坡坍塌、房山区S320国道108复线等仍在处理中。

面对暴雨汛情，河北多部门合力迎战。记者从河北省防汛抗旱指挥部了解到，全省累计派出2154个工作组赶赴重点地区指导应对强降雨过程。省市县各级防办加强值班力量，全员24小时值守，密切关注雨水情发展趋势，全力做好防范应对。

雄安新区成立防汛工作专班，部署700余支救援队伍24小时值守。7月31日2时，白沟引河闸关闭，雄安新区防办组织雄县、中国雄安集团切实做好新盖房分洪道运用各项准备工作，调派应急指挥车实时监测分洪情况、调派森林消防队现场搭建指挥帐篷驻守，确保有突发事件第一时间处置。

在河南省新乡市，连续强降雨天气未对城市运行造成突出影响。新乡市城市管理局局长王志文介绍，为了持续完善城市防汛排涝和生态环保双指挥体系，新乡市科学精准抽排，提前做好河流生态引水，雨后快速实施引水清淤，努力做到水退路净。

随着强降雨过程接近尾声，安全泄洪已成为天津市防汛工作的重中之重。天津市水务工程运行调度中心主任刘战友介绍，连日来，天津大力度腾空河道，境内永定新河、蓟运河、独流减河等主要行洪河道、二级河道

8月1日，在天津市武清区黄花店镇邵七堤村，公安人员和村志愿者联合在河堤加高处巡查值守。

新华社记者 孙凡越 摄

等全力下泄,预泄水量已达 4 亿立方米。

天津市应急管理局水旱灾害救援处副处长张东方告诉记者,天津以"上防洪水、中防沥涝、下防海潮、北防山洪"风险隐患为导向,及时启动京津冀联络机制,每 2 小时通报汛情,"通过上下游联动,我们的指挥调度更加高效有力"。

风雨同心 人民至上

——以习近平同志为核心的党中央坚强有力指挥北京防汛抗洪救灾

8 月 3 日凌晨 2 点 10 分,最后一批滞留北京门头沟区安家庄站、落坡岭站的乘客抵达北京丰台站。至此,因暴雨被困的 K396 次、K1178 次、Z180 次列车所有滞留旅客安全疏运完毕。

截至 8 月 5 日,门头沟、房山、昌平等受灾区域通讯电力逐步恢复、道路陆续打通、受灾群众得到妥善安置,灾后重建正在抓紧开展……

过去的几天里,北京遭遇历史罕见汛情——

7 月 29 日 20 时至 8 月 2 日 7 时,北京出现极端强降雨天气,降雨量为北京地区有仪器测量记录 140 年以来最高值。暴雨如注,山洪汹涌。

汛情就是命令,生命重于泰山。

党中央、国务院高度重视,北京市和各有关部门团结一心、众志成城开展抗洪救灾,全力保障人民群众生命财产安全和社会大局稳定。

(一)

7 月 29 日,一列回京的专列,飞驰在华北大地上。刚结束四川和陕西汉中考察的习近平总书记望向窗外,神情凝重。

此时的京津冀地区,一再升级的暴雨预警信号,预示着即将到来的极端强降雨天气。

当晚 8 时,北京市开始降雨。习近平总书记非常关注北京市雨情。

进入"七下八上"防汛关键期,七大江河流域全面进入主汛期。

习近平总书记和党中央始终高度重视防汛救灾工作——

早在 7 月上旬,习近平总书记对防汛救灾工作作出重要指示,要求加强统筹协调,强化会商研判,做好监测预警,切实把保障人民生命财产安全放到第一位，努力将各类损失降到最低。

7月25日至27日，在四川考察中，习近平总书记密切关注着汛情，要求全面落实防汛救灾主体责任，做好防汛抗洪救灾各项应对准备工作。要科学救灾，防止发生次生灾害，最大限度减少人员伤亡和财产损失，尽快恢复正常生产生活秩序。

受台风"杜苏芮"影响，华北、黄淮等地出现极端降雨过程，引发洪涝和地质灾害。

此次北京突如其来的强降雨，导致丰台至沙城铁路（丰沙线）发生严重水害。7月30日，在途K396次、K1178次、Z180次列车被紧急扣停。

食品告急、饮用水有限、信号中断、气温降低，加之暴雨断路，外部物资只能通过人力步行一路泥泞艰难送达……三趟列车上的2800多名被困旅客在焦灼中等待。

"地方和有关部门与列车取得联系，千方百计组织营救，送上食物、药品，该转移的转移，确保滞留旅客安全。"习近平总书记牵挂着被困旅客的安危冷暖，第一时间作出重要指示。

瓢泼大雨中，落坡岭站工作人员从周边村庄购买到方便面、火腿肠等物资，送到K396次列车上。沿河城站工作人员将两袋面粉送到K1178次列车上。安家庄站工作人员紧急购买了方便面、八宝粥等物资，和乘务组人员一起搬到Z180次列车上。食品短缺暂时得到缓解。

强降雨过程中，门头沟区多处区域出现险情；房山区7个乡镇62个村通讯信号中断；永定河水量暴涨，卢沟桥西侧的小清河桥坍塌……灾情不断传来，救援难度持续加大。

8月1日，习近平总书记对防汛救灾工作作出新的重要指示，要求全力搜救失联、被困人员，做好受伤人员救治和遇难者家属安抚工作，尽最大限度减少人员伤亡。

习近平总书记明确指示："北京市作为现代化大都市，要经受得住这场考验。"

几天来，党中央、国务院作出一系列部署：

——各地党政一把手要坚守岗位，靠前指挥，各方面都要动起来。要加强集中统一指挥，整合各方面力量，尽快恢复道路、电力、通讯；

——铁路部门要会同地方抓紧抢修中断铁路；

——国家防总要全力抓好流域调度，组织好防汛救灾工作，启动蓄滞洪区的地方要提前转移群众；

——军队出动力量支援抗洪救灾……

中共中央政治局常委、国务院总理李强先后多次作出批示，并致电有关部门和北京市负责同志，就认真贯彻落实习近平总书记重要指示精神、做好防汛救灾工作、落实落细各项防汛防台措施、切实保障人民群众生命财产安全提出具体要求。

遵循指引，坚决贯彻落实。北京市负责同志赴防汛抗洪一线检查并连续调度防汛和群众转移安置工作。全市各级各部门各单位提早研判、提早响应，提前转移群众、强化物资储备、进一步加固堤防，落实防汛抢险队伍3100余支、20余万人……

国家防总、应急管理部和自然资源部、水利部、住房城乡建设部、交通运输部、国家卫健委、中国气象局、国铁集团等各有关部门单位与北京市密切协作，全力提供支持；中部战区空军部队闻令而动，立即投入抢险救援；武警北京总队火速动员，2000余名官兵投入抢险救灾……

习近平总书记明确指出："党员干部要冲在前，基层党组织要发挥作用，让人民群众感到有依靠。"

"我是党员，就应该冲锋在前。"K396次列车上，乘务员赵阳哽咽安抚乘客的一幕感动无数网友，"我就是因为穿了这身衣服，我得对得起大家。"

"子弟兵来了！"北京卫戍区某部官兵连续奋战防汛抢险一线，成立"党员突击队"，党员干部冲在最前沿，迷彩绿和鲜红的旗帜，让当地群众倍感亲切。

越是雨急浪高，越见砥柱中流。

（二）

8月1日，受党中央、国务院委派，中共中央政治局委员、国务院副总理张国清紧急赶赴北京市门头沟区指导灾情处置。

"总书记非常关心失联、被困人员，指示要把救援工作做好，希望你把总书记的关心牵挂转达给每一位乘客。"张国清与K1178次列车长南如雨通了电话。

放下电话，南如雨立即通过列车广播，将总书记的慰问传递给身处困境的乘客们。党中央的关怀，温暖着全车人的心。

滂沱大雨中，门头沟、房山、昌平……北京相关部门、铁路部门、驻京部队、武警、消防官兵、地方百姓齐心协力，展开了一场争分夺秒的大救援。

加快把食品、饮用水、药品等物资输送到受灾群众转移安置点，保障受灾群众基本生活需要——

12月6日无人机拍摄的北京市门头沟妙峰山民族学校的学生们在上体育课。

新华社记者 鞠焕宗 摄

7月31日傍晚，门头沟区雨势仍然很大，武警战士们肩扛、手提、背背，携带面包、方便面、矿泉水和火腿肠，奔赴落坡岭、安家庄火车站，将物资送给因火车停运而受困的旅客。

"第一批40名突击队员先乘车5公里，再徒步12公里抵达落坡岭和安家庄站。剩余的几吨物资陆续送达。"一名现场负责人说。

在陆地，一批批救援物资送达身处困境的村民、旅客；在空中，一架架满载食品、雨衣、毛毯等应急物资的运输直升机克服不利气象，将应急物资空投到受困群众手中。

充分发挥各类救援队伍作用，与时间赛跑，搜救失联、被困人员，最大限度减少人员伤亡——

"动了吗？动了吗？"7月31日，在门头沟大峪南路小区的一个半地下室，三名消防员窝在泥水里手脚并用，使出全身力气救助一位被泥沙所埋压的八旬老人。

经过两个多小时的紧急救助，这位半个身子被掩埋、腿部还被杂物死死卡住的老人，被成功救出并送往医院救治。

在房山区西潞街道北潞园社区，小区最深水位达1.7米，救援人员利用冲锋舟，一趟趟从小区内部向外运送被困群众；

在门头沟区南辛房村，进村道路已被洪水淹没，救援人员跨河搭建绳索系统，沿着绳索挺进村里，将受困群众转移至河对岸安全区域；

在延庆区井庄镇，村里断水断电，生活物资缺乏且村内唯一道路被冲垮，救援人员连夜奋战，借着车灯的光亮结队徒步穿越洪水，将救援食品和饮用水送至对岸……

抓紧抢修抢通受损铁路、公路、桥梁以及通信、电力等重要基础设施，尽早打通抢险救援"生命线"——

8月2日，救援人员徒步进山帮助滞留旅客转运。

新华社记者 张晨霖 摄

洪涝灾害发生后，北京通讯中断的村庄一度达到270多个，断电的村庄210多个。

在昌平区，搜救小分队挺进流村镇，大绳渡河、摸石翻山，最终打通5个失联村庄与外界的联系，帮助583名被困人员转移安置。

为了尽快与外界取得联系、为村民寻求帮助，门头沟区斋堂镇法城村党支部书记杨维广翻了两座山，徒步走到镇上汇报村里情况。"村里人员没问题，房屋一个没倒，道上都是积水，屋子都泡水了。"

交通线就是抢险救援的"生命线"。各单位各部门拧成一股绳，连夜调动人员和机械设备驰援道路清淤、展开施工抢修。

一幕场景令人感动：在门头沟区，109国道，洪流将部分道路"撕裂"。满是塌方落石的道路上，数百名抢险救援人员争分夺秒，抢修这条进出山区的生命通道。

一个个讯息令人振奋：8月2日，铁路部门成功抢通丰沙线上行沙城至旧庄窝间线路；

8月3日，房山区北部山区对外出行的通道——房山区108国道生命通道成功抢通；

8月4日中午12时，房山区青龙湖镇10个村通往外界的道路打通……

殷殷嘱托，化为拼搏动力。面对无情的天灾，党心民心浇筑的一道道防线顽强挺立。

（三）

丰沙线上，2800余名滞留旅客的情况一直牵动着习近平总书记的心。

连续多日的救援中，习近平总书记始终关心，反复叮嘱，作出重要指示："就地安置旅客要做好保障，滞留旅客要尽快转移，早日进京，确保安全。"

8月2日5时30分，首批丰沙线K396次列车滞留旅客抵达斜河涧站，统一乘车到达北京丰台站。

17时30分左右，最后一批Z180次列车旅客在铁路工作人员和武警战士协助下，徒步5公里前往乘车点，统一乘火车转运至北京丰台站。

17时30分，从张家口站开来的临时高铁列车停靠在北京北站，滞留的K1178次列车旅客平安抵达。

8月3日凌晨，丰沙线安家庄站、落坡岭站滞留旅客全部平安离开安置点，由客车转运至北京丰台站。至此，滞留三趟列车旅客全部平安疏散。

面对朝阳，K396次列车乘务员赵阳露出了笑脸，"我们能安全地撤回来，是习近平总书记和党中央、全国人民给我们的力量"。

人民至上、生命至上，是习近平总书记反复强调、坚定不移的原则。

8月3日14时15分，经过10小时艰苦跋涉，一支由国家消防救援局机动支队与房山、通州、怀柔消防救援支队及房山区镇、村两级干部组成的突击队，徒步抵达因山洪与外界失联的十渡镇西石门村、北石门村，通过卫星电话报告——两村人员平安。这标志着房山失联村全部复联。

本次强降雨，让位于深山的门头沟区落坡岭社区一度陷入断水、断电、断路的困境。8月4日，落坡岭社区滞留山间的180位乡亲，从早上6点多开始陆续下山，前往20多公里外的军庄镇安置点。

习近平总书记指出，要妥善安置受灾群众，抓紧修复交通、通讯、电力等受损基础设施，尽快恢复正常生产生活秩序。

有序通行的车流、逐渐恢复营业的商超……这是8月4日中午房山区青龙湖镇北车营村主街道的面貌。前一天，这里还是淤泥遍地、一片狼藉。

8月3日凌晨起，北京建工机施集团通过紧急调度、连夜组织部署、连夜调动人员和机械设备、连夜展开施工抢修，400多名突击队员、100多台大型工程机械在房山区几十个点位连续奋战36小时，以最快的速度将险情排除、断点打通。

道路清淤全面展开，通讯信号逐步恢复，主要道路恢复通行……在门头沟区，当地居民的生产生活一步步重回正轨。

截至8月4日，门头沟区通信基础设施基站受损站址493个，已恢复36个；联通、移动、电信等累计受损站址1176个，已恢复156个。各运营商受损通信光缆62条，已恢复13条。目前潭柘寺镇及妙峰山镇通信已基本恢复。受降雨影响的M1、383等10条公交线路8月5日首车起恢复运营。

"七下八上"是防汛最吃劲的阶段，防汛救灾工作绝不能有丝毫放松。

习近平总书记要求，各级都要保持时时放心不下的工作状态，做好巡查值守和应急响应，当前要重点关注京津冀、东北地区雨情汛情。

中央组织部从代中央管理党费中给北京、河北、天津3个省市划拨专项资金4400万元，用于支持防汛救灾工作。

8月4日，财政部、水利部紧急下达中央财政水利救灾资金4.5亿元，支持北京、天津、河北抓住"七下八上"防汛关键期，全力开展受灾地区

8月7日，唐山市消防救援支队队员在河北省涿州市市区内进行排涝作业。

新华社记者 牟宇 摄

堤坝、水库、涵闸、泵站、河道工程等水毁水利工程设施修复相关工作，确保各项防汛救灾措施落实落细。

针对京津冀地区暴雨洪涝灾害，中国红十字会总会安排资金2000万元，用于支持受灾群众生活安置和生产生活恢复。

为有效预防和减少雨后疾病发生，北京市爱国卫生运动委员会办公室在门头沟区、房山区和昌平区等受灾地区全面开展"清洁家园 共享健康"防汛救灾爱国卫生专项行动。

在以习近平同志为核心的党中央坚强领导下，广大干部群众团结一心、迎难而上，最终赢得防汛抗洪救灾的胜利，确保首都城市安全运行。

"一切为了灾区群众的安危冷暖"

——积石山地震灾区8天建成1.6万余间板房记

强震撕裂大地，又遇高原、冬月、低温。甘肃省积石山县高寒偏远，最高海拔超4000米，总人口仅28万人，一个多月前才通上高速公路。在以习近平同志为核心的党中央亲切关怀下，各方力量齐动员，仅仅8天，1.6万余间活动板房拔地而起。

截至2023年12月30日，4个重灾乡镇需要安置的受灾群众已搬入15812间活动板房，用于教学的1165间板房也已搭建完成，灾后恢复重建工作全面启动。

民之盼　必行之

"昨晚一宿没睡，零下16℃。今晚咋办呢？"地震后十余小时，22岁的韩玉秀怀抱才出生十几天的婴儿，一脸忧愁。

54岁的马凤英同样慌乱。她家离黄河不远。地震当晚，她裹着被褥，在山坡上坐了整整一夜。"人冻透了，心一直摆。"

积石山县地处甘青交界，最高海拔逾4000米。地震造成3.7万多户14.5万余人受灾。正值降温时节，最低气温达零下17℃。御寒保暖近乎成为群众最大的期盼。

"此次地震发生在高海拔、寒冷天气下。救灾关键要快。"曾参与众多国内外救援工作的甘肃蓝天救援队队长於若飞说。

民之忧，必念之；民之盼，必行之。

地震发生后，中共中央总书记、国家主席、中央军委主席习近平高度重视并作出重要指示，甘肃临夏州积石山县6.2级地震造成重大人员伤亡，要全力开展搜救，及时救治受伤人员，最大限度减少人员伤亡。

12月19日，在甘肃省临夏回族自治州积石山保安族东乡族撒拉族自治县大河家镇大河村，消防人员开展救援。

新华社记者 马希平 摄

总书记谆谆嘱托，灾区地处高海拔区域，天气寒冷，要密切监测震情和天气变化，防范发生次生灾害。要尽快组织调拨抢险救援物资，抢修受损的电力、通讯、交通、供暖等基础设施，妥善安置受灾群众，保障群众基本生活，并做好遇难者家属安抚等工作。请国务院派工作组前往灾区指导抗震救灾工作，解放军、武警部队要积极配合地方开展抢险救灾，尽最大努力保障人民群众生命财产安全。

地震后10分钟，甘肃省抗震救灾指挥部立即启动应急预案，安排力量赶赴现场开展救援。2600顶帐篷、11000张折叠床、11000床棉被棉褥、400套火炉、194吨油品等首批救灾物资迅速向灾区调拨。随后，各类物资源源不断地向灾区汇聚……

军人、武警、公安、消防等各种救援力量迅速进入灾区，一顶顶帐篷、一个个火炉在灾区架起，温暖渐渐升腾。

为确保受灾群众安全温暖过冬，甘肃围绕"应急过渡靠帐篷、过渡安置靠板房、彻底恢复靠重建"的思路制定工作方案，并把固定性过渡安置房建设作为抗震救灾工作的重中之重。相关单位和企业快速响应、高效运转，从零起步、昼夜奋战，帐篷、板房陆续运抵灾区并搭建起来。

19日18时许，韩玉秀搬进大河村安置点的帐篷。炉火熊熊，暖意升腾，小小的新生儿终于不用再受冻了。

马凤英所在的大河家镇梅坡村，是最早实现板房入住的村子之一。从露宿到用塑料布支起临时帐篷，再到厚实的救灾帐篷、温暖干净的活动板房，临时居所一步步变好，她慌乱的心逐渐安稳。

屋内，炉膛中火焰跃动，床上铺有电热毯，床下塞着泡面、麻花、奶茶等各类赈灾物资。"前段时间重感冒，起不来床。现在板房保温更好，感冒已经好了。基本生活有保障，期待赶紧把新家修建起来、尽早搬入。"马凤英说。

以速度　换温暖

积石山地处高寒地区，新居破土须待来年开春。在帐篷到位后，尽快建设板房成为确保群众温暖过冬的关键之举。

甘肃倒排工期、每日调度，组织房源、运输、建设等各项工作环环相扣、有力推进，力争早一分钟交工、早一天安排群众入住。各单位企业配强力量、高效协作、争分夺秒、全力以赴地向确定的建成时间节点冲刺。

——货源：从"补缺口"到"超预期"。

"最重要的是确保货源。"甘肃省工业和信息化厅厅长盛云峰说。

20日接到板房调拨计划后，工信部门连夜摸排省内板房生产、商贸企业。21日10时，首批装载120套板房的货车从定西驶向积石山。

工信厅派出干部赶赴天水、庆阳等地企业开展现场摸排，及时对接河北、山东等省外重点生产企业，随后组织调运已有板房。

"6家企业满负荷生产，2000余套已有板房迅速拆卸运输，其余货源从省内外昼夜转运。27日21时，由工信厅负责的5000套板房全部运抵灾区。"甘肃省工信厅交通与物流处处长安子祎说。

地震发生后，兰州市快速反应。20日凌晨，兰州市驻积石山县抗震救援前方工作组成立，坚持"对接协调在前、调度转运在前、分配分流在前"。

"兰州市共发车2977辆，分两批向积石山调运活动板房7620间（含甘肃省工信厅调集的2000间，中建八局调集的1600间）。1.1万余张床、1.2万个床垫、3.6万床被褥等物资也迅速运抵灾区。"兰州市副市长段廷智说。

"国务院抗震救灾指挥部调度3600套活动板房。中铁二十一局、甘肃建投、广河县、兰州文理学院、中华慈善基金会等也倾力相助。"临夏州副州长毛鸿博说。

政府支援、企业捐赠、生产工厂昼夜不歇……一间间活动板房从兰州、金昌、嘉峪关、中卫、合肥等地发往积石山。板房筹集数量从最初的5000间逐步提升至1.6万余间，活动板房工作推进会上的话题也从"补缺口"变成了"超预期"。

——运输：人歇车不歇。

2023年11月12日，积石山县第一条高速公路临夏至大河家高速公路刚刚建成通车。地震发生后，这条高速公路成为外界连接积石山的繁忙要道。一辆辆满载板房的大货车如同白色长龙，向灾区疾驰。

12月21日凌晨，交通运输部门连夜规划运输路线、组织护送队伍、制定转运方案，迅速调配兰州、白银、兰州新区等交通运输企业，调集半挂货车分区域在兰州集结待命。凌晨4点，首批运输车辆在兰州起运点完成集结。

"当务之急是抓紧联系合适的车往灾区运送物资，忙得跟打仗一样。"兰州杰钧物流有限公司总经理董鸿杰连夜值守、会商研判。召集消息发布后，群里回复不断，"我的车符合运送要求，可以参加""我的车现在在白银，这会儿就往兰州走"……

"我们共调集超过700台大型运输车辆，人歇车不歇，加快运输配送。"甘肃省交通运输厅厅长柳鹏说。

在开通绿色通道、制定运送计划、多渠道发布用车需求的同时，交通运输部门还利用夜间社会救援车辆活动相对减少的时机，对灾区农村公路全面进行排危拓宽。

"进村道路狭窄，拉板房的大车错车时，中间甚至没有一指宽。非常时期要有非常办法。我们就在路侧垫块石头，让车微倾通过，打通'最后一公里'。"在石塬镇驻守的临夏州和政县公安局政委赵文明说。

司机赵学武负责末端转运工作。"将近20米的半挂车没法行驶到作业现场，我们就通过五六米的平板货车进行二次转运。尽量把板房拉到离安置点最近的地方。"

在交通运输、高速路政、公安交警和相关企业的通力合作下，经过5天鏖战，参与运输的货车全天候采取循环轮转，零事故安全行驶2600余趟，提前超额完成活动板房转运任务。

——建设：最快6分钟搭建完成一间板房。

21日晚，记者在石塬镇石塬村彻夜采访，见证了板房搭建的快速高效。

在零下14℃的户外，不用多久手几乎"冻僵"。空地上，挖掘机和起重机来回穿梭，或平整地面，或吊取活动板房。24小时不间断作业，200间板房快速搭建完成。

模块化、装配式的活动板房，大大压减了安装时间。一些配套齐全的板房，甚至拥有空调、厕所。吊车一提，折叠板房立刻变成立体空间。

"在运输到位、场地平整的前提下，平均10到15分钟就能完成一间板房的安装，最快仅需6分钟。"中铁二十一局五公司积石山抗震救灾项目负责人林广明说。

中国建筑第六工程局有限公司第一建设有限公司副总经理王林介绍，活动板房使用100毫米厚的岩棉板，属于难燃性材料，安全性更高、保暖性更好。

"从技术上看，这种板房安装并不复杂。关键是后期做好通电、防火等方面的配套，让群众住得安全、安心。"王林说。

渐安稳　待新生

积石山县曾是脱贫攻坚中最难啃的硬骨头，2020年才告别贫困。这片见证过苦难与奋发的土地再次启航，首先就要凝聚发展的信心。

53岁的米麻乃是一名肝硬化患者，家中还有一个上大学的女儿。24日，在大河家镇克新民村安置点初见时，他说起前前后后修了5次才修完的14间房一夜间坍塌尽毁，泪水淌过脸颊。

29日，米麻乃向记者打来电话，说他家已入住板房。"只要有一口气，就有好好活的信心！"

短短几日，板房建成。水、电、暖、厕、通讯等功能日趋完善的社会小单元，更让灾区群众看到了生活正归于寻常。

地动山摇后，"寻常"二字多么宝贵！

在梅坡村安置点，一间间白色活动板房排列整齐，另一侧的蓝色帐篷里，分别是消防站、卫生站、心理疏导室、困难诉求反映受理室等。

"我们在梅坡村设置了8个微型消防站，配备约200个灭火器。每天巡逻5次，为群众讲解消防知识，排除消防隐患。"积石山县消防救援大队干部丁宏民说。

中铁二十一局电工马伊布拉黑走进板房，查看插座、开关性能，并叮嘱群众"要注意用电安全，不能使用大功率电器"。

"我们从早8点忙到晚9点，已实现了这一安置点Wi-Fi全覆盖，并入户帮助群众连接。"中国电信和政分公司工作人员贾树仓说。

共青团甘肃省委在集中安置点搭建起共青团爱心家园。"由太阳能能源小屋改装的5间多功能房，可实现社区广播、理发、义诊、心理援助、多媒体授课等多项服务功能。"共青团甘肃省委统战与社会联络部部长秦铁岩说。

齐抓共管，形成合力。各行业各部门的共同努力，让受灾群众不仅能温暖过冬，还能生活方便。

12月19日，在甘肃临夏积石山县大河家镇大河村安置点，受灾群众排队取餐。

新华社记者 张文静 摄

临夏州相关负责人表示，在板房搭建过程中，省、州、县三级相关部门及时跟进、同步建设，确保受灾群众有热饭、有被褥、有保暖衣物、有干净水、有安全保障、有医疗服务。目前，安置点达到通暖、通厕、通水、通电、通讯的"五通"要求。

2023年12月29日，甘肃省抗震救灾指挥部称，经过4000多人、1000多台机械设备昼夜奋战，已搭建起15812间活动板房。伴随4个重灾乡镇需要安置的受灾群众搬入活动板房，积石山6.2级地震的抗震救灾工作取得阶段性成效，全面转入灾后恢复重建阶段。用于教学的1165间板房也于29日晚全部完成搭建，以方便灾后复课及2024年春季开学。

成都大运会、杭州亚运会

汇聚青春力量　共创美好未来
中国为国际青年体育事业发展作出新贡献

2023年8月8日夜，成都露天音乐公园，在全场注视中，第31届世界大学生夏季运动会闭幕式舞台中央的屏幕上显示出耸立在东安湖畔的大运会主火炬塔，火焰缓缓熄灭，幻化成一颗闪亮的火种。腾空飞起的"太阳神鸟"衔起火种，传递给一位青年，盘旋后飞向远方。

这个夜晚，青春因相聚和告别再一次沸腾。这个夏天，团结因相知和互鉴而更具友谊。

难忘2023，中国与大运会再次相拥。中国西部的广袤大地，首次迎来世界性综合体育赛事。热情好客的中国人，再次向世界展示出特有的可爱、可亲、可敬。

这场盛会，是中国向世界兑现的庄严承诺，是负责任大国为国际青年体育事业发展作出的精彩贡献。

成都成就梦想　中国作出新贡献

"成都成就梦想"，是举办城市对所有参赛世界青年的美好祝愿，也是所有大学生运动健儿的共同心愿。

8月4日晚，在全场的欢呼声中，中国选手吴艳妮摘得本届大运会女子100米栏银牌，12秒76的成绩也同时达标世锦赛和巴黎奥运会。赛后她激动地说："刘翔在2004年雅典奥运会上夺得男子110米栏冠军，始终激励着我们这一代运动员努力站在奥运会的赛场上为国争光。"大运会让这个"川妹子"在家门口圆了进军巴黎的梦。

"获得来成都参赛的资格时，我的梦想就已经实现。"摘得男子3000米障碍赛金牌的德国田径运动员延斯说，"成都实现了我的梦。下一届大运会将在德国举办，我会把这枚金牌带回国，希望为德国年轻人带来更多鼓励。"

青春的梦想五彩缤纷，大运的赛场精彩纷呈。大赛期间，来自世界各地的青年不断挑战自我、刷新一项项纪录——男子100米蛙泳、女子50米

8月4日，中国选手吴艳妮在成都大运会女子100米栏决赛后。

新华社记者 邓华 摄

蝶泳、田径男子400米、射击男子10米气步枪团体……共有22人次打破了14个小项的赛会纪录。

比成绩更引人注目的，是运动健儿追求卓越、勇攀高峰的精神。

8月5日，体操项目男子单杠决赛时，刚刚上杠的哈萨克斯坦队选手卡里米，因护肘意外断裂而跌落下来。现场技术官员经过商议，允许他在其他选手完赛后重新登场。中国选手侍聪在比赛中拿下14.600的高分，几乎所有人都认为冠军已非他莫属。但再次登场的卡里米破釜沉舟，用一套舒展、精准的动作征服了裁判，最终以0.2分的微弱优势夺得男子单杠冠军。沉着应战、绝地反超，赢得了观众们的热烈掌声。

十多天来，大运会各竞赛场馆里，18个大项269个小项的比赛逐次展开。来自世界各地的大学生们顽强拼搏、不甘落后的一幕幕，把"友谊、博爱、公平、坚毅、正直、协作、奋发"的大运会宗旨演绎得淋漓尽致。

比冠军更让人动容的，是来自五湖四海的青年人的相聚。

本届大运会，113个国家和地区的6500名大学生运动健儿汇聚成都。自开赛以来，赛场上、大运村、新闻发布厅……处处都能看到运动员们相互寒暄、彼此鼓励、互致敬意的场面。

"加油，女孩儿！"8月2日，女子跆拳道73公斤以上级决赛一结束，获得银牌的伊朗选手塔瓦科利便与铜牌得主土耳其选手阿克布拉克紧紧拥抱在一起。此前在该级别的半决赛中，塔瓦科利以微弱优势险胜阿克布拉克，在激烈的对抗中阿克布拉克手臂受伤。赛时相搏，赛后相拥，相互欣赏，相互尊重，体育让世界青年更加团结友爱。

大运会，既是竞技者的圆梦舞台，也是志愿者"奉献、友爱、互助、进步"的精神沃土。本届大运会上，20000多名赛会志愿者、11000多名城市志愿者倾心服务、倾力奉献。

胡井泉是成都大运会志愿者中的"三朝元老"。4年前，还是大一学生的他第一时间报名参加大运会志愿者招募。虽因疫情经历了两次延期，他却初心不改热情不减。"我是体育专业的学生，为大运会服务是贯穿我整个本科学习阶段的梦想。为大运服务的12天，是我最好的毕业礼。"他说。

比赛事更令人赞叹的，是中国为大型国际赛事贡献的中国智慧、中国力量。

成都市自筹办本届大运会以来，抓住"延期窗口期"，跑出"大运加速度"，新建改建扩建了49座场馆，功能硬件和服务软件全部达到国际比赛水准，仅大运会测试赛就举办了两次。

在赛事申办、筹办、举办过程中，成都将低碳环保理念贯穿始终。自动驾驶巴士、无人驾驶地铁、3D照相、蓄冷型降温背心、智能厕所……大量新技术、高科技被广泛运用到场馆建设、运营管理、服务保障等领域。

"中国在举办国际体育赛事方面的能力令人叹服。"国际奥委会媒体运行前总监安东尼·埃德加说。这位曾在2008年北京奥运会、2014年南京青奥会、2022年北京冬奥会上与中方合作的媒体运行专家表示，此次来蓉不仅感受到成都极高的办赛水平和大运热情，也为这里世界级的场馆、葱郁的绿化和美丽的市容折服。

架起友谊桥梁　中国递出新名片

7月28日，国际大体联代理主席雷诺·艾德在大运会开幕式上说："我们生活在一个充满不确定性的世界，面临着不确定的未来。大家来到这里，用和平的方式为彼此表现喝彩，这已为未来指明了方向。"

12天间，成都的热情点燃了盛夏、感动了世界。一声声"雄起"响彻现场，一句句"巴适"在观众席回荡。大运健儿曾经在训练场上无数个枯燥、寂寞的日夜，换来蓉城各竞赛场馆里排山倒海的喝彩。

7月30日，男子刀术比赛现场出现意外一幕，伊朗运动员在比赛中不慎将刀飞了出去。此时，现场几乎所有观众都起立鼓掌，为他加油鼓劲。同一天的男子柔道81公斤级比赛，格鲁吉亚运动员达瓦拉什维利·祖尔摘得铜牌,他说是观众们热烈的欢呼、超越国界的支持让他在比赛逆境中坚持下来,"这枚奖牌也有观众的功劳!"

国际大体联世界夏季大运会主任赵晶说,自开幕以来,她最大的体会是成都的"热"——盛夏晴天的炙热、健儿挥洒的汗水、志愿者们的热情、观众高昂的喝彩……无不透着"大运之城"的火热。

蓉城烟火气,最抚青年心;中国文化味,更令人沉醉。

8月7日,成都大学的学生在"成就梦想"歌舞晚会上表演《相约大运》。

新华社记者 沈伯韩 摄

从大运村里每天不重样的主题晚会、非遗技艺体验,到盖碗茶、火锅的市井气息,再到杜甫草堂的绿树红墙、金沙博物馆的"太阳神鸟"、成都大熊猫繁育研究基地的"蓉宝"原型"芝麻"……大学生运动健儿们既体验中国广博深厚的文化底蕴,又体验当地人有滋有味的平凡生活,更深切感受到人们的热情友善。

东安湖畔的主媒体中心,汇聚了书法、糖人、武术、川剧、茶艺等文化体验的休闲区域,成为全球媒体人的打卡地。大赛期间,除了进行专业、快速的赛事报道,他们还向自己的国家发回了许多有关中国传统非遗、城市风貌的报道。

日本记者大金拳一郎第一次来到中国,他对组织方提供的周到服务感到"很震惊","从一开始下飞机就有志愿者接机,还有日语的翻译支持,对我帮助很大,工作人员和市民都很热情。"他说。

透过大运会,成都成为人们认识中国的一扇窗,透过它,能看到中国式现代化的万千气象;透过大运会,成都成为人们记住中国的一张名片,透过它,能把美好的记忆长留心间。

告别成都,巴西运动员德奥利韦拉·雷斯的行囊中装了不少"蓉宝"形象的文件袋、挂件,"蓉宝"玩偶是她的最爱。憨态可掬的大熊猫,一直是中国和平友好的使者和象征。她说,将它们装进行囊,便能将成都、将中国的美好带回家乡。

青春永不谢幕　世界奔向新未来

8月8日的大运会闭幕之夜,是一场相聚与告别的盛典。

舞台上,东方蜀派古琴与西方小提琴和鸣《高山流水》与《友谊地久天长》,川剧青衣与说唱歌手以传统与时尚的形式对歌,中外大学生演职人员同台共演……这是古典与现代的融合,这是东方与西方的融通。

8月8日,演员在闭幕式上表演。

新华社记者 胥冰洁 摄

大运会是见证者。从22年前的北京到12年前的深圳,再到今天的成都,大运会的中国足迹与中国深化改革开放、区域协调发展、促进共同富裕和国家繁荣强盛的前进步伐一路相伴相随。

　　武术散打男子 60 公斤级决赛中摘得金牌的选手马衣姑，从红军"彝海结盟"时走过的深山中走来。他的成长历程是中国西部青少年体育事业发展的最好注解。在他的家乡冕宁县，那名渴望走出大山的"格斗少年"吉依阿杰，得益于学校开展的体育特长教育，回归校园后夺得了四川省青少年拳击锦标赛冠军。

　　大运会是推动者。筹备赛事 4 年来，成都秉持"简约、安全、精彩"的办赛理念，将"办赛、营城、兴业、惠民"相统一，力求"办好一次会、搞活一座城"。

　　2022 年成都市体育消费的总规模提升至 578.6 亿元，较 2018 年增长 44.5%，入选首批国家体育消费试点城市。2022 年全市体育产业总产值达到 1005 亿元，相比 2018 年增长 59%。体育事业的快速发展使成都市体育人口迅速攀升。全城"热练"中，市民体质合格率达到 94.61%，实现"七连升"。

　　大运会更是践行者。中国克服疫情影响，成功办赛的智慧与担当，为推动构建人类命运共同体、促进人类和平与发展做出了榜样。

　　中国公共关系协会副会长、中国传媒大学国家公共关系与战略传播研究院院长董关鹏认为，历经三年疫情，成都大运会为世界提供了一次"治愈"，为中国负责任的大国形象做出最好的诠释。变局中的世界，很多隔阂都因沟通的暂停而产生，而近两周大运会上的充分互动，让海量信息得到充分传递与交流，弥足珍贵。这为世界青年开创更加团结、美好的未来作出了中国贡献。

　　赛事有期，大运永不落幕。49 个赛会场馆将成为大运会留给成都最为显性的体育遗产，大运村也将继续发挥世界青年大学生交往、交流、交融的平台作用。更为重要的是，它为这座城市乃至国家注入的青春活力将不断延续。

　　聚散有时，青春永不谢幕。告别是美好的开始，闭幕是华丽的序章。当中德舞者共同起舞，便知下一次相聚已经不会遥远。国际大体联秘书长艾瑞克·森超说，未来掌握在年轻人手中，他们才是改变世界的人。

　　青春的盛会、团结的盛会、友谊的盛会，世界青年后会有期，青春世界未来可期！

第 31 届世界大学生夏季运动会奖牌榜

2023年8月8日，成都大运会所有比赛收官。中国队以178枚奖牌领先，日本队以93枚奖牌位居第二，韩国以58枚奖牌排在第三。中国队成都大运会金牌数突破100枚，获得103枚——这是中国队参加历届大运会以来，所获金牌数的最高纪录，中国也因此成为大运会历史上第二个在一届大运会上金牌总数破百的国家。

成都第31届世界大学生夏季运动会奖牌榜

	国家/地区	金牌	银牌	铜牌	总计
1	中国	103	40	35	178
2	日本	21	29	43	93
3	韩国	17	18	23	58
4	意大利	17	18	21	56
5	波兰	15	16	12	43
6	土耳其	11	12	12	35
7	印度	11	5	10	26
8	中国台北	10	17	19	46
9	立陶宛	6	4	2	12
10	法国	5	8	10	23
11	伊朗	5	6	12	23
12	德国	4	8	12	24
13	乌克兰	4	4	3	11
14	捷克	4	3	5	12
15	印度尼西亚	4	3	0	7
16	中国香港	4	1	7	12
17	匈牙利	3	8	6	17
18	葡萄牙	3	4	0	7
19	南非	2	11	7	20
20	哈萨克斯坦	2	7	11	20
21	泰国	2	4	6	12
22	荷兰	2	3	4	9
23	瑞士	2	1	4	7
24	美国	1	9	13	23
25	中国澳门	1	3	3	7
26	斯洛伐克	1	2	0	3
27	马来西亚	1	1	5	7
28	澳大利亚	1	1	4	6
29	牙买加	1	1	0	2
29	卢森堡	1	1	0	2
29	乌干达	1	1	0	2
32	芬兰	1	0	3	4
33	奥地利	1	0	1	2
33	保加利亚	1	0	1	2
35	加纳	1	0	0	1
36	乌兹别克斯坦	0	8	6	14
37	巴西	0	7	6	13
38	阿塞拜疆	0	3	6	9
39	阿尔及利亚	0	1	3	4
40	塞浦路斯	0	1	2	3
40	罗马尼亚	0	1	2	3
42	摩尔多瓦	0	1	1	2
43	文莱	0	1	0	1
43	新加坡	0	1	0	1
45	格鲁吉亚	0	0	4	4
45	蒙古国	0	0	4	4
47	越南	0	0	3	3
48	亚美尼亚	0	0	2	2
48	西班牙	0	0	2	2
50	比利时	0	0	1	1
50	克罗地亚	0	0	1	1
50	吉尔吉斯斯坦	0	0	1	1
50	土库曼斯坦	0	0	1	1

资料来源：成都第31届世界大学生夏季运动会官网

凝聚体坛力量　照亮前行之路

——杭州亚运会赛事盘点

光彩夺目的竞技场上，激情挥洒；文明互鉴的嘉年华中，心心相融。

亚洲的力量凝聚东方，亚运的光芒照耀未来。

跑道上、泳池中、球馆里……来自亚奥理事会全部45个成员的万余名运动员和组织者，用火热的激情、精湛的技艺、无私的奉献，共同向世界呈现了一场"中国特色、亚洲风采、精彩纷呈"的亚运盛会。

时代激荡，梦想飞扬。杭州亚运将亚洲最美好的模样尽情展现，在西子湖畔奏响了开启未来的华美序章。

追求卓越，亚运盛会凝聚世界目光

杭州第19届亚运会设有40个大项61个分项481个小项，包括31个奥运项目和9个非奥项目，亚奥理事会全部45个成员的代表团共11830名运动员、5711名随队官员参赛，是史上设项最多、参赛人数最多的亚运会。

亚洲健儿努力拼搏，在多个赛场上演了世界顶尖水平的较量，累计15次打破世界纪录、37次打破亚洲纪录、170次打破亚运会纪录。射击赛场打破6项世界纪录；举重赛场见证9次刷新世界纪录；斩获6枚金牌的中国游泳运动员张雨霏与包揽男子蛙泳三项冠军的覃海洋，以超燃的表现双双当选本届亚运会最具价值运动员。这些高光时刻成为杭州亚运会的经典回忆。

在亚运的舞台上，体育的荣光，追求卓越的期盼与梦想尽情绽放。科威特飞碟射击老将阿卜杜拉·拉希迪在60岁的"高龄"两度追平世界纪录，拿下一金一银；48岁的体操名将

9月27日，金牌得主科威特选手阿卜杜拉·拉希迪在杭州亚运会男子双向飞碟个人赛颁奖仪式上。

新华社记者　杜潇逸　摄

丘索维金娜第五次参加亚运，用30多年的竞技生涯诠释了热爱与坚守；35岁的马龙再度出征，帮助中国男乒实现亚运会团体八连冠伟业；马来西亚马术老将卡比勒·安巴克经过25年的漫长等待和不懈努力，终于在自己的第六届亚运会上赢得金牌……

在亚运会舞台上，运动员们"更快、更高、更强——更团结"的追求一以贯之。在激烈比拼的同时，亚洲健儿以体育为媒，携手并肩、交流互鉴。

中国游泳运动员张雨霏多次表达对经历白血病折磨后重返赛场的日本游泳选手池江璃花子的关心与钦佩。在女子50米蝶泳决赛中，张雨霏夺得金牌，池江璃花子获得季军。在颁奖之后，张雨霏落下热泪，与池江璃花子深情相拥。田径赛场，男子撑杆跳高项目中，共同师从乌克兰撑杆跳高名帅维塔利·彼得罗夫的菲律宾选手奥贝纳、中国选手黄博凯与沙特阿拉伯选手希扎姆相互切磋，在充满温情和鼓励的友好竞争中共同进步，奥贝纳最终打破亚运会纪录。在举重女子76公斤级赛场，来自朝鲜和韩国的三名运动员一同登上领奖台。赛后，她们共同表达了对中国队因伤退赛选手廖桂芳的关心，并为她22岁生日送上祝福。

9月29日，中国选手张雨霏在杭州亚运会游泳项目全部比赛结束后展示获得的奖牌。

新华社记者 杜宇 摄

"杭州亚运会既是体育竞技的舞台，也是人文交流的平台。我们的运动员始终做到场上全力以赴、场下友好交流，生动诠释了中华体育精神。"中国体育代表团团部官员高超说。

亚运舞台汇聚世界目光，亚运健儿由此展望未来。许多选手将亚运会当作巴黎奥运会的演兵场，不到一年之后，他们或将在奥运的舞台再次相聚，完成又一次追梦之旅。

为中国队拿到亚运史上首枚男子马拉松金牌的何杰表示："我离巴黎奥运会又近了一步，将来我有底气去冲击比全国纪录更好的成绩。"他说，不会给自己设限，一定会继续突破自我。

钱江潮涌，亚运效应带来深远影响

杭州刺绣、丝竹民乐、活字印刷、团扇绘面……中秋佳节之际，在杭州亚运会主媒体中心"中华传统文化"展示区，不少中外媒体记者慕名前来体验和探索。在活字印刷展台前，在传承人指导下排版、刷墨、拓印，"花好月圆""明月寄相思""天涯共此时"跃然纸上，记者们用传统技艺寄托真挚的中秋祝福。

9月25日，在杭州亚运会淳安赛区，泰国运动员（左前二、三）在观看淳安县里商仁灯的制作过程。

新华社记者 胡虎虎 摄

一轮圆月，一场团圆。亚运会承载着亚洲人民对于和平生活和美好未来的向往，在中国绽放出了独特的光彩。

亚运会不仅让地区特色项目走进大众视野，也成为亚洲多彩文化交流互鉴的桥梁。

本次亚运会40个大项中，武术、藤球、板球、卡巴迪等9个非奥项目的设立，充分考虑到它们在亚洲地区的普及程度，不仅丰富了竞赛内容，更诠释了亚洲体育多元之美。观众把卡巴迪亲切地称为高配版"老鹰捉小鸡"，把棋类赛事比作"智慧的体操"，把藤球形容为"用脚踢的排球"，这些有家乡味的特色项目吸引了广泛关注，赛场上欢呼不断，几乎座无虚席。

杭州亚运会竞赛指挥中心新闻发言人朱启南说："亚运会为运动员实现

梦想提供了支持，为亚洲各地区不同文化在杭州交相辉映、感受奥林匹克精神提供了平台。"

9月24日，中国选手童心在杭州亚运会武术项目女子太极拳太极剑全能决赛中夺得冠军。

新华社记者 李一博 摄

杭州亚运是一场文化盛筵，同时也带动了体育消费的热潮，为体育产业的发展注入了新的动力。

与杭州亚运会相关的体育消费场景不断丰富。抓住杭州亚运会举办窗口期，各地举办形式多样的体育消费促进活动。为营造消费场景，进一步扩大消费，杭州及周边城市多策并举，推出亚运主题精品旅游路线，举办迎亚运促消费嘉年华活动，掀起文旅热潮。

杭州亚运恰逢中秋、国庆假期。在亚运效应的推动下，杭州跻身国内旅游热门目的地前三名，整体旅游订单同比增长279%。从9月23日至30日，杭州8天接待游客总量2184.6万人次，日均273.1万人次，凸显出巨大的经济效益。

中国体育代表团团部官员杨雪鸰认为，本届亚运会对经济发展、体育产业的影响是全面的、长远的，给体育产业发展带来了很多机遇。"体育与文旅融合呈现新前景，杭州亚运会极大带动了体育、文化、旅游等消费，跟着赛事去旅游呈现出越来越大的效益。"

本届亚运会的成功举办，让"绿色、智能、节俭、文明"的办赛理念

9月23日，游客在西湖边与杭州亚运会吉祥物合影。

新华社记者 韩传号 摄

深入人心，为国际大型综合赛事提供了借鉴。正如国际奥委会主席巴赫所说，杭州亚运会为大型赛会的可持续发展树立了新标杆。

心心相融，亚运热潮开启未来篇章

"亚洲运动会承载着亚洲人民对和平、团结、包容的美好向往。"

在杭州，亚洲体育健儿再次欢聚一堂，亚奥理事会的45个成员全部报名参赛，向着"更快、更高、更强——更团结"的目标孜孜以求。透过亚运会这扇窗，世界再一次感受到亚洲的凝聚力。

获得201枚金牌，第11次蝉联亚运会金牌榜榜首；3次打破世界纪录、18次打破亚洲纪录、74次打破亚运会纪录……从杭州看巴黎，从亚运看奥运，中国体育健儿在杭州亚运会上的奋力拼搏，为出征2024年巴黎奥运会奠定了坚实的基础。

在杭州亚运会中国体育代表团副团长周进强看来，亚运会的优异成绩，坚定了中国体育代表团在巴黎奥运会取得优异成绩的信心。"杭州亚运会后，我们将立即转入巴黎奥运会备战工作，加快补短板强弱项，全面提升竞技水平，全力以赴迎接巴黎奥运会'大考'。"

在全面建设体育强国的征程中，竞技体育与群众体育比翼齐飞是中国发展体育事业矢志不渝追求的目标。在"全民亚运、共建共享"理念下，杭州市民成为亚运红利的受惠者。

10月1日，在浙江杭州一处杭州亚运会特许商品零售点，游客在选购商品。

新华社发（孟德龙 摄）

在杭州亚运会开幕前，56个竞赛场馆中的31个训练场馆按照全民健身、专业主导、学校开放、市场运营等模式向社会开放。在这些场馆参与过健身的群众超过1000万人次。

"亚运会极大地带动广大市民群众的体育、健身热情。"杭州市体育局局长金承龙说，以"一周内是否达到中等强度的有氧运动，即150分钟有氧运动"作为经常参加体育锻炼的标志，杭州亚运会从成功申办到成功举办的八年间，杭州市经常参加体育锻炼的人口比例从40.6%提升至46.01%，这意味着经常参加体育锻炼的人数达到500万以上。

以亚运为契机构建的全民健身公共服务体系，在之江大地上已结出硕果，一批运动场地正见缝插针地"嵌入"市民生活圈，城市空间的"边角余料"正成为全民健身的"金角银边"。

亚运会还带动了全国范围的全民健身热。中秋、国庆假期全国各地开展各类特色健身活动6000余项，直接参与人数超过330万人。

中国体育代表团副团长刘国永表示，近些年来国内举行的大型综合赛事对于百姓健身热情的带动和促进作用不断凸显。

杭州亚运的成功举办，为中国提升竞技运动水平、备战巴黎奥运会奠定更坚实的基础。

8月5日,在浙江省杭州市临平区塘栖镇三星村篮球场上,球员们在嘉年华比赛中拼抢(无人机照片)。

新华社记者 徐昱 摄

杭州亚运的成功举办,展示出中国综合国力的持续提升,以及中国体育运动的蓬勃发展。

杭州亚运会的成功举办,彰显了我国在体育强国建设的征程上又迈出坚实一步,其所带动的竞技体育、群众体育、青少年体育、体育产业、体育文化等各方面的整体发展,将对体育强国建设和中国式现代化的高质量发展产生深远影响。

9月23日,演员在杭州亚运会开幕式上表演。

新华社记者 杨磊 摄

杭州第19届亚运会奖牌榜

10月8日,杭州第19届亚洲运动会闭幕式在杭州奥体中心体育场举行。中国代表团共获得201金111银71铜,共383枚奖牌。代表团在本届亚运动的金牌总数创造历史新高。

杭州第19届亚运会奖牌榜 10月8日

排名	国家/地区	金	银	铜	总计
1	中国	201	111	71	383
2	日本	52	67	69	188
3	韩国	42	59	89	190
4	印度	28	38	41	107
5	乌兹别克斯坦	22	18	31	71
6	中国台北	19	20	28	67
7	伊朗	13	21	20	54
8	泰国	12	14	32	58
9	巴林	12	3	5	20
10	朝鲜	11	18	10	39
11	哈萨克斯坦	10	22	48	80
12	中国香港	8	16	29	53
13	印度尼西亚	7	11	18	36
14	马来西亚	6	8	18	32
15	卡塔尔	5	4	5	14
16	阿联酋	5	5	10	20
17	菲律宾	4	2	12	18
18	吉尔吉斯斯坦	4	4	7	15
19	沙特	4	2	4	10
20	新加坡	3	6	7	16
21	越南	3	5	19	27
22	蒙古国	3	5	13	21
23	科威特	3	4	4	11
24	塔吉克斯坦	2	1	4	7
25	中国澳门	1	3	2	6
26	斯里兰卡	1	2	2	5
27	缅甸	1	0	2	3
28	约旦	0	5	4	9
29	土库曼斯坦	0	1	6	7
30	阿富汗	0	1	4	5
31	巴基斯坦	0	1	2	3
32	文莱	0	1	1	2
32	尼泊尔	0	1	1	2
32	阿曼	0	1	1	2
35	伊拉克	0	0	3	3
35	老挝	0	0	3	3
37	孟加拉国	0	0	2	2
38	柬埔寨	0	0	1	1
38	黎巴嫩	0	0	1	1
38	巴勒斯坦	0	0	1	1
38	叙利亚	0	0	1	1

资料来源:杭州第19届亚运会官网　新华社发　肖晓嫄　编制

自强不息　与爱同行

——杭州第 4 届亚残运会综述

2023 年 10 月 28 日晚，在以"乘梦飞，再相约"为主题的闭幕式上，亚残奥委员会主席马吉德·拉什德宣布杭州第 4 届亚洲残疾人运动会闭幕。

"杭州，无与伦比！"拉什德说，杭州亚残运会是有史以来最盛大、最精彩的一届亚残运会，超出预期。

10 月 28 日，杭州亚残运会闭幕式，各代表团旗帜入场。

新华社记者 徐昱 摄

在这场为期一周的盛大赛事中，杭州亚残组委和各方不懈努力，残疾人运动员挥洒汗水、展现风采，兑现了"两个亚运，同样精彩"的承诺；赛事筹办以人为本，无障碍环境水平全面提升，关爱残疾人成为文明风尚，完美彰显有爱无"碍"；赛场内外，残健融合携手并进，残疾人获得感、幸福感、安全感显著增强，折射出我国残疾人事业发展巨大成就。

赛场内外写满自强不息

杭州亚残运会开幕式总导演沙晓岚说，亚残运会开幕式"金桂之花""金桂之冠""金桂之树"的形象，沿用了亚运会"桂花"元素的寓意，是两个亚运一脉相承的体现。

为期一周的亚残运比赛产生502枚金牌，共打破世界纪录21次、亚洲纪录72次、亚残运会纪录283次，残疾运动员的精彩表现生动诠释了"两个亚运，同样精彩"的真谛。

残疾运动员，在杭州展现出对更高竞技水平的追求。

23日上午，中国皮划艇选手谢毛三在女子KL1级决赛中以55秒478的成绩夺冠，获得本届亚残运会首金。尽管29岁才进入国家队，但她凭借不服输、肯吃苦的劲头，成功在这个项目历史上写下自己的名字。她说："皮划艇对我来说意味着重生。"短暂调整后，谢毛三将为2024年的巴黎残奥会继续努力。

10月23日，中国选手谢毛三获得本届亚残运会首金。

新华社记者 才扬 摄

同日，举重项目女子41公斤级比赛中，中国选手郭玲玲四次试举，三次打破世界纪录，最终将新的世界纪录定格在123公斤。这位已经实现残奥会、亚残运会、世锦赛"大满贯"的选手，曾为了备战第九届全国残运会，在4个月内将体重从57.5公斤减到41公斤。她的下一个目标，是去45公斤级继续破纪录。

老将与新星共同闪耀，彰显体育的开放包容、残疾人的自强不息。

52岁的日本选手杉浦佳子，在自行车女子个人C1-3级500米计时赛决赛中，以39秒995的成绩刷新C3级别的亚残运会纪录。因受伤导致右半身瘫痪、出现记忆障碍的她说："我失去了记忆，但这反而让我不害怕比赛，无所畏惧。"

系统训练仅一年，16岁的印度射箭运动员西塔尔·黛维接连在世锦赛和杭州亚残运会上摘下银牌；她用实力证明，没有双臂也能找到人生的靶心。13岁的杨亦潇是中国代表团年龄最小的选手；尽管在国际象棋项目中首战失利，第一次出远门的他，已经在杭州跨出了人生的一大步。

杉浦佳子在比赛中。

新华社记者 方列 摄

赛场之外，运动员积极乐观的生活态度令人动容。

游泳运动员卢冬是一位不折不扣的"斜杠青年"；尽管没有手臂，但她生活中能用脚弹钢琴、打游戏，做饭和化妆更是不在话下。爱笑的乒乓球选手高延明，在赛场外总是梳着时尚的"油头"；高位截瘫的他通过乒乓球进行康复，如今已经能够生活自理，甚至可以开车。硬地滚球运动员杨贝贝，在赛场之外是一个爱读书、爱摄影、爱追星的女孩；尽管打字吃力，她还是常常写下唯美的诗句……

2021年8月30日，卢冬在东京残奥会游泳女子50米仰泳S5级决赛中率先抵达终点。

新华社记者 才扬 摄

除了运动员，他们，也是值得夸赞的英雄。

在田径短跑比赛中，盲人运动员要在领跑员的协助下完成比赛；两者用一根长约10厘米的引跑绳相连接，领跑员就是运动员的"眼睛"。轮椅篮球赛场上有一支啦啦队，其中有几位听障姑娘；她们听不到，就"看"着节拍一起跳。志愿者"小青荷"为赛会提供事无巨细的服务；他们却常常说，自己从残疾人运动员那里收获了更多。

筹办工作彰显有爱无"碍"

为了给参赛人员打造安全、温馨、舒适的无障碍环境，杭州围绕竞赛场馆、亚残运村及分村、大家庭总部饭店与城市重要路段，完成了14万个城市无障碍项目改造提升。

自16日开村以来，亚残运村成为各国和各地区运动员的家。村内无障碍设施细节处处透露暖意，宽度为1.2米的无障碍安检通道，可供轮椅轻松通过；动线起伏处均加装坡道，便于轮椅通行；亚残运村还提供了约1100个无障碍床位，更为部分重度残疾运动员配备高矮陪护床，房间内紧急呼救按钮、防撞条、圆角家具一应俱全。

走进各竞赛场馆，运动员在无障碍洗手间内可以做到"听声辨位"；赛场内都设有无障碍坐席、低位按键、低位扶手、没有台阶和陡坡的室内通道及盲道。

盲人门球训练基地的户外草坪上，有一块专为导盲犬定制的暖心休息区。场馆改造项目负责人张利明介绍，休息区全天候开放，为了给导盲犬提供舒适的环境，场馆还搭建了遮阳棚，避免雨淋和强光照晒。

10月16日，中国体育代表团成员在杭州亚残运村内乘坐无障碍接驳车出行。

新华社记者 江汉 摄

为了让残障人士出行更便利，杭州还提升了城市道路75条段、盲道3000余公里、缘石坡道2.9万处、城市人行天桥地道50座、无障碍公厕1600余座，实施老旧小区电梯改造1000台，建成"红色阵地"无障碍示范点260余处、公交站台3500余处，推出300辆无障碍巡游出租车，打造了以西湖、良渚、运河等世界遗产为核心的5条无障碍旅游线路。

"来到杭州之后，交通出行非常便利，这些无障碍设施的建设让我感到欣慰。我也计划之后和我的家人一起到杭州游玩。这里的人们都很友好，杭州的一切都很美好。很高兴通过亚残运会的举办，让杭州这座旅游城市变得更加'无碍'。"拉什德说。

硬件之外，杭州亚残运会的软服务更加"有爱"。

在亚残运村举行的"非视觉"摄影展，展览作品全部由视障人士拍摄。

志愿者会现场讲解摄影展背后的故事,帮助参观者们戴上眼罩,体验"非视觉"摄影。

为了帮助运动员们了解中国文化、了解杭州,亚残运村安排了学中文趣味体验。体验者可以跟着志愿者现场学说十个诸如"杭州""西湖龙井"的简单词汇,或者学用手语打出相关词汇,奖品是以西湖美景为主题的纪念徽章。据介绍,十个词中,最受欢迎的前三名是"杭州""加油""我爱你"。

"我没办法描述或者形容这里的人们有多么热情好客,我们爱中国,我们在杭州很开心。"叙利亚羽毛球运动员伊萨·哈桑说,"谢谢杭州!"

此外,杭州还启动了亚运文明驿站助残服务。220个市级亚运文明驿站、314个区(县)级亚运文明驿站,3400余个新时代文明实践中心(所、站),串珠成链、全情服务,成为一条靓丽的城市志愿服务"风景带"。

"在杭州,我看到令人欣喜的变化正在发生,不仅体现在硬件设施设备上,还体现在人们理念的改变上。"拉什德表示。

杭州亚残运村内景。

新华社记者 江汉 摄

亚残运会展现中国残疾人事业发展成就

在党中央坚强领导下,新时代十年,我国残疾人事业开创了蓬勃发展的新局面,广大残疾人生活全面改善,获得感、幸福感、安全感显著增强。杭州亚残运会成为展示我国残疾人事业发展成就的舞台。

从1984年首次参加残奥会以来,中国残疾人运动员不断突破自我,绽放在竞技赛场。本届亚残运会,中国体育代表团摘下214金167银140铜共计521枚奖牌,在金牌榜、奖牌榜都占据首位,并打破世界纪录13次、亚洲纪录35次,取得自参加亚残运会以来的历史最好成绩。

除了竞技体育,中国残疾人群众体育、体育产业也得到协调发展。社区残疾人康复健身体育项目、政府购买体育健身服务得到推广,"自强健身工程""康复体育关爱工程"稳步推进实施,残疾人体育品牌活动和赛事风生水起。

杭州市残联理事长杨英英表示,借助亚残运会东风,杭州残疾人体育事业发展迅速。未来,杭州将继续做好三件事:一是进一步推动残疾人体育设施建设,做好场馆赛后利用,让更多残疾人走进场馆享受运动快乐;二是积极举办残疾人体育赛事和活动,常态化举办全市综合性运动会、专项体育赛事等,以竞技体育带动群众体育发展;三是加快残疾人体育人才培养,为残疾人体育健身提供更专业指导,让运动改变生活。

进步不局限于体育。以亚残运会为契机,杭州全面完善残疾人社会保障制度,构建残疾人关爱服务体系,连续五年把助残类项目纳入政府为民办实事项目中。同时,对残疾人进行技能培训,让他们获得一技之长,保障就业优先。本届亚残运会,杭州有60名残疾人火炬手,还有数百名残疾人艺术家、表演家、文创工匠参与开、闭幕式和亚残运村各类活动,彰显残健融合与平等共享。

14亿多人口整体迈向现代化,残疾人不能掉队。本届亚残运会上,中国代表团运动员尽显乐观积极的生活态度和拼搏向上的精神风貌,争金夺银之外,他们是工人、农民、学生、自由职业者,其中有56%的人拥有大专以上学历,不少人还考上了研究生。平等对待是最好的关爱,促进自立是最好的扶助,他们在生活中都有属于自己的精彩。

着力提高残疾人康复、教育、文化体育、托养照护、无障碍等服务质量,需要全社会共同努力,杭州亚残运会上的助残"黑科技"为残疾人事业赋能,让数字技术有了温度。

22日晚举行的开幕式上,最后一棒火炬手徐佳玲用通过大脑操控的智能仿生手高擎火炬"桂冠",随后点燃主火炬。随着智能仿生手的进一步普及,未来将有更多残障人士在仿生手辅助下提高生活质量。火炬传递过程中,智能导盲犬引导第13棒火炬手、视障姑娘蔡琼卉完成传递;类似的导盲机器人还出现在盲人足球比赛中，它们可以为使用者自动规划行进路径。手语翻译机器人"小莫"具备手语识别和播报能力，在它的帮助下，听障人士实现了无障碍沟通，还能更好地观看比赛、游览景点。

最后一棒火炬手徐佳玲。

新华社发

中国残疾人体育运动管理中心主任、杭州亚残运会中国代表团副秘书长杨金奎称赞了赛会的科技元素："面对不同类型的残疾人运动员，如果要实现信息无障碍、设施无障碍、服务无障碍，利用科技助残，我认为是最好的选项。"

中国残联宣文部副主任王宏伟认为，杭州亚残运会的筹办和举办，展现和助推了我国残疾人事业发展，有助于进一步提升残疾人健康水平，促进残疾人平等、融合、共享的目标得到更好实现，也为推进残疾人全面发展奠定了更坚实的基础。

"我们将把此次杭州亚残运会作为有利契机，进一步保障残疾人平等权利，增进残疾人民生福祉，提高残疾人自我发展能力，促进残疾人事业全面发展，共同创造残疾人更加幸福美好的生活。"王宏伟说。

杭州亚残运会中国代表团 214 金圆满收官

2023 年 10 月 28 日，杭州亚残运会迎来最后一个比赛日，当天共决出 46 枚金牌，中国队收获其中的 18 枚，金牌总数达到 214 枚，高居榜首。伊朗队和日本队分别以 44 金和 42 金位列第二、第三。

奖牌

名次	国家(地区)残奥委会	描述	金	银	铜	总计	总计排名
1	CHN	中国	214	167	140	521	1
2	IRI	伊朗	44	46	41	131	3
3	JPN	日本	42	49	59	150	2
4	KOR	韩国	30	33	40	103	6
5	IND	印度	29	31	51	111	4
6	INA	印度尼西亚	29	30	36	95	7
7	THA	泰国	27	26	55	108	5
8	UZB	乌兹别克斯坦	25	24	30	79	8
9	PHI	菲律宾	10	4	5	19	14
10	HKG	中国香港	8	15	24	47	9
11	KAZ	哈萨克斯坦	8	12	21	41	10
12	MAS	马来西亚	7	15	17	39	11
13	TPE	中华台北	4	4	12	20	12
14	UAE	阿联酋	4	4	3	11	16
15	JOR	约旦	4	2	1	7	21
16	IRQ	伊拉克	3	7	4	14	15
17	SGP	新加坡	3	3	2	8	19
18	SRI	斯里兰卡	2	5	4	11	16
19	KSA	沙特	2	4	3	9	18
20	MGL	蒙古	2	3	3	8	19
21	OMA	阿曼	2	2	0	4	22
22	VIE	越南	1	10	9	20	12
23	KGZ	吉尔吉斯斯坦	1	2	1	4	22
24	PAK	巴基斯坦	1	0	0	1	26
25	TLS	东帝汶	0	1	0	1	26
26	MYA	缅甸	0	0	3	3	24
27	SYR	叙利亚	0	0	2	2	25
28	BRN	巴林	0	0	1	1	26
28	KUW	科威特	0	0	1	1	26
28	MAC	中国澳门	0	0	1	1	26
28	NEP	尼泊尔	0	0	1	1	26
28	QAT	卡塔尔	0	0	1	1	26
28	YEM	也门	0	0	1	1	26
总计			502	499	572	1573	

第五编 魅力国情

时政篇

001.《新时代的中国绿色发展》白皮书发布

1月19日，国务院新闻办公室发布《新时代的中国绿色发展》白皮书，全面介绍新时代中国绿色发展理念、实践与成效，分享中国绿色发展经验。

白皮书除前言、结束语外共分为七个部分，分别是坚定不移走绿色发展之路、绿色空间格局基本形成、产业结构持续调整优化、绿色生产方式广泛推行、绿色生活方式渐成时尚、绿色发展体制机制逐步完善、携手共建美丽地球家园。

白皮书介绍，党的十八大以来，中国坚持绿水青山就是金山银山的理念，坚定不移走生态优先、绿色发展之路，促进经济社会发展全面绿色转型，建设人与自然和谐共生的现代化，创造了举世瞩目的生态奇迹和绿色发展奇迹，美丽中国建设迈出重大步伐。绿色成为新时代中国的鲜明底色，绿色发展成为中国式现代化的显著特征，广袤中华大地天更蓝、山更绿、水更清，人民享有更多、更普惠、更可持续的绿色福祉。中国的绿色发展，为地球增添了更多"中国绿"，扩大了全球绿色版图，既造福了中国，也造福了世界。

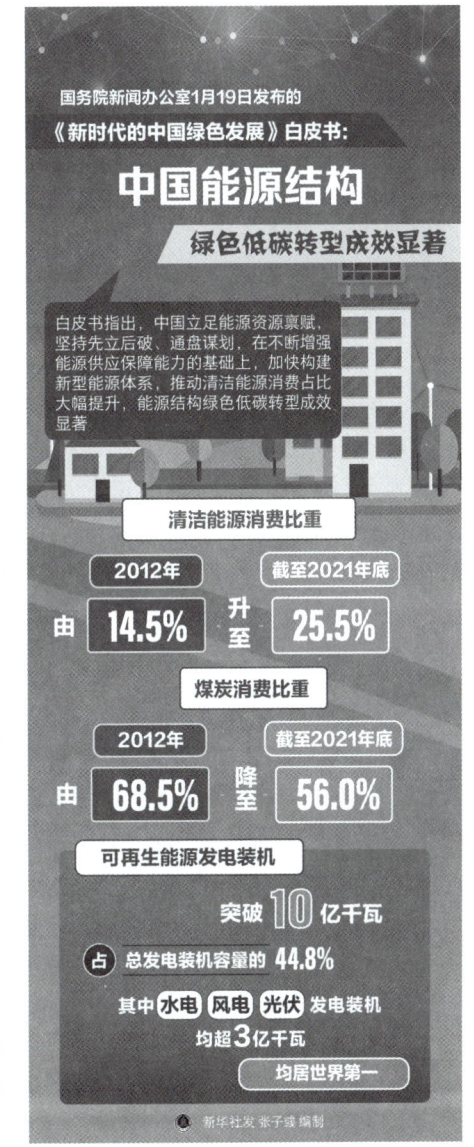

白皮书强调，中国将坚定不移走绿色发展之路，推进生态文明建设，推动实现更高质量、更有效率、更加公平、更可持续、更为安全的发展，让绿色成为美丽中国最鲜明、最厚重、最牢靠的底色，让人民在绿水青山中共享自然之美、生命之美、生活之美。

白皮书指出，保护生态环境、推动可持续发展，是各国的共同责任。中国愿与国际社会一道，同筑生态文明之基，同走绿色发展之路，守护好绿色地球家园，建设更加清洁、美丽的世界。

002. 事业单位工作人员考核有了新规定

为全面准确评价事业单位工作人员德才表现和工作实绩、充分调动其积极性主动性创造性，中央组织部、人力资源和社会保障部2月1日发布《事业单位工作人员考核规定》，对事业单位工作人员考核工作的基本原则、内容标准、方式程序、结果运用等作出了新规定。

考核规定明确，事业单位工作人员考核的方式主要是年度考核和聘期考核，根据工作实际开展平时考核、专项考核。年度考核是对事业单位工作人员一个年度内表现的总评，事业单位工作人员年度考核优秀档次人数，一般不超过本单位应参加年度考核的工作人员总人数的20%。

考核规定提出，对事业单位工作人员的考核，以岗位职责和所承担的工作任务为基本依据，全面考核德、能、勤、绩、廉，突出对德和绩的考核。要将考核结果与选拔任用、培养教育、管理监督、激励约束、问责追责等结合起来，作为事业单位工作人员调整岗位、职务、职员等级、工资和评定职称、奖励，以及变更、续订、解除、终止聘用（任）合同的依据。

考核规定坚持分级分类考核，要求从单位实际出发，突出精准化和差异化，增强针对性和有效性，体现不同行业、不同类型、不同层次、不同岗位工作人员的特点和具体要求。

人社部事业单位人事管理司有关负责人介绍，原人事部印发的《事业单位工作人员考核暂行规定》已实施20多年。为贯彻落实党中央新精神新要求，化解事业单位工作人员考核工作面临的新问题、衔接新政策，故制定这一考核规定。

003. 2023年中央一号文件公布

2月13日，21世纪以来第20个指导"三农"工作的中央一号文件由新华社受权发布。

这份文件题为《中共中央 国务院关于做好2023年全面推进乡村振兴重点工作的意见》，全文共九个部分，包括：抓紧抓好粮食和重要农产品稳产保供、加强农业基础设施建设、强化农业科技和装备支撑、巩固拓展脱贫攻坚成果、推动乡村产业高质量发展、拓宽农民增收致富渠道、扎实推进宜居宜业和美乡村建设、健全党组织领导的乡村治理体系、强化政策保障和体制机制创新。

文件指出，全面建设社会主义现代化国家，最艰巨最繁重的任务仍然在农村。世界百年未有之大变局加速演进，我国发展进入战略机遇和风险挑战并存、不确定难预料因素增多的时期，守好"三农"基本盘至关重要、不容有失。党中央认为，必须坚持不懈把解决好"三农"问题作为全党工作重中之重，举全党全社会之力全面推进乡村振兴，加快农业农村现代化。

文件提出，坚决守牢确保粮食安全、防止规模性返贫等底线，扎实推进乡村发展、乡村建设、乡村治理等重点工作，加快建设农业强国，建设宜居宜业和

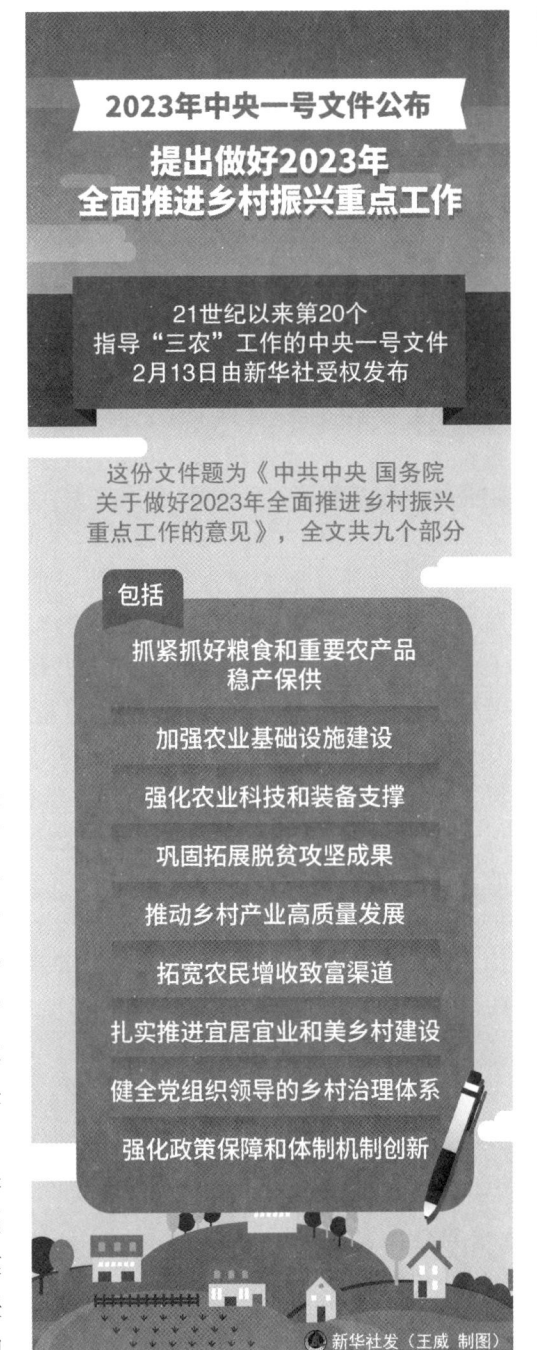

美乡村。

中央农村工作领导小组办公室有关负责人表示，要全面贯彻落实党的二十大精神，深入贯彻落实习近平总书记关于"三农"工作的重要论述，全面落实乡村振兴责任制，真抓实干做好2023年重点工作，不折不扣完成好既定目标任务，推动全面推进乡村振兴不断取得新进展、农业强国建设开好局起好步。

004. 海军启动2023年度招飞选拔将首次选拔女舰载机飞行员

据新华社2月20日报道，海军近日全面启动2023年度招飞选拔工作，将首次在地方大学生和大学生士兵中选拔舰载机飞行学员，并首次选拔女舰载机飞行学员。

与以往相比，2023年度海军招飞选拔范围有所扩大，除普通高中生、军校毕业生外，把按照本科一批线录取的普通高等学校理学、工学专业应届毕业生纳入招飞对象，同时将在海军部队的大学生士兵中试点选拔飞行人才。在选拔手段上，突出飞行能力筛选，除体格检查、心理检测和政治考核外，将依托地方通用航空机构进行15小时实装筛选飞行，由军地飞行专家对考生飞行潜质进行甄别。这也是海军首次组织选拔女舰载机飞行学员，中国首位女舰载机飞行员有望在选拔合格者中诞生。

海军政治工作部干部局有关负责人介绍，舰载机飞行员是航母战斗力的核心，随着海军转型建设加快推进，对舰载机飞行人才需求更加迫切。扩大选拔范围、改进选拔手段，有利于从人才建设起点上优化飞行军官结构、夯实职业发展基础、提高人才培养质效。该负责人表示，期待热爱国防、矢志海空、素质全面的优秀青年加入舰载机飞行人才方阵。

海军2023年度招飞简章已公布，符合条件的对象可登录中国海军招飞网报名，并按初检预选、全面检测、定选录取的程序参加各项选拔考核。海军将先后在河南郑州、山东潍坊等地设站组织选拔考核。

005.《新时代的中国网络法治建设》白皮书发布

3月16日，国务院新闻办公室发布《新时代的中国网络法治建设》白皮书，全面介绍了中国网络法治建设情况，分享中国网络法治建设的经验做法。

白皮书除前言、结束语外共分为六个部分，分别是坚定不移走依法治网之路、夯实网络空间法制基础、保障网络空间规范有序、捍卫网络空间公平正义、提升全社会网络法治意识和素养、加强网络法治国际交流合作。

白皮书介绍，进入新时代，在习近平新时代中国特色社会主义思想指引下，中国将依法治网作为全面依法治国和网络强国建设重要内容，努力构建完备的网络法律规范体系、高效的网络法治实施体系、严密的网络法治监督体系、有力的网络法治保障体系，网络法治建设取得历史性成就。中国的网络法治建设不仅有力提升了中国互联网治理能力，也为全球互联网治理贡献了中国智慧和中国方案。

白皮书表示，在全面建设社会主义现代化国家新征程上，中国将始终坚持全面依法治国、依法治网的理念，推动互联网依法有序健康运行，以法治力量护航数字中国高质量发展，为网络强国建设提供坚实的法治保障。

白皮书指出，网络法治既是数字治理的重要方式，也是数字文明建设的重要成果。面对数字化带来的机遇和挑战，中国愿同国际社会一道践行共商共建共享的全球治理观，共同推动全球互联网治理法治化进程，让数字文明发展成果更好造福各国人民，携手构建网络空间命运共同体，共同创造人类美好未来。

006. 五部门：禁止上市公司、外商投资义务教育阶段学科类培训机构

据新华社3月24日报道，教育部办公厅、财政部办公厅、科技部办公厅、文化和旅游部办公厅、国家体育总局办公厅联合印发了《校外培训机构财务管理暂行办法》，对校外培训机构财务活动提出了全面规范要求，明确了举办者的出资义务和不得抽逃出资的要求，同时禁止上市公司、外商投资义

务教育阶段学科类培训机构，禁止中小学校举办或参与举办培训机构。

办法明确了校外培训机构的财务管理体制，强调要建立健全校外培训机构党组织参与财务重大决策和监督的管理制度，其法定代表人对本机构财务工作和财务资料的真实性、完整性负责；要按照国家统一的会计制度进行会计核算，明确会计机构设置和会计人员配备要求。

禁投　　　　　　　　　　新华社发 徐骏 作

在资金营运方面，办法对校外培训机构收入归口、预收费监管、合同签订和退费做出规定，强调其融资及培训服务费收入应主要用于培训业务，要建立大额资金支付决策制度，明确大额资金支出的程序、方式、规则。在资产和负债管理方面，办法强调要维护资产安全与完整，禁止非营利性培训机构对外提供担保，明确培训机构申请贷款的使用方向，建立债务风险预警机制。

在收益分配方面，办法明确了培训机构净资产（利润）的使用与分配方式，强调非营利性培训机构举办者不得分红或取得其他投资收益。此外，在财务清算方面，办法还规定了培训机构的清算情形、清算主体、剩余财产清偿顺序和支配，要求首先清偿应退学生培训费。

007.《习近平著作选读》第一卷、第二卷在全国出版发行

中共中央文献编辑委员会编辑的《习近平著作选读》第一卷、第二卷已由人民出版社出版，4月3日起在全国发行。

《习近平著作选读》第一卷、第二卷，生动记录了以习近平同志为核心的党中央团结带领全党全国各族人民进行伟大斗争、建设伟大工程、推进伟大事业、实现伟大梦想，推动党和国家事业取得历史性成就、发生历史性变革，开创中国特色社会主义新时代的历史进程，科学总结了我们党领导人民如期全面建成小康社会，迈上全面建设社会主义现代化国家新征程，以中国式现代化推进中华民族伟大复兴的宝贵经验，集中反映了我们党坚

持把马克思主义基本原理同中国具体实际相结合、同中华优秀传统文化相结合，推进马克思主义中国化时代化取得的重大理论创新成果，是全党全国各族人民深入学习贯彻习近平新时代中国特色社会主义思想的权威教材。

008. 公安部发布百项公共安全行业标准

4月3日，公安部在北京召开新闻发布会，集中发布百项公共安全行业标准，包括和人民群众日常生活工作息息相关的道路交通管理标准、为侦查诉讼提供技术支撑的法庭科学标准、针对居民住宅防盗安全的安防产品标准、深度嵌入公安业务的公安视频图像技术和移动警务技术系列标准等。

公安部已建立标准化技术委员会9个，委员近1400人，共发布标准2599项。其中，国家标准181项、行业标准2418项；强制性标准598项，推荐性标准2001项，初步构建起覆盖公安业务各领域、较为完整的公共安全行业标准体系。公安部还积极参与国际标准化活动，主持起草国际标准12项。

"这些标准的发布，将进一步提升公安标准在促进法律法规落地、支撑公安执法办案和业务管理、提升产品质量效益、助推公安科技创新应用等方面的作用效能。"公安部科技信息化局局长厉剑说。

许多新标准与群众日常生活息息相关。其中，《摩托车、电动自行车乘员头盔》国家标准，首次将电动自行车乘员头盔类型和技术要求纳入标准，填补了标准空白。《防盗安全门通用技术条件》修订更新了多方面标准，包括促进新技术在防盗安全门上的融合应用等。市场监管总局标准技术司副司长魏宏表示，下一步将引导生产企业尽快生产符合新修订国家标准的安全头盔和防盗门产品，加强这两类产品的质量监管，保障广大群众生命财产安全。

发布标准中有84项为全国刑事技术标委会归口标准，涉及毒物毒品、微量物证、视频图像、法医、DNA、指纹、痕迹、文件检验等专业领域，注重满足实战需求、标准体系建设、创新成果运用。公安部刑事侦查局副局长童碧山说："这些标准的发布将进一步提升法庭科学领域的专业化、规范化、现代化建设水平，为开创新时代法庭科学标准化工作新局面提供更加有力的标准支撑。"

此次发布的《少年儿童道路交通安全文明教育指南》这项标准，已于2022年6月1日正式实施，明确了少年儿童不同年龄段在安全步行、骑行、乘坐交通工具时应特别关注的安全点。"该标准的实施，有助于带动社会各界进一步做好少年儿童交通安全教育工作。"公安部交管局副局长石勇表示，下一步，将会同教育行政部门共同做好少年儿童交通安全文明教育，提升少年儿童"知危险、会避险"交通安全素质和风险防范能力。

009. 京杭大运河再次实现全线水流贯通

4月4日，京杭大运河黄河以北段（自北京市东便门至山东省聊城市位山闸）707公里全线贯通实现有流动的水。这是继2022年经补水实现百年来首次全线水流贯通后，京杭大运河再次全线通水。

4月4日10点，位于山东德州的四女寺枢纽南运河节制闸开启，岳城水库水经卫运河与南水北调东线北延工程水、引黄水汇合，进入南运河；位于天津静海区的九宣闸枢纽南运河节制闸开启，南来之水经南运河与天津本地水汇合；位于天津河北区的新开河耳闸开启，引滦水进入京杭大运河天津市中心城区段；此前，北运河水和天津本地水汇合，与南运河水在天津三岔河口交汇；至此，南水北调东线北延工程、潘庄引黄、官厅水库、岳城水库、引滦工程、再生水及雨洪水六个水源的水全部进入京杭大运河。

4月28日，山东省德州市四女寺枢纽南运河节制闸开启，对京杭大运河全线贯通补水（无人机照片）。

新华社记者 郭绪雷 摄

京杭大运河是我国古代建造的伟大工程，历史悠久，工程浩大，具有防洪排涝、输水供水、内河航运、生态景观等功能，受益广泛，是活态遗产。受历史演变、人类活动和气候变化影响，一个时期以来，京杭大运河黄河以北河段水资源严重短缺，河道断流、水生态损害、水环境污染等问题十分突出。

此次补水综合考虑各补水水源条件，结合沿线春灌需求，自2023年3月1日开始实施，较2022年提前了一个半月，计划5月底完成，并根据水源来水情况尽量延长全线贯通时长。计划补水水量4.65亿立方米，其中用于置换沿线农业灌溉取用深层地下水水量约2.08亿立方米，置换河北邢台、沧州、衡水、天津静海、滨海新区等地深层地下水超采区农业灌溉水源，预计置换灌溉面积约99万亩。

此次补水分六条路径，截至4月3日，已累计向京杭大运河黄河以北河段补水19121万立方米，完成计划补水量的41.1%。其中南水北调东线北延工程累计补水4204万立方米，潘庄引黄累计补水2141万立方米，官厅水库累计补水649万立方米，岳城水库累计补水3013万立方米，再生水及雨洪水累计补水9114万立方米。河北省累计引水666万立方米，用于2.9万亩农田灌溉。

010. 全国生态保护红线划定工作完成

2023年4月22日是第54个世界地球日，自然资源部在此间举办的地球日主场活动上宣布全国生态保护红线划定工作已经完成。

党的十八大以来，党中央、国务院作出划定并严守生态保护红线的重大战略部署。自然资源部会同有关部门，结合《全国国土空间规划纲要（2021—2035年）》编制，完成了全国生态保护红线划定，纳入国土空间规划"一张图"并上图入库，作为项目用地用海审批依据。

全国生态保护红线不低于315万平方公里，其中陆域生态保护红线不低于300万平方公里，占陆域国土面积的30%以上，海洋生态保护红线不低于15万平方公里。生态保护红线集中分布在青藏高原生态区、黄河重点生态区、长江重点生态区、东北森林带、北方防沙带、南方丘陵山地带、海岸带等区域，覆盖了绝大多数草原、重要湿地、珊瑚礁、红树林、

海草床等重要生态系统，以及绝大多数未开发利用无居民海岛。

浙江、江西、上海、山东、安徽、四川等省份已出台生态保护红线管控细则文件，其他大部分省份也已在征求意见或即将出台。自然资源部将定期开展生态保护红线保护成效评估，提升动态监测预警能力，部门联动协同，加强生态保护红线监管。

011. 第27届"中国青年五四奖章"评选揭晓

"五四"青年节前夕，为充分发挥青年典型模范带头作用，激励广大青少年踔厉奋发、挺膺担当，以朝气蓬勃、锐意进取的精神状态积极投身全面建设社会主义现代化国家的火热实践，共青团中央、全国青联决定，授予马晓云等30名同志第27届"中国青年五四奖章"，授予航空工业沈飞某型舰载机研制罗阳青年突击队等19个青年集体第27届"中国青年五四奖章集体"。

荣获第27届"中国青年五四奖章"的分别是：解放军某队队长马晓云，青海省体育工作一大队二级教练员切阳什姐（女、藏族），四川省广元市剑阁县东宝镇双西村党支部委员、村委会委员，广元耕鑫农业有限公司总经理邓小燕（女），开滦集团唐山中润煤化工有限公司甲醇分厂工艺技术员邓晶（女），国家超级计算无锡中心主任助理、研发中心主任甘霖，中国二重万航模锻有限责任公司模锻工、班组长叶林伟，北京枭龙防务科技有限公司董事长兼CEO、北京枭龙科技有限公司董事长兼CEO史晓刚，上海海事大学商船学院副教授、船长白响恩（女），山西一建集团有限公司塔机分公司塔吊司机吉克达富（彝族），解放军某室高级工程师朱晓东，四川农业大学生命科学学院副院长、教授、博士生导师刘江，解放军某分队分队长孙金龙，辽港集团大连港油品码头公司油库管理站沙坨子罐区综合计量工李云龙，广东省江门市公安局打击走私支队二大队三级警长李建昀，武汉大学教授、博士生导师、卫星导航与定位教育部重点实验室副主任李敏，贵州鸿发生态农业科技有限责任公司董事长杨安仁（布依族），浙江大学生物医学工程与仪器科学学院党委委员、生物医学工程系主任吴丹（女），湖南省龙山县印家界生态农业开发有限公司总经理余小龙，宁夏灵武市同心农业综合开发有限公司总经理汪威，安徽省安庆市特殊教育学校教师张晨（女），山东第一医科大学附属肿瘤医院放疗科研究员、放射免疫与分子影像实验室副主任陈大卫，上海市城市科技学校（上海科创职业技术学院）

教师邵茹鹏，新疆维吾尔自治区喀什地区莎车县巴格阿瓦提乡党委书记逢子剑，顺丰速运有限公司深圳分公司同乐大件营业点主管秦文冲，云南金浔资源股份有限公司党支部书记、董事长袁荣，内蒙古出入境边防检查总站阿拉善边境管理支队银根边境派出所民警徐乃超，中铁十二局集团铁路养护工程有限公司安多车间主任高钱胜，北京市西城区消防救援支队府右街特勤站站长焦云龙，中海油研究总院有限责任公司钻采研究院副院长谢仁军，江西省宁都县章坤电子商务有限公司总经理廖竹生。

荣获第27届"中国青年五四奖章集体"的分别是：解放军96743部队21分队，中国铁路昆明局集团有限公司中老铁路老挝万象运营管理中心青年团队，中国建筑集团有限公司埃及新首都CBD标志塔项目青年工程师团队，北京市市民热线服务中心12345网络班组，天津经济技术开发区八大街消防救援站，航空工业沈飞某型舰载机研制罗阳青年突击队，中车长春轨道客车股份有限公司京张高铁"复兴号"智能动车组设计团队，哈尔滨工业大学问天舱机械臂团队，中国船舶集团第七〇八研究所两栖攻击舰研发设计团队，国网江苏省电力有限公司苏州供电分公司"电博士·动态防雷"青年集体，中国石化胜利石油工程公司黄河钻井70183SL钻井队，中国电子科技集团公司第二十二研究所载人航天搜救回收技术团队，中国南方电网有限责任公司数字电网"伏羲"核心装备攻关团队，四川大学三星堆遗址考古队，贵州省交通规划勘察设计研究院股份有限公司交通事业部桥梁设计分院大桥组，西藏出入境边防检查总站日喀则边境管理支队珠峰边境派出所，西北工业大学空天结构技术创新攻坚团队，三江源国家公园管理局可可西里管理处索南达杰保护站，铁建重工新疆有限公司高端采棉机研发团队。

012. 中央宣传部、全国妇联发布2023年"最美家庭"先进事迹

在5月15日国际家庭日来临之际，中央宣传部、全国妇联向全社会宣传发布2023年"最美家庭"先进事迹。王亚平、付卓、李国胜、张宏、韩淑秀、肖春、张克成、何文国、陈静、加米哈·达吾来提等10户家庭光荣入选。

他们中有的飞天圆梦，用爱与奉献书写家国情深；有的传承红色家风，秉持"永远跟党走"的家训；有的筑路兴国，祖孙三代风雨同舟初心不改；

有的传承创新，接力守护中华优秀传统文化；有的为国戍边，打造半个世纪不换防的"护边驿站"；有的自觉践行移风易俗，树立"不要彩礼要幸福"的文明新风；有的清正廉洁，用实际行动守护和传承"忠""孝""廉"的优良家风；有的用诚信播种，助力粮食增产丰收；有的以书香润家，播洒读书立人的教育理念；有的跋山涉水，用阿肯弹唱助力民族团结……他们积极践行社会主义核心价值观，大力发扬劳动精神、奋斗精神、奉献精神、创造精神、勤俭节约精神，充分展示了爱国爱家、相亲相爱、向上向善、共建共享的社会主义家庭文明新风尚。

发布仪式现场采用视频展示、人物访谈等形式，从不同侧面讲述了家庭感人故事和家庭成员的工作生活感悟，中央宣传部、全国妇联负责人为10户"最美家庭"颁发了证书。

013. 国家金融监督管理总局正式挂牌

5月18日，国家金融监督管理总局在北京正式挂牌，中国金融监管机构改革迈出重要一步。对此，业内专家表示，国家金融监督管理总局的成立，进一步理顺了金融监管体系，压实各方责任，有助于进一步完善现代金融监管体系，减少监管套利，形成监管合力，增强金融风险防控能力。

在原中国银行保险监督管理委员会基础上组建国家金融监督管理总局，是贯彻落实党的二十大精神，深化金融监管体制改革，加强和完善现代金融监管，促进实现金融监管全覆盖的重大举措。按照《党和国家机构改革方案》，国家金融监督管理总局作为国务院直属机构，将统一负责除证券业之外的金融业监管。

对此，业内专家普遍认为，国家金融监督管理总局挂牌标志着中国的金融监管体系正式迈入"一行一总局一会"新格局，有利于更好地推进监管机构加强监管协调、履行监管职责、转变监管作风，减少理解偏差和执行偏差，同时避免因为监管交叉、监管套利等降低监管效率和滋生金融系统腐败行为。

国家金融监督管理总局党委书记李云泽表示，要转变职能、提升效能，坚定恪尽职守、敢于监管、精于监管、严格问责的监管精神，不断研判具有中国特色、时代特征的监管指数、监管规则，全面强化机构监管、行为监管、功能监管、穿透式监管，为构建新发展格局、推动高质量发展提供有力支撑和坚强保障。

"国家金融监督管理总局成立，对于优化和调整金融监管机构职责，加强和完善现代金融监管，提升监管效率，规范金融市场运行秩序，减少监管套利，更好处置金融风险，守住不发生系统性金融风险底线，更好保护金融消费者和投资者合法权益具有重要意义。"光大银行金融市场部宏观研究员周茂华表示。

014. 人社部启动2023年百日千万招聘专项行动

6月6日，人社部启动2023年百日千万招聘专项行动，以"职引未来 筑梦青春"为主题，利用100天时间集中为高校毕业生等群体提供超千万就业岗位，助力高校毕业生及各类劳动者求职就业。

此次专项行动创新推出"就业局长访企入园拓岗活动"，主动对接重点企业、政府投资项目、工业园区等，集中收集一批急需岗位信息。及时掌握基层机关事业单位、基层服务项目、基层管理和社会服务等岗位空缺情况，广泛收集一批招募（聘）岗位信息。动员经营性人力资源服务机构、行业协会、社会组织广泛参与，重点筛选一批适合高校毕业生学历层次、技能水平的岗位信息。

助力求职　　　　　　　　　　新华社发 王鹏 作

此外，本次专项行动还聚焦需求量大、市场紧缺、发展前沿等领域，面向医药卫生、信息技术、先进制造、节能环保等重点行业，推出行业性专场招聘活动。聚焦高校比较集中、毕业生数量较多、流动就业需求较大的地区，推出区域性专场招聘活动。聚焦高校毕业生等青年，兼顾其他各类群体求职需求，推出不同定位、不同特色的群体性专场招聘活动。

同时，人社部将在中国公共招聘网、中国国家人才网开设线上招聘平台，轮次举办各类线上招聘活动。各地也将在本地公共招聘服务网站开设省级平台，同步发布招聘信息，开展各具特色的直播带岗、入企探岗、视频双选会、云招聘等线上活动，组织一系列线下招聘服务。

015. 8月15日正式成为全国生态日

6月28日,十四届全国人大常委会第三次会议决定:将8月15日设立为全国生态日。国家通过多种形式开展生态文明宣传教育活动。

习近平同志在浙江工作期间,2005年8月15日考察湖州市安吉县,首次提出"绿水青山就是金山银山"科学论断。这一论断是习近平生态文明思想的核心理念。将8月15日设立为全国生态日,比较符合确定纪念日、活动日时间的基本原则,能够充分体现首创性、标志性、独特性。

设立全国生态日,有利于更好学习宣传贯彻习近平生态文明思想,提高全社会生态文明意识,增强全民生态环境保护的思想自觉和行动自觉,以钉钉子精神推动生态文明建设不断取得新成效。

生态文明建设　　　　　　　　　　新华社发 勾建山 作

016. 京津冀"联合办"共谋"一盘棋"

7月20日,由北京市、天津市、河北省联合组建的京津冀协同发展联合工作办公室,在北京正式揭牌成立。三地"握指成拳"推动协同发展不断向纵深迈进。

京津冀协同发展是习近平总书记亲自谋划、亲自部署、亲自推动的重大国家战略。9年多来,从谋思路、打基础、寻突破,到滚石上山、爬坡过坎、攻坚克难,三地经济总量突破10万亿元,区域整体实力迈上新台阶,高质量发展蹄疾步稳。

推动京津冀协同发展不断迈上新台阶,做实工作机制、同心同向同力至关重要。自5月以来,由北京市牵头,天津市、河北省抽调精干力量,组建京津冀协同发展联合工作办公室筹备组,在京集中办公,三省市互相联系更紧密、沟通合作更顺畅。7月初,三省市党政主要领导座谈会召开,审议通过了深入推进京津冀协同发展工作机制、联合办公室组建方案及工作规则，进一步明确组织架构、工作职责和日常管理等制度。

改革释放活力，机制激发动力。一系列聚焦跨区域、跨领域重点事项已经列入清单：牢牢牵住"牛鼻子"，坚定不移疏解北京非首都功能。推动北京"新两翼"建设取得更大突破，共同落实好支持高标准高质量建设雄安新区若干政策措施的意见，高水平建设好北京城市副中心，加快建设通州区与北三县一体化高质量发展示范区。聚焦重点园区深化合作，充分发挥天津港作用，唱好新时代京津"双城记"。加强协同创新和产业协作，共同绘制京津冀产业链图谱，开展面向海内外的联合招商行动……通过组建联合办公室，未来三地将密切协作，合力推动协同工作取得更多突破。

"联合办不是'联络站'，而是前沿阵地，主要职责就是抓任务落地。"北京市委常委、常务副市长夏林茂说，北京要发挥牵头作用，发扬担当精神，发挥好平台机制作用，形成"一盘棋"工作合力，推动京津冀协同发展走深走实，携手打造中国式现代化建设的先行区、示范区。

017. 司法部正式上线新版国家行政法规库

7月26日，新版国家行政法规库在司法部官网正式上线运行，面向公众提供在线查阅、检索、下载等服务。截至上线当日，新版国家行政法规库收录现行有效行政法规601部，历次修订文本528部。根据《行政法规制定程序条例》，国家行政法规库公开的行政法规文本是国家正式版本。

司法部有关负责人介绍，按照党中央、国务院决策部署，为进一步提高行政法规公开质量，司法部会同有关方面加快推进国家行政法规库2.0版本的建设，在1.0版本集中公开现行有效行政法规并动态更新的基础上，增加了现行有效行政法规的历次修订文本，进行现行有效数据和历次修订文本的关联，全面展现行政法规历史沿革，更好满足法治实践需要。同时优化下载功能，支持扫描二维码下载；优化检索功能，新增全文检索、高级检索、二次检索等；优化手机适配相关功能，实现与司法部官网有效对接。

下一步，司法部将做好行政法规历史文本与现行有效行政法规立改废的衔接，落实国家行政法规库常态化维护和运行监控工作机制，确保国家行政法规库良好运行，为人民群众提供更加权威、优质、便捷的公共法律服务。

018. 最高法发布司法解释明确破坏森林资源犯罪定罪量刑标准

8月14日，为进一步强化森林资源司法保护，有效解决司法实践问题，最高人民法院发布《最高人民法院关于审理破坏森林资源刑事案件适用法律若干问题的解释》，对破坏森林资源犯罪的定罪量刑标准和有关法律适用问题作了全面、系统的规定。该解释自8月15日起施行。

解释明确非法占用林地犯罪的定罪量刑标准，其中规定，非法占用并毁坏公益林地五亩以上、商品林地十亩以上的，即构成犯罪。此外，解释明确危害国家重点保护植物罪的定罪量刑标准，危害国家一级保护野生植物一株以上或者立木蓄积一立方米以上，或者危害国家二级保护野生植物二株以上或者立木蓄积二立方米以上的，即构成危害国家重点保护植物罪。

解释明确盗伐林木罪、滥伐林木罪的行为方式和定罪量刑标准，并明确了非法收购、运输盗伐、滥伐的林木罪的主观明知和定罪量刑标准。其中列举了五项推定"明知是盗伐、滥伐的林木"的具体情形，如收购价格明显过低、交易方式明显不符合正常习惯等。

此外，解释明确涉林业证件、文件犯罪的处理规则。解释规定，伪造、变造、买卖采伐许可证，森林、林地、林木权属证书以及占用或者征用林地审核同意书等国家机关批准的林业证件、文件构成犯罪的，以伪造、变造、买卖国家机关公文、证件罪定罪处罚；买卖允许进出口证明书等经营许可证明，同时构成非法经营罪的，择一重罪处断。

人民法院依法惩治各类破坏森林资源犯罪，近五年来（2018—2022年）全国法院共审结相关刑事案件64788件、生效判决人数82704人，为有效保护森林资源、推进生态文明建设发挥了重要作用。下一步，最高人民法院将指导地方各级人民法院，以解释的公布施行为契机，充分发挥审判职能作用，不断强化对森林资源的刑事司法保护，助力美丽中国建设。

019. 2023年版标准地图正式发布

8月28日，以"规范使用地图 一点都不能错"为主题，2023年全国测绘法宣传日暨国家版图意识宣传周主场活动在浙江德清举行。活动现场发布2023年版标准地图和参考地图879幅，其中标准地图20幅，包括中国地图6幅，大洲地图14幅；参考地图859幅，由北京、河北、黑龙江等13

个省份及新疆生产建设兵团选送。

自然资源部总规划师武文忠表示，通过连续5年举办全国测绘法宣传日暨国家版图意识宣传周活动，全民测绘法治意识、国家版图意识显著增强。自然资源部将更好统筹发展和安全，加快推进实景三维中国建设，着力为数字中国建设打造统一的时空基底、为高质量发展提供丰富的数据要素保障、为地理信息产业发展营造优良环境、为构建新安全格局严守管理底线。

为推动政府职能转变、优化营商环境、满足社会公众需求，自然资源部组织研发了标准地图服务系统，在自然资源部官网运行，面向社会提供种类丰富的系列比例尺标准地图、智能型交互式在线自助制图服务。系统上线以来，总浏览量超过1258万次，总下载量超过547万次，总注册用户数超过19万，有效增强了公众国家版图意识，强化了地图公共服务，为从源头杜绝"问题地图"奠定了基础。

活动现场，阿里巴巴集团、百度集团、腾讯科技有限公司、高德地图等11家互联网企业共同发布"规范使用互联网地图倡议书"，携手共建文明、诚信、安全的网络地图空间。

活动还为芭芭拉·佩什尼克儿童世界地图大赛获奖者颁奖，举行了全国国家版图知识竞赛（中小学组）启动仪式，并向学校、媒体及互联网企业代表赠送《国家版图知识读本》。

020. 中国建立农作物种子认证制度

9月6日，市场监管总局联合农业农村部印发《关于开展农作物种子认证工作的实施意见》，这标志着国家统一推行的农作物种子认证制度正式建立。

实施意见确定了农作物种子认证"统一管理、共同规范、政府引导、市场运作"的工作原则，明确了市场监管总局和农业农村部在相关工作中的职责分工；明确了农作物种子认证机构的资质条件、审批程序和行为规范要求；制定了农作物种子认证推广应用的有关措施，鼓励种子企业获得认

建立农作物种子认证制度　　新华社发　徐骏　作

证；规定了市场监管部门、农业农村部门对农作物种子认证工作的监督管理措施。

种子认证是以高质量种子为目标、强调过程管理的标准化质量保证体系，是体现企业质量管理水平的重要标志，也是国际通行的种子质量管理模式，被誉为好种子的"信用证"、种子企业的"体检证"、国际贸易的"通行证"。实施农作物种子认证，不仅有利于提升种子质量和种子企业质量管理水平，而且可以提升中国种业的国际竞争力，对推动中国种子"走出去"意义重大。

下一步，市场监管总局和农业农村部还将制定发布农作物种子认证目录、认证实施规则、技术规范等配套文件，并通过多种渠道大力开展农作物种子认证制度宣传和政策解读，推动行业管理、市场流通等领域采信认证结果，共同推进认证工作全面实施。

021. 中国地热直接利用规模居世界首位

9月15日至17日，2023年世界地热大会在北京举办，这是中国首次承办世界地热大会，来自54个国家的1400余名嘉宾出席大会。

此次大会上，中国首次发布地热能国家主旨报告——《中国地热产业高质量发展》。国家地热能中心技术委员会主任郭旭升在发布报告时指出，在清洁供暖需求的强烈作用下，我国逐渐形成了以供暖（制冷）为主的地热发展路径。截至2021年年底，中国地热供暖（制冷）能力达到13.3亿平方米。未来几年，北方地区地热清洁供暖、长江中下游地区地热供暖（制冷）、青藏高原及其周边地热发电仍将是产业发展热点。

大会还发布了《世界地热发电进展》和《世界地热供暖制冷进展》报告。并且中国提出，到2025年，全国地热能供暖（制冷）面积比2020年增加50%，在资源条件好的地区建设一批地热能发电示范项目，全国地热能发电装机容量比2020年翻一番，中国地热行业面临良好发展机遇。

地热是一种可再生能源，具有资源量大、能源利用效率高、节能减排效果好等优点。地热开发利用主要分为直接利用和地热发电两个方面，直接利用指温泉、供暖制冷和农业养殖等非发电端的利用。中国地热资源丰富，资源量约占全球的六分之一，开发利用潜力巨大。

本届大会将同步举办地热能开发技术与装备特装展览，参展企业数量、展览面积以及展示品类均创历届地热大会之最。

022. "两高一部"联合发文依法严惩网络暴力违法犯罪

9月25日,为进一步提升网络暴力治理成效,有效维护公民权益,最高人民法院、最高人民检察院、公安部联合发布《关于依法惩治网络暴力违法犯罪的指导意见》,依法严惩网络暴力违法犯罪。

意见共20条,对网络暴力违法犯罪案件的法律适用和政策把握问题作了全面、系统的规定。

意见明确网络暴力的罪名适用规则。具体而言,在信息网络上公然侮辱他人或者捏造事实诽谤他人,情节严重的,以侮辱罪、诽谤罪定罪处罚;组织"人肉搜索",违法收集并向不特定多数人发布公民个人信息,情节严重的,以侵犯公民个人信息罪定罪处罚。此外,对借网络暴力事件实施的恶意营销炒作行为,可以适用非法利用信息网络罪;对所发现的网络暴力信息不依法履行信息网络安全管理义务的行为,可以适用拒不履行信息网络安全管理义务罪。

此外,意见要求切实矫正"法不责众"的错误倾向。要重点打击恶意发起者、组织者、恶意推波助澜者以及屡教不改者。意见同时规定,具有针对未成年人、残疾人实施网络暴力,组织"水军""打手"等实施网络暴力,编造"涉性"话题侵害他人人格尊严,利用"深度合成"等生成式人工智能技术发布违法信息,以及网络服务提供者发起、组织网络暴力等情形的,依法从重处罚。

在依法支持针对网络暴力的民事维权方面,意见规定,针对他人实施网络暴力行为,侵犯他人名誉权、隐私权等人格权,受害人请求行为人承担民事责任的,人民法院依法予以支持。权利人有证据证明行为人正在实施或者即将实施侵害其人格权的违法行为,不及时制止将使其合法权益受到难以弥补的损害的,人民法院可以根据权利人申请,依法作出人格权侵害禁令。

"依法严惩网络暴力犯罪,关键在于要根据网络侮辱、诽谤的特点,进一步明确法律适用标准，畅通刑事追诉程序，为网暴被害人及时提供有效法律救济，让人民群众充分感受到人格权利受到保护、公平正义就在身边。"最高法有关负责人表示，意见的公布施行对于进一步提升网络暴力治理成效、有效维护公民权益、营造清朗网络空间必将发挥重要作用。

023. 85项新食品安全国家标准发布

据新华社9月29日报道，国家卫生健康委、市场监管总局近日发布85项新食品安全国家标准和3项修改单，其中包括茶叶等3项食品产品标准、婴幼儿配方食品良好生产规范等5项生产经营规范标准、食品接触用塑料材料及制品等6项食品相关产品标准。

本次公布的茶叶标准规定了"茶鲜叶"和"茶叶"的定义、感官要求、污染物限量、农药残留限量和食品添加剂使用等技术要求。食品加工用菌种制剂及其生产卫生规范等标准为首次制定，有助于规范促进行业健康发展。

此外，为适应行业内新出现的产品类型，婴幼儿配方食品良好生产规范增加了液态婴幼儿配方食品相关内容，细化了生产过程特殊技术管理要求。

根据风险评估情况和管理需要，新制定食品接触材料及制品用油墨标准，修订食品接触用塑料、金属、橡胶、复合材料及制品等标准，进一步明确了管理原则、迁移要求、允许使用的基础原料等内容。

国家卫生健康委食品安全标准与监测评估司有关负责人表

示，上述标准制定修订符合法律法规规定，充分考虑群众健康权益，兼顾食品产业发展需求，参考国际相关法规和通行做法，标准制定修订过程充分征求了社会各方意见并向世界贸易组织通报。

024. 雅万高铁为地区经济发展"提速"

历时8年建设，雅万高铁10月2日正式启用。中国和印度尼西亚合作建设的雅加达至万隆高速铁路，是中印尼两国务实合作的标志性项目，承载着印尼人民对美好生活的期盼。雅万高铁为印尼经济发展带来加速度，为地区经济腾飞插上"梦的翅膀"。

9月30日在印度尼西亚普哇加达拍摄的一列行驶中的雅万高铁高速动车组（无人机照片）。

新华社记者 徐钦 摄

雅万高铁是印尼和东南亚第一条高速铁路，是中印尼两国高度关注的共建"一带一路"旗舰项目，是国际上首个由政府主导搭台、两国企业合作建设和管理的高铁项目。8年来，两国政府、有关企业和铁路建设者们为雅万高铁建设付出巨大努力。双方团队同心协力，在勘察设计、工程施工、装备制造、运营管理、人才培养、技术分享等方面展开全方位、全要素、全系统合作，生动诠释了"一带一路"倡议所秉持的共商、共建、共享理念。

雅万高铁的建成将为印尼人民带来实实在在的利益，最直接的好处就是创造更加便捷的出行条件。印尼首都雅加达和旅游名城万隆的通行时间从3个多小时缩短至40多分钟，将有效缓解两地通勤交通压力。正如印尼总统佐科所说，雅万高铁所使用的技术、达到的速度等对印尼民众来说都是"崭新的"。高铁正式启用将进一步优化当地投资环境、增加就业机会，有力带动沿线商业开发和旅游发展，甚至形成新的增长点，加快形成高铁经济走廊，成为一条全面服务于印尼人民的发展之路、民生之路、共赢之路。

雅万高铁的建成，是中印尼共建"一带一路"结出的硕果。在共建"一带一路"过程中，中国与印尼合作打造了一批基建互联互通精品工程，涉及电站、路桥、水坝、通信等领域，为印尼"联通千岛"作出积极贡献，为当地民生带来便利。以雅万高铁项目为例，该项目75%以上的服务和采购是在印尼当地，对本地供应链和劳动力就业的拉动作用明显，特别是为印尼培养了数千名合格的技术人员。

近年来，随着共建"一带一路"倡议与印尼"全球海洋支点"构想的全面对接，中印尼经贸合作取得了丰硕成果，中印尼两国发展战略对接的"协同效应"日益凸显。中国已连续10年成为印尼最大贸易伙伴。2022年，中印尼双边贸易额达1494亿美元。继续推进"区域综合经济走廊""两国双园"等重点项目建设，打造高质量共建"一带一路"新标杆，同时持续提升经贸投资合作水平，拓展多领域合作，已经成为两国共建"一带一路"、谋求共同发展的政策共识。

2023年是中印尼建立全面战略伙伴关系10周年。10年来，在双方共同努力下，两国关系步入快速发展的新阶段。特别是在两国元首战略引领下，中印尼全面战略伙伴关系不断走深走实，2022年，两国元首在三个月内两次实现面对面会晤，共同开启两国建设命运共同体的新篇章。今后，双方将深化更高水平的战略合作，推动中印尼命运共同体建设不断迈上新台阶，打造发展中大国命运与共、团结合作、共促发展的典范，为地区和世界注入更多确定性和正能量。

2023年是"一带一路"倡议提出10周年。10年来，共建"一带一路"倡议在东盟国家落地生根、开花结果。一个个标志性工程相继建成：中老铁路助力老挝实现"陆联国"梦想，金港高速公路引领柬埔寨迈入"高速公路时代"，国际陆海贸易新通道打通了跨区域合作黄金大通道……中国与地区国家高质量共建"一带一路"合作，给地区人民带来实实在在的利益，为下一步区域一体化打下了坚实基础。

共建"一带一路"合作符合世界发展需求，顺应国际社会期待。2023年是中方提出建设更为紧密的中国—东盟命运共同体10周年，也是中国加入《东南亚友好合作条约》20周年。中国愿与东盟国家坚守团结自强初心，秉持合作共赢精神，建设好双方和平、安宁、繁荣、美丽、友好的共同家园。

025. 工业和信息化部等部门职责调整

据新华社10月12日报道，中共中央办公厅、国务院办公厅日前发布相关通知，调整工业和信息化部、生态环境部、国家卫生健康委员会、中国人民银行职责机构编制，调整中国社会科学院职责等事项。

关于工业和信息化部的职责、机构调整是：将科学技术部的组织拟定高新技术发展及产业化规划和政策，指导国家自主创新示范区、国家高新技术产业开发区等科技园区建设，指导科技服务业、技术市场、科技中介组织发展等职责划入工业和信息化部。不再保留国务院促进中小企业发展工作领导小组及其办公室，相关具体工作由工业和信息化部中小企业局承担。

关于生态环境部的职责、机构调整是：将科学技术部的组织拟定科技促进生态环境发展规划和政策职责划入生态环境部。不再保留京津冀及周边地区大气污染防治领导小组及其办公室。生态环境部大气环境司不再加挂京津冀及周边地区大气环境管理局牌子。将生态环境部的内设机构中央生态环境保护督察办公室更名为中央生态环境保护督察协调局，并将其职责表述中"承担国务院生态环境保护督察工作领导小组日常工作"修改为"承担中央生态环境保护督察工作领导小组办公室具体事务"。

关于国家卫生健康委员会的职责、机构调整是：将科学技术部的组织拟定科技促进卫生健康发展规划和政策职责划入国家卫生健康委员会。将国家卫生健康委员会的组织拟定并协调落实应对人口老龄化政策措施、承担全国老龄工作委员会的具体工作等职责划入民政部。国家卫生健康委员会代管的中国老龄协会改由民政部代管。

关于中国人民银行的职责调整是：不再保留国务院金融稳定发展委员会及其办公室。将国务院金融稳定发展委员会办公室职责，划入中央金融委员会办公室。将对金融控股公司等金融集团的日常监管职责，划入国家金融监督管理总局。将建立健全金融消费者保护基本制度职责，划入国家金融监督管理总局。

关于中国社会科学院的职责调整等事项是：不再保留中国社会科学院的代管中国地方志指导小组职责。中国地方志指导小组办公室更名为中国地方志工作办公室,继续加挂国家方志馆牌子。中国地方志工作办公室,由中国社会科学院代中央宣传思想文化工作领导小组管理。

同时,对相关部门的机构设置、行政编制和领导职数等也进行了调整。

026. 联合国教科文组织通过在华设立国际STEM教育研究所的决议

11月9日,在法国巴黎举行的联合国教育科学文化组织第42届大会通过了在中国上海设立教科文组织国际STEM(科学、技术、工程和数学)教育研究所的决议,标志着教科文组织一类中心首次落户中国。

教科文组织大会教育委员会当天审议了该决议。各国赞赏教科文组织秘书处所做工作,支持关于在上海建立中心的决议草案。随后,会议主席宣布决议通过,各国代表纷纷向中国代表团表示热烈祝贺。

中国代表团团长、教育部部长怀进鹏在决议通过后的发言中表示,教科文组织的这一决议体现了会员国面向未来的远见卓识和团结合作的崇高精神,新研究所的设立对于提升教科文组织在相关领域领导力、实现本组织宗旨使命、应对当前复杂挑战、推动全球教育变革将产生积极影响。中国将认真履行承诺,全力配合教科文组织秘书处落实好本次大会决议,支持秘书处做好研究所的各项筹备工作,推动研究所早日建成运行。

国际STEM教育研究所系教科文组织组成部分,是教科文组织在全球设立的第10个一类中心,也是在欧美之外首个全球性一类中心。其主要职能是促进科学、技术、工程和数学领域从幼儿到成人各个阶段包容、公平、适切和优质的全民教育,发挥STEM教育领域信息交流中心、网络中心、资源中心和能力建设中心的作用,服务教科文组织战略和会员国需求,为联合国可持续发展议程及世界和平与发展作出贡献。

027. 2023年中国十大新闻

一、全国两会贯彻党的二十大部署凝聚奋进力量

3月,全国两会召开,选举产生新一届国家机构领导人和全国政协领导人。3月10日,十四届全国人大一次会议第三次全体会议上,习近平同志再次全票当选为中华人民共和国主席、中华人民共和国中央军事委员会主席，充分反映了全党全军全国各族人民共同心愿。全国两会凝聚起强国建设、民族复兴的共识和力量，极大鼓舞和激励亿万人民更加紧密地团结在以习近平同志为核心的党中央周围，为实现党的二十大确定的目标任务而团结奋斗。

二、新一轮党和国家机构改革基本完成

3月16日，《党和国家机构改革方案》对外发布。从组建中央金融委员会到组建中央科技委员会，从组建中央社会工作部到组建国家金融监督管理总局等，通过设立新的党中央决策议事协调机构、组建新的党中央职能部门和办事机构、在重要领域设立新的党中央派出机关等，加强了党中央对重大工作的集中统一领导。新一轮党和国家机构改革的基本完成，推动党对社会主义现代化建设的领导在机构设置上更加科学、在职能配置上更加优化、在体制机制上更加完善、在运行管理上更加高效，为全面建设社会主义现代化国家、全面推进中华民族伟大复兴提供有力保障。

三、全党深入开展主题教育成效明显

4月起，全党自上而下分两批开展学习贯彻习近平新时代中国特色社会主义思想主题教育。在以习近平同志为核心的党中央坚强领导下，各地区各部门各单位牢牢把握"学思想、强党性、重实践、建新

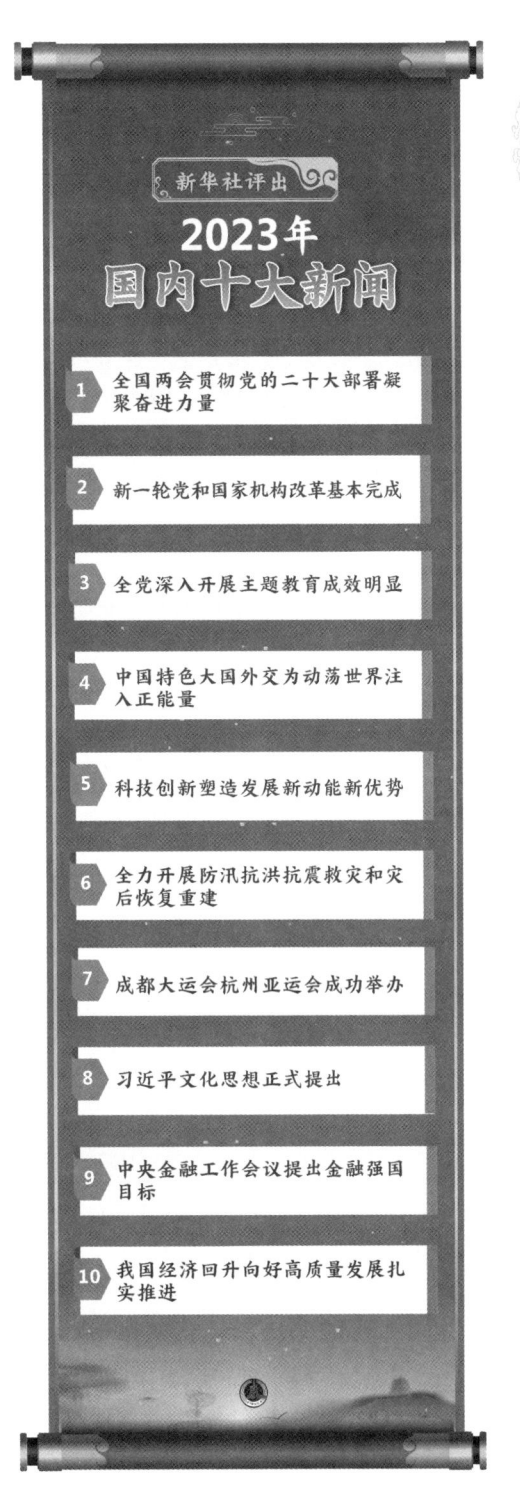

新华社评出

2023年国内十大新闻

1. 全国两会贯彻党的二十大部署凝聚奋进力量
2. 新一轮党和国家机构改革基本完成
3. 全党深入开展主题教育成效明显
4. 中国特色大国外交为动荡世界注入正能量
5. 科技创新塑造发展新动能新优势
6. 全力开展防汛抗洪抗震救灾和灾后恢复重建
7. 成都大运会杭州亚运会成功举办
8. 习近平文化思想正式提出
9. 中央金融工作会议提出金融强国目标
10. 我国经济回升向好高质量发展扎实推进

功"的总要求，党员干部深刻领悟"两个确立"的决定性意义、坚决做到"两个维护"的自觉性有了新提高，在以学铸魂、以学增智、以学正风、以学促干上取得明显成效，对统一全党思想、解决党内存在的突出问题、始终保持党同人民群众血肉联系、推动党和国家事业发展，具有重要意义。

四、中国特色大国外交为动荡世界注入正能量

5月和10月，中国—中亚峰会、第三届"一带一路"国际合作高峰论坛分别在西安和北京成功举行。一年来，国家主席习近平出席一系列重大主场外交活动，赴俄罗斯、南非、美国、越南访问、举行会晤、出席国际会议，在国内外密集开展双多边元首外交。3月，中国同洪都拉斯建交，至此已同世界上182个国家建立了外交关系。中国在乌克兰问题上劝和促谈，促成沙特、伊朗历史性和解，就解决巴以冲突秉持客观公正立场、发挥建设性作用。中国特色大国外交扎实推进，我国发展的外部环境继续改善。年底，中央外事工作会议召开，对坚持以习近平新时代中国特色社会主义思想特别是习近平外交思想为指导、做好当前和今后一个时期的对外工作作了全面部署。

五、科技创新塑造发展新动能新优势

5月28日，C919大型客机圆满完成首个商业航班飞行。2023年以来，从长征系列运载火箭完成第500次发射、神舟十七号载人飞船发射取得圆满成功、中国空间站全面建成转入应用与发展新阶段，到"九章三号"量子计算原型机研制成功、完成第13次北冰洋科考、进行第40次南极考察，我国科技创新实现新突破，科技创新资源加速整合，战略性新兴产业和未来产业发展势头强劲，新质生产力加快形成。

六、全力开展防汛抗洪抗震救灾和灾后恢复重建

7月底8月初，华北、东北、黄淮等地出现极端降雨，引发洪涝和地质灾害。12月18日，甘肃临夏州积石山县发生6.2级地震，造成重大人员伤亡。习近平总书记一直牵挂着受灾群众，高度重视救灾和灾后恢复重建工作，多次作出重要指示，要求有关地方和部门全力保障人民群众生命财产安全，尽快恢复灾区正常生产生活秩序。各地区各有关方面全力以赴防汛抗洪抗震救灾，受灾群众积极开展自救，共同构筑起风雨同舟、守护家园的坚固防线。

七、成都大运会杭州亚运会成功举办

7月至10月，第三十一届世界大学生夏季运动会、第十九届亚洲运动会、第四届亚洲残疾人运动会相继在成都和杭州举行，国家主席习近平出席大运会、亚运会开幕式并宣布开幕。中国认真履行承诺，接连成功举办

国际体育盛会，以体育促和平、促团结、促包容，有力推动深化交流互鉴、弘扬全人类共同价值，为国际青年体育事业、亚洲和国际奥林匹克运动发展作出新贡献。

八、习近平文化思想正式提出

10月7日至8日举行的全国宣传思想文化工作会议上，习近平文化思想正式提出。这一重要思想，充分反映了习近平总书记关于文化建设理论成果在体系化、学理化方面日益完善的实际，标志着我们党对中国特色社会主义文化建设规律的认识达到了新高度，表明我们党的历史自信、文化自信达到了新高度。6月2日召开的文化传承发展座谈会上，习近平总书记明确文化建设方面的"十四个强调"，鲜明提出坚持党的文化领导权、深刻理解"两个结合"、担负起新的文化使命等重大创新观点，提出建设中华民族现代文明的重大任务。

九、中央金融工作会议提出金融强国目标

10月30日至31日，中央金融工作会议举行，习近平总书记出席会议并发表重要讲话，总结党的十八大以来金融工作，分析金融高质量发展面临的形势，部署当前和今后一个时期的金融工作。会议鲜明提出以加快建设金融强国为目标，以金融高质量发展助力强国建设、民族复兴伟业，将金融工作上升到更高战略高度。2023年以来，金融业有力有效支持实体经济稳定增长，坚决守牢不发生系统性金融风险的底线，有力支撑了经济社会发展大局。

十、我国经济回升向好高质量发展扎实推进

2023年以来，随着疫情防控平稳转段，以习近平同志为核心的党中央团结带领全党全国各族人民，顶住外部压力、克服内部困难，全面深化改革开放，加大宏观调控力度，促进民营经济发展壮大，我国经济回升向好，高质量发展扎实推进，现代化产业体系建设取得重要进展，安全发展基础巩固夯实，前三季度国内生产总值同比增长5.2%，粮食总产再创新高，居民收入增长快于经济增长，圆满实现经济社会发展主要预期目标。12月举行的中央经济工作会议深化了新时代做好经济工作的规律性认识，强调2024年要坚持稳中求进工作总基调，完整、准确、全面贯彻新发展理念，持续推动经济实现质的有效提升和量的合理增长。

经济篇

028. 中国首个超大城市区块链基础设施支持数百亿条数据共享

1月1日0时，北京市目录链2.0上线，目前北京市80余个部门的市级数据目录、16个区与经济技术开发区的区级数据目录，以及民生、金融等领域10余家社会机构的数据目录全部上"链"。这是中国首个超大城市区块链基础设施。

数字化时代，数据就是生产力。过去，不少数据沉淀于各部门的信息系统、统计报表，存在共享难、协同散、应用弱等问题。如何打破"信息孤岛"、挖掘数据价值，以助力经济发展和民生福祉改善，成为各方关切。

北京市大数据中心相关负责人介绍，目录链作为"北京大数据行动计划"的核心内容，于2018年10月设计、2019年4月上线、2019年10月"锁链"。经3年多运行，北京市80余个部门的市级数据目录、16个区与经济技术开发区的区级数据目录，以及民生、金融等领域10余家社会机构的数据目录全部上"链"。链上实时管理目录信息50余万条、信息系统2700余个，支撑跨部门、跨层级、跨领域、跨主体的数据安全共享1万余类次、数百亿条。

作为全国首个超大城市区块链基础设施，北京市目录链的此次升级依托我国自主可控的区块链软硬件技术体系长安链，实现从底层架构到核心算法的全面自主可控，进一步提升了政务和社会数据安全有序流通的可靠性。

长安链技术团队负责人介绍，长安链的高并发、低延时、大规模节点组网等能力，实现了目录链2.0在架构灵活性、共识机制、数据存储等方面的显著提升，区块链数据查询响应速度达毫秒级。特别是安全性方面，目录链2.0的框架体系、技术架构及核心组件全部自主研发，采用多重安全防护技术，保障系统安全和数据安全。

基于北京市目录链，北京逐步建立起"数据来源可信任、授权范围可界定、流通过程可追溯、场景用途可监管"的数据管理控制新格局，在北京冬奥会和冬残奥会闭环管理、疫情防控、复工复产、城市运行、社会治理、民生服务等应用中发挥重要作用。

029. 国内首家国家级氢能检测机构在渝投用

1月9日，国内首家国家级氢能动力质量监督检验中心在重庆建成投用。其检测范围覆盖氢能全产业链，将发挥检验检测、标准制定、科技研发等服务作用，进一步提升国内氢燃料电池汽车的测试评价和标准化工作能力，为我国能源和汽车产业发展提供有力保障。

氢燃料电池是氢能产业的重要载体和典范应用，具备绿色环保、能量转换率高、续驶里程长等优势。目前市场上氢燃料电池产品良莠不齐，加强氢燃料电池汽车的测试评价和标准化工作较为迫切。

2019年7月，国家市场监督管理总局批准中国汽车工程研究院股份有限公司成立首家国家氢能动力质量监督检验中心。该氢能中心一期项目投资5亿元建设，规划建设了氢能整车、氢燃料电池、动力总成等多个试验室，可提供氢燃料电池整车、关键零部件及氢气品质等的检测服务，检测范围覆盖氢能全产业链；还可提供氢燃料电池电堆、氢燃料电池系统等领域的技术咨询服务。

近年来，重庆加快支持氢燃料电池汽车试点示范和推广应用，打出政策"组合拳"，推动氢燃料电池汽车产业发展。多家车企相继推出氢燃料电池车型，并集聚了一批产业链关键配套企业。重庆还联合四川打造"成渝氢走廊"，规划于2025年前投入约1000辆氢燃料电池物流车。

030. 全面实行股票发行注册制正式实施

2月17日，中国证监会及交易所等发布全面实行股票发行注册制制度规则，自发布之日起施行。这标志着注册制的制度安排基本定型，注册制推广到全市场和各类公开发行股票行为，全面实行股票发行注册制正式实施。

此次发布的制度规则共165部，其中证监会发布的制度规则57部，证券交易所、全国股转公司、中国结算等发布的配套制度规则108部。主要内容包括精简优化发行上市条件、完善审核注册程序、优化发行承销制度、完善上市公司重大资产重组制度、强化监管执法和投资者保护等。

其中，在精简优化发行上市条件方面，坚持以信息披露为核心，将核准制下的发行条件尽可能转化为信息披露要求。各市场板块设置多元包容的上市条件。

在完善审核注册程序方面，坚持证券交易所审核和证监会注册各有侧

2月17日
中国证监会及交易所等发布
全面实行股票发行注册制制度规则
自发布之日起施行

这标志着注册制的制度安排基本定型
注册制推广到全市场和各类公开发行股票行为
全面实行股票发行注册制正式实施

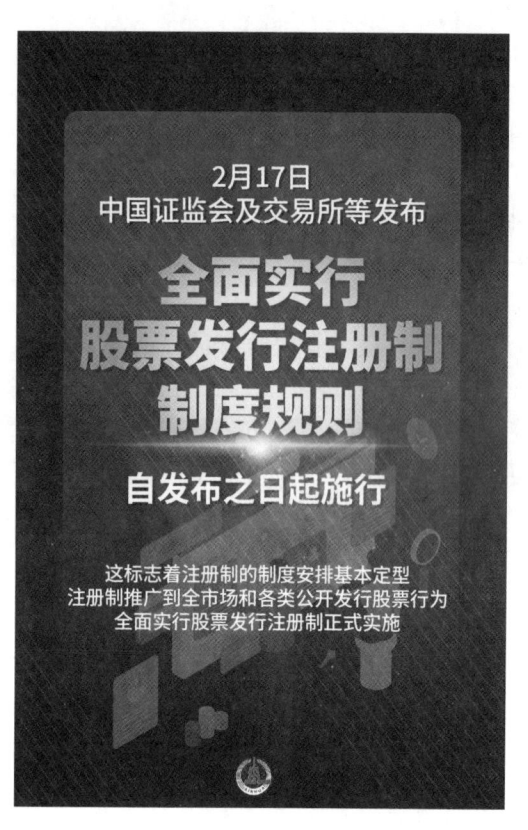

重、相互衔接的基本架构，进一步明晰证券交易所和证监会的职责分工，提高审核注册效率和可预期性。证券交易所审核过程中发现重大敏感事项、重大无先例情况重大舆情、重大违法线索的，及时向证监会请示报告。证监会同步关注发行人是否符合国家产业政策和板块定位。同时，取消证监会发行审核委员会和上市公司并购重组审核委员会。

在优化发行承销制度方面，对新股发行价格、规模等不设任何行政性限制，完善以机构投资者为参与主体的询价、定价、配售等机制。

中国注册制改革于2018年11月启动，采取了试点先行、先增量后存量、逐步推开的改革路径，先后在科创板、创业板和北京证券交易所试点，同步推进揽子改革，打开了资本市场改革发展的新局面。

证监会相关负责人表示，注册制改革的本质是把选择权交给市场，强化市场约束和法治约束。"与核准制相比，不仅涉及审核主体的变化，更重要的是充分贯彻以信息披露为核心的理念，发行上市全过程更加规范、透明、可预期。要切实把好信息披露质量关，并坚持开门搞审核，接受社会监督。"

031. 证监会发布境外上市备案管理规则

2月17日，中国证监会发布境外上市备案管理相关制度规则。此次发布的制度规则共6项，包括《境内企业境外发行证券和上市管理试行办法》和5项配套指引，自2023年3月31日起实施。

《境内企业境外发行证券和上市管理试行办法》共六章三十五条，主要内容包括完善监管制度、明确备案要求、加强监管协同、明确法律责任、增强制度包容性等方面。

其中，在完善监管制度方面，对境内企业直接和间接境外上市活动统一实施备案管理，明确境内企业直接和间接境外发行上市证券的适用情形；在明确备案要求方面，明确备案主体、备案时点、备案程序等要求；在加强监管协同方面，建立境内企业境外发行上市监管协调机制，完善跨境证券监管合作安排，建立备案信息通报等机制。

证监会官网同日发布关于境内企业境外发行上市备案管理安排的通知。自通知发布之日起，中国证监会停止受理股份有限公司境外公开募集股份及上市（包括增发）的行政许可申请，同时开始接收备案沟通申请。自《境内企业境外发行证券和上市管理试行办法》施行之日起，开始接收备案申请。

为进一步提升政务服务便利度，中国证监会建立了境内企业境外发行上市备案管理信息系统，市场参与人可以在证监会官网进入"网上办事服务平台"登录访问。

032. 长三角一体化示范区国土空间总体规划获批

2月21日，在上海举行的新闻发布会上，自然资源部国土空间规划局局长表示，近日获批的《长三角生态绿色一体化发展示范区国土空间总体规划（2021—2035年）》，是《全国国土空间规划纲要（2021—2035年）》印发后，首部经国务院批准的跨行政区国土空间规划，为其他地区编制和实施区域性国土空间规划积累了经验、提供了借鉴。

横跨沪苏浙的长三角一体化示范区，是长三角一体化国家战略的先手棋和突破口。示范区总规是长三角一体化示范区规划、建设、治理的基本依据，要纳入国土空间规划"一张图"并严格执行，强化底线约束。

"作为全国首个跨省域国土空间规划，该规划无论是在技术路径还是协调的方法机制方面，都没有先例可循，在处理技术性问题、兼顾各方诉求等方面，克服了诸多挑战。"长三角一体化示范区执委会有关负责人说。

示范区总规在空间战略上坚持生态优先、绿色低碳发展，明确"不搞集中成片、大规模、高强度开发建设"。根据示范区总规，到2035年长三角一体化示范区规划建设用地总规模控制在803.6平方公里以内，较现状建设用地减少15.7平方公里。同时，示范区将促进绿色低碳发展，到2035年河湖水面率不低于 20.6%，森林覆盖率大于 12%，绿色交通出行比重提升至 80%。

深化互联互通，长三角一体化示范区将打造高效快捷的交通网络，构建由干线铁路、城际铁路、市域铁路、城市轨道交通等构成的多层次轨道交通系统，建设"轨道上的示范区"。

强化优质共享，长三角一体化示范区将统筹推进公共服务高品质发展。到 2035 年，争取在示范区布局 6 处国家三级以上博物馆，布局 3 处双一流建设高校（校区）。

033. 中国汽车自动驾驶 2025 年将有"图"可依

3 月 7 日，自然资源部对外公布《智能汽车基础地图标准体系建设指南（2023 版）》，从基础通用、生产更新、应用服务、质量检测和安全管理等方面，对智能汽车基础地图标准化提出原则性指导意见，强调推动智能汽车基础地图及地理信息与汽车、信息通信、电子、交通运输、信息安全、密码等行业领域协同发展，逐步形成适应我国技术和产业发展需要的智能汽车基础地图标准体系。

高精地图是自动驾驶的"眼睛"。指南提出，要先行制定急用先行的 10 项以上智能汽车基础地图重点标准，涵盖基础通用、数据采集、动态更新、数据分发、交换格式，以及多种智能端侧相关数据安全保护等技术要求和规范，解决智能汽车基础地图深度应用的迫切需求。2025 年，初步构建能够支撑汽车驾驶自动化应用的智能汽车基础地图标准体系。

根据指南，到 2030 年，我国将形成较为完善的智能汽车基础地图标准体系。全国制定 20 项以上智能汽车基础地图标准，涵盖数据生产、应用服务、质量检测和地图审查等技术要求和规范，引导和推动我国智能汽车基础地图安全合规应用，为我国智能汽车、智慧交通、安全出行及新型智慧城市等智能汽车基础地图相关行业领域技术发展及产业落地提供标准支撑。

自然资源部强调，要全面贯彻落实总体国家安全观，准确把握发展智能汽车产业和维护国家安全的关系，从国家层面建立统一、完整、规范的智能汽车基础地图标准体系，更好推动智能汽车基础地图技术创新发展和产业转型升级，为智能汽车产业健康有序发展提供规范指导与基础支撑。

034. 亚洲陆上最深油气水平井在塔里木盆地完钻

3月9日，位于新疆塔里木盆地富满油田的果勒3C井顺利完钻，以9396米井深刷新亚洲陆上最深油气水平井纪录。

果勒3C井地处人迹罕至的塔克拉玛干沙漠腹地，地下地质构造异常复杂，油藏埋深普遍超8000米，地质认识和储层识别极其困难，具有世界罕见的超深、超高温、超高压等特点。不同于传统直井垂直穿过油层，这口井采用水平井钻探，在钻至8000米左右深度后，需要控制钻头沿着平行于油层的方向钻进，在地下深处精准穿透油气储层。

塔里木油田油气工程研究院副院长周波介绍，为攻克超深复杂油藏勘探开发难题，塔里木油田深化超深油气地质理论，应用我国自主研制的9000米级钻机，配套国产化装备工艺，联手多家单位攻克诸多技术难题，实现超深油气"看得清"、难钻地层"钻得深"、复杂构造"打得准"、极端工况"靠得住"。

2月9日，在建设中的果勒3C井，工人在查看钻机运行状况。

新华社记者 李响 摄

塔里木盆地是我国陆上最大的含油气盆地，盆地超深层油气资源量占我国陆上超深层油气资源总量60%以上。当前，塔里木油田已成功钻探轮探1、大北4等72口超8000米的超深井，钻探超6000米的井更是多达1600余口，钻探的超深井数量占全国的80%以上。

近年来，塔里木油田在超深层接连取得重大突破，找到的超深层储量占全国的四分之三。2022年，塔里木油田全年平均钻井井深首次突破7000米大关，正向着更深的地下挺进，全力在地层深处获取更多油气。

035. 中国海上首口二氧化碳封存回注井开钻

3月19日6时许，随着对讲机传来"启动"的指令，位于南海珠江口盆地的中国海油恩平15-1平台响起设备轰鸣声，喷涂有蓝色"中国海油"字体的马达钻具开始缓慢下沉入海。恩平15-1平台正式开启二氧化碳回注井钻井作业。这是中国第一口海上二氧化碳回注井。

恩平15-1平台是目前亚洲最大的海上石油生产平台，2022年12月7日投入使用。该平台搭载中国首套海上二氧化碳封存装置，模块重约750吨，核心设备包括二氧化碳压缩机橇、分子筛、冷却器等。

回注井投产后，恩平15-1平台将规模化向海底地层注入、封存伴随海上油气开采产生的二氧化碳。中国海油方面介绍，恩平15-1平台预计高峰阶段每年可封存二氧化碳30万吨，累计封存二氧化碳150万吨以上，相当于植树近1400万棵，或停开近100万辆轿车。

恩平15-1油田是中国南海首个高含二氧化碳油田。中国海油开展适应海上二氧化碳封存的地质油藏、钻完井和工程一体化关键技术研究，最终确定将二氧化碳封存在距离恩平15-1平台约3公里处的"穹顶"式地质构造中。

"该种地质构造仿佛一个倒扣在地底下的'巨碗'，具有强大的自然封闭性，能够长期稳定地罩住二氧化碳。该口井水垂比高达3.4，意味着在钻进过程中，垂直方向每向下增加1米的深度，水平方向就要前进3米以上。"恩平15-1油田群开发项目组钻完井经理邓成辉说。

中国海油深圳分公司副总经理兼总工程师郭永宾说，这是中国自主设计实施的第一口海上二氧化碳回注井，标志着中国海油初步形成海上二氧化碳注入、封存和监测的全套钻完井技术和装备体系，填补了中国海上二氧化碳封存技术的空白。

郭永宾说，当前世界范围内可借鉴的海上二氧化碳回注井的钻完井技术和成功案例近乎空白。中国海油成功研发了低密度耐二氧化碳腐蚀水泥浆体系、低温流变性稳定钻井液体系，优化封堵剂类型及粒径配比，形成了海上二氧化碳捕集、回注、封存钻完井工程技术体系。

中国海油深圳分公司党委书记、总经理齐美胜说，中国海油将继续加大科研攻关，推动二氧化碳捕集、封存，向二氧化碳捕集、利用、封存发展，提高采油效率的同时解决二氧化碳封存的问题，推动"岸碳入海"示范项目落地落实，为后续油气田开发以及沿海高排放企业的大规模减排提供借鉴和指导，开辟降碳环保新道路。

036. 中国西北地区首条智轨线路通车运营

3月21日,由中国铁建铁四院设计的西北地区首条智轨线路——西安市西咸新区智轨示范线1号线(首通段)开通运营。

西咸新区智轨示范线1号线位于西安市西咸新区沣东新城,全长11.9公里。智轨列车采用中车第二代胶轮电子导向车辆,核定载客231人,采用磷酸铁锂电池储能式牵引供电,最高行车时速可达70公里。

铁四院项目设计负责人洪翔介绍,智轨是一种使用具有轨迹跟随能力的全电动新型胶轮列车作为运载工具的轨道交通运输系统,其最大特点是没有实体轨道,对道路改造的工程量较小,均沿既有道路和桥梁行驶。利用"虚拟轨道跟随控制"技术,列车通过传感器识别路面虚拟轨道线实现自动导向,并通过"智能运控"等技术实现安全运行。

"线路穿行所有路口采用动态适应信号优先技术,通过与交管平台配合,可动态为智轨列车提供优先通行信号,实现智轨不停车直接通过路口。"洪翔说,设计团队按照地铁相关标准为智轨线路设计了控制中心,设置有调度管理、乘客信息、视频监控、电力监控、热线服务等系统,可以对智轨车辆和车站设备24小时不间断进行监控,保证行车安全。同时通过在线路首末车站采用直流快充技术,电车可在最短30分钟内完成充电。

037. 中国将全面推进房产"带押过户"

据新华社3月30日报道,为落实党中央、国务院扎实稳住经济一揽子政策措施的有关要求,进一步优化营商环境,提升便利化服务水平,降低制度性交易成本,满足人民群众对财产权高质高效保护的需求,自然资源部、中国银行保险监督管理委员会印发《关于协同做好不动产"带押过户"便民利企服务的通知》,对协同做好不动产"带押过户"做出全面部署。

两部门明确,各地要在已有工作的基础上,深入探索,以点带面,以"三个拓展"全面推进"带押过户":推动省会城市、计划单列市率先实现,并逐步向其他市县拓展;推动同一银行业金融机构率先实现,并逐步向跨银行业金融机构拓展;推动住宅类不动产率先实现,并逐步向工业、商业等类型不动产拓展,最终实现地域范围、金融机构和不动产类型"带押过户"全覆盖。

目前全国有15个省份100多个地市开展了"带押过户",其中天津、

山西、山东、江苏、浙江、福建、湖北等省份已经全面开展。各地在实践探索中，主要形成抵押权组合、新旧抵押权分段、抵押权变更等"带押过户"模式。"带押过户"大大节省了办理时间，降低了制度性交易成本，同时能够保障买卖双方及银行权益，获得了企业和群众一致认可。

两部门要求各地结合本地实际，确定适宜的办理模式。尤其是买卖双方涉及不同贷款方的业务，鼓励各地积极引入预告登记，防止"一房二卖"，防范抵押权悬空等风险，维护各方当事人合法权益，保障金融安全。各级不动产登记机构、银行保险监督管理机构及银行业金融机构要加强业务系统建设，推进登记金融系统融合，优化工作流程，实时共享信息，努力实现登记、贷款、放款、还款无缝衔接，同时梳理各环节风险点，制定应急预案，切实防范风险。

"带押过户"　　　　　　新华社发　朱慧卿　作

038. 海南离岛免税购物4月1日起增加两种提货方式

为支持海南自由贸易港建设，进一步提升离岛旅客购物体验，自4月1日起，海南离岛旅客免税购物增加"担保即提"和"即购即提"提货方式。

海关总署、财政部、国家税务总局发布的公告显示，4月1日起，离岛旅客凭有效身份证件或旅行证件和离岛信息在海南离岛免税商店，不含网上销售窗口，购买免税品时，除在机场、火车站、码头指定区域提货以及可选择邮寄送达或岛内居民返岛提取方式外，可对单价超过5万元（含）的免税品选择"担保即提"提货方式，可对单价不超过2万元（不含）且在公告附件清单内的免税品，包括化妆品、香水、太阳眼镜、服装服饰等15个商品品种，按照每人每类免税品限购数量的要求，选择"即购即提"提货方式。

根据公告，使用上述两种方式购买的离岛免税品属于消费者个人使用的最终商品，应一次性携带离岛，不得再次销售。此外，离岛旅客使用上述两种方式提货，自购物之日起，离岛时间不得超过30天（含）；对于超过30天未离岛且无法说明正当理由的，三年内不得购买离岛免税品。对于构成走私行为或违反海关监管规定行为的，由海关依照有关规定予以处理，构成犯罪的，依法追究刑事责任。

039. 我国首个10万吨级陆相页岩油开发平台正式投产

4月6日，我国首个10万吨级陆相页岩油效益开发示范平台——大港油田沧东凹陷5号平台已正式投入生产。

页岩油是附存在页岩基质孔隙或裂缝中的石油，属于最难开采的非常规资源之一。沧东5号平台位于河北沧州地区，共有9口页岩油井，经过3个多月试采，产能稳定在280吨左右。

中国石油大港油田新项目事业部经理姜文亚介绍说："近年来，我们加速推进页岩油富集理论创新和配套技术一体化攻关，攻克了断陷盆地页岩油甜点优选评价、压裂提产等关键技术难题，取得了陆相页岩油富集理论与评价技术的原创性突破。"

平台建设过程中，攻关形成了前置二氧化碳增能改造提产关键技术，在大幅提升产量的同时，实现碳埋存1.3万吨。大港油田页岩油示范平台的投产，为我国陆相页岩油规模效益开发提供了借鉴。

040. "吉祥鸟"成功完成全状态首次飞行

4月7日，由中国航空工业集团有限公司全新研制的4吨级先进双发多用途直升机"吉祥鸟"AC332在天津滨海新区完成全状态首次飞行，标志着我国航空应急救援装备体系建设和高原地区通航运营取得新进展、再添新利器。AC332直升机预计将于2025年取得型号合格证。

在活动现场，AC332直升机演示了有地效悬停、无地效悬停、悬停回转、近地面机动、机场上空起落航线飞行等。该直升机按照ccar-29最新适航要求研制，采用单旋翼、高置涵道尾桨、滑橇起落架和蛤壳式后舱门布局，可搭载10名乘客，最大起飞重量3850公斤，最大巡航速度260公里每小时，最大航程693公里，兼顾更优使用性能、更低使用成本和多样化构型需求。

4月7日在航空工业天津直升机有限责任公司停机坪拍摄的"吉祥鸟"AC332直升机。

新华社记者 孙凡越 摄

AC332直升机在海拔4500米、标准大气（isa）+25℃的起降条件下，可实现飞行高度6000米、航程600公里和商载600公斤的"三个6"卓越目标。

AC332直升机总设计师李生伟介绍，AC332直升机瞄准了我国当前航空应急救援装备中的薄弱环节，在4吨级直升机细分领域具有优异的高原性能，且提升了应急救援和医疗救护的能力，为国家应急救援体系建设助力。

在活动仪式上，航空工业天津直升机有限责任公司与中航国际融资租赁有限公司等签订18架采购协议，与厦门飞机租赁有限公司签订6架意向采购协议，用于通航运输、应急救援、紧急巡护等领域。

041. 中老铁路开行国际旅客列车 昆明至万象间当日通达

4月13日，北京时间8:08，D887次列车从中国昆明南站驶出，一路向南。一小时后，北京时间9:08，D888次列车从老挝万象站驶出，向北飞驰。中老铁路跨境客运列车正式开行，昆明至万象间实现乘火车当日通达。中老铁路国际旅客列车采取朝发夕至运行模式，每日双向对开各1列，使用动力集中型"复兴号""澜沧号"动车组开行，最高运行时速160公里。

4月13日，老挝工作人员在D887次国际旅客列车上表演。

新华社记者 邢广利 摄

列车全程经停昆明南、普洱、西双版纳、磨憨、磨丁、琅勃拉邦、万荣、万象8个车站，包括铁路口岸通关时间在内的全程旅行时间均为10小时30分。

中老铁路国际旅客列车的开行，对于方便沿线民众出行、推动两国旅游等产业发展、促进两国经贸往来和共建"一带一路"高质量发展，具有十分重要的意义。

042. 港珠澳大桥主体工程通过国家竣工验收

4月19日，港珠澳大桥主体工程通过交通运输部、国家发展改革委、国务院港澳办组织的竣工验收。竣工验收委员会评价认为，大桥主体工程创下多项世界之最，工程质量等级和综合评价等级均为优良，打造了一座"精品工程、样板工程、平安工程、廉洁工程"，为超大型跨海通道工程建设积累了宝贵经验。

港珠澳大桥是跨越伶仃洋海域，连接珠江口东西岸的关键性工程。大桥建成通车实现了珠海、澳门与香港的陆路连接，极大地提升了香港与珠三角西部地区之间的通行效率。其中，珠海至香港国际机场的车程由约4小时缩短至约45分钟，珠海至香港葵涌货柜码头的车程由约3.5小时缩短至约75分钟，极大便利了三地人员交流和经贸往来，对促进粤港澳大湾区的发展，全面推进内地与香港、澳门互利合作，具有重大意义。

大桥开通至今，已成为粤港澳大湾区重要的人员往来和贸易通道。截至2022年年底，经大桥珠海口岸进出口总值超5000亿元，涉及全球超过230个国家（地区）。2023年2月6日内地与港澳全面恢复人员往来后，经大桥珠海口岸出入境客流、车流持续增长，周末出入境旅客最高峰时（3月18日至19日）达10万人次，刷新了近三年以来的最高纪录。未来，粤港澳三方将加强合作，努力推动通行政策优化创新，为三地车辆、人员利用大桥通行提供便利。

043. 2022年我国数字经济规模达50.2万亿元

4月27日，第六届数字中国建设峰会开幕式上发布《数字中国发展报告（2022年）》，报告指出，2022年我国数字经济规模达50.2万亿元，总量稳居世界第二，占GDP比重提升至41.5%，数字经济成为稳增长促转型的重要引擎。

报告显示，我国数字基础设施规模能级大幅提升。截至2022年年底，已开通5G基站231.2万个，5G用户达5.61亿户，全球占比均超过60%；移动物联网终端用户数达18.45亿户，成为全球主要经济体中首个实现"物超人"的国家。

根据报告，我国数据资源体系加快建设，2022年数据产量达8.1ZB，同比增长22.7%，全球占比达10.5%，位居世界第二位。同时，数字文化提供文化繁荣发展新动能。文化场馆加快数字化转型，全民阅读、艺术普及数字化服务能力显著提升，我国数字阅读用户达5.3亿。网络文化创作活力进一步激发，全国重点网络文学企业作品超过3000万部。

044. 我国首座深远海浮式风电平台"海油观澜号"成功并网投产

5月20日，我国首座深远海浮式风电平台"海油观澜号"成功并入文昌油田群电网，正式开启了为海上油气田输送绿电的新里程。这标志着中国深远海风电关键技术取得重大进展，海上油气开发迈出进军"绿电时代"的关键一步。

"海油观澜号"位于距海南文昌136公里的海上油田海域，装机容量7.25兆瓦，由风力发电机、浮式基础、系泊系统和动态缆组成。整体高度超200米，吃水总重达11000吨，通过9根锚链系泊固定在水深120米的海洋深处。其产生的绿色电力通过1条5公里长动态海缆接入海上油田群电网。投产后，年均发电量将达2200万千瓦时，全部用于油田群生产用电，每年可节约燃料近1000万立方米天然气，减少二氧化碳排放2.2万吨。

"海油观澜号"是我国第一个工作海域距离海岸线100公里以上、水深超过100米的浮式风电平台。平台在设计建造中，通过研究多要素联合分布环境数据，创新应用风机与浮式基础的一体化设计和迭代技术，确保"海油观澜号"可在超17级的强台风下安全稳定运行。

中国海油执行副总裁兼新能源部总经理杨云表示，希望通过"海油观澜号"推动中国深远海浮式风电在核心技术、大型海上安装装备以及产业链资源整合等方面取得实质性突破，实现高比例可再生能源在微电网的稳定运行，打造海上风电与海洋油气融合发展的新模式，最终实现海洋油气绿色低碳开发，推进传统油气与新能源有机融合。

045. C919大型客机圆满完成首次商业飞行

5月28日12时31分，经历1小时59分钟飞行，由C919大型客机执飞的东方航空MU9191航班平稳降落在北京首都国际机场，穿过象征民航最高礼仪的"水门"，标志着该机型圆满完成首个商业航班飞行，正式进入民航市场，开启市场化运营、产业化发展新征程。

C919大型客机是我国首次按照国际通行适航标准自行研制、具有自主知识产权的喷气式干线客机，于2007年立项，2017年首飞，2022年9月完成全部适航审定工作后获中国民用航空局颁发的型号合格证。

5月28日，北京首都国际机场以水门礼迎接C919首个商业航班东航MU9191。

新华社发（汪洋 摄）

此次商业首航的C919飞机于2022年12月9日由中国商用飞机有限责任公司交付给东航。机身前部印有"全球首架"的"中国印"标识飞机注册号为B-919A，B代表中国民航飞机，919和型号名称契合，A有首架之意。飞机交付东航后，密集完成了100小时的验证飞行，全面检验了飞机的航线运行能力。

046. 四川田湾河水电站"中国芯"机组发出"第一度电"

6月7日10时许，国内首台单机容量最大功率150兆瓦级大型冲击式转轮在四川田湾河流域梯级水电站正式投入运行，换装"中国芯"的水电机组成功并网发出"第一度电"，标志着我国已实现高水头大容量冲击式水电机组从设计、制造到运行的全面自主化，以及关键核心技术国产化"从无到有"的历史性突破。

该冲击式转轮重约20吨，最大直径约4米，由东方电气集团东方电机有限公司自主研制，于2023年5月16日成功下线，经过多日的安装调试，在位于四川省石棉县的川投田湾河流域梯级水电站得到实际运用并成功发电。

受制于材料、工艺等原因,该水电站此前使用的大型冲击式机组核心部件转轮长期依赖进口,费用、时间成本高。基于此,川投集团与东方电气集团开展央地协同、产业链上下游协同的科技攻关:川投田湾河公司共享多年运行数据、重要参数并提供试运行条件,东方电机发挥水力开发、造型设计、软件开发、模型装置研制等技术优势。

川投集团党委书记、董事长吴晓曦表示,此次换装"中国芯"的水电机组正式投用发出"第一度电",让关键核心技术取得实质性应用成效,更能为今后国内同类型机组的运行和维护积累宝贵经验。

047. 甘肃开行首列"一带一路"津陇共建铁海联运东亚货运班列

6月15日,满载300吨氯化镁的甘肃省首列"一带一路"津陇共建铁海联运东亚货运班列发运,自甘肃武威南站经由天津港抵达韩国群山港,标志着该东亚国际铁海联运线路的顺利开通,也拉开了甘肃、天津创新发展海铁联运国际货运业务的序幕。

此趟班列由15个40英尺集装箱构成,先以铁路集装箱运输方式抵达天津港后,换以海运方式前往韩国群山港。

此次班列的顺利开行,意味着武威保税物流中心天津港物流基地正式启用,西北地区进出口企业与海外市场建立起一条快捷便利的国际物流大通道,打开了距离西北地区最近的出海口大门,为甘肃外贸提速夯实通道基础,对于促进西部地区对外开放和扩大"一带一路"沿线国家经贸往来具有重要意义。

048. 全球最大水光互补电站雅砻江柯拉光伏电站投产发电

6月25日,雅砻江两河口水电站水光互补一期项目——位于四川省甘孜藏族自治州雅江县柯拉乡的柯拉光伏电站并网发电,标志着全球最大、海拔最高的水光互补电站正式投产。该项目首次将全球"水光互补"项目规模提升至百万千瓦级,对服务我国"双碳"目标、优化国家能源结构、助力构建"清洁低碳 安全高效"的现代能源体系具有示范引领作用。

位于四川省甘孜藏族自治州雅江县柯拉乡的柯拉光伏电站。

新华社记者 薛晨 摄

柯拉光伏电站是我国第三大水电基地雅砻江流域清洁能源基地"十四五"时期首个开工建设的水光互补电站，同时也是四川省"十四五"可再生能源发展规划重点项目。场址最高海拔4600米，占地2.5万亩，装机容量100万千瓦。电站通过500kV输电线路接入50公里外、装机300万千瓦、总库容108亿立方米的两河口水电站，实现光伏发电和水电的"打捆"送出。电站投产后年平均发电量20亿度，每年可节约标准煤超60万吨、减少二氧化碳排放超160万吨。

水光互补，即将光伏接入具有年调节能力的水库电站，通过优化调度和水电机组快速灵活调节，将随机波动的光伏发电调整为平滑、稳定的优质电源。水光打捆后输出更为稳定的电能，更有利于电力系统安全稳定运行，并可消纳更多新能源。

柯拉光伏电站施工面积超16平方公里，项目分布在川西高原海拔4000米至4600米的区域。由200多万块光伏组件、5000多台逆变器组成，支架用钢量近5万吨。施工期间，建设者们克服了高寒高海拔、地形复杂、地质多变、冻土暗冰等施工难题。创新"引孔+回填"工艺提升成桩质量与施工效率，使用多层保温措施突破高寒高海拔地区冬歇期混凝土浇筑限制，积累了高海拔地区大规模地面光伏的开发经验。

柯拉光伏电站建成投产后，作为四川省内最大的发电企业，雅砻江公司绿色清洁可再生能源总装机将超过 2000 万千瓦。雅砻江流域水风光互补绿色清洁可再生能源示范基地全部建成后，每年可贡献绿色电能约 3000 亿度，年发电量相当于每年减排二氧化碳约 2.5 亿吨，减少标煤消耗超 9000 万吨。

049. "复兴号"驶上青藏铁路 首日西格两地近千名乘客"双向奔赴"

7月1日14时，由西宁站始发的"复兴号"动车组 C891 次列车缓缓进入格尔木站，500 余名乘客从西宁安全平稳快速抵达格尔木。这也是时速 160 公里的"复兴号"动车组首次开行在青藏铁路上，极大地提升了青藏铁路全线运能和效率。

7月1日，在 C891 次西宁至格尔木动车组列车上，乘务员与乘客互动。

新华社发（郝宝君 摄）

自 2022 年 7 月 10 日青藏铁路西宁至格尔木段提质工程开工至今，西宁、格尔木两地群众翘首以盼的"复兴号"终于来了，青藏铁路也迈入了动车时代。来自格尔木各族各界的干部群众身着盛装，欢迎从西宁远道而来的亲朋好友，欢送从格尔木去到西宁的家人，大家载歌载舞，在格尔木站共同庆祝这一历史性的时刻。

青藏铁路西格段全长759.784千米，东起西宁市，终点为海西蒙古族藏族自治州格尔木市，是目前青藏高原最重要的对外联系铁路通道。此次"复兴号"动车组投入运行后，青藏铁路西格段将提速至时速160公里，全线运行时间可以控制在6小时内，将有效扩大铁路运输供给，提升青藏铁路全线运能和效率。

青藏铁路是目前青藏高原与祖国各地联系的唯一铁路通道。1984年7月30日，我国第一条高原铁路——青藏铁路一期工程西宁至格尔木段正式交付使用。2001年，在青藏铁路二期工程格尔木至拉萨段的开工建设，2006年7月1日，举世瞩目的青藏铁路全线通车运营，创造了多项世界第一的历史纪录。如今，青藏铁路这条世界上海拔最高、线路最长的铁路，不仅成为连接雪域高原与祖国各地的大动脉，也极大地促进了西藏、青海地区的经济社会发展，成为各族人民心中的"幸福路"。

首发当日，乘坐西宁站发车驶向格尔木站以及格尔木站发车到西宁的旅客共有877名，在青藏铁路这条神奇的"天路"上"双向奔赴"。

050. 北京发布首批数据资产登记证书

据新华社7月7日报道，2023全球数字经济大会公布一批北京数据要素市场建设成果：北京国际大数据交易所首批数据资产登记证书发放、北京国际数据实验室成立、中国工业数据专区首批数据登记互认证书发放，数据要素市场根基更加稳固。

在2023全球数字经济大会数据要素高峰论坛上，发布了首批数据资产登记证书，涵盖能源、交通、气象等领域，为数据资产的聚集、登记、评估、流通、管理、服务等提供坚实的基础设施保障和安全保障。首批数据资产登记证书的发放，将有利于企业激发数据资产价值，构建业务新版图，做大做优企业资产。

此外，由下一代互联网国家工程中心牵头建设的"北京国际数据实验室"在论坛上揭牌，国际数据空间协会、全球IPv6论坛、北京国际大数据交易所和下一代互联网国家工程中心4家机构正式签署合作协议，建立战略合作伙伴关系，助力全球数据流通。

051. 私募投资基金首部行政法规发布

7月9日,《私募投资基金监督管理条例》(以下简称《条例》)正式对外发布,自2023年9月1日起施行。这是我国私募投资基金行业的首部行政法规。《条例》的发布既是健全私募基金监管基础性法规制度的标志,也是促进行业高质量发展进入新阶段的标志,对行业具有里程碑意义。

《条例》共7章62条,重点包括五方面内容:一是明确适用范围。将契约型、公司型、合伙型等不同组织形式的私募投资基金均纳入适用范围,规定以非公开方式募集资金,设立投资基金或者以进行投资活动为目的依法设立公司、合伙企业,由私募基金管理人或者普通合伙人管理,为投资者的利益进行投资活动,适用本条例。二是明确私募基金管理人和托管人的义务要求。三是规范资金募集和投资运作。四是对创业投资基金作出特别规定。五是强化监督管理和法律责任。

总的来看,《条例》一方面统筹发展和安全,抓住行业关键主体和关键环节,强化风险源头管控,同时发挥私募基金行业服务实体经济、支持科技创新等方面的作用。另一方面规范监管和尊重市场规律相结合。尊重私募基金行业相关主体运行规律,重在划定监管底线、强化事中事后监管,对私募基金管理人及其重大事项变更实行登记管理,并对不同类型私募基金特别是创业投资基金实施差异化监管。

052.《中共中央 国务院关于促进民营经济发展壮大的意见》发布

7月19日,《中共中央 国务院关于促进民营经济发展壮大的意见》发布。

意见指出,民营经济是推进中国式现代化的生力军,是高质量发展的重要基础,是推动我国全面建成社会主义现代化强国、实现第二个百年奋斗目标的重要力量。

意见要求，以习近平新时代中国特色社会主义思想为指导，深入贯彻党的二十大精神，坚持稳中求进工作总基调，完整、准确、全面贯彻新发展理念，加快构建新发展格局，着力推动高质量发展，坚持社会主义市场经济改革方向，坚持"两个毫不动摇"，加快营造市场化、法治化、国际化一流营商环境，优化民营经济发展环境，依法保护民营企业产权和企业家权益，全面构建亲清政商关系，使各种所有制经济依法平等使用生产要素、公平参与市场竞争、同等受到法律保护，引导民营企业通过自身改革发展、合规经营、转型升级不断提升发展质量，促进民营经济做大做优做强，在全面建设社会主义现代化国家新征程中作出积极贡献，在中华民族伟大复兴历史进程中肩负起更大使命、承担起更重责任、发挥出更大作用。

意见提出，持续优化民营经济发展环境，加大对民营经济政策支持力度，强化民营经济发展法治保障，着力推动民营经济实现高质量发展，促进民营经济人士健康成长，持续营造关心促进民营经济发展壮大社会氛围。

在加强组织实施方面，意见要求，坚持和加强党的领导，完善落实激励约束机制，及时做好总结评估。

053. 中国首个航运指数期货上市交易

8月18日，中国期货市场又一国际化品种集运指数（欧线）期货在上海期货交易所全资子公司上海国际能源交易中心上市交易，成为国内期货市场上市的首个国际化航运指数期货产品，助力提升航运产业链企业风险管理水平和国际竞争力。

航运指数期货是近年来中国期货市场上市的最具创新性的期货品种，其上市填补了中国航运衍生品市场的空白，也是中国首个在商品期货交易所上市的指数类、现金交割的期货品种。

上海期货交易所理事长田向阳表示，上海期货交易所从2003年开始，携手上海航运交易所研发航运指数期货，历时20年。上市航运指数期货，有助于丰富航运产业链企业的风险管理工具，提升中国国际贸易运输服务的定价话语权和影响力，服务航运业高质量发展。

图为仪式现场。

新华社记者 方喆 摄

"航运指数期货上市顺应行业发展的需求,将为航运业提供重要的风险管理工具,提升产业链供应链韧性和安全水平。"中国船东协会常务副会长张守国说。

054. 中国最长盾构高速公路隧道双线贯通

8月21日,随着国产首台16米级直径盾构机"运河号"在北京市通州区土桥新桥西北侧顺利接收,至此,中国最长盾构高速公路隧道实现双线贯通。

北京东六环改造工程由首发集团组织实施、中国铁建铁四院设计、中交隧道局参建,是落实新版北京城市总体规划的重大工程。建设者将东六环局部段引入地下建成隧道。地上留出空间用于打通城市断路、促进产业发展并规划大型公园,通过"缝合城市"促进北京城市副中心高质量发展和京津冀区域交通协同发展。

北京东六环改造工程盾构隧道建设创造一系列纪录:隧道总长7.4公里,为中国使用盾构法施工的最长高速公路隧道;"运河号"盾构机开挖直径16.07米,为中国北方在建最大直径盾构隧道;隧道最深处位于地下75米,是北京市埋深最大的地下隧道。2023年6月,工程西线隧道率先贯通。

8月21日，在北京东六环改造工程东线隧道接收井中拍摄的"运河号"盾构机。

新华社记者 鞠焕宗 摄

铁四院设计负责人肖明清介绍，北京东六环改造工程盾构隧道采用分离式双洞布置，每洞布置3条车道，分为三层，上层为排烟通道，中间层为行车通道，下层为国内首设的疏散救援通道。这一盾构隧道具有超大直径、超长距离、超深覆土、超敏感环境等施工难点。

为打赢这场"地下攻坚战"，中国企业自主制造了单台总重量达到4500吨、长约145米的"运河号"盾构机。研发人员先后攻克10余项核心技术难题，其中超大直径盾构隧道同步双液注浆技术填补行业空白，大幅提升隧道的稳定性和防水质量，实现了"隧道零渗漏、地面微扰动、施工零事故"。

055. 贵南高铁全线贯通 穿越中国南方喀斯特

8月31日，连接贵州省贵阳市与广西壮族自治区南宁市的高铁全线投入运营，为中国西部出海再添新通道。

这一名为贵南高铁的工程，全长482公里，是中国"八纵八横"高铁路网重要组成部分，同时也是黔桂两地首条设计时速达到350公里的高铁，项目穿越了地质环境复杂多变的中国南方喀斯特地貌。

8月30日无人机拍摄的新型复兴号动车组列车在贵南高铁广西河池境内试跑。

新华社发（高东风 摄）

喀斯特是水对岩石持续溶蚀等作用的结果，常表现为"奇峰林立、怪石嶙峋"。中国喀斯特分布广泛，南方地区喀斯特占总面积的55%。

早在2007年，由云南石林、贵州荔波、重庆武隆共同组成的中国南方喀斯特（一期）成为世界自然遗产。2014年，广西桂林、贵州施秉、重庆金佛山和广西环江组成中国南方喀斯特（二期）对原项目进行了扩展。

此次开通的贵南高铁线路自贵阳铁路枢纽龙里北站引出，向南经贵州省黔南布依族苗族自治州，广西壮族自治区河池市、南宁市，接入南宁铁路枢纽南宁东站。线路途经贵州荔波、广西环江，并在两处世界自然遗产地设立了站房。

"难就难在既要保障施工安全和质量，又要最大限度降低对生态的影响。"多位参建人员表示，贵南高铁沿线不良地质点、地质灾害点、环境敏感点众多。

"在这样的地质条件上修高铁，简直太不可思议了。"多年前，一位外国铁路专家参加贵南高铁项目论证时说。

面对困难挑战，项目团队创新工艺工法。贵南高铁全线穿越喀斯特地貌地段达到80%，桥隧比高达90%，其中架设199座桥梁，最长的澄江双线特大桥有15.5公里，建成107座隧道，最长的九万大山一号隧道达17.01公里。

随着"复兴号"动车组在群山间飞驰，贵南高铁项目建设指挥部副指挥长伍尚前感慨万分，外国专家眼中"不可思议"的事情，"我们做成了"。

056. 我国最大跨径钢箱混合梁独塔斜拉桥成功合龙

9月1日，由中交三公局施工建设的都香高速金沙江特大桥顺利合龙，主桥全面贯通，这也是中国最大跨径钢箱混合梁独塔斜拉桥成功合龙。

都香高速昭金段A9标项目总工李亮亮介绍，金沙江特大桥项目横跨金沙江，连接川滇两省，采用双向4车道高速公路设计标准，设计时速80公里。自2019年开工建设以来，该项目克服了大宗机械及物资进场不便、库区水域不通航、无水上起吊设备、高原雨季高温施工、峡谷风、线性控制难度大等困难，创下了国内最大跨径钢箱混合梁独塔斜拉桥施工和最大吨位钢箱梁采用后方喂梁、前方回转落梁施工工艺两项全国之最，实现了一系列关键技术攻关和科技成果转化。

金沙江特大桥是G7611都香高速公路的控制性重难点工程。建成后，大桥将进一步推进川滇黔三省经济融合发展，提高滇东北交通运输主动脉等级，对打造云南境内东西向黄金旅游线、推动西南地区高质量发展具有重要意义。

057. 大藤峡水利枢纽主体工程完工

9月2日，国家水网骨干工程大藤峡水利枢纽最后一台机组正式投产发电，标志着主体工程较国家批复的建设工期提前四个月完工。

大藤峡水利枢纽位于广西桂平市的黔江河段，于2014年开工建设，是国家172项节水供水重大水利工程之一，也是集防洪、航运、发电、水资源配置、灌溉等功能于一体的珠江流域关键控制性工程。工程总投资357.36亿元，总库容34.79亿立方米，防洪库容15亿立方米。

广西大藤峡水利枢纽开发有限责任公司相关负责人介绍，工程建设过程中，多项技术指标在业内领先。工程配备8台国内最大的轴流转桨式水轮发电机组，单机容量20万千瓦，位居同类型机组首位；布置26扇位居国内闸坝式工程前列的弧形工作闸门，最大推力负荷达6820吨；建成国内水利工程最大的水生态保护工程体系，满足红水河珍稀鱼类繁殖洄游的过坝需求。

9月2日拍摄的广西大藤峡水利枢纽（无人机全景照片）。

新华社记者 曹祎铭 摄

大藤峡水利枢纽主体工程完工，将进一步完善珠江流域防洪体系，打牢国家水网重要结点，全面建成红水河"清洁能源走廊"，为强化珠江流域治理管理、提升水安全保障能力、推动地方经济社会高质量发展、助力粤港澳大湾区建设提供全新动力。

058. 国家发展改革委设立民营经济发展局

9月4日，国家发展改革委副主任丛亮介绍，中央编办正式批复在国家发展改革委内部设立民营经济发展局，作为促进民营经济发展壮大的专门工作机构，加强相关领域政策统筹协调，推动各项重大举措早落地、见实效。

丛亮在国务院新闻办当天举行的新闻发布会上说，7月19日，《中共中央 国务院关于促进民营经济发展壮大的意见》公开发布。一个多月以来，国家发展改革委会同相关方面坚决抓好意见贯彻落实，推出了系列配套举措，取得初步成效。促进民营经济发展壮大是一个系统工程，涉及范围广、政策链条长、工作环节多。结合当前民营经济发展面临的形势和民营经济工作现状，党中央、国务院作出在国家发展改革委设立民营经济发展局的重大决策部署。

国家发展改革委副秘书长张世昕介绍，这是落实党中央、国务院促进民营经济发展壮大决策部署的有力举措,充分体现了以习近平同志为核心的党中央对民营经济的高度重视和深切关怀,体现了始终坚持"两个毫不动摇"和"三个没有变",为促进民营经济发展提供了有力的组织保障。

民营经济发展局的主要职责是:跟踪了解和分析研判民营经济发展状况,统筹协调、组织拟定促进民营经济发展的政策措施,拟定促进民间投资发展政策。建立与民营企业的常态化沟通交流机制,协调解决民营经济发展重大问题,协调支持民营经济提升国际竞争力。

张世昕说,民营经济工作涉及面宽、政策性强,需要各个部门密切协作配合,形成工作合力。作为宏观调控和经济综合部门,国家发展改革委设立民营经济发展局,主要是立足于更好发挥统筹协调、综合施策、促进发展的功能。一些相关部门从各自职能角度也会有服务和促进民营经济发展的职责,在现有工作格局的基础上,在国家发展改革委设立民营经济发展局,将进一步加强对民营经济发展工作的统筹协调,巩固拓展现有工作成果,为民营经济发展营造更优环境,为民营经济发展提供更加有力支持。

059. 西宁至成都铁路全线首次实现隧道贯通

9月7日,新建西宁至成都铁路西营坝隧道和新庄三号隧道贯通,这是全线首次实现隧道贯通,为后续工程建设打下坚实基础。

西营坝隧道和新庄三号隧道均位于青海省海东市平安区境内,其中西营坝隧道全长270米,最大埋深27米,新庄三号隧道全长455米,最大埋深45.37米。

铁一院西宁至成都铁路地质专业负责人季备介绍:"两条隧道的开挖岩土体均具有湿陷性、膨胀性和腐蚀性,工程安全风险高、施工难度大。为推进隧道安全顺利掘进,技术团队细化设计方案、优化设计参数,采用'弱爆破、短进尺、勤支护、二衬紧跟'的设计施工原则,必要时进行超前预注浆加固,并做好隧道进出口坡面及地表和洞内的防水排水工作,保证隧道施工安全顺利推进。"

西宁至成都铁路是国家"八纵八横"高速铁路纵向主通道——兰州(西宁)至广州通道的重要组成部分,正线全长836.5公里,其中新建正线502.5公里,设计时速200公里,郎木寺至红原段设计时速可达250公里。

项目建成后,将大幅缩短西宁、成都等省会城市间的通行时长,对加强丝绸之路经济带和长江经济带联系、贯彻新时代西部大开发战略、促进区域经济协调发展具有重要意义。

060. 两部门发布中国系统重要性银行名单

据新华社9月22日报道，为加强宏观审慎管理，近期中国人民银行、国家金融监督管理总局开展了2023年度中国系统重要性银行评估，共认定20家国内系统重要性银行，其中国有商业银行6家，股份制商业银行9家，城市商业银行5家。

中国系统重要性银行按系统重要性得分从低到高分为五组：第一组10家，包括中国光大银行、中国民生银行、平安银行、华夏银行、宁波银行、江苏银行、广发银行、上海银行、南京银行、北京银行；第二组3家，包括中信银行、浦发银行、中国邮政储蓄银行；第三组3家，包括交通银行、招商银行、兴业银行；第四组4家，包括中国工商银行、中国银行、中国建设银行、中国农业银行；第五组暂无银行进入。

中国人民银行相关人士表示，下一步，中国人民银行、国家金融监督管理总局将按照相关要求，共同做好系统重要性银行附加监管工作，督促系统重要性银行按规定满足附加资本和附加杠杆率要求，增强抗风险能力和损失吸收能力，发挥好宏观审慎管理与微观审慎监管合力，促进系统重要性银行稳健经营和健康发展，不断夯实金融体系稳定的基础，更好支持实体经济发展。

061. 中国首条空轨线路开通运营

9月26日，由中国铁建铁四院总体设计的全国首条悬挂式单轨商业运营线——光谷空轨一期工程开通运营，这也是中国首条开通运营的空轨线路。

铁四院设计负责人王洪刚介绍，光谷空轨一期线路全长10.5公里，设站6座。空轨列车采用全自动无人驾驶模式运营，最高运行时速60公里，可实现2至3节车厢之间灵活编组，适应不同客流运输需求。

空轨即悬挂式单轨列车，是一种新型中低运量、生态环保、绿色低碳的城市轨道交通制式。与传统交通方式不同，空轨列车车体悬挂于轨道梁下方凌空"飞行"，被称为"空中列车"，具有不占用地面路权、环境适应性强、景观效果好等优点，兼具通勤和观光功能。

空轨列车在运行中。

新华社发（杜子璇 摄）

王洪刚表示，空轨列车采用橡胶充气轮胎，并采用空气弹簧等类似高铁的减震技术，提高空轨车辆的平稳性和舒适性。此外，空轨车站采用桥建分离式，桥梁与车站建筑完全脱离，车站不承受列车动荷载，列车进站时对车站引起的振动和噪音小，乘客舒适性较好。

光谷空轨位于武汉光谷生态大走廊，开通后可与武汉地铁11号线等进行换乘，对于进一步便利沿线居民出行、促进区域经济社会发展具有重要意义。

062. 青海"引大济湟"工程实现全线通水

9月28日，青海"引大济湟"北干渠、西干渠工程先后成功通水，这标志着"引大济湟"工程实现全线通水。该工程全线通水后，向湟水流域的年供水量约5.26亿立方米。

"引大济湟"工程是青海最大的跨流域调水工程，是国家水网规划中的172项重大水利工程项目之一。工程南北贯通大通河、湟水两大流域，东西连通西宁、海东两市水系，是青海东部城市群的水资源保障工程和黄河流域生态保护和高质量发展的支撑工程。

"引大济湟"工程由石头峡水库、调水总干渠、黑泉水库、北干渠一期工程、北干渠二期工程及西干渠工程组成,总投资146.34亿元。工程干支渠总长达1143公里,连通5座重要水库和272个隧洞。工程受益范围覆盖青海1州2市5县(区)的75个乡镇,通过调节宝库河流域和大通河来水,为湟水流域农业、工业、生态和城镇生产生活供水。

工程实现全线通水后,每年可减少输入黄河的泥沙44.8万吨,有助于湟水流域生态系统恢复;实现大量山区农田"旱改水",并为东部城市群300万人提供饮用水供应,为青海东部地区提供水资源保障。

063. 中国首条时速350公里跨海高铁正式开通运营

9月28日上午9时15分,福厦高铁首趟复兴号智能动车组G9801次列车从福州南站缓缓开出,一路南下,奔向厦门北站。这标志着中国首条时速350公里跨海高铁——福厦高铁正式开通运营。

9月19日,一列运行试验车组驶过福厦高铁湄洲湾跨海大桥(无人机照片)。
新华社记者 魏培全 摄

福厦高铁北起福州,途经莆田、泉州,南至厦门和漳州,全长277公里,总投资530.4亿元。全线共设福州南、福清西、莆田、泉港、泉州东、泉州南、厦门北、漳州等8座车站。开通后，福州至厦门的列车运行时间将从现在的2小时左右缩短至1小时以内，两地间形成"一小时生活圈"。

东南沿海铁路福建有限责任公司副总经理饶惠明介绍，福厦高铁穿山越海，有正线桥梁84座、隧道29座，桥隧比高达85%，共建湄洲湾、泉州湾、安海湾3座跨海大桥，攻克了海上风速大、海洋盐雾腐蚀强等各种困难，实现了中国跨海高铁建设技术的新突破。

福建省发改委有关负责人说，福建以福厦高铁开通为契机，已出台《关于打造福厦"1小时生活圈"的若干措施》，提出6方面共15条措施，着力推动区域协调发展。高铁开通后，东南沿海城市群将串联起一条联动发展的"黄金纽带"，为服务"一带一路"倡议、全方位推进福建高质量发展提供有力支撑。

福厦高铁是中国"八纵八横"高速铁路网中沿海通道的重要组成部分，北端衔接拟建温福高铁，南端衔接拟建漳汕高铁，与甬台温、汕汕、广汕等路段共同构成串联浙、闽、粤三省的沿海高铁大通道，将海峡西岸与长三角、粤港澳大湾区三大沿海经济区紧密联系起来，对经济发展具有重要意义。

064. 白鹤滩水电站累计发电量突破1000亿千瓦时

10月12日，新华社记者从三峡集团获悉，金沙江白鹤滩水电站累计发电量突破1000亿千瓦时，相当于节约标准煤约3007万吨，减排二氧化碳约8240万吨。源源不断的清洁电能输送至江苏、浙江等地，保障长三角地区经济发展和民生用电需求。

白鹤滩水电站位于四川省凉山彝族自治州宁南县和云南省昭通市巧家县境内，是我国实施"西电东送"的国家重大工程，是三峡集团在金沙江下游投资建设的四座梯级水电站中的第二个梯级。电站装机总容量为1600万千瓦，仅次于三峡工程。电站每年可提供600多亿千瓦时清洁电能，日最大发电量可满足1.48亿人一天的生活用电。

白鹤滩水电站共安装16台100万千瓦水轮发电机组，机组水力设计、电磁设计、通风冷却、高性能材料研发应用达到世界领先水平。白鹤滩水电站首批机组于2021年6月28日投产发电，2022年12月20日全部机组投产发电。白鹤滩水电站投产以来，绿电输送长三角地区，为我国实现"双碳"目标、促进经济社会发展全面绿色转型作出重要贡献。

10月12日拍摄的白鹤滩水电站（无人机照片）。

新华社发（闫科任 摄）

随着白鹤滩水电站全面建成投产，该电站与已建成的乌东德、溪洛渡、向家坝、三峡、葛洲坝等世界级大型梯级电站构成世界最大清洁能源走廊。6座电站共安装110台水轮发电机组，总装机容量达7169.5万千瓦，年平均发电量约3000亿千瓦时，可满足超3亿人一年用电需求，每年可节约标准煤超9000万吨，减排二氧化碳超2.4亿吨。

"我们始终把白鹤滩水电站安全运行工作放在首位，精心组织电站运行管理，全方位监视设备运行工况，科学开展设备趋势分析与运行诊断，合理安排机组运行方式，积极探索掌握百万千瓦机组运行规律，为机组应发尽发、多发满发创造良好条件，确保电力安全稳定供应。"长江电力白鹤滩电厂副厂长马龙表示。

065. 西北五省（区）实现税务行政处罚裁量基准统一

据新华社11月1日报道，陕西、甘肃、青海、宁夏、新疆五省（区）税务局日前联合发布《西北五省（区）税务行政处罚裁量基准》，进一步规范税务行政处罚裁量权行使，实现了西北五省（区）税务行政处罚裁量基准统一。

新的裁量基准涵盖税务登记、账簿凭证、纳税申报、税款征收、税务检查、发票及票证管理、纳税担保等7大类52个事项。

国家税务总局甘肃省税务局政策法规处副处长杨小科介绍，此次裁量基准的统一，是国家税务总局驻西安特派员办事处联合西北五省（区）税务局，在广泛征求意见基础上共同制定的，可以有效解决同一涉税违法行为各省处罚不尽一致的问题，营造更加公平公正的法治环境。

新的裁量基准在严格执法的同时，按照宽严相济、惩教结合的柔性执法理念，通过"首违不罚"与"不予处罚"相结合，对危害后果轻微的违法行为倡导以签订承诺书方式教育、引导、督促纳税人自觉守法。同时，综合考量违法行为的方法手段、改正情节、违法次数、过错性质、危害后果等，合理划分阶次，确保裁量基准公平公正合理。采取"定额+幅度"模式，对部分处罚事项设置了定额处罚与幅度处罚相结合的裁量基准，便于基层操作；对经常发生、违法较轻、后果轻微的行为采取"定额"处罚，对执法差异大的行为采取"幅度"处罚。

新的裁量基准于12月1日起施行。

066. 我国海上首个超高温超高压气田——乐东10-1气田生产平台安装就位

11月3日，中国海油发布消息：随着重量超过1900吨的平台上部组块在导管架上稳稳落下，乐东10-1气田生产平台海上安装工作顺利完成。这标志着我国海上首个超高温超高压气田开发取得关键性进展，对提升我国海上复杂油气资源开发能力、保障国家能源安全具有重要意义。

乐东10-1气田开发项目位于海南岛南部莺歌海盆地，作业平均水深约90米，于2015年首次发现。该气田储层温度高达214℃，地层压力达94兆帕，达到超高温超高压气田标准，为国内海上首例。

"这个气田所处区域地层温压条件极端，且存在较多不确定性，开发工作对于我们来说挑战巨大。"中国海油海南分公司工程建设中心总经理常户星表示，中国海油积极探索安全经济开发海上超高温超高压气藏的科学有效路径，乐东10-1气田开发项目充分依托在产油气生产设施开发建设，规划新建一座4腿8裙桩无人井口平台，搭载经过专门设计的高温高压油气开采装备，通过海底电缆和输气管线与乐东22-1气田中心平台相连，获得电力供应和油气处理能力，所产油气最终送往东方终端进行处理销售。

乐东10-1气田生产平台海上安装过程。

新华社发（中国海油供图）

"平台海上安装作业很像搭积木，但要确保大重量的吊物在海洋风、浪、流的共同作用影响下，精准就位、一击即中。"中国海油乐东10-1气田开发项目现场首席工程师喻发令介绍，平台由导管架和上部组块两部分共同构成，总重量约9200吨。其中导管架是"基座"，采用"卧式建造、拖拉装船、吊装下水、充水扶正"的施工方案安装，已经于10月完成固定；平台上部组块由"海洋石油201"铺管起重船吊装至导管架上方，缓慢下放完成对接。

乐东10-1气田新建平台安装受海上恶劣天气和海底潮流影响很大，且导管架重量和高度均接近起重船作业能力极限。中国海油项目团队研究制定五级施工计划，优化施工工艺，采用船舶顶流作业模式克服海流影响，在75小时的极限作业窗口完成导管架坐底就位；同时通过实时精细控制船舶动态，实现上部组块和导管架的精准合龙。

中国海油海南分公司副总经理、总工程师（开发）姜平表示，乐东10-1气田开发项目是中国海油推动海上超高温超高压油气实质性开发的一次重要实践探索，有望突破多项海洋油气开发技术极限，建立海上复杂油气资源勘探开发技术体系，进一步释放莺歌海盆地资源潜力，对全面建成万亿大气区、提高能源自给率意义重大。

第五编　魅力国情

067. 我国最大超深油田富满油田实现规模效益开发

11月6日，中国石油塔里木油田宣布，其位于新疆阿克苏地区沙雅县境内的富满油田富源联合站于5日晚成功投产，标志着我国最大超深油田富满油田地下8000至9000米超深层油气实现规模效益开发。

富满油田位于号称"死亡之海"的塔克拉玛干沙漠腹地，是我国目前油气资源量最大的超深油田，油藏普遍埋藏在7500米至10000米的超深层，油气资源量超10亿吨。

为让310余口井的滚滚油气奔出大漠，塔里木油田于2023年2月启动富源联合站建设，新建年处理原油200万吨、日处理天然气200万立方米的油气处理装置，并配套建成220余公里输油气管线及相关辅助生产装置，为2025年建成年产油气产量500万吨的超深大油田提供有力支撑。

富源联合站是塔里木油田超深层油气规模效益上产工程之一。当前，富满油田油气产量已连续3年以年均70多万吨的增速快速攀升，2022年油气产量突破330万吨大关。

"目前，富满油田井口日产油量已突破9600吨，占塔里木油田原油日产量的近五成。今年油气年产量继续保持高位增长态势，将突破400万吨，创历史新高，进一步提升原油供应和冬季天然气保障能力。"塔里木油田哈得采油气管理区执行董事、党委书记王小鹏表示。

近年来，塔里木油田直面世界级勘探开发难题，科研人员深化地质理论创新，强化工程技术攻关，突破了超深层效益勘探开发的极限，仅在富满油田累计钻成110口超8000米的超深井。2023年5月30日，万米深井深地塔科1井也在富满油田鸣笛开钻，推动我国石油工业不断向地球深部进军。

068. 我国森林食物年产量超2亿吨

11月9日，国家林草局林业和草原改革发展司有关负责人表示，我国有34亿多亩森林、8000多种木本植物，蕴藏着丰富的食物资源。党的十八大以来，通过重点林业生态工程和经济林生产基地建设，森林食物生产能力不断提高。

目前经济林面积约为7亿亩，经济林产量为2亿吨左右、产值约为2.2万亿元，是森林食物生产的主力军；林下经济利用林地面积达到6亿亩，产值突破1万亿元。"森林食物产业已经成为林草主导产业。"高均凯表示，考虑到当前一些木本粮油单产不高、干鲜果品供需存在结构性矛盾等因素，森林食物产业未来还有较大的发展空间。

他说，将通过优化发展布局、保障发展用地、加大资金支持等举措，进一步推动经济林产业转型升级、提质增效。具体包括：统筹资源、政策等要素，加强规划指导；强化技术指导和科技成果转化，科学推进树种结构调整、品种改良和基地建设，做优做强特色果品、木本粮油、林源饲料等产业；整合低产低效茶园、低产人工商品林地等非耕地国土资源，加大中央预算内投资、财政奖补政策支持力度，用好国家储备林等开发性、政策性金融信贷政策，支持扩大油茶等高产高效经济林种植和改造提升等。

森林食物是指森林或林地生产的食物，包括可食用的果实、花、叶、枝、皮、根、脂液以及寄生物、附生物等非木质林产品，分为经济林、林下经济产品、可以作为牲畜饲料的间接性食品三大类。

069. 首批公共领域车辆全面电动化先行区试点在15个城市启动

11月14日，工业和信息化部发布消息，工业和信息化部、交通运输部等8部门印发《关于启动第一批公共领域车辆全面电动化先行区试点的通知》，确定北京等15个城市为此次试点城市。

通知提出，鼓励探索形成一批可复制可推广的经验和模式，为新能源汽车全面市场化拓展和绿色低碳交通运输体系建设发挥示范带动作用。通知明确车辆电动化水平大幅提高、充换电服务体系保障有力、新技术新模式创新应用3个主要目标，以及提升车辆电动化水平、促进新技术创新应用、完善充换电基础设施、健全政策和管理制度4方面重点任务。

根据通知预期目标，新能源汽车推广将聚焦公务用车、城市公交车、环卫车、出租车、邮政快递车、城市物流配送车、机场用车、特定场景重型货车等领域，推广数量预计超过 60 万辆；充换电基础设施方面，将建成超过 70 万台充电桩和 0.78 万座换电站；新技术新模式发展将取得积极成效，智能有序充电、大功率充电、换电等加快应用，V2G、光储充放等车网融合技术示范效果良好，智能网联汽车技术有提升且示范规模逐步扩大，新能源汽车碳交易、绿色电力交易实现新突破，关键零部件国产化率逐步提升并实现上车应用。

070. 渤海首个千亿方大气田 I 期开发项目投产

11 月 14 日，中国海油宣布，我国渤海首个千亿方大气田——渤中 19-6 气田 I 期开发项目成功投产，标志着我国海上深层复杂潜山油气藏开发迈入新阶段。

渤中 19-6 气田位于渤海中部海域，区域平均水深约 20 米，目前已探明天然气地质储量超 2000 亿立方米、探明凝析油地质储量超 2 亿立方米，是我国东部第一个大型、整装的千亿方大气田。该项目主要生产设施包括新建 1 座中心处理平台、3 座无人井口平台和 1 座天然气处理终端，计划投产开发井 65 口，高峰日产油气超 5000 吨油当量。

11 月 14 日拍摄的渤中 19-6 气田（无人机照片）。

新华社发（杜鹏辉 摄）

"作为国家天然气产供储销体系建设重点项目,渤中19-6气田的正式投产,对后续深层油田的安全高效开发具有良好的实践意义,将为渤海油田2025年实现上产4000万吨目标提供重要保障,进一步推动当地经济高质量发展。"中国海油天津分公司总经理阎洪涛说。

中国海油总裁周心怀表示,该项目是渤海湾依托渤中—垦利油田群岸电项目投产的首个千亿方凝析气田,将为京津冀及环渤海地区提供更稳定可靠的清洁能源供应,并有力促进中国海油的绿色低碳高质量发展。

071. 我国海域管理从"二维"向"三维"转变

11月20日,自然资源部海域海岛管理司司长在新闻发布会上说,最新出台的《自然资源部关于探索推进海域立体分层设权工作的通知》鼓励对跨海桥梁、养殖、温(冷)排水、海底电缆管道、海底隧道等用海进行立体分层设权,对促进海域资源节约集约利用、推动海洋经济高质量发展、加强海洋生态文明建设有重要意义。

我国现行海域管理制度体系主要基于海域"平面"管理,同一海域空间范围内仅设置一个海域使用权,空间资源浪费较为严重。立体分层设权有利于海洋开发利用向深度和广度拓展,满足海洋产业用海需求,更好体现海域空间资源稀缺性。

另据初步核算,前三季度全国批准用海用岛项目1219个、170万亩,涉及投资6000多亿元,有效保障了用海用岛需求。前三季度海洋生产总值7.2万亿元,同比增长5.8%,高于全国GDP增速0.6个百分点,高于沿海地区生产总值增速0.4个百分点。

数据表明,全国海洋旅游业加速进入全面恢复新阶段,前三季度海洋客运量超过2019年同期水平;海洋渔业稳定增长,"蓝色粮仓"建设稳步推进,国内海洋水产品产量和海水养殖产量同比增速均超5%。

072. 三峡枢纽航运通过量突破历年最高水平

11月24日,新华社记者从交通运输部获悉,截至23日18时,三峡枢纽航运通过量达1.6亿吨,已突破历年最高水平。其中三峡船闸运行10148闸次,通过量1.56亿吨;三峡升船机运行4187厢次,通过量437.89万吨。

来自交通运输部长江三峡通航管理局的数据显示，2023年以来，三峡枢纽共保障54.61万吨重点急运物资安全便捷过坝，护航214.71万人次旅客畅游三峡，为进一步推动长江经济带高质量发展提供有力支撑。

截至11月23日18时，三峡枢纽航运通过量达1.6亿吨，突破历年最高水平。

新华社发（交通运输部供图）

交通运输部长江三峡通航管理局有关负责人介绍，2023年以来，长江航运客货两旺，船舶过坝数量持续高位运行。三峡船闸、三峡升船机同为三峡枢纽通航建筑物，作为长江"黄金水道"的咽喉，在促进航运发展、降低航运成本等方面发挥了重要作用。

这位负责人表示，长江三峡通航管理局统筹抓好海事监管、航道维护、调度指挥、锚地管理、通信信息保障和船闸及升船机运行维护等工作。优化过坝船舶联动控制和科学分类调度，强化两坝船闸、三峡升船机匹配运行，抓实过闸船舶100%安检、汛期"老小低"船舶差异化管理。持续实施枯水期葛洲坝三江动态吃水管控，推广应用新版北斗终端远程申报App，加强对"四客一危"重点船舶和"四滩一弯一关"重点水域的安全监管。

这位负责人说，下一步，长江三峡通航管理局将会同流域枢纽运行管理部门、地方政府相关部门及沿江海事管理机构、航道管理部门，持续为船方提供安全、稳定、畅通的通航服务。

073. 首批123个全国县域商业"领跑县"典型案例公布

11月25日，首届数字经济时代县域商业创新发展大会在浙江省杭州市举办。会上公布了第一批123个全国县域商业"领跑县"典型案例。

本次会议是第二届全球数字贸易博览会配套活动之一，以"数字赋能县域商业 繁荣农村消费市场"为主题。浙江省松阳县"客货邮"融合有效破解快递进出村"最后一公里"、重庆市垫江县打造三大体系推动"垫江产"农特产品加"数"上行、湖南省长沙县强化政策支持引导助力商贸领域蓬勃发展、河南省范县推动商旅融合激发消费活力等123个案例入选典型案例。

2023年8月，商务部等九部门联合发布《县域商业三年行动计划（2023—2025年）》。计划重点提出了"三个一批"，即建设改造一批县级物流配送中心、乡镇商贸中心（大中型超市、集贸市场）和农村新型便民商店，打造一批县域商业"领跑县"，总结推广一批典型案例，加强经验复制推广，推动县域商业高质量发展。

近年来，商务部会同有关部门积极推进县域商业体系建设，着力改善农村消费环境，发展新业态新模式，引导县域商贸流通企业数字化转型，取得了初步成效。2022年，各地改造县城综合商贸服务中心983个、乡镇商贸中心3941个，建设县级物流配送中心506个、乡镇快递物流站点650个。

074. 全球首座第四代核电站商运投产

12月6日，新华社记者从国家能源局和中国华能获悉，华能石岛湾高温气冷堆核电站完成168小时连续运行考验，正式投入商业运行。这是我国具有完全自主知识产权的国家重大科技专项标志性成果，也是全球首座第四代核电站，标志着我国在第四代核电技术领域达到世界领先水平。

华能山东石岛湾核电公司总经理张延旭说，核电站由中国华能牵头，联合清华大学、中核集团共同建设，于2012年12月开工，2021年12月首次并网发电，此次是在稳定电功率水平上正式投产转入商业运行。

华能山东石岛湾核电站集聚了设计研发、工程建设、设备制造、生产运营等产业链上下游500余家单位，先后攻克多项世界级关键技术，设备国产化率超90%。核电站的商运投产，对促进我国核电安全发展、提升我国核电科技创新能力等具有重要意义和积极影响。

华能石岛湾高温气冷堆示范工程外景（资料照片）。

新华社发（孙文湛 摄）

依托这一工程，我国系统掌握了高温气冷堆设计、制造、建设、调试、运维技术，中国华能和清华大学共同研发了高温气冷堆特有的调试运行六大关键核心技术，培养了一批具备高温气冷堆建设和运维管理经验的专业人才队伍，形成一套可复制、可推广的标准化管理体系，并建立起以专利、技术标准、软件著作权为核心的自主知识产权体系。

高温气冷堆核电站重大专项总设计师、清华大学核能与新能源技术研究院院长张作义说，高温气冷堆是国际公认的第四代核电技术先进堆型，是核电发展的重要方向，具有"固有安全性"，即在丧失所有冷却能力的情况下，不采取任何干预措施，反应堆都能保持安全状态，不会出现堆芯熔毁和放射性物质外泄。

075. 钻地壳、进地幔：我国首艘大洋钻探船"梦想"号亮相

12月18日，我国首艘大洋钻探船"梦想"号首次亮相，同时公开了自

身承载的一大科学梦想：钻透地壳、进入地幔。

我国自主设计建造的首艘大洋钻探船——"梦想"号18日正式命名并在广州南沙首次试航。"'梦想'号大洋钻探船是党中央部署的一项重大科技创新工程，总体装备和综合作业能力处于国际领先水平。"自然资源部党组成员、中国地质调查局局长李金发表示，"梦想"号承载着中华儿女建设海洋强国的梦想、承载着全球科学家"打穿莫霍面、进入上地幔"的梦想、承载着人类开发地球深部资源的梦想。

由自然资源部中国地质调查局与150余家单位密切协同创新、中国船舶集团承建的"梦想"号总吨约33000吨，总长179.8米、型宽32.8米，续航力15000海里，自持力120天，稳性和结构强度按16级台风海况安全要求设计，具备全球海域无限航区作业能力和海域11000米的钻探能力。

大洋钻探被誉为海洋科技"皇冠"，打穿地壳与地幔分界面的"莫霍面"体现了"皇冠"的含金量。地幔占地球体积的4/5、质量的3/4，是地球最大的"化学储库"，充满未解之谜。钻透地壳、打穿莫霍面、进入上地幔，是人类的科学梦想。

莫霍面在大陆之下30～40公里，在大洋之下6～7公里，因此大洋钻探有望为地球科学研究打开"宝藏之门"。而"梦想"号具备海域11000米的钻探能力，相当于马里亚纳海沟的深度。

正因为这种国际领先的大洋钻探能力，"梦想"号建成后将为大洋能源资源勘查开采提供重要装备保障，成为保障国家能源安全的"国之重器"、支撑海洋强国建设的"核心利器"。

076. 我国新一代深远海一体化大型风电安装船交付试航

12月27日，我国自主设计建造的新一代深远海一体化大型风电安装船"博强3060"在山东烟台试航，该船全长133米，最大作业水深70米以上，总可变载荷达11000吨，在作业水深、甲板可变载荷、起重吊装能力等方面均创下"国内之最"，这是记者从总部位于深圳的中国国际海运集装箱（集团）股份有限公司获悉的。

"博强3060"由中集集团旗下的中集来福士海洋工程有限公司设计建造，12月24日在山东烟台命名交付。该船甲板作业面积约4800平方米，可满足4套12MW或3套16MW海上风电机组的运输和安装，是目前国内能够承运整根塔筒的新一代风电安装船。

此外，该船配装 1 台 2200 吨绕桩式海工吊机，可满足未来 20MW 级风机的安装需求；桩腿长度为 120 米（可加长至 136 米），配置 8 英寸齿条板，抗疲劳、耐磨性能更优，抗冲击性更好。

与国内同类型船型相比，"博强 3060"具有工作窗口期更长、安装效率更高、碳排放更低、运营更经济等特点，其设计标准满足中国海域、东南亚海域以及欧洲海域的作业需求，入级中国船级社。

077. 2023 年中国十大经济新闻

一、党和国家机构改革持续深化 涉及多项经济和金融领域

3 月，中共中央、国务院印发《党和国家机构改革方案》。5 月 18 日，国家金融监督管理总局在北京正式挂牌；9 月，中央编办正式批复在国家发展改革委内部设立民营经济发展局；10 月 25 日，国家数据局在北京正式挂牌；11 月 10 日，民政部、国家金融监督管理总局、中国证券监督管理委员会"三定"规定对外发布。新一轮国务院机构改革涉及的 13 项内容中，金融领域的改革占 6 项，金融监管体制改革成为本轮改革的重中之重。

二、中央金融工作会议举行 研究部署当前和今后一个时期金融工作

10 月，中央金融工作会议召开。会议总结了党的十八大以来的金融工作，分析金融高质量发展面临的形势，部署当前和今后一个时期的金融工作。

三、全面落实耕地保护党政同责 对突破耕地保护红线行为一票否决、终身追责

2023 年是全面落实耕地保护党政同责的第一年，我国耕地保护和建设推进速度不断加快。2023 年，有关部门部署耕地保护和粮食安全责任制首次考核，并与省级党委、政府签订责任书，对突破耕地保护红线的行为实行一票否决、终身追责。

四、关于促进民营经济发展壮大的意见出台 多举措支持民营经济

7 月，《中共中央 国务院关于促进民营经济发展壮大的意见》发布，从持续优化民营经济发展环境、加大对民营经济政策支持力度、强化民营经济发展法治保障、着力推动民营经济实现高质量发展、促进民营经济人士健康成长、持续营造关心促进民营经济发展壮大社会氛围、加强组织实施等方面部署重点任务，促进民营经济做大做优做强。

五、开启推进新型工业化进程 切实加快形成新质生产力

推进新型工业化是加快形成新质生产力的重要路径。为持续推进新型工业化建设，加快激发新质生产力，工信部提出，要大力推动产业结构优化升级，加快改造升级传统产业，推进工业"智改数转"，巩固提升优势产业；大力推动数字技术与实体经济深度融合，深入实施智能制造工程和中小企业数字化赋能专项行动；推动人工智能创新应用，加快工业互联网规模化应用，提升网络安全保障能力。

六、粮食产量再创历史新高 连续9年稳定在1.3万亿斤以上

最新数据显示，2023年全国粮食总产量13908.2亿斤，比上年增加177.6亿斤，增长1.3%，再次高位增产，创历史新高，连续9年稳定在1.3万亿斤以上。粮食再获丰收，为全面推进乡村振兴、加快建设农业强国奠定了坚实基础，为加快构建新发展格局、推动高质量发展提供了有力支撑，也为稳定全球粮食市场、维护世界粮食安全作出了积极贡献。

七、增发1万亿元国债 专项用于支持灾后恢复重建和提升防灾减灾能力

2023年，我国多地遭遇了暴雨、洪涝、台风等灾害，部分地区受灾严重、损失较大，地方灾后恢复重建任务比较重。同时，近年来我国各类极端自然灾害多发频发，对我国防灾减灾救灾能力提出了更高要求。8月17日，中共中央政治局常委会会议研究部署防汛抗洪救灾和灾后恢复重建工作，要求加快恢复重建，进一步提升我国防灾减灾救灾能力。为此，国务院提出议案，经十四届全国人大常委会第六次会议审议通过，决定增发1万亿元国债，作为特别国债管理。此次增发的1万亿元国债，全部通过转移支付方式安排给地方，专项用于支持灾后恢复重建和提升防灾减灾救灾能力。增发的国债资金通过2023年预算安排5000亿元，结转2024年5000亿元。

八、房地产供求发生变化 多措并举促进市场平稳发展

7月24日召开的中央政治局会议提出，"适应我国房地产市场供求关系发生重大变化的新形势"，这是立足我国经济社会发展阶段和房地产自身发展规律作出的重大判断。同时提出，适时调整优化房地产政策，因城施策用好政策工具箱，更好满足居民刚性和改善性住房需求，促进房地产市场平稳健康发展。

九、A股进入全面注册制时代 资本市场服务实体经济功能大幅提升

4月10日，首批10家主板注册制企业上市，A股进入全面注册制时代，这是中国资本市场改革发展又一个重要里程碑。

十、国产大飞机 C919 成功商飞 大飞机事业迈入规模化系列化发展进程

5月28日,国产大飞机 C919 圆满完成首个商业航班飞行,首发用户为中国东方航空。这标志着国产大飞机正式进入民航市场,开启市场化运营、产业化发展新征程。

文化篇

078. 三星堆"神人""神兽"成功"跨坑"合体

1月2日，记者从四川省文物考古研究院获悉，考古学家利用数字三维模型实现了三星堆3号"祭祀坑"铜顶尊跪坐人像与8号"祭祀坑"神兽的成功拼对。

四川省文物考古研究院三星堆考古研究所所长冉宏林介绍，这两件铜器都是从三星堆新发现的6个"祭祀坑"出土的，非常具有代表性。此次拼合作业中，工作人员充分利用了数字三维模型技术，创新了保护、研究文物的技术手段。

"对文物进行扫描，然后利用三维模型在电脑上进行虚拟拼对，这个新方法不仅能避免现场挪动文物可能造成的损伤，还能保证数据精准，让拼对研究更加便捷了。"冉宏林说。

冉宏林说，8号"祭祀坑"神兽刚出土的时候，考古学家和文物保护专家通过仔细观察发现，神兽尾巴部分有两个凸起，其细节、尺寸与3号"祭祀坑"出土的铜顶尊跪坐人像相合。再结合1986年2号"祭祀坑"出土神坛上的神兽顶人、人顶尊的造型，判断这两件文物可以拼对在一起。

此次三星堆出土文物的"跨坑"成功拼对，说明3号"祭祀坑"和8号"祭祀坑"形成年代大体一致。神兽是大地的代表，人是祭祀者，人顶尊代表着祭祀者对神和祖先祭祀的诚意。神兽顶人、人顶尊形象在三星堆的反复出现，再现了三星堆古蜀祭祀场景，反映了古蜀人在祭祀活动中对世间万物、天地宇宙的认识，同时也体现出中原文化和古蜀文化因素的融合。

目前这件文物尚未完全复原，不少细节仍有待研究。有专家判断，其主体上应该还有别的组成部分。未来考古学家将利用先进科技手段对更多三星堆出土文物进行拼对复原。相关复原文物有望为公众带来更多惊喜，同时也有助于更精准地还原三星堆古国的真实面貌。

079. 国家体育总局发布首批高危险性体育赛事活动目录

1月3日，国家体育总局在官网发布了《关于公布高危险性体育赛事活动目录（第一批）的公告》，这份目录包括潜水赛事活动、航空运动相关赛事活动、登山相关赛事活动、攀岩相关赛事活动、滑雪登山赛事活动、汽车摩托车相关赛事活动。

体育总局政策法规司负责人在相关解读文章中表示，为贯彻实施新修订的《中华人民共和国体育法》（以下简称《体育法》），推动高危险性体育赛事活动许可制度落地生效，进一步提升高危险性体育赛事活动的管理水平，保障体育赛事活动参与者的人身安全，促进体育健康发展，体育总局等七部门近日印发了《高危险性体育赛事活动目录（第一批）》（以下简称《目录》），体育总局印发了《关于做好高危险性体育赛事活动管理工作的通知》（以下简称《通知》）。

政法司负责人在阐述制定这份文件的必要性时称："体育赛事活动是体育事业发展的重要载体。近年来，我国体育赛事活动蓬勃发展，以马拉松为代表的一大批体育项目积极开拓市场，吸引和带动广大人民群众特别是青少年广泛参与，产生了良好的经济效益和社会效益。但与此同时，随着体育事业的快速发展，个别领域赛事活动野蛮生长，标准不健全、监管不到位，存在安全隐患。2021年5月22日，2021年（第四届）黄河石林山地马拉松百公里越野赛造成21人遇难的重大事故，教训极其深刻。做好高危险性体育赛事活动管理，是保护人民群众生命健康安全的内在需要，是促进体育事业健康发展的重要手段，是提高体育治理体系和治理能力现代化水平的必然要求。"

《目录》明确了列入第一批高危险性体育赛事活动的类型和标准，由体育总局联合工业和信息化部、公安部、人力资源社会保障部、卫生健康委、应急部、市场监管总局公开发布。

《通知》明确了高危险性体育赛事活动管理范围和对象。符合列入《目录》中的高危险性体育赛事活动名称和条件的，必须按照《体育法》规定向县级以上地方人民政府体育行政部门提出申请。由体育行政部门及其事业单位、单项体育协会主办、承办的高危险性体育赛事活动，不属于《目录》范围，主办、承办单位应当按照相关条件和要求从严进行审查，并承担相应责任。高危险性体育赛事活动的许可对象是指《目录》所列赛事活动的组织者，由组织者提出许可申请。赛事活动组织者有主办方、承办方、协办方的，原则上由赛事活动的主办方提出许可申请，受主办方书面委托，承办方也可以提出许可申请。

080. 北京划定中轴线保护区域范围边界

据新华社1月30日报道，《北京中轴线保护管理规划（2022年—2035年）》近日正式公布实施，首次明确了北京中轴线遗产区、缓冲区具体范围边界，为北京中轴线的保护管理提供方向策略和基础依据。

北京中轴线申遗保护工作办公室相关负责人介绍，针对北京中轴线遗产内涵多元、载体多样、空间多点的特点，规划统筹考虑遗产及其周边环境，将保护区域合理划定为遗产区、缓冲区。遗产区总面积约5.9平方公里，包含承载遗产价值的15处构成要素。缓冲区包含遗产区周围与北京中轴线形成和发展联系紧密的区域，总面积约45.4平方公里。规划是北京中轴线申报世界文化遗产的必备材料之一，规划的公布实施标志着北京中轴线申遗保护工作迈上新台阶。

北京中轴线始建于13世纪，作为一直以来北京城市空间格局与城市功能的统领，代表了中华文明在城市规划建设上的伟大创造与杰出才能，是中国人民智慧的结晶和宝贵的文化遗产，集中展现了大国首都形象和中华文化魅力。全长7.8公里的北京中轴线北端为钟鼓楼，向南经过万宁桥、景山、故宫、端门、天安门、外金水桥、天安门广场及建筑群、正阳门、中轴线南段道路遗存，至南端永定门；太庙和社稷坛、天坛和先农坛东西对称布局于两侧。

为了更好地协调促进遗产保护与城市建设的衔接，规划提出建立健全职责清晰、运行顺畅的遗产保护管理体系，形成国家、市、区三级的管理架构。同时，还对产权主体、本地居民、外来游客、专家学者及社会大众，分别制定鼓励与支持策略，提升全社会共同参与遗产保护效能，实现对遗产长期、有效保护与管理。

北京中轴线是北京老城的灵魂和脊梁，规划充分考虑北京中轴线与老城相互依存、互为支撑的格局关系，强调以"城"的整体保护达成中轴线遗产环境的保护，推动区域功能优化、民生改善、环境提升等多重目标实现，让正阳门文物建筑与雨燕和谐共存，使北京中轴线上20条景观视廊通达有序，留住居民的乡愁记忆和老城情怀。

081. 新疆史前高台遗存出土木质车辆与骨质冰鞋

2月24日至26日，2022年新疆考古工作汇报会召开，记者在大会上获悉，新疆尼勒克吉仁台沟口遗址高台遗存出土木质车轮及构件两组共40余件，该发现是国内迄今为止年代最早、数量最多、保存最完整的木质车轮实物资料。同时，遗址中出土的骨质冰鞋也为国内首次发现。

吉仁台沟口遗址由居址区和高台遗存组成，地处伊犁河谷，位于尼勒克县科蒙乡恰勒格尔村。高台遗存在吉仁台沟口遗址南部，北距居址区约1000米，依山面水，高台本体为120米见方的石构建筑，四周以石板砌筑围墙。

2019年至2022年，考古工作者通过清理、解剖高台遗存的局部及中心墓室，确定其为目前新疆乃至欧亚草原发现的青铜时代面积最大、规格最高、保存最完整的石构墓葬建筑遗存。经测定，高台遗存年代在公元前16世纪至公元前15世纪。

尼勒克吉仁台沟口遗址考古项目领队阮秋荣介绍，木质车辆构件发现于高台遗存东北部，40余件组的木质车辆构件中，实心木车轮11件，车辕、车轴、车厢等木构件30余件。"我们初步判断是营建高台坟冢过程中使用的，被废弃后进行了拆卸并有意识地集中掩埋，测年数据显示其年代距今3500年。"

高台遗存出土的木质车辆是中国车辆史上的重要发现，为研究早期车辆使用和东西方技术交流提供了重要实物。同时，遗址中出土的骨质冰鞋也是国内首次发现，经测定，冰鞋由黄牛骨和马骨制成，形制与欧洲早期骨质冰鞋几乎一致，为青铜时代欧亚大陆东西方交流提供了新证据，也是研究中国滑冰起源难得的实物资料。

此外，考古工作者还对高台遗存的中心墓室等重要遗迹进行了发掘清理，出土各类文物500余件（组），主要为陶片、石器、兽骨、少量铜器等。

阮秋荣认为，通过4年的发掘可以明确高台遗存是一处高等级的大型墓葬，可能是王陵级别的早期畜牧人群的墓葬，对于研究欧亚草原青铜时代晚期墓葬形制、丧葬思想、社会结构等方面有重要作用。

082. 河南三门峡发现570座古墓葬 出土战国铜编钟

3月8日，记者从河南省三门峡市文物考古研究所获悉，三门峡陕州城墓地遗址发掘570座古墓葬，共出土3组青铜编钟，是三门峡正式建市以来首次发现战国铜编钟。该墓葬区的发现，为研究东周时期墓地布局、社会政治变迁提供了丰富考古资料，也为研究春秋战国过渡阶段的考古学文化提供了丰富实物材料。

陕州城墓地遗址位于河南省三门峡市西部，2021年9月至2022年9月，为配合三门峡甘棠学校项目建设，三门峡市考古研究所对其进行考古发掘。

本次考古共发掘墓葬570座，时代包括春秋战国、两汉、唐、明清等，出土随葬品3000余件，其中春秋战国墓228座。"春秋战国墓葬分布密集，墓葬排列较为有序，少见打破关系。墓葬形制以长方形竖穴土坑墓为主，较多夫妻并穴合葬墓及少量工匠墓、西北戎人墓等。绝大部分墓葬有随葬品，多在棺内或棺椁之间。"三门峡市文物考古研究所馆员燕飞说。

燕飞介绍，经初步研究，春秋战国时期墓葬出土器物组合多为东周三晋文化风格，该墓地或为战国早期魏国公共墓地。其中，墓葬M379是四鼎贵族墓葬，为此次发现规模最大的墓葬，共出土随葬品96件套，包括1套9件战国铜编钟和1套10件石编磬。"此次出土铜编钟是三门峡正式建市以来首次发现战国铜编钟，为研究春秋战国过渡阶段的考古学文化提供丰富实物材料。"燕飞说。

"整个陕州城墓地布局规整，保存较好，为研究豫西地区东周时期墓地布局、社会政治变迁提供珍贵考古资料。"燕飞说。

此外，陕州城墓地还发现戎人墓葬，其随葬器物已有中原化趋势。"此次陕州城墓地考古发现呈现出明显中原化现象的戎人墓，对探索中华文明形成过程中的民族融合与发展具有十分重要的价值。"燕飞说。

083. 何杰打破尘封逾15年的男子马拉松全国纪录

3月19日，中国选手何杰和杨绍辉在2023年无锡马拉松上双双刷新尘封近15年5个月的男子马拉松全国纪录，何杰创造的新纪录是2小时7分30秒。何杰、杨绍辉还与女子冠军白丽一同达标巴黎奥运会和布达佩斯世锦赛。

本次无锡马拉松与全国马拉松锦标赛（无锡站）、布达佩斯田径世锦赛马拉松选拔赛、杭州亚运会马拉松选拔赛、大运河马拉松系列赛（无锡站）"五赛合一"，吸引了国内众多高手参赛。当天无锡气温适宜，何杰与杨绍辉起跑后就紧随国外高手，一直处于第一集团。

最终肯尼亚选手埃诺克以2小时7分19秒获得男子组冠军，创造新的赛会纪录。令人惊喜的是，获得亚军的何杰以 2 小时 7 分 30 秒的成绩打破了任龙云于 2007 年 10 月 21 日在北京马拉松上跑出的 2 小时 8 分 16 秒的全国纪录。季军杨绍辉 2 小时 7 分 49 秒的成绩同样超过原纪录。凭借本次比赛的出色表现，两人双双达标巴黎奥运会（2 小时 08 分 10 秒）和布达佩斯世锦赛（2 小时 09 分 40 秒）。

3 月 19 日，何杰在比赛中冲过终点线。

新华社记者 杨磊 摄

何杰赛后表示，能取得这个成绩是"练到了"："我们整个冬训准备得都特别充分，要感谢国家队和整个团队的努力。"

女子组同样有惊喜，中国选手白丽以 2 小时 26 分 33 秒的成绩获得冠军，同样达标巴黎奥运会（2 小时 26 分 50 秒）和布达佩斯世锦赛（2 小时 28 分 00 秒）。

084. 中国将深入开展青少年学生读书行动

据新华社 3 月 28 日报道，教育部等八部门日前印发《全国青少年学生读书行动实施方案》，将通过 3 到 5 年的努力，促进中华优秀传统文化、革命文化和社会主义先进文化教育得到切实加强，科普教育深入实施；覆盖各学段的阅读服务体系基本完善，"书香校园"建设水平显著提高，青少年学生阅读激励机制建立健全，校内外阅读氛围更加浓厚；广大青少年学生阅读量明显增长，阅读兴趣、阅读能力持续提升，为养成终身阅读习惯打好根基。

方案倡导广泛全面阅读，提出中小学阶段要重视引导学生加强历史文化、科普知识、法律常识、卫生健康等方面的阅读；大学阶段要引导人文社科类专业学生加强科技史、科学发展趋势等方面的阅读，理工农医类专业学生加强文学、历史、哲学、艺术等方面的阅读。

方案鼓励学校开设阅读课，要求义务教育学校将读书行动纳入"双减"工作，严格控制书面作业总量，为学生阅读创造空间，并在学校课后服务中开设阅读活动项目。

方案提出，面向职业院校学生，实施"未来工匠"读书行动；面向普通高校学生，实施"书香激扬青春"读书行动；面向农村中小学生，实施"我的书屋·我的梦"读书行动，协调社会力量向160个乡村振兴重点帮扶县中小学校捐赠图书，用好农家书屋阅读空间和藏书资源，促进农村中小学生阅读。

同时，方案明确读书行动对学生不设硬性指标，不以考试、"打卡接龙"等方式检验读书数量和效果，不增加学生、教师及家长负担。

085. 2022年度全国十大考古新发现揭晓

3月28日，2022年度全国十大考古新发现在北京揭晓，湖北十堰学堂梁子遗址、山东临淄赵家徐姚遗址、山西兴县碧村遗址、河南偃师二里头都邑多网格式布局、河南安阳殷墟商王陵及周边遗存、陕西旬邑西头遗址、贵州贵安新区大松山墓群、吉林珲春古城村寺庙址、河南开封州桥及附近汴河遗址、浙江温州朔门古港遗址入选。

入选2022年度全国十大考古新发现的项目，是2022年田野考古工作的杰出代表，以更加生动的笔触描绘了中国百万年的人类史、一万年的文化史、

河南开封州桥及附近汴河遗址出土的明晚期景德镇窑青花花卉纹罐（资料照片）。

新华社发（国家文物局供图）

五千多年的文明史。

本届推介活动共收到32个参评考古项目，经过初评、终评等环节选出2022年度全国十大考古新发现。终评会评委通过抽签方式从评审委员会专家库中随机抽取产生，21位评委分别来自中国社会科学院考古研究所、国家文物局考古研究中心、北京大学等单位。

086. 北京首座国际标准专业足球场"新工体"竣工

3月31日，从北京市重大项目办获悉，北京工人体育场改造复建工程（以下简称"新工体"）已经通过竣工验收。目前这一全国首批、北京首座国际标准专业足球场正积极筹备举办相关足球联赛新赛季开幕式和揭幕战。

3月31日拍摄的北京工人体育场外景。

新华社记者 张晨霖 摄

建成于1959年的北京工人体育场是庆祝新中国成立十周年献礼工程，是见证新中国体育事业和首都城市发展的重要地标。2021年，北京市以城市更新理念启动工体改造复建，核心目标是按照"传统外观、现代场馆"原则，将工体从综合性体育场改造为符合国际足联最新标准的专业足球场。

历时两年多的精心筹备和紧张建设，"新工体"北广场空间疏朗开阔，男、女工人迎宾雕塑庄严矗立，体育场以外形比例、造型、特色元素"三个不变"浓缩城市记忆。场内现代化球场的气息扑面而来，"碗形"看台结构视野极佳，6.8万张"国槐绿"座椅、世界一流草坪系统、先进声光电设置营造浓厚赛场氛围。

"新工体"通过竣工验收，标志着体育场从建设期正式过渡到运营期。根据充分调研和前瞻规划，"新工体"不会孤立运营，而是要打造为文旅商业综合体。体育场外设有10万平方米城市体育公园和3万平方米湖区，成为城市共享空间；体育场地下商业配套空间连通两条地铁线路，"场城融合"规划设计理念代表当前国内大型体育建筑主流运营方向。

087. 九尾狐甲鱼，被发现了

据新华社4月11日报道，中国科学院古脊椎动物与古人类研究所的盖志琨、林翔鸿、山显任与英国布里斯托大学合作，在距今约4.1亿年前（早泥盆世布拉格期）广西古鱼类特异埋藏生物群中，发现了一个盔甲鱼类新属种"九尾狐甲鱼"。这是目前发现的世界首个完整保存尾鳍的盔甲鱼类化石。

中科院古脊椎所研究员盖志琨介绍，这一新属种的尾鳍具有9个手指状分叉，将其命名为"九尾狐甲鱼"。

此次发现的九尾狐甲鱼长约10厘米，身体和头甲长度均约5厘米，全身覆盖细小的菱形鳞片，并呈现有规律的、倾斜排列的鳞列。除了拥有盔甲鱼类典型的下歪尾，其尾鳍还具有9个手指状分叉，是原始的叉形尾，上面覆盖有整齐排列的鳞质鳍条，表明鳍条之下有强壮的辐状肌附着。

鱼类尾鳍的面积和形状被认为是检验鱼类游泳能力的关键指标。最为难得的是，这一化石的正模标本和副模标本分别完整保存了尾鳍收缩和舒张时的两种不同状态，最大程度揭示出盔甲鱼类尾鳍的形态细节。"这指示了盔甲鱼可能是灵活的游泳者，能够很好地利用肌肉收缩来控制尾鳍与水流的接触面积，从而产生不同的推动力。"盖志琨说。

我国最早发现盔甲鱼类化石可以追溯到1913年。然而，由于盔甲鱼类的身体主要由软骨和零散鳞片组成，很难完整保存为化石，因此，其头后身体解剖难题在过去100多年里都没有解决。2022年，"重庆特异埋藏化石库"中发现的灵动土家鱼首次揭示了盔甲鱼类身体的全貌，但仍缺失尾鳍细节。此次发现的九尾狐甲鱼，补上了最后一块拼图，揭开了盔甲鱼类尾巴的神秘面纱。

在此基础上，研究团队对九尾狐甲鱼尾鳍的几何形态进行了游泳速度分析，结果也表明盔甲鱼类是一类游泳能力较强的快速游泳者，它的巡航游泳速度甚至要比一些更进步的有颌鱼类还要快，从而否定了传统的"积极的捕食策略倾向导致有颌类起源"假说。

上述研究成果近日在线发表于学术期刊《国家科学评论》。

088. 西藏石窟寺调查发现罕见吐蕃时期摩崖石刻

4月12日，在开展全国石窟寺（石刻）专项调查期间，考古人员在西藏东部昌都市芒康县境内发现3处典型吐蕃佛教造像风格摩崖石刻。

"这些弥足珍贵的摩崖石刻为进一步研究吐蕃佛教造像的空间分布、艺术传承及思想传播等提供了重要资料。其中，我们明确发现了在大乘法华、华严思想影响下出现的骑狮文殊与乘象普贤两尊造像，这对于进一步推动唐代汉藏文化交流和唐蕃古道研究具有重要学术价值。"赤列次仁说。

西藏石窟寺及摩崖造像专项调查于2020年12月启动。数据显示，截至目前，西藏已累计调查石窟寺及摩崖造像277处，其中全国重点文物保护单位7处、西藏自治区级文物保护单位23处、市县级文物保护单位48处、一般文物点199处。

089. 2022年度普通高等学校本科新增备案专业1641个

据新华社4月19日报道，日前，教育部公布了2022年度普通高等学校本科专业备案和审批结果，新增备案专业1641个、审批专业176个，调整学位授予门类或修业年限专业点62个。本次备案、审批和调整的专业，将列入相关高校2023年本科招生计划。另对部分高校申请撤销的925个专业点予以备案。

教育部积极引导高校开设国家战略和区域发展急需的相关专业，此次新增了地球系统科学、生物统计学、未来机器人、安全生产监管、国家公园建设与管理、医工学、乡村治理、家庭教育、无障碍管理等21种新专业，并正式纳入《普通高等学校本科专业目录》。截至目前，本科专业目录共包含 93 个专业类、792 种专业。

此次专业增设、撤销、调整共涉及 2800 余个专业布点，占目前专业布点总数的 4.5%。从学科门类看，工学所涉专业数量最多，有 1074 个；从区域布局看，涉及中西部高校的专业有 1503 个，占比超过 50%。本科专业类型结构和区域布局结构进一步优化，高校主动服务经济社会发展的意识和能力进一步增强。

090. 女性第一人！董红娟登顶全部 14 座 8000 米级高峰

中国登山者董红娟（又名静雪）于 4 月 26 日 17 时 42 分登顶海拔 8027 米的希夏邦马峰，并于北京时间 4 月 30 日夜间获得国际登山登顶认证网站 8000ers.com 认证，成为全球首位登顶全部 14 座海拔 8000 米级高峰的女性。

"对于所有关心真正峰顶的登山者和登山爱好者来说，这是一个历史性的日子，来自中国的董红娟成为第一位登上 14 座海拔 8000 米级高峰的真正顶峰的女性。"8000ers.com 在首页介绍中说。

希夏邦马峰位于西藏日喀则市聂拉木县境内，是世界第十四高峰，也是唯一一座完全位于中国境内的海拔超过 8000 米的高峰。全球 14 座海拔 8000 米以上独立山峰均位于喜马拉雅山脉和喀喇昆仑山脉，国际登山界将全部登顶这些山峰视作一项成就。

4 月 26 日，董红娟在海拔 8027 米的希夏邦马峰顶。

新华社发（顿巴 摄）

091. 7名中国护理工作者荣获第49届南丁格尔奖

5月12日，红十字国际委员会公布了第49届南丁格尔奖获奖者名单，共有来自22个国家的37名护理人员获得南丁格尔奖。经中国红十字会组织评选推荐，我国有7名优秀护理工作者获此殊荣，是本届获奖人数最多的国家。

我国获奖的7名护理工作者分别是：海军军医大学第二附属医院急诊重症医学科兼血透室护士长陈静、海南省第五人民医院麻风病区护士长邢少云、首都医科大学附属北京朝阳医院内科原科护士长刘小娟、重庆医科大学附属第二医院护理部主任甘秀妮、浙江大学医学院附属第一医院护理部副主任赵雪红、四川大学华西医院护理部主任蒋艳、山西医科大学第二医院护理部副主任张颖惠。

南丁格尔奖是授予各国优秀护理工作者的国际荣誉，用以表彰他们平时或战时的卓越成就和献身精神。我国自1983年参与第29届南丁格尔奖评选以来，已有90位优秀护理工作者获此殊荣。

092. 内蒙古阿鲁科尔沁旗发现消失40余年物种蒙古郁金香

5月14日，记者从内蒙古赤峰市阿鲁科尔沁旗境内的高格斯台罕乌拉国家级自然保护区管理局获悉，消失40余年，曾被认为野外功能性灭绝的国家二级保护植物——蒙古郁金香，近期被科研人员发现。

内蒙古大学生态与环境学院教授赵利清表示，此次发现的蒙古郁金香种群分布面积约1公顷左右，自20世纪70年代末以后，蒙古郁金香消失了40余年，曾被认为野外功能性灭绝，此次发现实属罕见，对我国生物多样性保护和珍稀濒危植物研究具有重大的科研价值。

蒙古郁金香是多年生草本植物，一般高10至25厘米，鳞茎卵形，有6个鲜黄色花被片，雌蕊略短于雄蕊。蒙古郁金香属于早春类短命旱中生植物，生于草原带覆沙地中，仅分布于我国内蒙古，是内蒙古特有种，也是郁金香属植物在全球分布最东的一个物种。

高格斯台罕乌拉国家级自然保护区是西辽河和锡林郭勒草原的重要水源涵养林区，处于草原与森林交汇过渡带，多样的生态系统里生活着大量国家重点保护珍稀濒危野生动植物。

093. 我国南海发现两处古代沉船

5月21日，国家文物局、海南省人民政府等单位在海南三亚发布我国深海考古工作近期取得的重大进展。2022年10月，在我国南海西北陆坡约1500米深度海域发现两处古代沉船。沉船水下永久测绘基点已于2023年5月20日布放，并进行初步搜索调查和影像记录，开启了中国深海考古新篇章。

5月21日拍摄的完成南海西北陆坡一号沉船第一次考古调查的"深海勇士"号载人潜水器。

新华社记者 郭程 摄

094. 中国登山者勇攀"地球之巅" 致敬人类首次登顶珠峰70周年

5月23日，包括中国科考队员、民间登山者及向导在内的30余人从北坡成功登顶珠穆朗玛峰。在人类首次登顶珠峰70周年之际，我国登山者无惧风雪、不懈攀登，向这一壮举致敬。

世界第一高峰珠穆朗玛峰屹立于中国和尼泊尔两国之间，海拔8848.86米。1953年5月29日，新西兰人埃德蒙·希拉里和尼泊尔向导丹增·诺尔盖从南坡登上珠峰，实现人类首次登顶。

"每一次登顶，都是向它致敬。"这是 2023 年珠峰科考登顶队成员边巴顿珠第七次登顶珠峰。他说："将自己的登山事业融入国家科考事业中，贡献自己的微薄力量，我感到特别荣幸！"

"十年我只登这一座山，珠峰已然成了我生活的一部分。"当代艺术工作者孙义全先后三次从南坡登顶，2023 年首次从北坡登顶，他十分激动。

已经五次登顶珠峰的西藏登山队攀岩队队长德庆欧珠 2023 年留守登山大本营。2022 年，他曾作为登山组长，带领队伍在 8830 米成功架设了全世界海拔最高的自动气象站。

"以前只要埋头登山就行了，相对轻松；而作为一名科考队员，需要承担更多的责任，登顶不再是唯一目标。"36 岁的德庆欧珠说。

全球首位登顶全部 14 座海拔 8000 米级高峰的女性董红娟于 2013 年登顶珠峰，并由此开启了她艰苦卓绝的攀登之路。"我从来没觉得我征服了山，相反，我觉得是山在接纳我。"她说。

与艰苦恶劣的自然条件作斗争，超越自我，登上顶峰，是全球登山爱好者的共同梦想。登山勇士们不畏险阻、一往无前的精神，鼓舞着一代代登山人向着"地球之巅"前进。

时至今日，登临珠峰顶端已有十多条攀登路线，绝大部分登山者会选择其中的两条传统路线：尼泊尔一侧的南坡路线和中国西藏一侧的北坡路线，能够通过其他路线登顶的攀登者至今仅有 100 余人。

与此同时，珠峰科考也从"登山科考"转向"科考登山"，实现了从"我要征服你"到"我要了解你"的思路转变。登山不再是第一目标，科考工作的开展高度也在不断攀升。一支由"80 后""90 后"组成的科考队登顶珠峰，中国珠峰科考首次突破 8000 米以上海拔高度。

从登山分离出来的攀岩运动已成为奥运会正式比赛项目，滑雪登山也成为 2026 年冬奥会的正式比赛项目。此外，攀冰、山地户外运动、全民健身登山等一系列运动也得到了迅速发展。

2022 年 2 月，在西班牙加泰罗尼亚滑雪登山世锦赛中，中国小将玉珍拉姆在女子 U20 组短距离项目中夺魁，为中国队摘得滑雪登山世锦赛首枚金牌；次旦玉珍一人独得女子 U18 组个人越野和垂直竞速双金。

不畏艰险、勇攀高峰的精神和勇气，70 年前从珠峰之巅给全世界人民带去鼓舞，至今仍绽放着时代的光芒。

095. 大熊猫"丫丫"平安回到北京动物园

5月29日0时43分，在有关部门和京沪两地各方的高度重视和共同努力下，大熊猫"丫丫"顺利通过隔离检疫，乘坐包机平安抵达北京，回到北京动物园大熊猫馆。

在隔离检疫期间，针对"丫丫"高龄、生活环境变化等情况，北京动物园选派经验丰富的饲养员和兽医全天24小时陪护，精心做好饲养护理、健康监测等工作，上海动物园提供了全方位的支撑保障，切实维护"丫丫"的安全与健康。

北京动物园已为"丫丫"准备了专门的饲养场馆，制定了有针对性的饲养护理、医疗保障及营养健康等方案，并安排前期技术团队继续照料其生活。

因"丫丫"已进入老年，回京后需静养、适应新的环境，现不对外展出。北京动物园将通过官方微博定期发布"丫丫"相关信息。

096. 国家文物局通报陕西清涧寨沟遗址等重要考古成果

5月30日，国家文物局在北京召开"考古中国"重大项目重要进展工作会，通报了陕西清涧寨沟遗址等商代考古新进展与新收获。寨沟遗址的发现揭示了陕北地区一处商代晚期高度发达的青铜文明和区域政治的中心。

寨沟遗址是一处晚商时期李家崖文化聚落，在以大型夯土建筑为中心的11个山峁上，发现了大型墓葬、小型墓地、铸铜遗存等多种类型的功能区，其中共发现9处商代晚期的高等级贵族墓地，是陕北地区迄今为止发现规模最大、数量最多的高等级贵族墓葬，属于方国一级的墓葬，对研究商代晚期政治地理架构，以及商文化核心区域与北部

陕西清涧寨沟遗址发现的绿松石铜鸟饰。

新华社发（陕西省考古研究院供图）

边缘地带的交流互动具有重要意义。

工作会上还通报了河南安阳洹北商城遗址、河北商代考古发现与研究、北京丰台新宫遗址等重要考古成果。

此次通报的4项考古发现与研究，是我国商代考古与商文明研究的重要成果，更加生动地阐释了我国商代城市营建、社会制度、丧葬礼仪、手工业生产等各方面历史图景，具有重要价值。

097. 汝州张公巷窑出土青瓷首次面向公众展出

6月10日，"青韵流光——汝州张公巷窑遗址前四次发掘成果展"在郑州大象陶瓷博物馆开展，这是张公巷窑遗址前四次考古成果的集中展示和出土青瓷的首次对外亮相。

青瓷洗、青瓷玉壶春瓶、青瓷盘口折肩瓶……本次展览萃集了张公巷窑发掘的精品文物206件（套）。中国古陶瓷学会会长孙新民说："这是第一次向公众全面展示汝州张公巷窑遗址的考古成果。"

张公巷窑遗址位于河南省汝州市区东南部的张公巷东西两侧，自2000年被发现以来，河南省文物考古研究院对其进行了多次考古发掘，出土了一批张公巷窑生产的完整或可复原的青瓷器、残片和窑具，引起中外古陶瓷专家的高度关注，成为陶瓷考古和陶瓷研究中的热点问题。

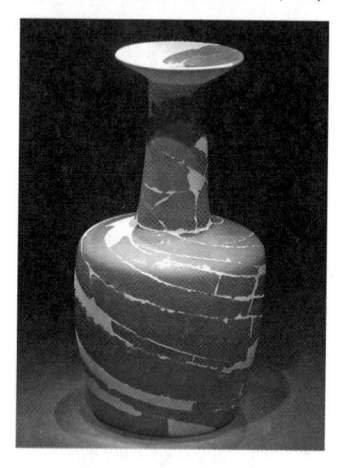

6月10日在郑州大象陶瓷博物馆拍摄的展品青瓷盘口折肩瓶。

新华社记者 鲁鹏 摄

098. 中国女篮击败日本 时隔12年再夺亚洲杯冠军

在7月2日进行的2023年女篮亚洲杯决赛中，中国队以73∶71战胜日本队。这是中国女篮自2011年女篮亚锦赛（女篮亚洲杯前身）夺冠之后，时隔12年再夺该项赛事冠军。

本场争冠大战，中国队三人得分上双。韩旭贡献全场最高的26分和10个篮板；王思雨拿下17分、6个篮板和4次助攻；李梦获得17分，贡献6

次助攻。韩旭和李梦还入选了本届赛事最佳阵容。

中国队主教练郑薇表示，比赛结果让她"感觉好不真实"。她坦言，备战过程中遇到了伤病和人员不齐等困难，赛前并没有预料到能夺冠。因此，她对女篮队员们不放弃、努力克服困难的精神感到格外自豪，她说："我非常为她们的表现感到骄傲，她们也是克服了很多困难才走到了现在。这个冠军离我们已经有12年之久了，所以这次拿到我觉得非常不容易，非常开心。"

099. 山东烟台发现34座唐宋土洞墓

7月5日，烟台市博物馆介绍，考古工作人员在烟台莱州东关东南墓地进行田野发掘时，清理出88座墓葬，其中包括34座唐宋时期土洞墓，还首次在山东地区发现了宋代景德镇湖田窑青白釉刻菊瓣纹行炉。

烟台市博物馆副研究馆员、莱州东关东南墓地考古发掘项目领队孙兆锋介绍，本次考古发掘的墓葬延续时间长，墓葬年代从唐代到晚清未间断，且墓葬类型多种多样，其中包括土坑竖穴墓、土洞墓、舟形砖室墓、仿木结构砖室墓、长方形砖室墓等，共发掘唐宋时期土洞墓34座，是烟台首次大规模发掘唐宋土洞墓群。

土洞墓是流行于唐宋时期的一种墓葬形式，均为南北向，由墓道、封门砖及土洞墓室三部分组成。墓道位于南侧，平面呈长方形，长约1米、宽约0.8米，底部略呈斜坡状，开口于地表。土洞墓室位于北侧，墓葬建造时最先在南侧挖出方形墓道，然后顺着墓道方向往北侧挖洞，形成土洞墓室。

"土洞墓的建造方式比较特殊，土洞墓室顶部为生土，仅墓道内填有花土，因此在考古勘探中很难被发现。"孙兆锋说，土洞墓作为一种特殊的墓葬形制以往在烟台少有发现，本次发掘数十座较为完整的唐宋时期土洞墓，对于此类墓葬的构造方式、特点及时代特征有了比较清晰的认识。

这一重要发掘为研究莱州地区唐代至清代丧葬习俗、墓葬形制演变、文化内涵及其社会结构提供了重要的实物资料。

100. 中国哈尔滨获得2025年第九届亚冬会举办权

7月8日，亚奥理事会在泰国曼谷举行的第42届亚奥理事会全体大会上宣布，中国哈尔滨市获得2025年第九届亚洲冬季运动会举办权。

会上，中国奥委会副主席、国际奥委会委员于再清代表中国奥委会推荐哈尔滨市申办2025年第九届亚冬会。哈尔滨申办代表团成员、国际奥委会委员、速度滑冰冬奥会冠军张虹作申办陈述。

哈尔滨市市长张起翔在发言中表达了哈尔滨市人民政府和全市人民对于举办2025年第九届亚冬会的决心和期盼。他承诺，承办2025年第九届亚冬会与哈尔滨城市发展规划、可持续发展目标相一致。如果申办成功，将与亚奥理事会、中国奥委会和世界及亚洲各单项体育组织全面合作，遵守申办承诺，提供完善的城市设施和体育场馆等条件，力争办成一届活力、开放、节俭、文明的亚冬会。

7月8日，演职人员在庆祝仪式上表演。

新华社记者 张涛 摄

黑龙江省副省长韩圣健作了总结陈述。他表示，黑龙江省人民政府将为哈尔滨市举办2025年第九届亚冬会提供必要的支持，并将和亚奥理事会以及有关国际各方加强合作，确保举办一届高水平、可持续、包容性的冬季体育盛会。

101. 13处中国自然保护地被授予"世界最佳自然保护地"

据新华社7月10日报道,世界自然保护联盟日前在贵州省贵阳市为中国入选世界自然保护联盟绿色名录的13个自然保护地举行授牌仪式,授予上述自然保护地"世界最佳自然保护地"称号。

本次授牌的中国自然保护地分别为内蒙古大兴安岭汗马国家级自然保护区、吉林长白山国家级自然保护区、吉林龙湾群国家森林公园、黑龙江五大连池国家级风景名胜区、钱江源国家公园候选区、黄山风景名胜区、湖北七姊妹山国家级自然保护区、神农架国家公园候选区、湖南八大公山国家级自然保护区、湖南壶瓶山国家级自然保护区、广州海珠国家湿地公园、黄果树风景名胜区、陕西长青国家级自然保护区。

102. 中国科研团队在周口店北京人遗址新发现古人类顶骨化石

据新华社7月17日报道,中国科学院古脊椎动物与古人类研究所科研团队应用CT扫描和3D重建等一系列新技术手段,从周口店第15地点的哺乳动物化石中识别出一块人类顶骨。

这是继1973年之后,中国科研团队在周口店遗址区域首次发现的更新世人类化石。该化石的发现,也使得周口店北京人遗址新增一处人类化石地点。

周口店第1地点发现的直立人化石是探索人类演化的重要研究材料,长期以来受到国内外学者高度关注。周口店第15地点距离第1地点70米,该地点发现于1932年,出土了大量石器和哺乳动物化石,年代为中更新世晚期,距今约20万年。

此次在周口店第15地点发现的人类顶骨化石标本呈黄褐色,已完全石化,其骨壁厚度、曲度和尺寸可与周口店直立人头盖骨的右侧顶骨大致重叠。

在周口店第1地点发现的人类化石年代大约为50万年前,被归入直立人;在山顶洞和附近的田园洞发现的3万至4万年前的人类化石属于早期现代人;而处于中间阶段的人类化石仅有第4地点的一枚牙齿。

"周口店第15地点人类化石的发现,将有助于通过比较解剖学和分子生物学深入研究这个区域的人类演化，为探讨中国古人类的演化模式提供极为重要和关键的标本材料。"中国科学院古脊椎动物与古人类研究所研究员吴秀杰说。

103. 近 600 件"国宝"首展！三星堆新馆开启全新文化盛宴

近 600 件"国宝"首次展出、AI 算法复原文物、裸眼 3D 还原考古"方舱"……三星堆博物馆新馆于 7 月 27 日在四川省广汉市试运行，跨越 3000 年的文化盛宴全新开启。

7 月 26 日在三星堆博物馆新馆拍摄的青铜纵目面具。

新华社记者 刘坤 摄

新馆展陈面积 2.2 万平方米，分"世纪逐梦""巍然王都""天地人神"三部分，展出陶器、青铜器、玉石器、金器、象牙（含象牙雕刻）等各类文物共 1500 余件（套）。

首次展出的近 600 件文物中，包括新出土文物 300 余件。青铜神坛、青铜骑兽顶尊人像、青铜鸟足神像、青铜着裙立人像、金杖等"重器"悉数亮相。

位于三星堆博物馆园区内的新馆，由三个起伏相连、相互堆叠的弧形建筑构成，再现古城墙"三星伴月"之景。

完整的1号青铜神树和2号青铜神树的"零件"在同一空间陈列，令3000年前的铸造工艺一目了然；月亮湾古城墙剖面巨幅展示，再现三星堆古老神秘文化；通过裸眼3D技术还原的考古"方舱"，让参观者得以和考古队员在同一视角、相同距离，沉浸式体验文物出土的精彩瞬间。

新出土文物、新研究成果、新陈列方式，新馆采用科技和艺术手段烘托出数千年前的三星堆古国，全面提升了参观者体验。

展览还利用AI算法，结合文物修复师手工拼对，实现了青铜神坛、青铜骑兽顶尊人像、青铜鸟足神像三件文物的跨坑拼对，充分考虑了文物结构安全。

三星堆博物馆副馆长朱亚蓉介绍，新馆对展览内容进行重构，梳理了三星堆近百年考古成果，是站在中华文明起源发展的视角，解读以三星堆为代表的古蜀文明是其重要起源之一和组成部分。

三星堆是中国西南地区迄今所知规模最大、延续时间最长、文化内涵最丰富的先秦时期遗址。遗址内的古城面积约3.6平方公里，盛极于距今3000多年的商代中晚期。

凸眼巨耳的青铜纵目面具、通高2米多的青铜大立人像、近4米高的青铜神树……三星堆出土的文物被认为是古蜀人丰富想象力和精湛手工业的完美结合。近年来，三星堆多学科研究成果在展览中都有体现：从丝绸痕迹的发现到祭祀坑形成年代的确定，从植物考古发现水稻到动物考古追寻象牙来源。

104. 侵华日军731部队犯罪协同机构原始档案首次公布

8月5日，在黑龙江省牡丹江市举行的侵华日军细菌战与毒气战学术研讨会上，侵华日军731部队罪证陈列馆向社会首次公布《日军哈尔滨第一陆军病院原簿》。这份犯罪协同机构原始档案对于全面认知日军陆军病院的整体形态、业务流程，深化日军陆军病院参与活体解剖犯罪研究具有重要意义。

8月5日,在黑龙江省牡丹江市举办的侵华日军细菌战罪证陈列展上,研究人员展示《日军哈尔滨第一陆军病院原簿》(影印件)。

新华社记者 张涛 摄

侵华日军731部队罪证陈列馆研究人员金士成介绍,日军哈尔滨第一陆军病院是日军在中国东北地区建立的最大的陆军病院,拥有当时先进的医疗救治仪器和手术室,承担着伤员患者收治、转运功能。《日军哈尔滨第一陆军病院原簿》详细记录着该病院从1941年7月16日成立到1945年10月11日期间的人员、地址、构成等信息,由主册、副册共17份文件组成,共有36页,是非常珍贵的一手资料。

档案显示,该病院位于哈尔滨市南岗地区,分院设在平房地区,由5个内科、2个传染科、2个外科及器材部、教育部等10个部门组成,设定医护人员404人,可容纳伤员约7200人。总院主体是两层建筑,有手术室、病理研究室、X光线治疗室等100多个功能间,是集医疗、实验、研究、护理和日常生活于一体的标准化病院。

"资料显示,日军哈尔滨第一陆军病院是731部队医学犯罪的延伸机构,其在筹建之初就与日本细菌战大本营计划息息相关,是日本细菌战重要参与者与关联者。"金士成说,结合相关档案和731部队原队员的笔供记录和证言可以发现,日军哈尔滨第一陆军病院前身同731部队前身在同一时间、同一地点相邻选址筹建,部分医学工程设施是由日本陆军省、关东军统一批准、同步建设，在战后通过同一条路线全员撤回日本国内，且两者间存在业务往来及人员兼职。

"研究发现，731 部队开展的人体实验和细菌战，是由日本战时医疗机构协同实施的，这再次证明日军侵华是日本军国主义自上而下、有组织、有计划实施的集团犯罪。"侵华日军第七三一部队罪证陈列馆馆长金成民说。

105. 江西发现植物新物种阳际峰景天

据新华社 8 月 17 日报道，在江西省鹰潭市贵溪市境内的阳际峰国家级自然保护区，科考团队发现了一个景天科景天属植物新物种，将其命名为阳际峰景天。相关学术成果近日在国际植物分类学期刊《植物分类》上发表。

2021 年 6 月，江西阳际峰国家级自然保护区管理局联合上海辰山植物园科考团队开展高等植物本底资源调查时，在一处潮湿岩壁上发现了一种罕见的景天属植物，它有匍匐茎，叶片大小相差较大，其中苞叶最大，花枝节间长，节较少，形态比较特殊。

科考队员意识到这可能是一个植物新物种，随即展开调查，并将部分种群移植到上海辰山植物园苗圃，进行引种栽培和形态学研究。在其整个生长周期中，科考队员详细地观察和记录其生长发育情况及形态特征，经过与同属植物的大量对比研究，最终确定这是个新物种。

江西阳际峰国家级自然保护区管理局副局长乐新贵说，他们将对阳际峰景天种群发现地附近几个溪谷进一步开展科考调查，为阳际峰景天种群保护提供更加有力的保障。

106. 江苏兴化发现距今约 7000 年的新石器遗址

据新华社 8 月 22 日报道，江苏新发现一处距今约 7000 年的新石器遗址。该遗址总面积逾 8 万平方米，出土大量陶器、骨器和木器，是江淮东部地区已知年代最早的新石器时代遗址。

草堰港遗址位于江苏省兴化市千垛镇草王村东颜家圩北侧，东南距兴化市 18 公里。遗址所在区域为江淮东部里下河腹地，地势低洼、河湖密布，海拔不足 2 米，原为芦苇、水草遍布的湖荡，二十世纪八九十年代围湖改田造塘，形成大面积成片鱼塘，遗址上全为鱼塘、水渠，整个遗址位于水面之下。经国家文物局批准，南京博物院、江苏省文物考古研究院于2022年12月开始对遗址展开考古发掘工作。

出土文物中的陶器以釜为主，器形繁多；动物遗存种类主要有陆生的鹿科、猪、牛、狗及各类鸟禽，以及大量的蚌类、蚬、螺、牡蛎等；植物遗存主要为芡实、菱角、水稻，其中芡实最多，体现出饮食结构的丰富和狩猎采集为主的生业经济模式。

南京博物院副研究馆员、草堰港遗址考古发掘领队甘恢元介绍，本次出土大量骨器、木器，在同时期的新石器时期遗址中并不多见。其中，骨器类造型多样，有靴形器、骨镞、骨镖、骨匕、骨板、骨簪、骨针、骨笛、骨哨等，大多制作精美，通体打磨。木器包括钻木取火器、纺轮、浮漂等。"骨针是用来缝衣的，骨耜则是用来翻土的，这体现了先民们男耕女织的生活方式。"

其中，距今约7000年的钻木取火器和六孔骨笛引人关注。钻木取火器上能看到钻孔，以及被火灼烧的痕迹。六孔骨笛则是半成品。专家表示，这些出土遗存不仅展现先民们的生活方式，也展现了他们的审美情趣。

107. 吉林长春境内首次考古发现明代女真遗存

据新华社9月2日报道，吉林省公布一项新的考古发现：考古人员对位于长春市新湖镇西湖村的东照地遗址进行考古发掘后，证实该遗址为首次在长春地区发现的明代女真遗存。

为配合长春至双阳公路建设，2022年7月至8月，吉林省文物考古研究所联合东北师范大学历史文化学院考古系对东照地遗址进行了抢救性考古发掘。发掘面积200平方米，共4层地层堆积，清理出房址1座、灰坑11座、灰沟2条。出土遗物60余件，包括陶器、瓷器、石器、铁器、铜钱等，另外出土大量陶片。经常规放射性碳测定，考古人员证实东照地遗址遗存年代大致为元末至明代早期。

据文献记载，居住在松花江中上游的女真各部，在元末明初时南迁，斡朵怜、胡里改、桃温等万户府管辖的女真人南迁成为建州女真的主体部分，忽剌温各部的女真南迁成为海西女真的主体部分，后来形成扈伦四部。东照地遗址所在的长春东南部地区恰为明代后期海西女真扈伦四部的乌拉部和叶赫部中间区域，处于乌拉部和叶赫部邻境。

参与此次考古工作的东北师范大学历史文化学院教授张礼艳介绍，出土遗物中，陶器数量最多，主要有泥质红陶、泥质灰陶、粗胎釉陶。出土的陶器为以往未见的新形制，以泥质红陶为主，烧造火候不高，陶色不均匀，分为轮制和手制两种。其中手制陶器的器形不规整、破裂严重，大量陶片从器壁中间开裂，可能使用泥片贴塑法制成，反映出元末明初南下的女真人制陶技术相对落后。

此外，遗址出土的石杵、石臼和石碾，为以往未见的新形制。结合对遗址土样和植物样本的分析，张礼艳认为，东照地遗址居民已经开始从事农业生产，农产品种类以粟和黍为主，石杵、石臼和石碾所加工的食物很可能是以粟和黍为主的粮食作物。

张礼艳表示，吉林省境内的明代女真遗址数量较少，主要是明代后期海西女真扈伦四部中叶赫部、乌拉部、辉发部遗址。东照地遗址的发掘不仅丰富了吉林省明代女真的考古材料，同时也为文献中提到的元末明初女真人南迁提供了线索和证据。

108. 联合国教科文组织为敦煌研究院及樊锦诗等颁发杰出贡献奖

9月7日，非物质文化遗产促进可持续发展论坛在甘肃省敦煌市举办，联合国教科文组织（UNESCO）在论坛上为敦煌研究院、常书鸿、段文杰和樊锦诗颁发了杰出贡献奖。

联合国教科文组织相关负责人介绍，在纪念《保护世界文化和自然遗产公约》通过五十周年之际，为表彰敦煌研究院、樊锦诗等在保护联合国教科文组织世界遗产——莫高窟所做出的杰出贡献，特颁发此奖。

敦煌莫高窟现存壁画4.5万平方米、彩塑2000多身，是丝绸之路多元文化的结晶，在1987年被列入《世界遗产名录》。多年来，在敦煌研究院，以常书鸿、段文杰和樊锦诗等人为代表，几代人薪火相传，择一事终一生，矢志不渝地守护世界文化遗产莫高窟，让世界共享莫高窟之美。

"莫高窟保护的成就，离不开国家的大力支持，离不开国内外学术机构和专家学者的关心帮助，更离不开几代人近八十年的接续奋斗。我们要努力把莫高窟保护好，把莫高窟保护、研究和弘扬的关系处理好。"樊锦诗说。

甘肃现有文物古迹近1.7万处，其中，世界文化遗产7处。2022年，联合国教科文组织、世界银行与甘肃省签署协议,旨在运用甘肃文化和创意资源推进文化遗产保护传承与创新发展。

非物质文化遗产促进可持续发展论坛由联合国教科文组织、世界银行和甘肃省人民政府共同主办,是第六届丝绸之路(敦煌)国际文化博览会的活动之一。

109. 中国考古博物馆正式面向社会公众开放

9月15日,坐落于古都北京中轴线北端的中国考古博物馆正式面向社会公众开放。这是由中国历史研究院建立的中国第一家以考古命名的国家级专业博物馆。

9月15日拍摄的中国考古博物馆正门外的标识。

新华社记者 李贺 摄

中国考古博物馆以"历史中国,鼎铸文明"为主题,以"仓储式陈列,沉浸式体验"为特色,集展览展示、收藏保护、学术研究、宣传教育为一体。常设展厅7000多平方米、展品6000多件,基本陈列包括"文明起源""宅兹中国""大国一统""和融万方""民族觉醒"五个专题。

中国考古博物馆开放时间为每周二至周日9:00到16:30(16:00停止入馆),周一闭馆(节假日除外,春节、五一、十一等开闭馆时间以公告为准）。其中，周三至周日对社会公众开放，周二对历史、考古、文博及相关单位团体开放，个人和单位团体参观均需预约。

110. "普洱景迈山古茶林文化景观"成功申遗

9月17日，在沙特阿拉伯利雅得举行的联合国教科文组织第45届世界遗产大会通过决议，将"普洱景迈山古茶林文化景观"列入《世界遗产名录》。这是全球首个茶主题世界文化遗产。

8月29日无人机拍摄的景迈山古村寨掩映在大片山林茶园之间。

新华社记者 李贺 摄

"普洱景迈山古茶林文化景观"位于云南省普洱市澜沧拉祜族自治县，是公元10世纪以来，布朗族先民发现和认识野生茶树，利用森林生态系统，与傣族等世居民族一起，探索出"林下茶"种植技术，历经千年的保护与发展，形成林茶共生、人地和谐的独特文化景观。

至此，中国世界遗产数量达到57项，其中文化遗产39项、自然遗产14项、自然与文化双遗产4项。党的十八大以来，中国实施了一批高水平的世界文化遗产申报与保护、管理、监测、展示项目，长城被世界遗产委员会评为世界遗产保护管理示范案例。

111. 陕西发现北周开国皇帝宇文觉墓

9月19日，考古工作者在陕西省咸阳市发现了北周开国皇帝宇文觉墓，出土陶俑等随葬遗物146件（组）。

宇文觉墓位于咸阳市渭城区周陵街道北贺村，墓址所在区域为北朝至隋唐时期高等级墓葬的集中分布地。发掘表明，墓葬地表原有围沟，围沟内仅一座墓葬，居于中部偏北的位置。墓葬坐北向南，为斜坡墓道带四个天井的单室土洞墓，南北水平总长56.84米、墓室底距现地表10米，是北周时期中型墓葬。

这座墓葬曾被盗扰，目前出土随葬遗物146件（组），以各类陶俑为主，皆为矮小的半模俑。墓志置于墓室入口东侧，志方形素面，正面楷书"周故略阳公宇文觉墓二年十月壬申"，并以朱砂描红。据志文内容可确定墓主为北周开国君主孝闵帝宇文觉（542—557年）。

北周宇文觉墓出土的甲骑具装俑（资料照片）。

新华社发（陕西省考古研究院供图）

据《周书·孝闵帝纪》记载，宇文觉为宇文泰嫡子，九岁获封略阳郡公，公元557年即天王位，不久被害驾崩，后被追谥为孝闵皇帝，陵曰静陵。本次发掘表明宇文觉于公元558年以"略阳公"身份安葬，该墓即北周静陵。

陕西省考古研究院助理研究员赵占锐说，北周宇文觉墓考古发现意义重大，这是继北周武帝孝陵之后经过考古发掘的第二座北周帝陵。宇文觉以"略阳公"身份下葬，为北周开国时期政治斗争提供实物证据，补充了北朝史史料，其位置的确定也为北周其他帝陵分布提供了重要线索。

112. 北京金中都遗址发现一处大型建筑基址

10月6日，新华社记者从北京市考古研究院获悉，北京金中都遗址发现一处大型建筑基址，这是目前金中都考古发现的最大的"官式建筑组群"，其中部分建筑组群初步推断为皇家寺院。

金中都遗址位于北京西城区和丰台区一带。2020年以来，经国家文物局批准，北京市考古研究院配合北京城市建设，对位于西城区右安门内的金中都外城东开阳坊区域进行了考古勘探、发掘，发掘面积1.7万平方米，发现早、晚两期建筑组群。根据地理位置、地层关系、建筑规制和出土遗物分析，早期建筑组群基址时代约为辽至金大定年间，晚期建筑组群基址时代约为金大定年间至金末元初。

遗址出土了玉册、仿铜瓷礼器、龙纹瓦当、云凤纹瓦当、琉璃瓦件、铜印、宗教塑像等文物；遗址还出土了钧窑、磁州窑等窑口的瓷器，以及铜器和铜材、铁器、骨器等文物，反映了金中都的经济、科技发展水平和社会生活状态。

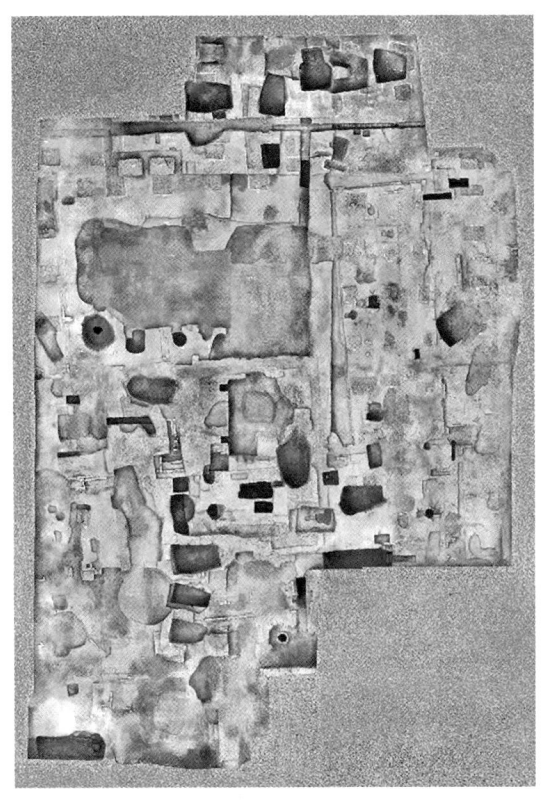

金中都大型建筑基址全景图。
新华社发（国家文物局供图）

北京市考古研究院研究馆员王继红介绍，根据文献记载，辽南京开阳门外曾有义井精舍，金大定年间赐额"大觉寺"，内设御容殿，兼具储存皇家档案和祭祀用品的功能。此次发现的晚期建筑组群，推测是金代皇家寺院大觉寺的组成部分。

北京市考古研究院院长郭京宁表示，这两期建筑组群的发现为了解金中都的里坊布局、城建规划提供了依据，为推动金中都皇家礼制研究提供了重要实物证据，也为研究金中都的手工业生产、商贸形态、社会生活提供了新资料，进一步从考古学视角阐释了中华民族多元一体格局的形成过程。

113. 莆田获评国家历史文化名城

10月10日，国务院正式批复，同意将莆田市列为国家历史文化名城。至此，莆田市自2018年启动的名城申报之旅圆满到站，成为全国第142座、福建省第5座国家历史文化名城。

此前，福建省的泉州市、福州市、漳州市和长汀县先后获评国家历史文化名城。

莆田古称"兴化""莆阳"，素有"文献名邦""海滨邹鲁"之美誉，自南朝置县以来，至今已有1400多年的建制史，是福建省首批历史文化名城、妈祖文化的发祥地、"海上丝绸之路"重要节点城市，也是我国农耕治海文明的代表和明清时期海防体系的重要阵地，历史积淀悠久绵长。

负山襟海、"七山二水一分田"的地理格局，造就了莆仙文化的独特魅力，也积淀了丰富多样的历史文化遗存，丰富多彩的文物古迹、星罗棋布的古镇古村、传统多元的历史街区、活态传承的非遗文化，成为莆田申报国家历史文化名城的独特优势和有力支撑。

莆田山水营城与传统礼制共融的古城选址格局及兴化平原逐水而居的洋田聚落体系，共同构成了莆田"城原一体"的独特名城特色，形成了特有的"山—城—田—海"理想田园都市空间格局。

统计显示，莆田市现有不可移动文物1490处，其中全国重点文物保护单位12处、省级文物保护单位62处，拥有中国历史文化名村1个、省级历史文化名镇3个、中国传统村落7个、省级历史文化名村5个、省级传统村落21个、省级历史文化街区2片，已公布历史建筑599处、传统风貌建筑1249处。

莆田市还拥有以妈祖信俗、莆田木雕、莆仙戏为代表的各级非物质文化遗产代表性项目404项，其中人类非物质文化遗产代表作1项、国家级10项。

近年来，莆田市以申报国家历史文化名城为契机，持续加大名城保护力度。

莆田市成立历史文化名城保护发展委员会，建立历史文化遗产保护工作联席会议机制，构建"五方"联动工作机制，不断扩充莆田市历史文化遗产保护发展专家委员会。

为护航名城建设，莆田市颁布实施《莆田市湄洲岛保护管理条例》《莆田市城市生态绿心保护条例》，提升湄洲岛作为妈祖文化核心传承地和城市绿心作为兴化平原农耕治海文明重要遗存的保护水平。尤其注重在城市更新中防止历史文化遗产遭到破坏，制定出台一系列政策举措。同时，《莆田市历史文化名城保护条例》纳入2023年度立法计划调研项目。

此外，为进一步保护城市历史文脉，促进莆阳优秀传统文化传承，莆田市还采取了多项举措：

——设立历史文化名城保护专项资金，并纳入市级财政预算，近五年累计投入名城保护有关资金逾5.5亿元。积极争取上级文物保护专项补助资金4762万元，发动民间力量自筹文物保护资金8000多万元。

——部署全域全要素普查认定。建立《莆田市城乡历史文化遗产保护名录》，稳步推进木兰溪流域考古调查研究工作，搭建莆田市历史文化遗产资源管理电子系统平台，基本形成全市历史文化遗产"一张图"。

——积极探索历史文化保护与城市发展的和谐共生关系。打造兴化府历史文化街区和萝苜田历史文化街区。2021年起，利用福建省传统村落建筑海峡租养平台，已完成近30个村庄的相关建筑上线。

——坚持文旅融合。莆田市委、市政府部署"莆阳开春、开河、开街、开村"活动，以"水上巴士"串联65平方公里的兴化平原城市生态绿心和142平方公里的城市建成区，将文旅经济、生态保护、文化发掘、乡村振兴等有机结合。

114. 我国新增4个联合国世界旅游组织"最佳旅游乡村"

当地时间10月19日，联合国世界旅游组织全体大会第25届会议在乌兹别克斯坦撒马尔罕公布2023年联合国世界旅游组织"最佳旅游乡村"名单，我国江西篁岭村、浙江下姜村、甘肃扎尕那村和陕西朱家湾村入选。加上2021年入选的浙江余村、安徽西递村和2022年入选的广西大寨村、重庆荆竹村，中国入选乡村总数达到8个，位列世界第一。

位于江西省上饶市婺源县的篁岭村，因独特的"晒秋"景观享誉海内外。篁岭村距今已有580多年历史，现存100多栋明清古建，是研究徽派古建遗存的重要样本。在发展乡村旅游过程中，篁岭村注重将传统村落风貌与活态非遗有机结合，为大众创造了体验传统文化的新载体。

有800多年历史的下姜村，位于浙江省杭州市淳安县。20年来，下姜村积极恢复生态环境，改善村容村貌。曾经"土墙房、烧木炭、半年粮，有女莫嫁下姜郎"的穷山沟，如今已变成"农家乐、民宿忙、瓜果香，游客如织来下姜"的聚宝盆。

平均海拔2800米以上的扎尕那村，藏语意为"石匣子"，位于甘肃省甘南藏族自治州迭部县。近年来，扎尕那村利用独特的自然与人文景观、民俗风情等发展乡村旅游，探索出以乡村旅游反哺生态保护、促进各民族交往交流交融的新路。

秦岭南麓的朱家湾村，位于陕西省商洛市柞水县。朱家湾村近年来深入挖掘文化资源，以文塑旅、以旅彰文，让秦岭老屋、古道遗迹、柞水渔鼓、民间社火、古法酿酒等文化遗产在乡村旅游发展中焕发出新的生机和活力，走出一条文化和旅游深度融合、高水平发展的路子。

2021年起，联合国世界旅游组织启动"最佳旅游乡村"评选。2023年共有63个国家递交258份申请，最终32个国家的54个乡村入选。

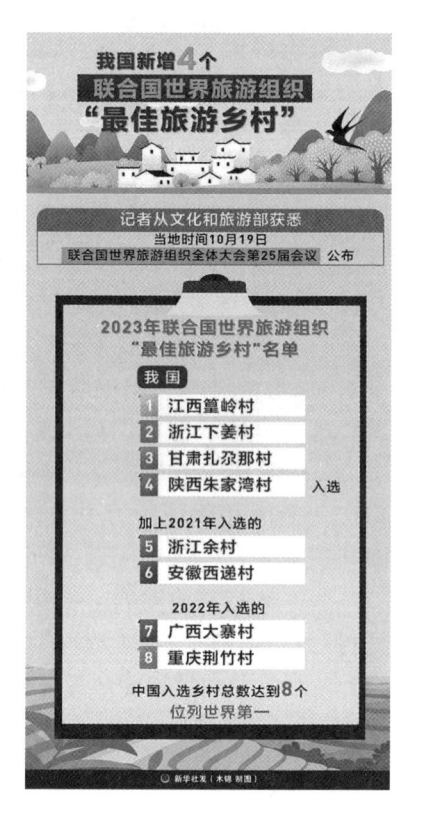

115. 澳大利亚向中国返还流失文物艺术品与古生物化石

10月25日，经国家文物局授权，中国驻澳大利亚大使馆举行仪式，接收澳方向中国返还的4件流失文物艺术品与一件古生物化石。

此次返还的文物艺术品与古生物化石具有较高的历史、艺术与科学价值。其中，北朝至唐彩绘陶制人物骑马俑、隋晚期至唐铜鎏金佛立像和晚侏罗世至早白垩世潜龙化石，均为澳大利亚艺术部文化财产、收藏品和文物办公室在海关入境环节截获；明清或近现代牺尊和清代发簪分别由澳大利亚国家美术馆和澳友人约翰·麦克唐纳捐赠。

中国驻澳大利亚大使肖千在致辞中表示，这些文物回归祖国，显示了中澳两国政府对于保护文化遗产的共同承诺，是双方文化遗产交流的一次盛事和友好合作的见证。希望中澳双方继续携手共进，为增进民众相互了解和两国关系健康发展作出更大贡献。

10月25日，在澳大利亚首都堪培拉，中国驻澳大利亚大使馆展示澳返还的流失文物与化石。

新华社发（储晨 摄）

116. "南海Ⅰ号"转入全面保护新阶段

11月3日，"南海Ⅰ号"沉船总体保护项目启动，标志着"南海Ⅰ号"全面保护发掘工作开展十周年之际，重心转入全面保护、研究阐释、活化利用、展览展示、学术交流新阶段。

8月，考古人员全面完成了"南海Ⅰ号"船舱文物提取工作。出水文物总数超过18万件，包括各类陶瓷，金、银、铜、铁、铅、锡等金属器，竹木漆器、人类骨骼、海洋生物和其他陆生动植物等遗存，以及朱砂、玻璃等其他材料标本。其中瓷器最为大宗，囊括了当时大多数外销瓷窑址的产品，主要包括产自江西、福建和浙江以及广东窑口的陶瓷产品。铁质凝结物总重量超过130吨。

"船体轮廓的数字采集工作，为下一步船体永久支护胎架的制作提供了关键性数据。""南海Ⅰ号"保护发掘项目现场指挥部总指挥、广东省文物局局长龙家有在项目启动活动上介绍，"目前，全面考古整理和发掘报告的编写工作也正式列入日程，船体和各类考古出水文物在完成信息采集录入后也逐步向广东海丝馆进行移交。"

海洋出水木质沉船保护是一个世界性难题。国家文物局考古研究中心副主任王大民介绍，"南海Ⅰ号"沉船即将进入船体及出水文物的长期保护、研究与修复过程，处于承上启下的关键阶段，船体以及出水文物病害还未根除，在未来几年里，要努力完成船体硫铁化合物和可溶盐的有效脱除、填充加固、脱水定型及复原安装等工作，并继续开展各类出水文物的深度清理、完全脱盐和保护修复工作，才能最终实现"南海Ⅰ号"船体和出水文物的长久、安全保存。

当天，考古队向广东海丝馆移交了船体。在完成当前"南海Ⅰ号"长期支护建设后，2024年将拆除陪伴船体多年的沉箱，让公众更近距离一睹船体真容。

国家文物局于2013年11月启动"南海Ⅰ号"全面保护发掘工作。10年来，"南海Ⅰ号"考古遵循"整体打捞、原址保护、就地展示"原则，打造了中国水下考古的行业标杆，为世界水下文化遗产的沉船总体保护提供了中国方案。"南海Ⅰ号"考古丰富了海上丝绸之路研究史料，向21世纪的世界展示了800年前国际海洋贸易的生动画卷。

117. 我国新增4处世界灌溉工程遗产

11月4日，安徽七门堰调蓄灌溉系统、江苏洪泽古灌区、山西霍泉灌溉工程、湖北崇阳县白霓古堰成功入选2023年（第十批）世界灌溉工程遗产名录。至此，我国的世界灌溉工程遗产达到34处。

第十批世界灌溉工程遗产名录，是在印度维萨卡帕特南召开的国际灌排委员会第74届执行理事会上公布的。中国国家灌排委员会主席、水利部农村水利水电司司长陈明忠说，我国的世界灌溉工程遗产几乎涵盖了灌溉工程的所有类型，是灌溉工程遗产类型最丰富、分布最广泛、灌溉效益最突出的国家。

七门堰调蓄灌溉系统位于安徽省舒城县境内，最早创建于西汉，利用湿地形态，"串荡成渠，连塘为蓄"，两千多年来发挥着重要的灌溉、防洪、防旱作用，目前灌溉农田达20万亩。

洪泽古灌区位于江苏省淮安市洪泽区境内，为蓄水型灌区，由蓄水、取水、输水和排水工程组成。自东汉开始，古人引水灌溉耕作，历代建设水利设施，灌区延续至今。目前，灌区控制灌溉面积48.13万亩。

霍泉灌溉工程位于山西省洪洞县，自唐贞观年间开始便有明确记载，至今仍发挥着灌溉、供水、生态、旅游等功能。目前，工程灌溉总面积为10.1万亩。

白霓古堰位于湖北省崇阳县境内，包括石枧堰和远陂堰两座古堰。文献记载，古堰最早建于五代后唐时期，至今仍发挥着灌溉、防洪、抗旱、供水等功能，灌溉面积约3.5万亩。

世界灌溉工程遗产名录自2014年设立，旨在梳理世界灌溉文明发展脉络、促进灌溉工程遗产保护，总结传统灌溉工程治水智慧，为可持续灌溉发展提供历史经验和启示。

与我国4项遗产同时列入第十批世界灌溉工程遗产名录的，还有来自印度、印度尼西亚、伊拉克、日本、泰国、土耳其等国的15个项目。目前，世界灌溉工程遗产总数达159项。

118. 第一届全国学生（青年）运动会隆重开幕

11月5日，第一届全国学生（青年）运动会在广西壮族自治区南宁市开幕。国务委员谌贻琴出席开幕式并宣布开幕。

当晚，广西体育中心体育场流光溢彩。20时，学青会开幕式开始，主要分为体育仪式、文体展演两大部分。20时45分，国务委员谌贻琴宣布：中华人民共和国第一届学生（青年）运动会开幕！全场响起热烈掌声。

随后，主题为"在青春的赛道上"的文体展演拉开帷幕。文体展演包括《青春的山河》《青春的接力》《青春的奔跑》三个篇章和尾声《青春万岁》，将运动项目、体教元素、文艺元素与广西壮美山水、多彩民族、红色文化、开放发展等元素有机结合。尾声把绿色低碳的点火仪式与表演融合，并推出原创主题歌《以青春的名义》。

11月5日拍摄的开幕式烟花。

新华社记者 胡星宇 摄

学青会由全国青年运动会和全国学生运动会合并举办，是深化体教融合的重要举措。本届学青会共设39个大项、805个小项，报名参赛运动员近1.8万人。

119. 首届国际篮球博览会在晋江开幕

11月8日至12日，首届国际篮球博览会（以下简称"篮博会"）在福建省晋江国际会展中心举行。中国篮球协会主席姚明在视频致辞中对篮博会开幕致以祝贺。

首届篮博会由中国篮球协会、中国国际贸易中心股份有限公司和晋江市人民政府联合发起，以"晋江篮球城，天下英雄会"为主题，集篮球事业成就展示、篮球产业联动、篮球文化体验等内容为一体，呈现中国篮球发展历程，汇聚社会各界能量，打造篮球爱好者嘉年华。

本届篮博会从"篮球""原创""机遇"和"权威"四个维度出发，设立了专业篮球、女性篮球、潮流篮球、青少年篮球和乡村篮球五大主题展区。其中，超过2000平方米的"中国篮球文化展"特别呈现了十大板块，涵盖中国篮球发展历程、中国篮球四大职业联赛和中国篮球名人堂等展区。

超三联赛总决赛，"打出璀璨——中国三人篮球国家队直通巴黎奥运会表彰活动"，由中国篮球名人堂成员、篮博会青少年篮球主题展区推广大使宋晓波发起的女性专属篮球赛事"粉色风暴"总决赛，潮流篮球主题展区推广大使吴悠原创的星座主题挑战赛，李宁篮球学院体验日，晋江"村BA"挑战赛以及"中场不定式"拉拉队创新挑战赛等活动将在篮博会期间举行。

本次博览会吸引了21家赞助商和服务商，部分运动品牌企业、中国篮球培训品牌以及体育科技品牌参展。

在2023年6月举办的国际篮球博览会新闻发布会上，中国篮协主席姚明曾表示："篮博会是中国篮协'1-2-4'战略推进的重要举措，是为所有人创造共享篮球发展成果、分享篮球快乐的平台。期待各位通过篮博会找到自己喜欢的东西，增添自己对篮球的想象和热情，帮助我们一起发现未来的篮球。"

120. 中国艺术体操首次设立世界冠军榜

11月17日，在中国体操队建队70周年之际，在数代体操人的见证下，中国体操队世界冠军榜迎来了第83位新成员——新科世锦赛高低杠冠军邱祺缘。

中国体操队2023年在杭州亚运会和安特卫普世锦赛"双线作战"，最终在世锦赛收获2金3银2铜。继男团之后，女团也顺利拿到巴黎奥运会门票。奥运冠军刘洋时隔9年，再次摘得世锦赛吊环金牌。首次参加世锦赛的16岁小将邱祺缘赢得高低杠冠军。

"很高兴能够用一枚宝贵的世锦赛高低杠金牌，为中国体操队成立70周年华诞送上最诚挚的祝福。这是我运动生涯的一次突破，也是全新征程的开始。"邱祺缘在发言时说。她的教练刘涛表示，将继承老一代体操人的优良作风，站好自己这班岗，努力让中国体操的辉煌一代一代传承下去。

国家体育总局副局长周进强表示，此次仪式既是纪念先行者的丰功伟绩，也是推动后来者的集结号角。希望队伍在巴黎赛场再现中国体操的智慧与力量，谱写新的华彩篇章。

国际体操联合会主席渡边守成也到场祝贺。渡边守成表示，中国体育界对世界体育的贡献之大，无法用语言形容。没有中国的加入，世界体操将不复存在。打江山易，守江山难。希望中国体操团结起来，融入亚洲和世界体操发展长河，守好首屈一指的地位。

本次体操世界冠军登榜仪式也迎来了一批特殊的"观众"。中国体操队建队首批运动员在京代表、历任中心主任、奥运冠军代表等数代体操人欢聚一堂，共同庆祝建队70周年。中国体操队成立于1953年，共培养体操奥运冠军、世界冠军 83 人，其中男子 52 人，女子 31 人。

在登榜仪式上，现年 89 岁的蓝亚兰动情地回忆起往昔峥嵘岁月，奥运冠军代表李宁风趣地谈到体操对自己的重要意义，中国体操协会主席缪仲一深入地总结了中国体操发展路程上的风雨与收获。

国家体育总局体操运动管理中心党委副书记、副主任常成表示，中国体操队冬训已经开始，希望通过此次活动把整个体操界团结起来。团结一心，不怕困难，追求极致，拼搏到底。中国体操只要保持团结、弘扬传统，将来就有望取得更大进步。

会上，体操队代表邹敬园、蹦床队代表朱雪莹、艺术体操队代表孙丹分别发表了备战发言，三支国家队全体人员共同进行了巴黎奥运会备战宣誓。

121. 汉文帝霸陵动物殉葬坑入选 2023 世界十大考古发现

12 月 6 日，新华社记者从陕西省文物局获悉：由美国考古学会主办的考古学杂志《Archaeology》评选出"2023 年度世界十大考古发现"。"汉文

霸陵动物殉葬坑出土的大熊猫骨骼（左上）、老虎骨骼（右下）与大熊猫、老虎实景对比图。

陕西省考古研究院供图

帝的地下苑囿"（陕西西安汉文帝霸陵动物殉葬坑）入选，为中国唯一入选的考古发现。这是汉文帝霸陵考古成果获评"2021年度全国十大考古新发现"之后再获殊荣。

汉文帝霸陵位于西安市灞桥区狄寨街道江村东部的白鹿原西端，其西南约2000米处为薄太后南陵。考古工作者在霸陵和南陵周围的很多小型殉葬坑中发现了大量的珍禽异兽骨骼，经初步形态对比、数据测量和部分兽类古DNA鉴定，确认有丹顶鹤、绿孔雀、褐马鸡、陆龟、金丝猴、虎、马来貘、鬣羚、印度野牛、牦牛、羚牛等40余种动物骨骸。

考古工作者在霸陵发掘23座动物殉葬坑，发现的殉葬动物均为珍稀野生动物。其中既有现在仍生活在热带或亚热带的印度野牛、马来貘和绿孔雀，也有"秦岭四宝"中的金丝猴、大熊猫、羚牛。虎、马来貘、牦牛、印度野牛骨骸在陕西省内考古中属首次发现。考古工作者在南陵发掘55座殉葬坑。其中，爬行动物龟鳖目陆龟科的靴脚陆龟、鸟类犀鸟科的地犀鸟属骨骸在陕西省内考古中属首次发现。

122. 再现战国礼书原貌！我国在"清华简"中首次发现"先秦礼书"

12月10日，在《清华大学藏战国竹简（拾叁）》成果发布会上传来消息，"清华简"新整理出5篇竹书，均为传世文献未见佚籍。其中的两篇竹书再现了战国时期礼书的原始面貌，是散失的先秦礼书在战国竹书中的首次发现。

2008年，近2500枚珍贵的战国竹简入藏清华，此后研究人员对此开展研究。自2011年发布第一辑研究成果以来，清华每年推出"清华简"整理报告，至今已顺利出版13辑，内容涉及经史类典籍、治政之书、天文数术等文献。

本辑整理报告共刊布《大夫食礼》《大夫食礼记》《五音图》《乐风》《畏天用身》等5篇竹书，为研究先秦时期的礼制、音乐以及思想提供了新的资料。其中，《大夫食礼》与《大夫食礼记》两篇礼书编连为一卷，分别有竹简51支和14支，前者记载大夫食礼中宾主、傧相的行礼仪节，后者记述行食礼过程中执事者行事的具体礼节。

"这是散失的先秦礼书的首次发现，不仅再现了战国时期礼书的原始面貌，而且体现了楚地大夫食礼的一些特点，对先秦礼制以及《仪礼》的研究有重要参考价值。"清华大学出土文献研究与保护中心主任黄德宽教授说。

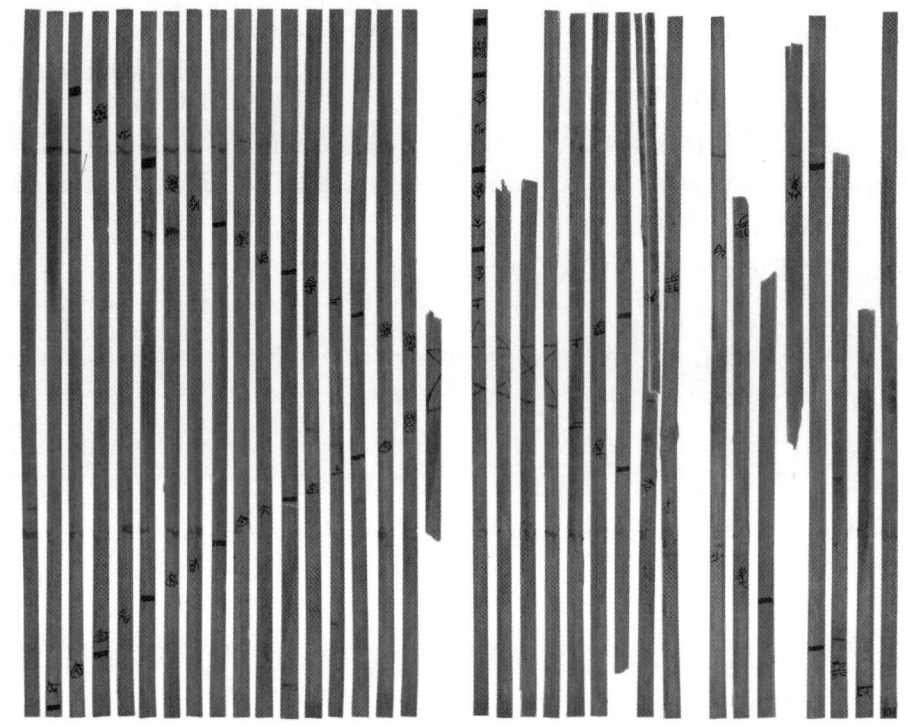

三七 三六 三五 三四 三三 三二 三一 三〇 二九 二八 二七 二六 二五 二四 二三 二二 二一 二〇 一九 一八 一七 一六 一五 一四 一三 一二 一一 一〇 九 八 七 六 五 四 三 二 一

《五音图》竹简。

新华社发（清华大学供图）

此次研究还首次发现战国时期简帛文献中的音乐类文献——《五音图》《乐风》，为中国早期乐理体系以及先秦音乐史研究提供了重要资料。其中，《五音图》中央绘有一个五角星，其上角对应宫组音名，其他四角对应商、角、徵、羽各组，按逆时针方向依次分布。五角星图形由"宫—徵""徵—商""商—羽""羽—角""角—宫"五条连线构成，展示了五音生成的规律。

此外，《畏天用身》是一篇思想类文献，内容完整，围绕天人关系、发挥人的主观能动性展开论述。简文宣扬人的主体意识，展现了战国时代积极进取的精神，为先秦思想史研究提供了新文献。

"清华简"整理报告将总共出版16辑，目前整理工作已进入尾声。研究团队表示，将保证每年一册的出版进度，早日将这批重要材料向社会与学界公布。

123. 2023年中国十大体育新闻

一、中国网球选手连创历史

1月，澳大利亚网球公开赛中，10名来自中国大陆的球员参加单打正赛，创澳网历史新高。2月，吴易昺在男子职业网球选手协会（ATP）250巡回赛达拉斯站夺冠，成为第一位捧起ATP巡回赛单打冠军的中国大陆球员。美国网球公开赛，7名中国大陆选手入围单打正赛且首轮全员晋级，郑钦文最终跻身八强，创造个人职业生涯最好成绩；张之臻成为首位在大满贯赛场上击败世界前五选手的中国大陆男子网球选手。9月，张之臻为中国队时隔29年再夺亚运会男单金牌。

二、中国体育仲裁委员会成立

2月11日，中国体育仲裁委员会在北京成立，标志着《体育法》规定的体育仲裁制度成为现实。截至11月，中国体育仲裁委员会已依法依规完成第一批体育仲裁案件、共计3件的受理审理工作。相关仲裁实践通过体育仲裁及时、公正地解决体育纠纷，有效化解矛盾，有效维护《体育法》的严肃性和体育仲裁制度的公信力，有利于营造体育事业发展的良好环境，为新时代加快推进体育强国建设保驾护航。

三、中国选手首次加冕国象棋王

4月30日，在哈萨克斯坦首都阿斯塔纳举行的2023年国际棋联国际象棋世界冠军赛中，中国棋手丁立人在快棋加赛的最后一盘战胜俄罗斯棋手涅波姆尼亚奇，成为第一位来自中国的国际象棋世界棋王，也成为国际象棋历史上第17位世界冠军。中国女棋手依然维持高水准，居文君连续第四

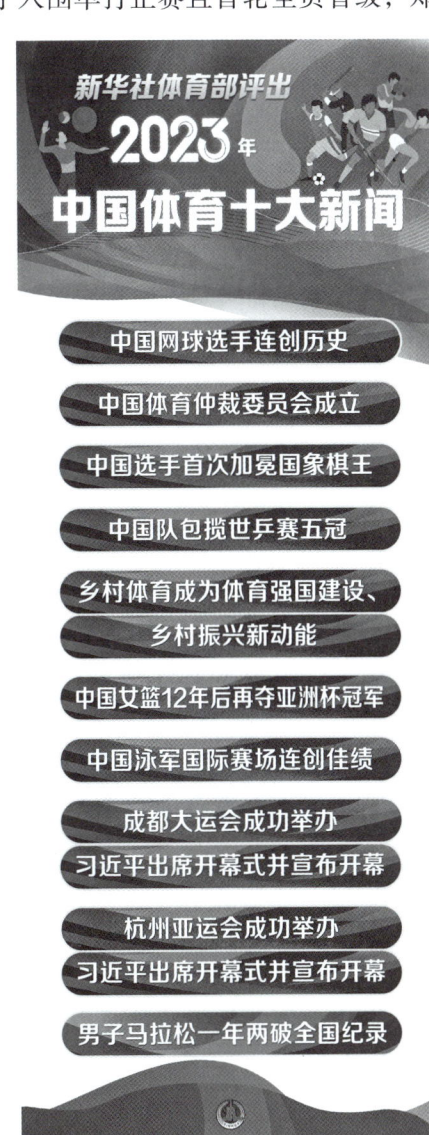

新华社体育部评出
2023年中国体育十大新闻

- 中国网球选手连创历史
- 中国体育仲裁委员会成立
- 中国选手首次加冕国象棋王
- 中国队包揽世乒赛五冠
- 乡村体育成为体育强国建设、乡村振兴新动能
- 中国女篮12年后再夺亚洲杯冠军
- 中国泳军国际赛场连创佳绩
- 成都大运会成功举办 习近平出席开幕式并宣布开幕
- 杭州亚运会成功举办 习近平出席开幕式并宣布开幕
- 男子马拉松一年两破全国纪录

次获得国际棋联女子世界锦标赛对抗赛冠军，国际象棋棋后桂冠继续留在中国。

四、中国队包揽世乒赛五冠

5月20日至28日，世界乒乓球锦标赛在南非德班举行，中国队包揽五个单项冠军，樊振东、孙颖莎分别摘得男、女单打金牌，樊振东/王楚钦为中国队时隔四年重夺男双冠军，陈梦/王艺迪女双登顶，王楚钦/孙颖莎混双卫冕。

五、乡村体育成为体育强国建设、乡村振兴新动能

2023年，足球、篮球、龙舟等群众体育活动在全国掀起热潮，和美乡村足球超级联赛、和美乡村篮球大赛以及湖南、广东等地的龙舟赛让乡村体育成为亮点。6月，国家体育总局等多部门联合印发《关于推进体育助力乡村振兴工作的指导意见》，协力推进体育助力乡村振兴工作，明确"到2035年在全国培育100项以上'最美乡村体育赛事'"，乡村体育成为推动体育强国建设和助力乡村振兴的新动能。

六、中国女篮12年后再夺亚洲杯冠军

7月2日，在2023年女篮亚洲杯决赛中，中国队以73∶71战胜日本队，时隔12年再次夺冠。中国队员韩旭被评为本届赛事最有价值球员，她和队友李梦共同入选赛事最佳阵容。10月5日，中国队再次击败日本队，在亚运会上成功卫冕。

七、中国泳军国际赛场连创佳绩

7月14日至30日，世界游泳锦标赛在日本福冈举行，中国跳水、花样游泳和游泳总计获得了20枚金牌、8枚银牌和12枚铜牌，金牌数名列第一。其中覃海洋夺得男子50米、100米和200米蛙泳冠军，成为历史上首位在一届世锦赛包揽蛙泳三金的选手，他还打破了男子200米蛙泳世界纪录。此后的世界杯赛中，覃海洋荣膺男子年度总冠军。

八、成都大运会成功举办　习近平出席开幕式并宣布开幕

7月28日至8月8日，第三十一届世界大学生夏季运动会在四川省成都市举行。国家主席习近平出席开幕式并宣布本届大运会开幕。本届大运会吸引了来自113个国家和地区的6500名运动员参赛，中国体育代表团名列金牌榜和奖牌榜首位。

九、杭州亚运会成功举办　习近平出席开幕式并宣布开幕

9月23日至10月8日，杭州第十九届亚洲运动会举行。国家主席习近平出席开幕式并宣布本届亚运会开幕。

中国体育代表团获得201枚金牌，取得亚运会参赛历史最好成绩，连续第 11 次位居亚运会金牌榜榜首。10 月 22 日至 28 日，杭州第四届亚残运会举行。中国体育代表团获得 214 枚金牌、521 枚奖牌，连续四届位列金牌榜、奖牌榜双第一。

十、男子马拉松一年两破全国纪录

12 月 3 日，中国选手杨绍辉在日本福冈国际男子马拉松赛上跑出 2 小时 7 分 9 秒，将国家队队友何杰 3 月在无锡马拉松赛上创造的全国纪录提升了 21 秒。此前已尘封 15 年的男子马拉松全国纪录一年之内两度被刷新。

科技篇

124. 中国科学家发现长着恐龙头骨的白垩纪鸟类

1月3日，记者从中科院古脊椎动物与古人类研究所获悉，中国科学家在辽西热河生物群新发现一种长着恐龙头骨和怪异身体的白垩纪鸟类，命名为"朱氏克拉通鸷"。这一发现为解答鸟类如何由恐龙演化而来并演化出独有的形态特征提供了新的化石证据。相关成果发表于国际期刊《自然－生态与进化》。

研究人员介绍，在包括三叠纪、侏罗纪和白垩纪在内的中生代，鸟类的多样性演化主要发生在由反鸟类和今鸟型类构成的鸟胸类中。鸟胸类在当时已演化出大量与现生鸟类相似的形态特征，与原始的鸟类始祖鸟在形态上差异巨大。演化位置介于二者之间的非鸟胸类鸟类（简称基干鸟类）为填补这一鸿沟提供了重要信息。本次发现的朱氏克拉通鸷正是属于基干鸟类巾帼鸟科的新属种。

研究发现，克拉通鸷兼具原始与进步的特征。"它与兽脚类恐龙在头骨形态上相差无几，具有原始主龙类双颞孔的结构。这些原始特征表明，克拉通鸷并未演化出现生多数鸟类具有的头骨可动性。"论文通讯作者、中科院古脊椎所研究员王敏介绍。头骨可动性，

朱氏克拉通鸷复原图。

赵闯 绘制

即上颌可以独立于脑颅和下颌发生运动。这一特征在今鸟型类中已经出现，是鸟类得以利用鸟嘴完成大量精细动作的重要原因。

与之相对，克拉通鸳的头后骨骼却已具有大量鸟类的进步特征，包括骨化的胸骨、加长的前肢、缩短的尾骨、对握的脚爪等，表明其头骨和身体具有模块化的演化特征，头骨特别是颞区和腭区在演化上比较保守。

此外，克拉通鸳的身体结构也十分怪异，具有异常长的肩胛骨和第一跖骨（相当于脚掌最内侧的骨骼）。肩胛骨是鸟类飞行结构的重要组成部分，此次研究认为，克拉通鸳加长的肩胛骨可能是其适应飞行的一种尝试，以此扩大控制向下扇动翅膀的肌肉的附着面积。同时，克拉通鸳第一跖骨的相对长度远超其他鸟类和多数恐龙，可能与其类似猛禽的生态习性有关。

125. 科学家发现2亿多年前的"奇异罗平龙"

据新华社1月6日报道，中国古生物学家在云南罗平县发现了距今2.44亿年的全新爬行动物物种，将其命名为"奇异罗平龙"。这也是多指节型鳍龙类最早出现的化石记录。

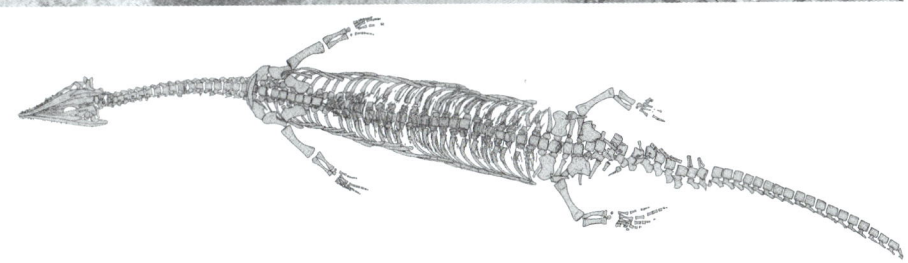

奇异罗平龙正型标本及素描图。

徐光辉供图

奇异罗平龙尖嘴长吻，形似"四脚蛇"，全长超半米。它的体形像水生蜥蜴，是一种新的肿肋龙科爬行动物。

中科院古脊椎动物与古人类研究所研究员尚庆华介绍，奇异罗平龙的吻端很长，超过头长的一半，与短吻的贵州龙差异较大，说明二者在摄食和运动上生态适应不同。

"奇异罗平龙进化出的尖嘴长吻，能帮助它们抓住猎物。因为在水中追逐快速游动的猎物时，这一特征能减少阻力。它为了解肿肋龙类的早期演化提供了重要的化石证据。"尚庆华说。

值得一提的是，奇异罗平龙前肢第三指上有五节指节骨，这有利于它增加桨状肢的柔韧性，以应对转向时脚蹼承受的力。而这种多指节现象在肿肋龙类中是首次发现，代表了迄今已知最古老的多指节型鳍龙类化石记录。

此外，研究还发现，在演化过程中，肿肋龙类对于小鱼等猎物的侧向抓捕能力在逐步增加，但同时抓捕之后吞食的效率在逐渐减弱。

相关成果已发表在国际学术期刊《科学报告》上。

126. 中国科学家命名5.18亿年前"帽天山开拓虾"

1月9日，记者从中国科学院南京地质古生物研究所获悉，该所古生物学者重新研究了我国澄江动物群中的一块标志性奇虾化石，发现这只"明星奇虾"形态奇特，不同于已经命名的奇虾类群。科研团队为其建立了一个新属新种，并命名为"帽天山开拓虾"。相关研究成果近日刊印在国际期刊《地质学会会刊》上。

奇虾出现在5亿多年前的寒武纪早期。它们身体造型怪异，最长者体长超过2米，是最早称霸海洋的顶级捕食者。此次研究的奇虾化石采集于我国云南帽天山的澄江动物群，距今有5.18亿年历史，是澄江动物群的标志性化石之一。

研究团队对这块奇虾化石重新进行了精细的形态解剖研究。参与研究的中科院南古

帽天山开拓虾标本。
中国科学院南京地质
古生物研究所供图

所副研究员曾晗介绍，跟其他奇虾相似，这只"明星奇虾"有着流线型的躯干，躯干上长着成对的桨状叶片和鳃片，用于游泳和呼吸。它的头部有一对多刺的钳子和一对大大的复眼。头部下方长着一只辐射状口器。十分特别的是，这只奇虾的尾部长着一对尤为细长的尾叉，前爪的形态细节也与其他奇虾明显不同。

基于这些形态特征上的差异，研究人员判断，化石上的奇虾不同于已经命名的奇虾类群。研究团队为其建立了一个新属新种，并将其命名为帽天山开拓虾。

科研人员还对帽天山开拓虾进行了演化分析。结果表明，它已经非常接近奇虾类群的演化起点。"这项研究为追溯奇虾这类动物的起源以及整个寒武纪早期的生命演化提供了重要新证据。"领导此项研究的赵方臣研究员说。

127. 我国空间新技术试验卫星发布第二批科技成果

探测到迄今最亮的伽马射线暴、成功获得太阳过渡区图像和全球磁场勘测图……1月11日，中国科学院"创新X"系列首发星（即空间新技术试验卫星）发布了第二批科学和技术成果。

"创新X"系列首发星由中科院微小卫星创新研究院抓总研制，于2022年7月27日由中科院自主研制的固体运载火箭"力箭一号"发射升空，进入预定轨道。

卫星上搭载的46.5nm极紫外太阳成像仪（SUTRI），由中科院国家天文台联合北京大学、同济大学、中科院西安光学精密机械研究所和中科院微小卫星创新研究院共同研制。自2022年8月30日载荷开机以来，获取了超过1.6TB的探测数据，成功实现我国首次太阳过渡区探测，并获得我国首幅太阳过渡区图像，图像清晰显示了太阳过渡区网络组织、活动区冕环系统、日珥和暗条、冕洞等结构。

SUTRI还探测到多个耀斑、喷流、日珥爆发和日冕物质抛射事件，发现太阳活动区普遍存在50万度左右的、朝向太阳表面的物质流动，这些流动在太阳大气的物质循环过程中占有重要地位。

2022年10月9日21时17分,卫星上搭载的、由中科院高能物理研究所研制的高能爆发探索者(HEBS),探测到迄今最亮的伽马射线暴。根据HEBS精确测量结果,该伽马射线暴比以往人类观测到的最亮伽马射线暴还亮10倍以上,打破了伽马射线暴的最高各向同性能量、最大各向同性峰值光度等多项纪录。

与此同时,我国慧眼卫星和高海拔宇宙线观测站也观测到了这次伽马射线暴。HEBS的精确测量结果,对于揭示伽马射线暴的起源和辐射机制具有重要意义。

此外,卫星上搭载的国产量子磁力仪(CPT)及伸展臂首次进行了空间应用,并成功获得全球磁场勘测图。多功能一体化相机、异构多核智能处理单元、可展收式辐射器、空间元器件辐射效应试验平台等多个空间载荷和平台新技术,也取得了丰富成果。

"力箭一号"工程副总师兼卫星系统总师张永合说:"中科院'创新X'系列首发星开创了新技术众筹模式的先河,这些新载荷、新技术产品都是各参与方自主投入的,不少是'从0到1'的创新。通过试验星,将创新技术快速集成并飞行验证,可以加快核心关键技术从基础研究到在轨应用的成果转化。"

128. 一尼安德特男孩容貌"再现"

据新华社1月13日报道,吉林大学生物考古团队日前取得了一项研究成果,他们与俄罗斯莫斯科国立大学合作,运用数字化三维人像复原技术,根据一个尼安德特人男孩头骨化石复原出其形象。

吉林大学生物考古团队负责人张全超介绍,尼安德特人化石最早发现于德国的尼安德特山谷,这一灭绝人种是现代人类的近亲,他们曾经广泛分布在整个欧亚大陆。

据俄罗斯莫斯科国立大学人类学博物馆与研究所专家提供的文献显示,这具尼安德特人男孩头骨化石于1938年发现于乌兹别克斯坦南部,代表了一个8至9岁的幼年个体,距今30万年至4万年。

这是该头骨化石首次进行数字化三维复原,也是吉林大学与俄罗斯莫斯科国立大学共建的首个考古领域的国际联合实验室——"欧亚大陆环境演变与人类适应生物考古国际联合实验室"取得的重要合作成果之一。

吉林大学生物考古团队是国内考古文博领域从事数字化三维人像复原的科研团队。张全超介绍，在考古学领域传统的雕塑复原法的基础上，他们需要进一步考虑到这位史前人类的眼睛、皮肤和头发等部位的颜色，以达到更加活灵活现地展示其容貌特征的目的。他们首先对该化石进行了三维颅像重建，并利用重建后的高精度颅骨三维模型系统精确地分析其颅面部特征。接着使用实验室自主研发的专业人像素材库模拟面部肌肉模型、添加面部软组织以及生成面部软组织网格，并综合运用虚拟素材比对技术、数字雕刻技术以及面部拓扑编辑技术，生成面部白膜，添加五官、皮肤纹理和毛发。然后结合相关尼安德特人遗传学和生物人类学的研究成果，对其肤色、发色、瞳色等面部特征进行细节处理，最后运用集群渲染技术达成最终的效果渲染。

吉林大学生物考古团队运用数字化三维人像复原技术制作的该尼安德特人男孩复原容貌。

受访者供图

张全超表示，该成果不仅生动展现了欧亚大陆史前人类的面部形态，还为进一步研究和展示尼安德特人形态特征及其环境适应性提供了新的思路。

129. 中国科学家首次在实验中实现模式匹配量子密钥分发

据新华社2月9日报道，量子密钥分发基于量子力学基本原理，可以实现理论上无条件安全的保密通信，因此一直是学术界的研究热点。中国科学技术大学潘建伟、陈腾云等与清华大学马雄峰合作，首次在实验中实现了模式匹配量子密钥分发。

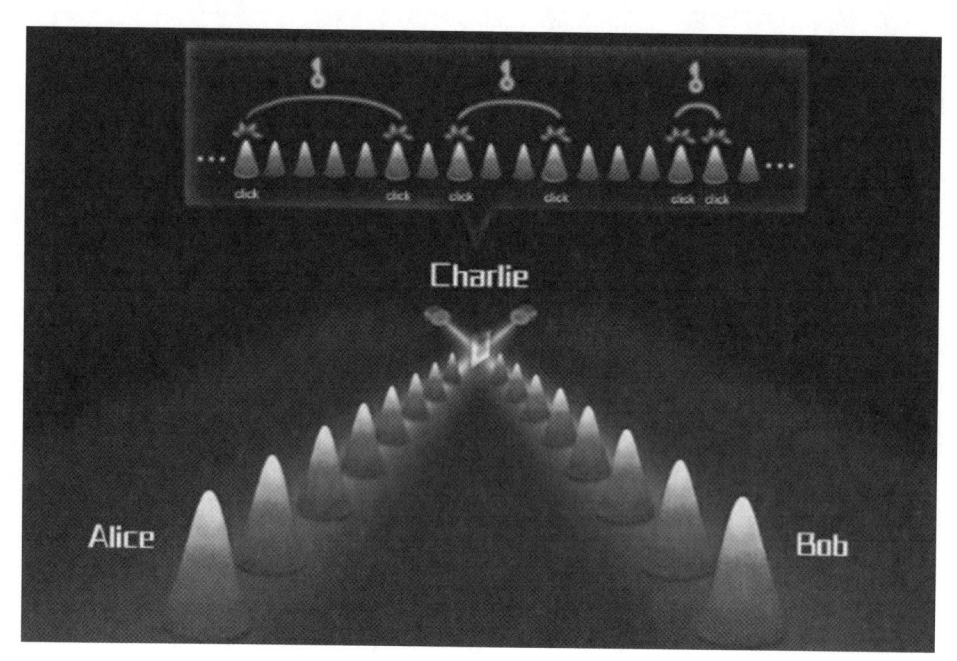

模式匹配量子密钥分发协议示意图。

中国科学技术大学供图

模式匹配量子密钥分发协议是清华大学马雄峰研究组于 2022 年提出的一种新型测量设备无关量子密钥分发协议，相较于原始的测量设备无关协议，它可以很大程度提高成码率；相较于双场量子密钥分发协议和相位匹配协议，它无须复杂的激光器锁频锁相技术，节省成本且降低了实际应用难度，同时对环境噪声有更好的抗干扰能力。

潘建伟、陈腾云研究组基于清华大学马雄峰研究组提出的模式匹配量子密钥分发协议，利用极大似然估计的数据后处理方法精确地估算出两个独立激光器的频率差用于参数估计，并结合中科院上海微系统所尤立星团队研制的高效率单光子探测器，实现了实验室标准光纤百公里级、两百公里级、三百公里级以及超低损光纤四百公里级的安全成码，相较于之前的原始测量设备无关量子密码实验，成码率有明显提升，并且在三百公里和四百公里距离上较之前实验成码率提升了 3 个数量级。

研究成果表明，模式匹配量子密钥分发在不需激光器锁频锁相技术的条件下，可以实现远距离安全成码且在城域距离有较高成码率，极大地降低了协议实现难度，对未来量子通信网络构建具有重要意义。

相关研究成果日前发表于国际权威学术期刊《物理评论快报》。

130. 中国科学家发现 2.5 亿年前贵阳生物群

中国地质大学宋海军教授团队在贵州省贵阳市及其周边发现一个距今 2.508 亿年的特异埋藏化石库——贵阳生物群，为理解最大规模灭绝后的生命恢复速度和模式提供了新认识。相关成果 2 月 10 日在《科学》杂志发表。

宋海军介绍，贵阳生物群是目前已知的中生代最古老的一个特异埋藏化石库，当时距离地球地质历史上最具灾难性的二叠纪—三叠纪生物大灭绝，仅过去约 100 万年的时间。《科学》杂志的文章评审人认为，该发现为我们理解最大规模灭绝之后的生命恢复速度和模式提供了新的认识。

"贵阳生物群的发现可以追溯到 2015 年春天的一次野外踏勘工作。"宋海军说，当时其指导的学生代旭在一块黑色页岩中发现了一枚非常奇特的龙虾化石碎片，引起了团队的重点关注。之后，由代旭博士等人带队从 2015 年至 2022 年每年都在该地区开展野外工作，陆续发现了大量多门类化石，由此揭开了贵阳生物群的冰山一角。

贵阳生物群生态复原图。

杨定华 绘制

为了弄清贵阳生物群的精确时代和生物面貌，团队成员在该地区开展了大量的地质工作，从古生物分类学、生物地层学、年代地层学、沉积学、沉积地球化学等方面入手开展了系统研究，已初步理清贵阳生物群的主要面貌、地层分布、埋藏年代、埋藏环境等信息。

截至目前，贵阳生物群中已经发现了包括硬骨鱼、软骨鱼、牙形动物、海绵动物、双壳、菊石、腹足等十几个大类，总计 40 种不同的生物。从生态上看，贵阳生物群的营养金字塔已经很完整，此外还发现有大量粪便化石，表明当时的食物网已经较为复杂，生态结构已经很完善。"这进一步表明，二叠纪—三叠纪生物大灭绝之后的生态重建远比以往所以为的更快。"

宋海军说，这有助于我们更好地认识极端气候条件下生物与环境之间的演化关系。

131. 中国首颗超百 Gbps 容量高通量卫星成功发射

2月23日晚间，由中国航天科技集团有限公司所属中国运载火箭技术研究院抓总研制的长征三号乙运载火箭在西昌卫星发射中心点火升空，将中星26号卫星顺利送入预定轨道，发射任务取得圆满成功，这意味着安全可靠、覆盖更广的信息传输手段将向边远地区延伸。

本次发射的中星26号卫星是中国首颗超百 Gbps 容量高通量卫星，卫星将定点于东经125度轨位。该星交付后，将由航天科技集团中国卫通公司负责运营管理。

中星26号卫星采用我国自主研发的东方红四号增强型卫星平台。该卫星是国家重要的空间基础设施，是满足卫星互联网及通信传输要求的新一代高通量通信卫星。

中星26号卫星将与中国卫通现有的中星16号卫星、中星19号卫星两颗高通量卫星共同为用户提供高速的专网通信和卫星互联网接入等服务，为边远地区提供安全可靠、覆盖更广的信息传输手段，进一步缩小城乡"数字鸿沟"，并有效满足空中旅行与远航中对于宽带通信的巨大需求，在为国家数字经济发展筑牢基础网络能力的同时，也为卫星互联网业务提供可持续发展的新商业模式。

执行此次发射任务的长征三号乙运载火箭是长征三号甲系列运载火箭的一员，主要用于发射地球同步转移轨道卫星，亦可进行一箭多星发射或其他轨道卫星的发射。

长征三号甲系列运载火箭总体副主任设计师张涛介绍，本发火箭围绕提高发射效率和可靠性进行了多项技术改进。

132. 中国科学家研制"微型化三光子显微镜"首次实现小鼠"深脑成像"

人脑包含百亿级神经元和百万亿级的神经突触，其结构和功能上极其复杂精密的连接和相互作用，是意识和思想涌现的物质基础。研制用于解析脑连接图谱和功能动态图谱的研究工具是各国脑科学计划的一个核心方向。2月24日，北京大学程和平、王爱民研究团队在《自然—方法》杂志在线发表一项最新研究成果：一款重量仅为2.17克的微型化三光子显微镜，能直接透过大脑皮层和胼胝体，首次实现对自由行为中小鼠的大脑全皮层和海马神经元功能成像，为揭示大脑深部结构中的神经机制开启了新的研究范式。

课题组成员、北大未来技术学院博士后赵春竹介绍，海马体位于大脑皮层和胼胝体下面，在记忆巩固、空间记忆和情绪编码等方面起重要作用。但由于大脑组织特别是胼胝体对传播光束具有高散射特性，突破胼胝体实现大脑深层直接成像成为长期以来神经科学家面临的极大挑战。此前，国际上已知的微型化多光子显微镜均无法实现穿透全皮层直接对海马体进行无损成像。

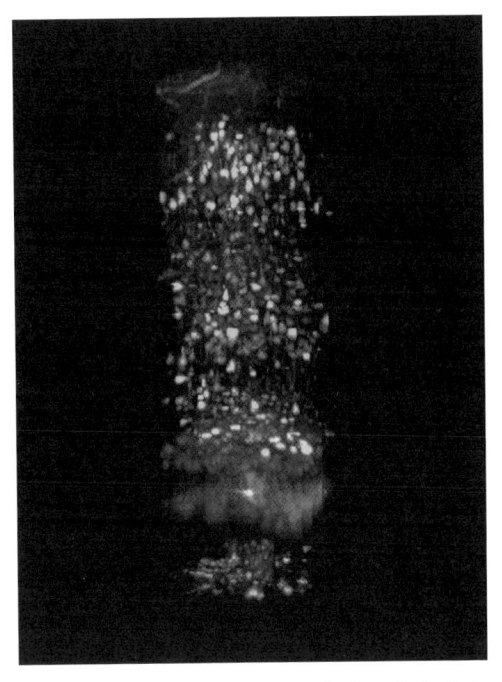

使用微型化三光子显微镜对小鼠大脑皮层和海马CA1亚区结构成像。

研究团队供图

此次新研制的微型化三光子显微镜一举突破了此前的成像深度极限：显微镜激发光路可穿透小鼠大脑皮层和胼胝体，实现对小鼠海马CA1亚区的直接观测记录，神经元钙信号最大成像深度可达1.2毫米，血管成像深度可达1.4毫米。

这一成像深度的突破得益于该显微镜全新的光学构型设计，使散射荧光收集效率实现了成倍提升。此外，该显微镜还可长时间、不间断地观测神经元功能活动而不产生明显的光漂白与光损伤。

北京大学国家生物医学成像科学中心主任程和平院士说，利用该显微镜，团队研究了小鼠大脑顶叶皮层第六层神经元在抓取糖豆过程中的编码机制，发现约37%的神经元在抓取动作之前就开始活跃且在抓取时最活跃，约5.6%的神经元在抓取动作后开始活跃。

"这显示出不同神经元参与了不同阶段的编码，也初步展示了微型化三光子显微镜在脑科学研究中的应用潜力。"程和平表示，这一成像技术为人类更深入探寻大脑的奥秘、揭秘脑功能连接图谱提供了重要工具。

2017年，程和平团队成功研制第一代微型化双光子显微镜，获取了小鼠在自由行为过程中大脑皮层神经元和神经突触活动的动态图像。2021年，团队研制的第二代微型化双光子显微镜将成像视野扩大了7.8倍，具备获取大脑皮层上千个神经元功能信号的三维成像能力。

133. 中国全社会研发经费支出首次突破3万亿元

天和、问天、梦天三舱齐聚天宇，中国空间站傲立太空，夸父探日、青藏科考、微纳卫星、量子传输、质子治疗等一批重大创新成果竞相涌现……

2月24日，在国新办举行的"权威部门话开局"系列主题新闻发布会上，科技部部长介绍，2022年全社会研发经费支出首次突破3万亿元，研发投入强度首次突破2.5%，基础研究投入比重连续4年超过6%。

一批关键核心技术攻关取得突破，国家战略科技力量建设迈出新步伐，科技创新深度融入经济社会发展各个领域和百姓生活方方面面，并为中国式现代化创造更多新愿景、带来更加美好新期待。

党的十八大以来，以习近平同志为核心的党中央把科技创新摆在国家发展全局的核心位置，推动我国科技事业取得历史性成就、发生历史性变革，从自主创新到自立自强、从跟跑参与到领跑开拓、从重点领域突破到系统能力提升，这十年是我国科技事业跨越式发展的十年，是我国科技创新能力提升最快的十年，也是科学技术第一生产力作用发挥最为彰显的十年。

当前，中国科技实力跃升，在全球创新版图的影响力显著增强。全社会研发经费从2012年的1万亿元增加到2022年的3.09万亿元，研发投入强度从1.91%提升到2.55%。基础研究投入从2012年

的 499 亿元提高到 2022 年约 1951 亿元，占全社会研发经费比重由 4.8% 提升至 6.3%。研发人员总量从 2012 年的 325 万人年提高到 2022 年预计超过 600 万人年。引用排名前千分之一的世界热点论文占全球总量的 41.7%，高被引论文占 27.3%。中国不仅是国际前沿创新的重要参与者，也成了解决全球问题的重要贡献者。

134. 中国自主研制空间站双光子显微镜首获航天员皮肤三维图像

神舟十五号航天员乘组使用由我国自主研制的空间站双光子显微镜开展在轨验证实验任务并取得成功。2 月 27 日，记者从空间站双光子显微镜项目团队获悉，这是目前已知的世界首次在航天飞行过程中使用双光子显微镜获取航天员皮肤表皮及真皮浅层的三维图像，为未来开展航天员在轨健康监测研究提供了全新工具。

双光子显微成像技术是基于双光子吸收及荧光激发的一种非线性光学成像技术，具有高分辨率、强三维层析能力、大成像深度等特点。由于传统的双光子显微镜整机系统庞大，不能满足在轨实验仪器设备对可靠性、体积、重量、抗冲击和振动性能等的苛刻要求，此前国际上还未能实现双光子显微成像技术在空间站在轨运行与应用。

2017 年，北京大学国家生物医学成像科学中心主任程和平院士带领团队成功研制探头仅重 2.2 克的微型化双光子显微镜，为空间站双光子显微镜的开发奠定基础。2019 年，在中国载人航天工程办公室大力支持下，由北大程和平、王爱民团队，中国航天员科研训练中心李英贤团队，北京航空航天大学冯丽爽团队联合相关企业及院所组建空间站双光子显微镜项目团队，由程和平担任总负责人。项目组攻克多项显微镜小型化技术难题，于 2022 年 9 月研制成功空间站双光子显微镜。

项目团队成员、北京大学未来技术学院助理研究员王俊杰博士介绍，2022 年 11 月 12 日，空间站双光子显微镜搭乘天舟五号货运飞船成功运抵中国空间站，成为世界首台进入太空的双光子显微镜。近日，神舟十五号航天员乘组完成了双光子显微镜的安装、调试和首次成像测试，成功获取了在轨状态下航天员脸部和前臂皮肤的在体双光子显微图像。

空间站双光子显微镜能以亚微米级分辨率清晰呈现出航天员皮肤结构及细胞的三维分布，具备对皮肤表层进行结构、组分等无创显微成像的能力。成像结果显示，皮肤的角质层、颗粒层、棘层、基底细胞层、真皮浅层等三维结构清晰可辨。

"空间站双光子显微镜是体现我国高端精密光学仪器制造水平的重要成果。"程和平介绍，此次在轨验证实验实现了多项第一，例如世界上首次实现双光子显微镜在轨正常运行；国内首次实现飞秒激光器在轨正常运行；国际上首次在轨观测航天员细胞结构和代谢成分信息。"这些不仅为从细胞分子水平开展航天员在轨健康监测研究提供了全新工具和方法，也为未来利用中国空间站平台开展脑科学研究提供了重要的技术手段。"

135. 云南福贡发现濒危植物彩云兜兰野生居群

2月27日，我国科研人员在云南高黎贡山国家级自然保护区福贡段发现国家一级重点保护野生植物彩云兜兰。这是我国目前唯一已知的彩云兜兰野生居群。

为保护野生兜兰属植物资源，高黎贡山国家级自然保护区福贡管护分局工作人员于2023年初对兜兰属植物开启野外调查。经过两个月的不懈努力，工作人员在保护区福贡段海拔1300多米的山坡草丛中，发现了一种野

2月27日在云南高黎贡山拍摄到的国家一级重点保护野生植物彩云兜兰。

新华社发（沈秀英 摄）

生的兜兰属植物。经中国科学院植物研究所兰科专家鉴定，该植物被确定为极度濒危物种——彩云兜兰。

"我从2004年起前往高黎贡山进行了上百次野外调查，在当地发现兰科植物新种30多种，但一直没有发现野生的彩云兜兰。保护区的此次发现令人振奋！"中国科学院植物研究所研究员金效华介绍，彩云兜兰属于兰科兜兰属，仅分布于我国云南西南部和缅甸北部等地，花期为每年12月至次年3月，是观赏价值较高的名贵花卉。

彩云兜兰被世界自然保护联盟（IUCN）濒危物种红色名录列为濒危（EN）物种，在《中国高等植物红色名录》中被评估为极危（CR）物种，并被列入《濒危野生动植物种国际贸易公约》（CITES）附录Ⅰ，禁止野生植株任何形式的国际贸易。

136. 中国空间站成功实施首次点火实验

3月2日，记者从中国科学院空间应用工程与技术中心获悉，梦天实验舱燃烧科学实验柜日前成功实施首次在轨点火实验，验证了空间站燃烧科学实验系统功能的完备性以及整体实验流程的准确性与科学性，为后续空间科学燃烧实验项目打下良好基础。

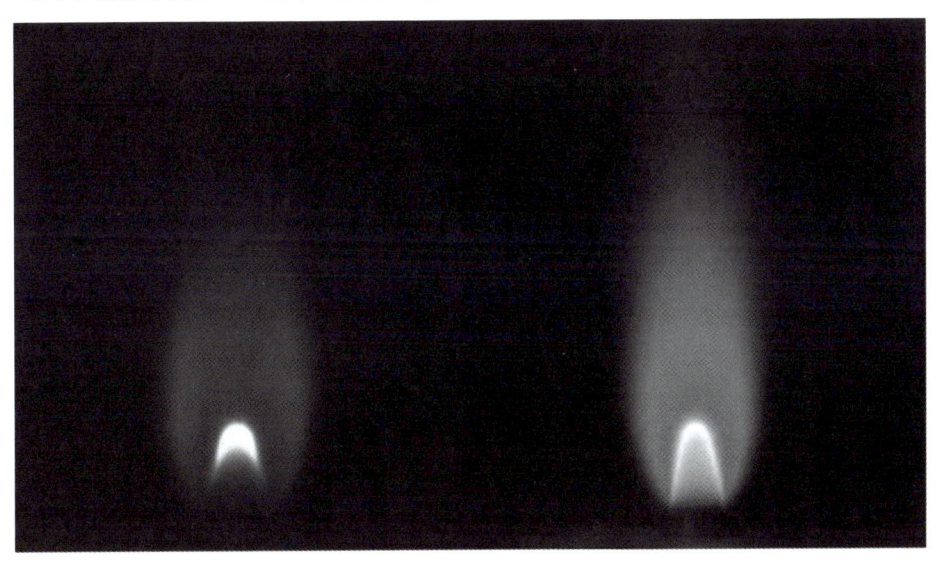

空间站燃烧科学实验柜甲烷燃烧图像（左）与地面同种工况甲烷燃烧图像（右）。
中国科学院工程热物理研究所、清华大学燃烧能源中心供图

燃烧柜科学实验系统主任设计师、中科院工程热物理研究所研究员郑会龙介绍，此次点火实验采用甲烷作为燃料，先后两次点火共持续约30秒。

实验前，在地面科研人员的协同下，航天员将点火头安装在气体实验插件中，并将气体实验插件安装至燃烧科学实验柜的燃烧室中。之后，燃烧科学实验柜自动完成燃烧环境气体配置、燃料气体喷出、点火头加热点火、参数采集与光学诊断、循环过滤及排废气等系列动作。

高速相机下传的实验画面清晰展现了甲烷预混火焰（内圆锥状火焰）受扩散火焰包围的形貌。"由于不受浮力的影响，外部的扩散火焰与地面相同实验结果相比更为短而圆。"燃烧科学实验责任科学家、清华大学副教授刘有晟说。

刘有晟介绍，微重力环境能够排除浮力对流，抑制颗粒或液滴沉降，微重力燃烧实验能为燃烧理论和模型的发展提供重要支撑。

中国在微重力燃烧科学领域规划了包含79项实验目标在内的10个研究计划，2023年年底前完成40次以上的在轨燃烧实验。这些实验将为中国微重力燃烧领域取得第一批空间站实验数据，服务于地面和空天燃烧应用装置和材料合成相关理论发展。

中科院空间应用工程与技术中心研究员、空间应用系统梦天实验舱任务总体主任设计师贺宇峰介绍，自梦天实验舱发射入轨以来，梦天实验舱各科学实验柜陆续完成了供电检查、基本功能自检，并进行功能指标测试及参数调优，按计划开展了舱外载荷保温、高精度时频柜和超冷原子柜真空保持、有效载荷在轨测试等50余项任务。

137. 我国科学家首创开放式新架构实现615公里光纤量子通信

据新华社3月9日报道，北京量子信息科学研究院袁之良团队首创量子密钥分发开放式新架构，采用光频梳技术，成功实现615公里光纤量子通信。该架构在确保量子通信安全性的同时，能大幅降低系统建设成本，为我国建设多节点广域量子网络奠定基础。相关成果日前发表于国际学术期刊《自然—通讯》。

安全是量子通信的最大特征。作为量子通信的主要方式之一，量子密钥分发基于量子的不可测量性、不可克隆性，借助"一次一密"的加密方式，为量子通信上了一把"安全锁"。"双场"是目前所有量子密钥分发协议中，最适合远距离传输的一种。

北京量子信息科学研究院量子密钥分发实验室。

新华社记者 张漫子 摄

北京量子信息科学研究院首席科学家袁之良介绍，双场架构下量子通信，需要相距遥远的两个独立激光源各自发出"信号"。如果激光源发射的"信号"频率不同，就会出现传输中的"信号"失误。想要避免"信号"失误，就需要一个能实现两端"信号"频率相同的"工具"：服务光纤。这意味着通信两端之间还需额外架设"一条路"，这也就构成了由"两条路"构成的传统架构。

"传统架构，意味着搭建双倍长度的光纤，成本高且结构复杂，系统运行维护起来贵且困难，不利于未来多节点广域量子保密网络的建设。"袁之良说。

此次我国科学家首创的新架构新在何处？北京量子信息科学研究院光量子通信与器件团队成员周来打了一个比方："如果想要在北京、青岛两地之间进行'量子通话'，过去需在遥远的通信两端之间连通'两条路'。新架构出现后'一条路'就已足够。"

为"节省"下服务光纤但保留其发挥的作用，袁之良团队首次将光频梳技术应用于双场量子密钥分发。"光频梳技术，就好比把一束单频率的光，变成像多个'梳子齿'一样分隔开来、不同频率的多束光。借助这把神奇的'梳子'，无须架设服务光纤，即可实现通信两端'信号'的频率校准，从而实现量子信息的准确传输。"周来说。

此外，在实际的超长距离量子通信中，光纤不免会发生快速抖动，也会影响传输"信号"的准确。光频梳技术还可同步解决光纤抖动的问题，大大降低噪声对量子信号的影响，确保光纤量子信息长距离传输的精准。

"作为世界上首个开放式架构的双场量子密钥分发系统，成功实现615公里的光纤量子通信，在量子通信的实现方案方面有了创新突破。"《自然—通讯》审稿人之一、量子通信科学家王双表示，这一新架构有助于光纤量子密钥分发距离向千公里级别突破，为未来我国建设多节点广域量子网络奠定基础。

138. "奋斗者"号完成国际首次环大洋洲载人深潜科考任务

3月11日，"探索一号"科考船携"奋斗者"号全海深载人潜水器抵达三亚，圆满完成国际首次环大洋洲载人深潜科考航次任务。

本航次是由中国科学院深海科学与工程研究所牵头发起的"全球深渊深潜探索计划"第一阶段科考航次，自2022年10月6日从三亚启航至今，历时157天，环大洋洲航行22000余海里。本航次由10所国内外机构参与。

3月11日，"探索一号"科考船携"奋斗者"号全海深载人潜水器抵达三亚。

新华社记者 赵颖全 摄

在超长航期的考验下,"奋斗者"号共完成了63次有效下潜作业,其中4次下潜深度超过万米。

航次期间,科考队在西南太平洋克马德克海沟区域开展了国际首次大范围、系统性的载人深潜调查,并在人类历史上首次抵达东南印度洋蒂阿曼蒂那深渊和瓦莱比-热恩斯深渊底部开展实地观察和取样,采集的深渊宏生物、岩石、结核、沉积物和水体样品,为深入理解深渊生命演化与适应机制、深渊沉积环境演变等提供了重要支撑。本航次的成功实施,充分展现了中国载人深潜作业能力和运维水平,也标志着"奋斗者"号运维体系走向成熟、稳定。

139. 云南发现新记录植物大花舟翅桐

据新华社3月19日报道,云南西双版纳国家级自然保护区尚勇管护所在开展资源监测过程中发现一未知乔木树种。经中科院专家鉴定,该植物为舟翅桐属大花舟翅桐,系我国首次发现有该属植物分布。

3月3日在云南西双版纳国家级自然保护区拍摄的大花舟翅桐。

新华社发(岩温的 摄)

"大花舟翅桐主要分布在缅甸、泰国等东南亚国家，我们推测在西双版纳也有分布，此次发现证实了这一点。"中国科学院西双版纳热带植物园研究员谭运洪介绍，大花舟翅桐是锦葵科舟翅桐属植物，花色为橘黄色渐变橘红色，植株高达35米至45米。

谭运洪说，此次发现不仅为我国植物增添了新成员，也是以大花舟翅桐为代表的季雨林群落在我国被首次记录。

大花舟翅桐有极高的研究和保护价值，进一步体现出中国热带雨林生物多样性丰富。下一步，保护区还将针对大花舟翅桐的种群分布、生境质量、保护现状等情况进行深入调查研究。

140. 中国科学家实现量子纠错新突破

在中国科学院院士俞大鹏带领下，南方科技大学深圳量子科学与工程研究院超导量子计算实验室助理研究员徐源课题组联合福州大学教授郑仕标、清华大学副教授孙麓岩等组成的研究团队，通过实时重复的量子纠错过程，延长了量子信息的存储时间，相关结果超过编码逻辑量子比特的物理系统中不纠错情况下的最好值。这是中国科学家在量子纠错领域的最新研究成果，相关学术文章于3月23日在国际著名学术期刊《自然》网站上刊登。

虽然近年基于超导量子线路系统的量子信息处理领域研究发展迅猛，但由于量子计算机体系的错误率远高于经典数字计算机，想要构建具有实用价值的通用量子计算机，量子纠错依然不可或缺，因其可有效保护量子信息免受环境噪声干扰。

在传统的量子纠错方案编码中，一个逻辑量子比特需要多个冗余的物理比特，不但需要巨大的硬件资源成本，发生错误的通道数也随比特数增加而显著增多，可能呈现"越纠越错"的局面，导致量子纠错后的效果远未达到不纠错情况下的最好值，无法产生正的量子纠错增益。这成为当前量子纠错技术无法实用化、可扩展发展的核心瓶颈。

研发团队通过开发高相干性能的量子系统，设计和实现了错误率低的错误探测方法，以及改进和优化量子纠错技术等实验手段，最终在玻色模式中实现了基于离散变量的二项式编码的逻辑量子比特，并通过实时重复的量子纠错过程，延长了量子信息的存储时间，相关结果超过编码逻辑量子比特的物理系统中不纠错情况下的最好值，超越了盈亏平衡点，带来正的量子纠错增益，向实用化可扩展通用量子计算迈出了关键一步。

141. 中国两栖爬行动物又添新物种

据新华社 3 月 23 日报道，中国两栖爬行动物大家庭又添新成员。2022 年云南发现了两栖类新物种 11 种、爬行类新物种 8 种，相关成果已发表在《动物学研究》等国际期刊上。

2022 年发现的爬行类新物种——红唇棘蜥。

新华社发（王剀 摄）

两栖类新物种包括：河口湍蛙、丙察察湍蛙、河口棱皮树蛙、屏边掌突蟾、梅里齿突蟾、碧罗齿突蟾、云岭蟾蜍、永德溪蟾、片马疣螈、普洱蝾螈、麻栗坡瘰螈。

爬行类新物种包括：西南眼镜蛇、黎明龙蜥、永胜龙蜥、长尾棘蜥、红唇棘蜥、思茅半叶趾虎、砚山半叶趾虎、孟连裸趾虎。

研究人员介绍，近年来，我国发现的两爬新物种多集中在云南，一方面说明云南是生物多样性热点地区，迥异的地形、植被和环境孕育了丰富的物种；另一方面也反映出学界对云南两栖爬行动物多样性的认识还不完全。

研究人员还表示，不断涌现的新物种对我国两栖爬行动物的保护也提出新挑战，比如如何依据不断变化的物种分类和受威胁等级，及时调整和执行保护名录等。

来自中科院昆明动物研究所的数据显示，截至 2022 年年底，云南省已记录两栖类物种 211 种、爬行类物种 243 种，居全国各省（区、市）前列。

142. 古生物学者发现约 1.7 亿年前的"花"

3月26日，记者从中科院南京地质古生物研究所获悉，古生物学者近期通过化石重新研究，发现了我国西北地区目前已知最早的被子植物，即人们熟知的"花"。这种远古植物距今约有1.7亿年历史，此前一直被认为是裸子植物。

领导此项研究的中科院南京地质古生物研究所研究员王鑫介绍，人们俗称的"花"和"果"，其实是被子植物所特有的结构。被子植物是当今植物界最进化、种类最多、分布最广、适应性最强的类群。全球范围内的现生被子植物约30万种，占现生植物界种类的绝大多数。

此次，科研团队对我国西北地区约1.7亿年前的一种侏罗纪远古植物化石进行了重新研究。这种植物此前被认为是裸子植物，名为美丽镰鳞果。最新研究中，科研团队运用显微CT技术对这种古植物化石进行扫描，发现化石内部包含有双层珠被的倒生胚珠，这是判断被子植物的关键特征。基于此，科研团队判断这是一种远古被子植物。由于化石中展现的是这种植物的多个相连果实，科研团队将其重新命名为美丽青甘宁果序（Qingganninginfructus formosa）。

"美丽青甘宁果序在我国青海、甘肃、宁夏均有发现，是我国西北地区迄今发现的最早的被子植物。它的发现说明，早在约1.7亿年前，开花结果的被子植物就已经出现并广泛分布，达到了一定的繁盛程度。这也为科学界继续追踪被子植物的起源和演化，提供了新的参考依据。"王鑫说。

该研究由中科院南京地质古生物研究所、兰州大学、宁夏地质博物馆、西北大学共同完成。相关研究成果刊发在国际生物学期刊《生命》上。

143. 长征二号丁"一箭四星"发射成功

3月30日晚间，中国在太原卫星发射中心使用长征二号丁运载火箭，成功将宏图一号01组卫星发射升空，卫星顺利进入预定轨道，发射任务获得圆满成功。

本次任务的四颗卫星，由一颗主星及三颗辅星组成，是国际上首个四星编队飞行的X波段干涉合成孔径雷达对地成像系统，该组卫星在轨构成国际上首个车轮式卫星编队。

作为国际上首个车轮式卫星编队，四颗卫星像在太空飞行的"车轮"，主星位于"车轮"中部,三颗辅星均匀分布在"车轮"的"轮毂"上,采用星间通信链路和相位同步链路,在辅星与主星相距仅几百米的情况下,通过精密的轨道控制,保证卫星编队在轨构型稳定性和空间安全性。相对于传统的干涉卫星系统,车轮式编队具有编队构型相对稳定、干涉基线多、测绘效率高的优势。

值得注意的是,该组卫星可以快速高效进行全球陆地高精度测绘;具备毫米级形变监测能力,能够为地面沉降、塌陷、滑坡等灾害的勘查和防治提供数据支撑,是早期识别复杂地区重大地质灾害隐患的"利器";具备亚米级高分宽幅成像能力,可以全天候和全天时对地高质量成像观测。

宏图一号01组卫星由银河航天(北京)网络技术有限公司研制,用户为航天宏图信息技术股份有限公司。航天科技集团所属长城公司统筹长征系列运载火箭商业发射服务能力,作为项目承包商为宏图一号01组卫星提供发射服务。

执行本次发射任务的长征二号丁运载火箭是由中国航天科技集团有限公司八院抓总研制的常温液体二级运载火箭,起飞推力达300吨,对应700公里太阳同步圆轨道的运载能力为1.3吨,具备不同轨道要求的单星、多星发射能力。

144. 郭守敬望远镜发布光谱数量突破2000万条

3月31日,记者从中科院国家天文台获悉,郭守敬望远镜DR10数据集日前面向国内外天文学家和国际合作者发布,该数据集包含光谱总数2229万余条,郭守敬望远镜成为世界上首个发布光谱数突破2000万的光谱巡天望远镜。

DR10数据集是郭守敬望远镜于2011年10月至2022年6月观测获取的光谱数据,包括1181万条低分辨率光谱、1048万条中分辨率光谱,中、低分辨率光谱均突破千万。DR10数据集还包括一个约961万组的恒星光谱参数星表。

郭守敬望远镜是我国自主设计的新型大视场兼大口径光学天文望远镜,单次观测最多可同时获取4000条天体光谱。郭守敬望远镜于2009年6月通过国家验收,并于2011年10月正式启动先导巡天。

截至3月底,来自中国、美国、德国等国家和地区的194所科研机构和大学的1385位用户正在利用郭守敬望远镜数据开展研究工作。郭守敬远镜的科学产出已步入国际大型天文望远镜先进行列，助力全球天文学家在银河系结构与形成演化、恒星物理的探究、特殊天体和致密天体的搜寻等方面取得一系列突破性成果。

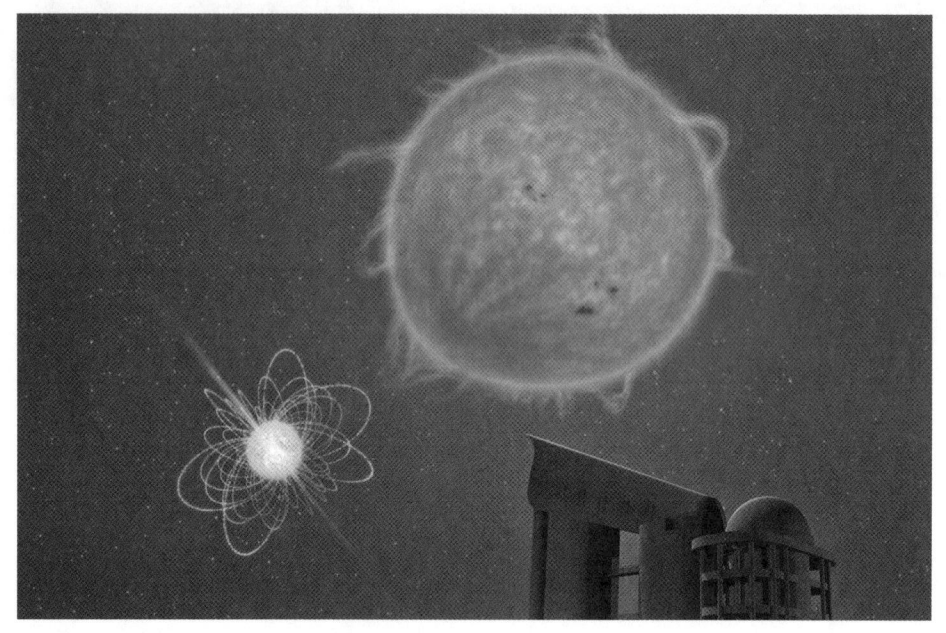

郭守敬望远镜发现宁静态中子星示意图。

中科院国家天文台供图

郭守敬望远镜运行和发展中心常务副主任、中科院国家天文台研究员赵永恒介绍，近两年，郭守敬望远镜科研产出呈现出井喷式增长态势，使用郭守敬望远镜数据发表的论文年均超过200篇，其中，国外天文学家发表的论文占40%以上，彰显了郭守敬望远镜数据的国际影响力。

145. 我国首颗生态环境综合高光谱观测业务卫星投入使用

经过两年在轨测试，我国首颗生态环境综合高光谱观测业务卫星于4月4日正式投入使用。

这颗卫星在2021年9月7日成功发射，共搭载2台对地观测载荷和5台大气环境观测载荷，具备同时对大气环境、地表水体和陆表生态变化等环境要素开展定量化、高光谱观测的能力，综合性能达到了国际先进水平。

卫星在轨交付后，将在我国大气、水、自然生态等生态环境遥感监测业务中发挥重要支撑作用，从而提高应对环境污染事件、自然灾害监测和应急响应能力，提高环境监管水平。

146. 我国科学家开发首例温和条件下超快氢负离子导体

氢负离子导体在氢负离子电池、燃料电池、电化学转化池等领域具有广阔应用前景，未来有望引领一系列能源技术革新。我国科学家日前通过机械化学方法，在氢化镧晶格中引入大量的缺陷和晶界，开发了首例温和条件下超快氢负离子导体。该研究由中科院大连化物所陈萍研究员、曹湖军副研究员团队完成，相关成果于4月5日在国际学术期刊《自然》发表。

氢负离子是一种具有很大开发潜力的氢载体和能量载体，氢负离子导体是在一定条件下具有优异氢负离子传导能力的材料。此领域研究面临材料体系少、操作温度高等问题，是洁净能源领域的前沿课题。

陈萍、曹湖军团队创新地采用机械球磨法，通过撞击和剪切力，造成氢化镧晶格的畸变，形成了大量纳米微晶和晶格缺陷。这些畸变可以显著抑制电子传导，使电子电导率相比结晶态良好的氢化镧下降5个数量级以上，同时对氢负离子传导的干扰并不显著，从而获得了优异的氢负离子传导特性。

147. 中国"人造太阳"获重大突破

第122254次实验！4月12日21时，中国有"人造太阳"之称的全超导托卡马克核聚变实验装置（EAST）创造新的世界纪录，成功实现稳态高约束模式等离子体运行403秒，对探索未来的聚变堆前沿物理问题，提升核聚变能源经济性、可行性，加快实现聚变发电具有重要意义。

万物生长靠太阳。太阳之所以能发光发热，是因为内部的核聚变反应。核聚变能源的原材料在地球上极其丰富，且排放无污染，如果能造一个"太阳"来发电，人类有望实现能源自由。

4月12日晚，经过十几年聚力攻关，EAST成功实现稳态高约束模式等离子体运行403秒，刷新2017年的101秒世界纪录，实验现场一片欢腾。

"这次突破的主要意义在于'高约束模式'。"中科院合肥物质科学研究院副院长、等离子体物理研究所所长宋云涛说，高约束模式下粒子的温度、密度都大幅度提升，"这为提升未来聚变电站的发电效率，降低成本奠定了坚实物理基础"。

EAST装置上有核心技术200多项、专利2000余项，汇聚"超高温""超低温""超高真空""超强磁场""超大电流"等尖端技术于一炉，共有上百万个零部件协同工作。这次成功突破，离不开等离子体控制、加热、壁处理、先进诊断等技术提升和内真空室改善。目前，下一代"人造太阳"中国聚变工程实验堆已完成工程设计，未来瞄准建设世界首个聚变示范堆。

148. 世界首台！我国在中红外太阳观测领域取得新进展

据新华社4月16日报道，国家自然科学基金委员会支持的重大仪器专项（部委推荐）项目——世界首台"用于太阳磁场精确测量的中红外观测系统（简称AIMS）"望远镜取得新进展，其核心科学仪器之一——8至10微米红外终端成像系统已运抵冷湖天文观测基地，并开始与望远镜系统的对接和调试工作，将于近期启动试观测。

冷湖天文观测基地位于青海省海西蒙古族藏族自治州茫崖市冷湖镇赛什腾山，平均海拔约4000米。目前有总投资近20亿元的9个光学天文望远镜项目落户于此。中国科学院国家天文台怀柔太阳观测基地总工程师王东光介绍，AIMS望远镜将填补国际上没有中红外波段太阳磁场望远镜的空白，揭开太阳在中红外波段的神秘面纱。

"AIMS望远镜不仅科学目标在国际上具有创新性，在技术上也有创新性的突破。望远系统在国内天文观测中首次采用离轴光学系统设计，焦面科学仪器除8至10微米的红外单色像外，还配备了国际领先的高光谱分辨率红外成像光谱仪和偏振测量系统。"王东光介绍，AIMS望远镜的研制，推动了我国红外光谱与红外偏振测量技术的发展。

149. 古生物学家为5.2亿年前的虫子拍CT

4月19日，古生物学家揭开了澄江生物群中的等刺虫化石的形态秘密。该成果同日在线发表在国际期刊《英国皇家学会会刊B辑》上。

节肢动物的起源与演化一直是学界研究热点。等刺虫是生活在约5.2亿年前寒武纪时期一类干群节肢动物，是研究节肢动物早期演化的绝佳对象，但一直以来，由于等刺虫宽大的壳瓣覆盖住了整个身体，古生物学家仅凭肉眼和光学显微镜难以观察到壳瓣下的细节。

由云南大学古生物研究院、澄江化石地世界自然遗产博物馆、美国哈佛大学研究人员组成的团队，运用显微CT断层扫描等先进技术手段，给等刺虫拍出了多张较为完整的CT片，揭示出这类动物的躯干外形和附肢细节。

研究表明，等刺虫的前附肢及其后的14对附肢已出现明显的形态和功能分化。其中，前附肢为单肢型，由多个连接在一起的肢节组成，肢节背面有簇状尖刺，能有效捕捉猎物。紧接前附肢后的4对附肢，肢节粗壮、内侧有成对的刺、末端呈钩状，可对捉到的猎物做进一步肢解处理，以有效进食。后部10对躯干附肢，内肢分节多、缺少内侧的刺和末端爪，外肢发达、有成列排布的多个片状结构。

"通过这些CT数据，我们可以清晰地看到等刺虫的外形细节，据此推断，等刺虫的前附肢及其后的4对附肢形成了功能性的头部，而躯干附肢为运动附肢，有游泳和爬行功能。"论文通讯作者之一、云南大学古生物研究院研究员刘煜说。

该成果为学界研究节肢动物的早期演化提供了全新的形态学证据。

150. 中国首次火星探测火星全球影像图发布

4月24日,在2023年"中国航天日"主场活动启动仪式上,国家航天局和中国科学院联合发布了中国首次火星探测火星全球影像图。

本次发布的影像图为彩色,包括按照制图标准分别制作的火星东西半球正射投影图、鲁宾逊投影图和墨卡托投影加方位投影图,空间分辨率为76米,将为开展火星探测工程和火星科学研究提供质量更好的基础底图。

天问一号任务获取的包括影像图在内的一批科学探测数据,将为人类深入认知火星作出中国贡献。

151. 国家航天局与亚太空间合作组织签署关于国际月球科研站合作联合声明

4月25日,以"合作共赢 飞向深空"为主题的第一届深空探测(天都)国际会议在安徽合肥开幕。开幕式上,国家航天局与亚太空间合作组织签署关于国际月球科研站合作联合声明。

声明指出,双方将在国际月球科研站论证、工程实施、运营和应用方面开展广泛而深入的合作,具体合作领域包括但不限于共同论证科学目标、联合设计与开发航天器、科学仪器搭载、科学与技术试验、数据分析、教育与培训等。

在第一届深空探测(天都)国际会议上,中国探月工程总设计师、深空探测实验室主任吴伟仁院士就国际月球科研站建设作主旨报告,深度解读国际月球科研站建设方案,并向世界各国发出合作倡议。

依据"总体规划、分步实施、边建边用"的原则,国际月球科研站将按照三个阶段分步实施。

一、计划2028年前建成基本型,开展月球环境探测和资源利用试验验证;

二、2040年前建成完善型,开展日地月空间环境探测及科学试验,并建成鹊桥通导遥综合星座,服务载人登月和火星、金星等深空探测;

三、之后建设应用型月球科研站,由科研型试验站逐步升级到实用型、多功能的月球基地。

吴伟仁表示,作为国际月球科研站基本型建设阶段的重要任务:嫦娥六号将于2024年前后发射,实施月背采样返回任务;嫦娥七号将于2026年前后发射,开展月球南极的环境与资源详查;嫦娥八号将于2028年前后发射，开展月球资源利用试验验证，构建月球科研站基本型。

国际月球科研站是中国联合多国共同建设，将在月球表面和月球轨道长期自主运行、短期有人参与，可扩展、可维护的综合性科学实验设施。

152. 时隔千日中国北斗卫星家族再添新成员

5月17日上午，我国在西昌卫星发射中心用长征三号乙运载火箭，成功发射由航天科技集团五院抓总研制的第56颗北斗导航卫星。

执行本次发射任务的长征三号乙运载火箭。

航天科技集团一院供图

第56颗北斗导航卫星将运行在地球静止轨道（GEO），是2020年我国北斗三号全球组网以来发射的首颗也是唯一的高轨备份卫星。名为备份星，实为主力军，本次发射的卫星在入列之时即会发挥作用，将有效扩大短报文服务区域，提高精密单点定位能力，支撑系统稳定运行。

此次发射的第56颗北斗导航卫星作为一颗地球静止轨道卫星，继承了前序地球静止轨道卫星"力大本领强"的特点。虽然地球静止轨道卫星在北斗三号系统中数量不多，但承担着为北斗导航系统的技术指标提升提供增强服务的重任。

因此，第56颗北斗导航卫星具有北斗三号系统鲜明的特色，即具备无线电导航、无线电测定、精密单点定位、功率增强、站间时间同步和定位五大本领，可为我国及周边地区用户提供导航及增强服务。

2022年发布的《新时代的中国北斗》白皮书指出，新时代的中国北斗以更好服务全球、造福人类为宗旨，将更好满足经济社会发展和人民美好生活需要，更好实现共享共赢。此次北斗"新星"入列，也将通过开展在轨试验验证，优化高精度体制设计方案，为新时代北斗导航接续发展奠定坚实基础。

153. 全国首次两座不同高铁特大桥同步成功转体

5月18日，由中铁十一局承建的荆荆高铁荆门特大桥转体梁与中铁二十四局承建的沪渝蓉高铁太白集特大桥转体梁，经过70分钟转体施工，成功跨越焦柳铁路，分别实现精准对接。这是全国首次两座不同高铁特大桥同步转体。

此次转体地点位于湖北省荆门市内，两座转体梁共重1.3万吨，均为长112米T构连续梁。为减少上部结构施工对焦柳铁路行车安全的影响，两座桥梁采用平衡转体的施工方法，即先在铁路一侧浇筑梁体，再通过转体让梁体就位，使两座特大桥分别贯通。

为确保转体施工安全，施工人员提前沟通对接，进行模拟演练和论证研讨，同时在转体过程中，采用应力监测超限实时预警系统、转体自动化实时姿态监测系统，实时动态指导转体施工，安全精确引导梁体转体就位。

荆荆高铁和沪渝蓉高铁都是国家"八纵八横"高铁骨干通道的重要组成部分，两条高铁在荆门西站交汇互通，设计时速均为350公里。

154. 神舟十六号3名航天员顺利进驻中国空间站

据中国载人航天工程办公室消息，在载人飞船与空间站组合体成功实现自主快速交会对接后，神舟十六号航天员乘组从飞船返回舱进入轨道舱。5月30日18时22分，翘盼已久的神舟十五号航天员乘组顺利打开"家门"，欢迎远道而来的神舟十六号航天员乘组入驻"天宫"。随后，两个航天员乘组拍下"全家福"，共同向牵挂他们的全国人民报平安。

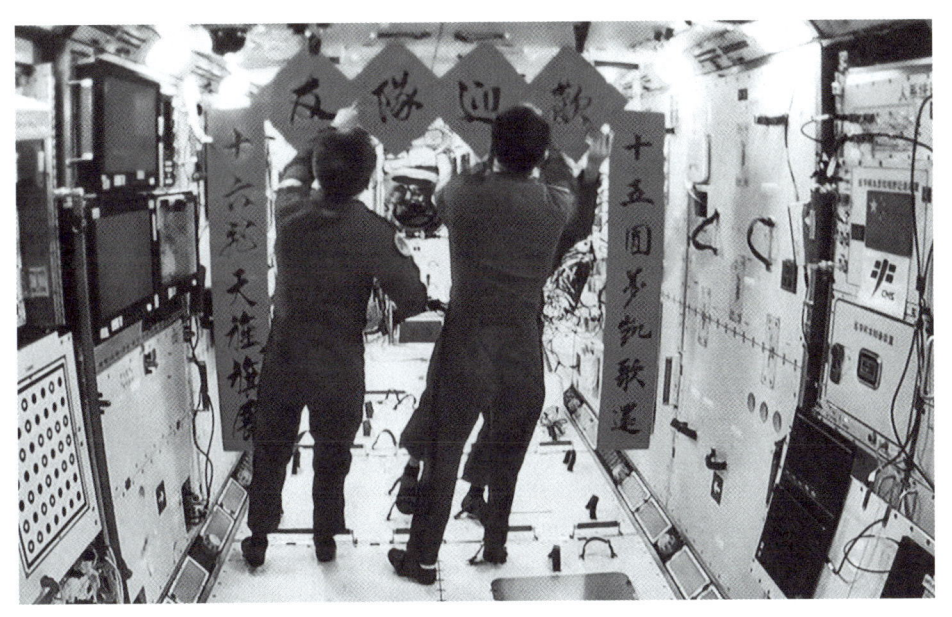

5月30日在北京航天飞行控制中心拍摄的神舟十五号航天员乘组在天和核心舱张贴对联欢迎神舟十六号航天员乘组的画面。

新华社记者 李杰 摄

后续,两个航天员乘组将在空间站进行在轨轮换。其间,6名航天员将共同在空间站工作生活约5天时间,完成各项既定工作。

155. 神舟十五号载人飞船返回舱成功着陆

6月4日6时33分,神舟十五号载人飞船返回舱在东风着陆场成功着陆,航天员费俊龙、邓清明、张陆全部安全顺利出舱,神舟十五号载人飞行任务取得圆满成功。

中国载人航天工程办公室介绍,5时42分,按照飞行程序,神舟十五号载人飞船轨道舱与返回舱成功分离。之后,飞船返回制动发动机点火,返回舱与推进舱分离,返回舱成功着陆,担负搜救回收任务的搜救分队及时发现目标并抵达着陆现场。返回舱舱门打开后,医监医保人员确认航天员身体健康。

神舟十五号载人飞船于2022年11月29日从酒泉卫星发射中心发射升空,随后与天和核心舱对接形成组合体。3名航天员在轨驻留期间,完成大量空间科学实（试）验，进行了4次出舱活动，圆满完成舱外扩展泵组安装、跨舱线缆安装接通、舱外载荷暴露平台支撑杆安装等任务，配合完成空间站多次货物出舱任务，为后续开展大规模舱外科学与技术实验奠定了基础。

6月4日，神舟十五号载人飞船返回舱在东风着陆场成功着陆。

新华社记者 连振 摄

作为迄今为止执行任务时平均年龄最大的航天员乘组，3名航天员不仅刷新了中国航天员单个乘组出舱活动次数的纪录，还见证了中国空间站全面建成的历史时刻。

156. 科学家首次发现第一代超大质量恒星化学遗迹

科学家利用郭守敬望远镜在银晕恒星中发现了一颗质量高达260倍太阳质量的第一代恒星的化学遗迹，首次从观测上证实了第一代恒星质量可达太阳质量数百倍的理论猜想，对于进一步探索宇宙演化奥秘具有重要意义。该研究由中国科学院国家天文台研究员赵刚带领的国际团队完成，相关成果于6月7日在国际学术期刊《自然》在线发表。

宇宙大爆炸之后，第一代恒星形成，它们不仅给宇宙带来第一缕曙光，还创造出新的元素，主导着早期宇宙的化学增丰过程和演化历史。

"由于第一代恒星诞生年代久远且寿命短，现在直接观测到的难度极大，因此开展研究主要通过极贫金属星。部分极贫金属星可能诞生于第一代恒星终结时形成的气体云，是研究第一代恒星的'活化石'。"文章第一作者、中科院国家天文台副研究员邢千帆介绍，天文学理论推测，第一代恒星质量可达太阳质量数百倍，但在此之前，超过100倍太阳质量的第一代超大质量恒星从未被观测证实过。

此项研究中，团队结合郭守敬望远镜低分辨率光谱和日本昴星团望远镜高分辨率光谱数据发现了一颗化学丰度极为特殊的极贫金属星（LAMOST J1010+2358），这颗恒星的化学丰度特征无法通过核坍缩超新星理论模型解释，却与260倍太阳质量的对不稳定超新星理论计算结果高度吻合。

《自然》期刊审稿人评价，这一发现第一次为对不稳定超新星与银晕恒星化学丰度之间的联系提供了决定性证据。未来可以通过对第一代恒星遗迹的分析，加深对银河系演化历史的理解。

157. "中国天眼"发现迄今轨道周期最短脉冲星双星系统

科学家利用"中国天眼"FAST发现了一个轨道周期仅为53分钟的脉冲星双星系统，是目前发现的轨道周期最短的脉冲星双星系统，从观测上证实了蜘蛛类脉冲星从"红背"向"黑寡妇"系统演化的理论。该研究由中国科学院国家天文台科研团队与国内外合作者完成，相关成果6月21日在国际学术期刊《自然》在线发表。

"中国天眼"此次发现的名为"PSR J1953+1844（M71E）"的脉冲星双星系统，是迄今绕转速度最快的蜘蛛类脉冲星系统，经长期观测被确定为处于"红背"到"黑寡妇"系统演化的中间状态，填补了蜘蛛类脉冲星演化理论的缺失环节。

《自然》期刊审稿人评价：这个发现使得脉冲星双星系统的轨道周期最短纪录缩短约30%，预示着蜘蛛类脉冲星演化中存在新的未知过程。

158. 中国自动驾驶大模型获得国际顶级会议"最佳论文奖"

6月22日，CVPR 2023正式公布了最佳论文等奖项，上海人工智能实验室（上海 AI 实验室）、武汉大学及商汤科技联合提出的自动驾驶通用大模型相关论文从 9155 篇作品中脱颖而出，获得本届 CVPR 最佳论文奖。国际计算机视觉与模式识别会议（CVPR）是人工智能领域最有学术影响力的顶级会议之一。

这是近十年来计算机视觉领域世界三大顶级会议中第一篇以中国学术机构作为第一单位的最佳论文，在国际上展现了中国人工智能的原创实力。入围本届 CVPR 最佳论文候选名单的作品来自包括谷歌、上海 AI 实验室、斯坦福大学、康奈尔大学等在内的世界顶尖企业及机构。作为人工智能领域的国际顶级会议，CVPR 2023 年的投稿量达 9155 篇，创下历史新高。大会共接收论文 2359 篇，其中仅有 12 篇入选最佳论文候选名单。最终，上海 AI 实验室联合团队的科研论文从中脱颖而出，摘取 CVPR 2023 最佳论文奖。

159. 我国业务化应用星地激光高速通信试验取得成功

据新华社 6 月 28 日报道，近日，中国科学院空天信息创新研究院（以下简称"空天院"）与长光卫星公司联合开展的星地激光高速通信试验取得成功，标志着我国成功实现星地激光高速通信的工程应用，为我国星地通信体制从微波拓展至激光奠定基础。

当前，多个国家都在布局大规模低轨卫星升空。对于大规模卫星星座来说，与采用传统微波通信传递信息相比，卫星激光通信拥有传输带宽高、抗干扰能力强、保密性好等特点，能够在更小的体积、重量和功耗下实现高速星地通信。"其中，星地激光通信提供安全高速的空间数据落地服务，可大幅提升传输速率。"空天院激光地面系统技术负责人李亚林表示。

当前，长光卫星公司自主研发运营的"吉林一号"卫星星座已有 108 颗卫星在轨。为了保障海量数据下传不受限，空天院与长光卫星公司利用"吉林一号"MF02A04 星开展星地激光高速通信试验。长光卫星星载激光通信技术负责人邢斯瑞介绍，攻关过程中，团队突破了一系列关键技术，在确保光学相机清晰成像的同时，高标准满足激光高指向精度及稳定度的要求，最终实现国内首次面向业务化应用开展的超高速（10Gbps）星地激光通信试验。

下一步，研发团队将开展星地激光通信常态化、业务化试运行为后续 40Gbps 星地激光通信载荷规模化应用提供技术基础。

160. 我国科学家实现 51 个超导量子比特簇态制备

量子纠缠是量子计算加速效应的根本来源之一，纠缠比特数目的增多可使量子计算能力呈指数增长。中国科学家成功实现了 51 个超导量子比特簇态制备和验证，刷新了所有量子系统中真纠缠比特数目的世界纪录。该研究由中国科学技术大学潘建伟院士、朱晓波、彭承志团队和北京大学袁骁等科研人员合作完成，相关成果 7 月 12 日在国际学术期刊《自然》在线发表。

"量子纠缠是量子力学中最神秘也是最基础的性质之一，同时也是量子信息处理的核心资源。长期以来，实现大规模的多量子比特纠缠是各国科学家奋力追求的目标。"潘建伟介绍，其中，超导量子比特具有规模化拓展的优势，近年来发展迅速，中国科学家在超导量子比特多体纠缠制备方面取得了一系列重要成果。

大规模的真纠缠态制备要求高连通性的量子系统、高保真的多比特量子门以及高效准确的量子态保真度表征手段，由于难以实现对量子系统性能、操控能力以及验证手段的这些要求，此前真纠缠比特的规模未能突破 24 个量子比特。

此项研究中，研究团队在前期构建的"祖冲之二号"超导量子计算原型机的基础上，进一步将并行多比特量子门的保真度提高到 99.05%，读取精度提高到 95.09%，并结合研究团队所提出的大规模量子态保真度验证判定方案，成功实现了 51 比特簇态制备和验证。

"这项工作将量子系统中真纠缠比特数目的纪录由原先的 24 个大幅刷新至 51 个，充分展示了超导量子计算体系优异的可扩展性。"潘建伟说，在此基础上，研究团队首次实现了基于测量的变分量子算法，为基于测量的量子计算方案走向实用奠定了基础。

161. 中国新型液氧甲烷火箭朱雀二号发射成功

7 月 12 日上午，朱雀二号遥二运载火箭在我国酒泉卫星发射中心发射升空，按程序完成了飞行任务，发射任务获得圆满成功。

至此，经历首飞失利后的卧薪尝胆，朱雀二号成为全球首枚成功入轨的液氧甲烷火箭，标志着我国运载火箭在新型低成本液体推进剂应用方面取得突破。

7月12日9时0分，朱雀二号遥二运载火箭在我国酒泉卫星发射中心发射升空。

新华社发（汪江波 摄）

此次成功发射的朱雀二号遥二运载火箭为两级构型，以液氧甲烷为推进剂，箭体直径3.35米，全箭高度49.5米，起飞重量约219吨，起飞推力约268吨。火箭一级采用4台天鹊80吨级液氧甲烷发动机并联，二级采用1台天鹊80吨级液氧甲烷发动机和1台天鹊10吨级游动液氧甲烷发动机组合而成。

此次朱雀二号的飞行试验主要考核了这一新型液氧甲烷火箭测试发射和飞行全过程方案的正确性、合理性，各系统接口的匹配性，为后续火箭正式商业飞行奠定了基础。

162. 中国载人登月初步方案公布 计划2030年前实现登月开展科学探索

7月12日，中国载人航天工程办公室公布了中国载人登月初步方案，计划2030年前实现登月开展科学探索。

当日在武汉举办的第九届中国（国际）商业航天高峰论坛上，中国载人航天工程办公室副总设计师张海联表示，中国计划在2030年前实现载人登陆月球开展科学探索，其后将探索建造月球科研试验站，开展系统、连续的月球探测和相关技术试验验证。

中国载人登月的初步方案是：采用两枚运载火箭分别将月面着陆器和载人飞船送至地月转移轨道，飞船和着陆器在环月轨道交会对接，航天员从飞船进入月面着陆器。其后，月面着陆器将下降着陆于月面预定区域，航天员登上月球开展科学考察与样品采集。在完成既定任务后，航天员将乘坐着陆器上升至环月轨道与飞船交会对接，并携带样品乘坐飞船返回地球。为完成这项任务，中国科研人员正在研制长征十号运载火箭、新一代载人飞船、月面着陆器、登月服、载人月球车等装备。

载人登月初步方案公布　　新华社发　商海春　作

163. "玲龙一号"全球首堆核心模块在大连完工

7月13日，全球首个陆上商用模块化小堆"玲龙一号"反应堆核心模块在一重集团大连核电石化有限公司完成出厂验收。这标志着中国在模块化小型堆技术创新和核电重大技术装备国产化方面实现零的突破。

"玲龙一号"是中国核工业集团有限公司自主研发并具有自主知识产权的多功能模块化小型压水堆堆型，首堆位于海南昌江。其发电功率为12.5万千瓦，建成后年发电量可达10亿千瓦时，满足约52.6万户家庭生活所需。此外，它还可满足热电联供、水电联供、海水淡化、提供工业蒸汽等应用场景的能源需求。

当日完成出厂验收的核心模块是"玲龙一号"最关键设备，由中国核动力研究设计院自主设计研发和采购、中国一重承制。

"核心模块包括压力容器、蒸汽发生器等部件，采用一体化设计结构，施焊空间狭小、精度要求高、制造难度大，我们通过自主创新，突破了主泵接管狭小空间内隔板焊接、蒸汽发生器高精度安装等多项关键核心技术，实现了工程化应用，确保重要工序一次交检合格。"一重集团大连核电石化有限公司技术中心专业副总师吴琼说。

来自中国核动力研究设计院的"玲龙一号"总设计师宋丹戎说，"玲龙一号"采用了先进的一体化反应堆技术，是全球首个通过国际原子能机构安全审查的先进小堆技术。其采用模块化建造方式，可实现标准化、批量化生产，既提高了安全性和可靠性，又降低了制造成本。"玲龙一号"将带动中国核能相关产业群高水平发展，形成又一重要堆型的"中国品牌"，对于开拓国际小型堆市场、加快"走出去"的发展步伐具有重要意义。

164. 16兆瓦超大容量海上风电机组并网发电

7月19日，16兆瓦超大容量海上风电机组在三峡集团福建海上风电场成功并网发电，标志着中国海上风电大容量机组研发制造及运营能力再上新台阶。

19日14时30分，随着三支长达123米的叶片缓缓转动，16兆瓦海上风电机组成功实现并网发电。这台16兆瓦海上风电机组的轮毂中心高度达152米，叶轮扫风面积约5万平方米，相当于7个标准足球场的大小。根据

无人机拍摄的三峡集团福建海上风电场16兆瓦超大容量海上风电机组。

新华社发（三峡集团福建公司供图）

该海域的多年测风数据计算，单台机组每转动一圈可发电 34.2 千瓦时，每年可输出超过 6600 万千瓦时的清洁电能，能满足 3.6 万户三口之家一年的生活用电，相当于节约标煤约 2.2 万吨，减排二氧化碳约 5.4 万吨。

此次并网的 16 兆瓦海上风电机组在风机主轴承、叶片和传动链等方面实现重大突破，具有国产化率高、数字化程度高的特点。

三峡集团董事长、党组书记雷鸣山表示，16 兆瓦海上风电机组的成功应用，推动了海上风电产业升级和整体能力的大幅提升，进一步促进中国海上风电产业可持续发展。

165. 中国首次在四川盆地开钻万米深井

7 月 20 日，中国首次在四川盆地开钻万米深井——"深地川科 1 井"，这是继塔里木盆地"深地塔科 1 井"后中国开钻的第二口万米深井。

7 月 20 日无人机在四川省剑阁县拍摄的"深地川科 1 井"。

新华社记者 萧永航 摄

"深地川科 1 井"由中国石油西南油气田主导实施，设计井深 10520 米。该井位于四川盆地西北部剑阁潜伏构造，区域超深层叠置多套优质储层，成藏条件优越，一旦成功将有望发现新的超深层天然气增储目标区。

万米深地油气钻探是全球油气勘探领域的"超级工程"，已成为衡量工程技术与装备水平高低的重要标志之一。

中国石油西南油气田公司副总工程师陈力力介绍，"深地川科1井"地质条件复杂、钻井难度极高，钻探过程中将面临10套纵向无规则且频繁变化的压力系统、地下万米224摄氏度的高温、138兆帕的超高压环境等世界级难题。

为此，中国石油西南油气田、川庆钻探等公司开展了联合技术攻关：设计六开六完井身结构；攻克抗220摄氏度超高温的深井水基钻井液和油基钻井液；采用中国自主研发的12000米特深井自动化钻机……"深地川科1井"装备国产化率达到90%以上。

"深地川科1井"的实施将进一步揭露震旦系地层之下的演化秘密，对探寻万米超深层规模油气资源、创新形成特超深层油气成藏地质理论、推动中国油气工程核心技术装备能力进步意义重大。

166. 中国超高海拔风电场3.6兆瓦风力发电机组成功并网发电

8月3日，位于海拔5000米以上的西藏措美哲古风电场首批5台单机容量3.6兆瓦的风力发电机组成功并网发电。

西藏措美哲古风电场位于喜马拉雅山北麓的山南市措美县哲古镇，风机建设在海拔5000米至5200米之间，总装机72.6兆瓦。措美哲古风电场是西藏自治区首个超高海拔风电开发技术研究和科技示范项目，也是首个并入西藏主电网的风电项目，创造了世界高原风电建设奇迹。

从2020年开始，三峡集团按照"基地化、规模化、集中连片化"的总体思路，加快推进西藏措美哲古风电场项目建设。项目全面建成投产后，年上网电量超过2亿千瓦时，每年可节约标准煤超6万吨，减排二氧化碳近17.3万吨，减排二氧化硫超20吨。

在一期项目成功经验基础上，项目团队加大科技创新投入，二期项目全部采用单机容量3兆瓦以上的机型，其中最大单机容量达到3.6兆瓦，可有效提高当地风资源利用效率，打破了"高原风能有气无力、不具有开发价值"的认知误区。这款3.6兆瓦风机叶轮直径达160米，风机轮毂中心距地面90米，具有高海拔适应性、防紫外线、防雷、耐低温、抗覆冰等技术特点，能够在严苛的自然环境下长期稳定运行。

三峡集团董事长、党组书记雷鸣山表示，西藏措美哲古风电场成功建设，在科技创新、风机设计制造、项目建设管理等方面取得了新突破，为后续超高海拔地区"基地化、规模化、集中连片化"风电开发奠定良好基础，为当地乡村振兴、促进经济社会高质量发展作出新探索，对中国超高海拔风电开发建设和地区经济社会发展都具有十分重要的意义。

167. 2023世界机器人大会聚焦机器人技术产业开放合作

8月16日，2023世界机器人大会在北京开幕，此次大会主题为"开放创新 聚享未来"，旨在展示全球机器人前沿技术和最新成果，搭建技术产业交流合作与开放共享的平台。

8月16日，2023世界机器人大会在北京开幕。

新华社记者 任超 摄

本届大会包括论坛、世界机器人博览会和世界机器人大赛等活动。大会论坛突出开放共建、学术引领与产业发展，320余位国际组织代表、院士、国内外知名专家和企业家应邀参会，围绕机器人开放合作、技术趋势、产业应用、生态建设，聚焦"机器人+"应用场景和热点话题开展主旨报告和高峰对话。

本届世界机器人博览会吸引了160家国内外机器人企业携近600件展品

参展，其中60款新品将在博览会现场全球首发。博览会还打造"机器人+"制造业、农业、商贸物流、医疗健康、商业社区服务等10个应用场景展区和1个关键零部件展区，多维度呈现机器人行业新技术、新产品、新方案和新应用。

世界机器人大赛设置共融机器人挑战赛、BCI脑控机器人大赛、机器人应用大赛、青少年机器人设计大赛四大赛事，每天将有4000余名全球精英赛手同场竞技。

大会期间还发布了《中国机器人技术与产业发展报告（2023年）》、机器人十大前沿技术（2023—2024）、2023世界机器人大会论文集等，展现全球机器人技术和产业的最新成果。2023世界机器人大会"投创之星"、2023世界机器人大赛十大技术创新成果、机器人产业发展相关政策等也在大会期间陆续发布。

168. "深海一号"大气田完成首次超深水海管清管作业

8月20日，中国首个自营勘探开发的1500米深水大气田"深海一号"顺利完成投产以来的首次海管清管作业，对保障超深水气田长期安全稳定运行和能源供给有重要意义。

"海管被称为'海上油气田的血管'，保障海洋油气平稳输送的同时，有可能出现'血栓'阻塞或'斑块'腐蚀等问题。""深海一号"大气田生产监督张宝表示，为保证海管的安全畅通，海上油气田会定期开展清管作业，清理海管在运行过程中产生的沉积物和积液，同时查看管线内部情况，在业内俗称"通球"。

张宝介绍，"深海一号"大气田设计部署了3套海管"通球"装置，本次实施的超深水海管清管作业"通球"总里程超过100公里。

中国海油海南分公司副总经理李力表示，通过对本次清管作业产出物的分析，中国海油技术团队认证该气田生产海管处于良好运行状态，与设计预期相符，再次验证了"深海一号"大气田水下设施设计与质量的可靠性。

"深海一号"大气田距海南省三亚市150公里，于2014年勘探发现，探明天然气储量超千亿立方米，最大水深超过1500米，最大井深达4000米以上，是中国自主发现的水深最深、勘探开发难度最大的海上深水气田。

2021年6月25日，"深海一号"大气田正式投产，累计生产天然气已超过50亿立方米。

169. 中国首次约4000米深海电磁联合探测地质实验获突破

据新华社9月6日报道，中国科学院南海海洋研究所近期与中国地质大学（北京）科研人员合作，在南海中央海盆水深约4000米处，进行了中国第一条跨洋中脊深海人工源电磁与大地电磁联合探测剖面的实验，这标志着中国在复杂的深海地形条件下，大功率人工源电磁探测技术取得了进一步突破。

项目负责人、中国科学院南海海洋研究所研究员孙珍表示，本航次使用的全部是我国科学家自主研发的电磁发射和接收装备。为了进行本次实验，项目组筹备时间长达4年。实验于2023年7月至8月举行，整个剖面长度近100公里，共有16个接收测点，取得了质量较好的电磁数据。

海洋电磁法是一种重要的探测海底地质结构的方法。此前，国际上少数单位具备在深海中开展人工源电磁与大地电磁联合探测的成熟技术和装备。近20年，经国内多家单位研究学者长期不懈的努力，中国在海底电磁场观测、大功率人工源电磁发射、电磁法海上作业技术、数据分析与处理等领域取得了重要进展。

"这次探测实现了用一条地球物理剖面同时探测浅部地壳和深部地幔电阻率结构的目标，将显著提升中国利用海洋电磁法探测海底地质结构和资源的实力。"电磁联合探测航次负责人姜峰说。

此次跨洋中脊海洋电磁法联合探测作业由中国科学院南海海洋研究所地球物理综合科学考察船"实验6"执行。

170. 中国科学家首次在猪体内培育出人源中期肾脏

9月7日，总部位于美国的国际学术期刊《细胞－干细胞》发表中国科研团队的一项新研究显示，他们在猪体内成功培育出人源中期肾脏，这也是世界范围内首次报告人源化功能器官异种体内培育案例。

中国科学院广州生物医药与健康研究院研究员赖良学介绍，供体器官严重缺乏限制了器官移植在临床上广泛应用，基于干细胞的器官异种动物体内培育可能是未来解决这一问题的理想途径。

"通过该途径获得的人源化器官不仅将具有更全面的细胞类型和更完善的器官结构与功能，而且由于供体细胞来源于患者自体，将有效避免异种器官或同种异体器官移植中存在的免疫排斥等问题。"赖良学说。

此前，实现人源化器官异种体内培育存在诸多技术障碍，导致从猪体内培育人体器官的设想一直没有成功。本次研究利用具有高分化潜能、强竞争及抗凋亡能力的新型人诱导多能干细胞，结合优化的胚胎补偿技术体系，在肾脏缺陷猪模型体内实现了人源化中肾的异种体内培育。

在研究中，上述源于人的细胞被注射到猪胚胎中，再将其移植入代孕猪。其中使用的猪模型经过基因改造，缺乏肾脏发育所需基因，从而为移植的人细胞留出空位。

该研究严格遵守相关伦理规定以及国际惯例，在3至4周猪胎龄内终止了代孕猪的妊娠。共获得2只胎龄25天、3只胎龄28天的中肾嵌合猪胚胎。中肾指其体内的肾脏已经发育为中期肾脏，即肾脏发育的第二阶段。

针对肾脏发育关键功能性基因的免疫荧光染色结果证明，人源供体细胞已分化成为表达这些基因的功能性细胞，说明伴随着胚胎发育，猪胎儿体内的人源供体细胞将能够支持人源化肾脏生成。

研究人员表示，这项成果首次证明了基于干细胞及胚胎补偿技术在异种大动物体内培育人源化功能性实质器官的可行性，为利用器官缺陷大动物模型进行器官异种体内培育迈出了关键的第一步，对解决供体器官严重短缺难题具有重要意义。

171. 中国科学家第一次在高山上发现陨石坑

据新华社9月9日报道，中国科学家第一次在高山上发现陨石坑，这一成果近日发表在英文学术期刊《极端条件下的物质与辐射》上。

地球上的陨石坑是宇宙中的小行星等天体，坠落在地球上撞击而形成的环形凹坑。陨石不仅是大自然中奇特的存在，也是科学家研究外太空的重要依据之一。

北京高压科学研究中心负责人介绍，世界上有许多著名的陨石坑，如美国亚利桑那州的巴林杰陨石坑、澳大利亚沃尔夫溪陨石坑等，部分成为全球知名的旅游景点。但此前未有研究者在高山上发现过陨石坑。

此次新发现的陨石坑位于中国吉林省通化市东南方向二十余公里处的白鸡峰国家森林公园高山顶部，直径达 1400 米。从坑缘最高点到坑中心最低点之间的高差达 400 多米，呈冰斗形，如同一个巨大漏斗悬挂在高山上，宏伟壮观。

白鸡峰国家森林公园素以白鸡峰山顶上覆盖着大量"天石"而著称。大片岩石碎块堆积在山顶和山坡上，构成石瀑。然而关于这些"天石"的成因，过去一直是未解之谜。

"当小行星撞击地球的平面时，会形成一个碗状的凹坑。但当小行星坠落在地球表面的特殊地形时，爆炸点冲击波的传播形态及机制会随地形（如山脉走向）发生改变。"陨石坑发现者之一、北京高压科学研究中心研究员陈鸣说，白鸡峰山主要由元古代沉积岩和侏罗纪花岗岩等基岩物质构成。

"小行星撞击山顶后，引发了猛烈爆炸和靶区岩石抛射，形成了一个巨大的撞击坑，塑造出'前白鸡'和'后白鸡'两个新的山峰，改变了这座山峰原有的形态。"陈鸣说，现在分布在山顶和山坡上的石瀑就是小行星撞击事件发生时，从坑内抛射到坑缘的砂岩和花岗岩等岩石碎块的堆积。这次新发现破解了白鸡峰"天石"的成因之谜。

172. 开采时间缩短约 70% 中国科学家发明新型稀土开采技术

据新华社 9 月 16 日报道，中国科学家成功研发出风化壳型稀土矿电驱开采技术，稀土回收率提高约 30%，杂质含量降低约 70%，开采时间缩短约 70%。

风化壳型稀土矿是中国的特色资源。目前普遍采用的铵盐原地浸取技术在生态环境、资源利用效率、浸出周期等方面存在的问题制约了中国稀土资源的高效绿色利用。

针对相关问题，中国科学院广州地球化学研究所何宏平团队基于风化壳型稀土矿中稀土赋存状态的研究，研发了风化壳型稀土矿电驱开采技术。模拟实验、放大试验和场地示范等表明，与现有开采工艺相比，风化壳型稀土矿电驱开采技术在稀土回收率、浸取剂用量、开采周期以及杂质去除等方面均有显著优化，是风化壳型稀土矿开采的高效绿色新技术。

相关成果在《自然—可持续性》等期刊发表高水平论文 11 篇，获授权发明专利 7 件，并建成了 5000 吨土方规模的示范工程。研究团队表示，将加紧完善技术集成，加快推进相关成果的产业化应用。

173. 墨子巡天望远镜正式启用

9月17日，由中国科学技术大学和中国科学院紫金山天文台联合研制的墨子巡天望远镜正式启用，其首光获取的仙女座星系图片也于当日发布。这一望远镜是目前北半球光学时域巡天能力最强的设备，将显著提升中国时域天文研究能力。

墨子巡天望远镜。

中国科学技术大学供图

墨子巡天望远镜安置于青海省海西蒙古族藏族自治州冷湖镇海拔 4200 米的赛什腾山天文台址，是一台大视场光学成像望远镜。该望远镜主镜口径 2.5 米，配备 7.65 亿像素大靶面主焦相机，通光面积大、杂散光少，系统探测灵敏度高，具备强大的巡天能力，能够每三个晚上巡测整个北天球一次。

墨子巡天望远镜可监测移动天体和光变天体，用于高效搜寻和监测天文动态事件，可在高能时域天文、太阳系天体普查、银河系结构和近场宇宙学等领域发挥重要作用。

仙女座星系由于结构特点和金属丰度与银河系相近，是探索银河系及同类星系形成与演化的理想研究对象。由于仙女座星系在天空中跨度大，已有的天文望远镜难以同时拍摄到它的精准全貌及周围环境。

墨子巡天望远镜兼具大视场和高分辨成像能力，首光获取了仙女座星系及其外围区域的多色图像。首光图像利用不同夜晚观测的 150 幅图像叠加而成，可以测定仙女座星系及周围环境中的天体亮度变化，开展时域天文学研究。

174. 中国成为拥有最多科技集群的国家

据新华社 9 月 29 日报道，根据世界知识产权组织发布的 2023 年全球顶级科技集群排名，中国再次取得进步，拥有 24 个全球顶级科技集群，成为拥有最多科技集群的国家。其中深圳—香港—广州、北京、上海—苏州三个科技集群位列全球前五位。

科技集群是指发明人和科学作者密度最高的地理区域，其形成和发展往往需要政府、市场和社会的共同推动。近年来，中国政府高度重视科技发展，把创新作为引领发展的第一动力，推动实施京津冀协同发展、长江经济带发展、长三角一体化发展等多个区域重大战略，支持北京、上海、粤港澳大湾区建设具有国际影响力的科技创新中心，初步形成全方位、多层次的区域创新格局。

科技部副部长张广军表示，中国愿意继续同包括世界知识产权组织在内的国际组织一道，与世界各国携手以科技创新的理念、方法、成果应对全球性重大挑战，推进知识产权创新、运用、管理和保护，加强国际化科研环境建设。

175. "中国天眼"新发现 76 颗暗弱的偶发脉冲星

中国科学院国家天文台研究员韩金林团队利用"中国天眼"FAST 的观测数据，研究确认旋转射电暂现源（RRAT）就是偶发脉冲星，并新发现了 76 颗 RRAT。相关成果 10 月 2 日在学术期刊《天文和天体物理学研究》以封面文章形式发表。

RRAT 于 2006 年被首次发现。此项研究之前，人类总共已发现 160 余颗 RRAT。与普通脉冲星会持续辐射脉冲不同，RRAT 仅在少数旋转周期中偶然辐射脉冲。天文学家之前对少数 RRAT 的研究表明，它们可能是具有特殊性质的脉冲星。

此项研究中，团队利用"中国天眼"对 59 颗已知 RRAT 进行了观测，发现它们的偏振位置角遵循平均脉冲轮廓的偏振位置角曲线。"这表明 RRAT 的偶发强脉冲与正常辐射的弱脉冲来自中子星磁层同一辐射区域。FAST 高灵敏度数据表明，RRAT 其实是偶发脉冲星。"韩金林说。

因为 RRAT 一般都是很多周期才偶然发射一个脉冲，因此很难在正常的脉冲星搜寻体系里捕捉到，需要从高灵敏度望远镜观测数据中一个脉冲

一个脉冲地检测，检测到几个脉冲之后再挖掘出公共周期。

此项研究中，团队利用自主开发的高效单脉冲搜寻程序，从"中国天眼"过去三年多进行的"银道面脉冲星快照巡天"数据中系统性地搜寻单脉冲，最终发现了76颗新的暗弱的RRAT。

其中包括：26颗尚未发现自转周期的射电瞬变源；16颗已确定周期的标准RRAT；10颗长期沉默但短时间发射周期信号的极端消零脉冲星；24颗偶发强脉冲的极暗弱脉冲星。

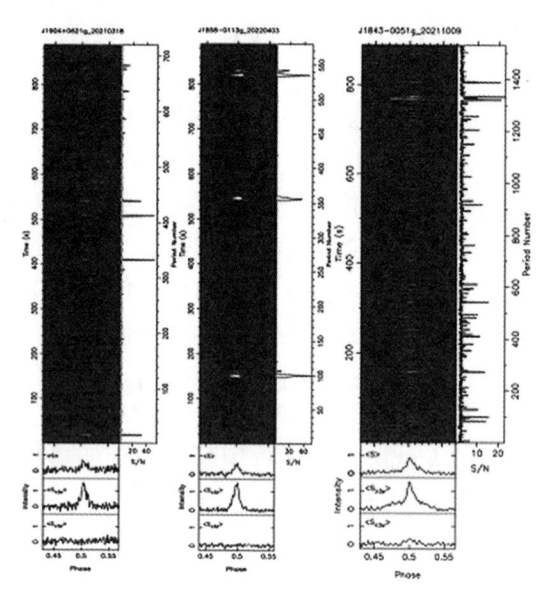

"中国天眼"新发现的旋转射电暂现源。
中国科学院国家天文台供图

"这些新发现的RRAT与正常脉冲星相比，辐射流量密度要低一个量级，最低的已经达到了亚微央量级。"韩金林说，这项研究对于理解银河系中恒星死亡后形成多少致密中子星残骸及揭示未知的脉冲辐射物理过程具有重要意义。

176. 2023未来科学大奖在港颁发，获奖人数历届最多

10月17日，2023未来科学大奖在香港故宫文化博物馆举行颁奖典礼，表彰8名获奖人在生命科学、物质科学、数学与计算机科学等领域取得的卓越成就。

未来科学大奖科学委员会于2023年8月公布获奖名单。西湖大学植物免疫学讲席教授柴继杰、中国科学院遗传与发育生物学研究所研究员周俭民获"生命科学奖"，中国科学院院士赵忠贤、陈仙辉获"物质科学奖"，人工智能科学家何恺明、孙剑（已故）、任少卿、张祥雨获"数学与计算机科学奖"。

在颁奖典礼上，未来科学大奖科学委员会2023轮值主席管坤良说，2023年的未来科学大奖堪称特别之年。8名获奖人数是历届最多的一次，

且获奖人有很大的年龄跨度，这显示了科学的时代跨度和持续发展。

出生于1941年的赵忠贤因对高温超导材料的突破性发现而获奖。他在领奖时说，时至今日超导仍是一个充满挑战与发现的领域，现在年青一代已经担负起重任，他愿做铺路石促进中国的超导事业，在科技自立自强、民族复兴和人类文明方面作出新贡献。

"90后"张祥雨及其团队因提出深度残差学习，为人工智能作出了基础性贡献而获奖。他在领奖时表示，作为一个年轻的团队获奖十分荣幸，希望能够继续在人工智能方向作出贡献，通向通用人工智能的星辰大海。

未来科学大奖设立于2016年，由科学家和企业家群体共同发起，关注原创性的基础科学研究，至今共评选出35位获奖者，其中5位来自香港。大奖希望奖励对社会作出杰出贡献的科学家，启蒙科学精神，唤起科学热情，吸引更多青年投身科学。

2023未来科学大奖周首次在香港举办，17日落下帷幕。为期4日的大奖周活动中，科学峰会、亚洲青年科学家会议等活动相继举行。在17日举行的"获奖者对话青少年"环节中，250多名学生与获奖者现场交流，气氛热烈。

177. 中子探测器关键技术和器件实现国产化

10月17日，新华社记者从中国科学院高能物理研究所东莞研究部获悉，中国散裂中子源探测器团队成功制备出高性能大面积碳化硼薄膜，实现了中子探测器关键技术和器件的国产化。

中国散裂中子源是位于广东省东莞市境内的大科学装置，被誉为观察微观世界的"超级显微镜"，能在不对物质造成破坏的前提下"看穿"材料的微观结构，中子探测器就是这个大科学装置的"眼睛"。

此次制备出的碳化硼薄膜样品单片面积达到1500毫米×500毫米，薄膜厚度1微米，全尺寸范围内厚度均匀性优于±1.32%，是目前国际上用于中子探测的最大面积的碳化硼薄膜。该样品由我国自主研制的磁控溅射大面积镀硼专用装置制备。

基于硼转换的中子探测器因其优异的性能已成为当前国际上研究的热点，随着中国散裂中子源二期工程即将启动，拟建的中子谱仪对大面积、高效率、位置灵敏的新型中子探测器需求紧迫。制备出高性能中子转换碳化硼薄膜是其中最核心的技术，目前只有美国和欧洲少数几个发达国家掌握了该项技术。

2016年，在核探测与核电子学国家重点实验室的支持下，中国散裂中子源探测器团队与同济大学教授朱京涛合作，开始研制一台磁控溅射大面积镀硼专用装置，镀膜厚度范围为0.01微米至5微米，同时支持单、双面镀膜，支持射频和直流镀膜。2021年6月，该装置通过了重点实验室验收并投入使用。

经过多年的技术攻关和工艺试制，中国散裂中子源探测器团队攻克了溅射靶材制作、过渡层选择、基材表面处理等对镀膜质量影响大的关键技术，利用该镀硼专用装置制备了多种规格的碳化硼薄膜，并成功应用于中国散裂中子源多台中子谱仪上的陶瓷GEM（气体电子倍增器）中子探测器，实现了中子探测器关键技术和器件的国产化，为接下来研制更大面积的高性能新型中子探测器提供了强有力的技术支撑。

178. 长江上游发现疏花水柏枝新分布点

10月30日，中国三峡集团发布消息称，三峡集团所属生态工程中心长江生物多样性研究中心科研团队在长江上游支流岷江流域开展珍稀濒危植物疏花水柏枝专项调查工作时，发现了疏花水柏枝新的分布点。

自2007年以来，科研人员陆续在湖北省宜昌市、四川省宜宾市和泸州市的部分区域发现了疏花水柏枝新的分布点。本次新发现的种群位于四川省乐山市境内。

科研团队有关负责人介绍，疏花水柏枝是国家二级重点保护野生植物，是典型的河岸带珍稀植物，主要分布在长江中上游水域。疏花水柏枝是一种耐淹植物，夏秋休眠，冬春繁殖，生长在长江水位涨落带的砾石滩。每年的长江丰水期，疏花水柏枝在水下休眠，到了枯水期时又开始迅速生长繁殖。它的根系发达，对河滩水位涨落带能起到保土固沙和绿化的作用，对恢复长江生态环境和提升长江沿线两岸风貌有着积极意义。

降水、温度、土壤类型和地下水位等自然环境的改变均会对疏花水柏枝的野外生存产生影响。野生疏花水柏枝种群的发现，证明了长江两岸生态环境持续向好。此次新发现为进一步深入研究该物种提供了良好的契机，并为河岸带珍稀植物的保护与利用奠定了良好基础。

2007年以来，长江生物多样性研究中心的长江珍稀植物培育基地对疏花水柏枝逐步实施野外调查和保护研究工作，经过多年科研攻关，克服了疏花水柏枝自然条件下出苗率低、成苗率低等难题，成功培育苗木5万余株，并通过野外回归让7000多株疏花水柏枝重新在长江两岸"安家落户"。

179. 科学家研制出首个全模拟光电智能计算芯片

11月3日，经长期联合攻关，清华大学研究团队突破传统芯片的物理瓶颈，创造性提出光电融合的全新计算框架，并研制出国际首个全模拟光电智能计算芯片（简称ACCEL）。经实测，该芯片在智能视觉目标识别任务方面的算力可达目前高性能商用芯片的3000余倍，为超高性能芯片的研发开辟全新路径。该成果发表于《自然》杂志上。

近年来，如何构建新的计算架构，发展新型人工智能计算芯片，是国际关注的前沿热点。利用光波作为载体进行信息处理的光计算，因高速度、低功耗等优点成为科学界研究热点。然而，计算载体从电变为光，还要替代现有电子器件实现系统级应用，面临诸多难题。

为此，清华大学信息科学技术学院院长戴琼海院士、自动化系助理教授吴嘉敏，以及电子工程系副教授方璐、副研究员乔飞，结合光计算、纯模拟电子计算等技术，突破传统芯片架构中数据转换速度、精度与功耗相互制约的物理瓶颈，提出一种全新的计算框架，有望解决大规模计算单元集成、光计算与电子信号计算的高效接口等国际性难题。

"我们是在全模拟信号下发挥光和电的优势，避免了模拟—数字转换问题，突破了功耗和速度的瓶颈。"方璐表示，除算力优势外，在智能视觉目标识别任务和无人系统（如自动驾驶）场景计算中，ACCEL的系统级能效（单位能量可进行的运算数）经实测是现有高性能芯片的400万余倍，"这一超低功耗的优势将有助于改善限制芯片集成的芯片发热问题，有望为未来芯片设计带来突破。"

此外，ACCEL光学部分的加工最小线宽为百纳米级。"实验结果表明，仅采用百纳米级工艺精度，就可取得比先进制程芯片大幅提升的性能。"方璐说。

戴琼海表示，ACCEL未来有望在无人系统、工业检测和人工智能大模型等方面实现应用。目前团队仅研制出特定计算功能的光电融合原理样片，亟须进一步开展具备通用功能的智能视觉计算芯片研发，以便在实际中大范围应用。

180. 我国科学家实现基于器件无关量子随机数信标的零知识证明

11月9日,新华社记者从中国科学技术大学获悉,该校潘建伟院士、张强教授等与上海交通大学郁昱教授、清华大学马雄峰副教授、南方科技大学范靖云教授等研究者合作,首次实现一套以器件无关量子随机数产生器作为熵源,以后量子密码作为身份认证的随机数信标公共服务,将其应用到零知识证明领域中,消除了非交互式零知识证明中实现真随机数的困难所带来的安全隐患,提高了非交互式零知识证明的安全性。

零知识证明是一种基本的密码学工具,允许互不信任的通信双方之间,一方向另一方证明某个命题的有效性,同时不泄露任何额外信息。非交互式零知识证明是零知识证明的一种最重要的变体,其特点是通信双方无须多次信息交换。由于其简单易行并且互相通信次数少,非交互式零知识证明广泛应用于数字签名、区块链和身份认证等领域。常用的非交互式零知识证明系统的安全性建立在生成可信的真随机数的假设之上,然而,实际应用中,由于真随机数生成器难以实现,通常会使用确定性的伪随机数算法来替代。此前已有研究指出,这种方法会产生潜在的安全隐患。

量子物理学的内禀随机性为解决这一安全隐患提供了全新方案。特别需要指出的是,基于无漏洞贝尔不等式检验的器件无关量子随机数可以提供具有最高安全等级的真随机数,其安全性由量子力学基本原理保证,无需用户对量子设备进行任何先验表征或假设。

研究团队曾于2018年在国际上首次实现可抵御量子攻击的器件无关量子随机数,随后于2021年提升了随机数产生速度。在此次研究工作中,研究团队搭建了一个基于器件无关量子随机数的信标公共服务系统,并利用该系统设计并实施了一种不依赖于真随机数假设的非交互式零知识证明方案。该随机数信标服务可以实时向公众广播生成的随机数。此外,为确保随机数在广播过程中的安全性,研究团队还采用了可以抵御量子攻击的量子安全签名算法。随后,研究团队利用接收到的器件无关量子随机数代替之前的伪随机数,构建并实验验证更安全的非交互式零知识证明协议。

此次研究工作首次将量子非局域性、量子安全算法和零知识证明3个不同的领域结合起来,大幅提升了零知识证明的安全性,其中构建的面向公众的随机数服务在密码学、彩票业和社会公益等领域有着重要的应用潜力。

相关研究成果发表于国际权威学术期刊《美国国家科学院院刊》。

181. 中国"机器化学家"成功研发火星制氧催化剂

到火星上栖居是人类的梦想之一，但首先要解决缺氧问题。中国科学技术大学罗毅、江俊、尚伟伟教授团队与深空探测实验室张哲研究员等合作，运用智能机器人"机器化学家"，采用火星陨石成功研制出新型催化剂，为利用火星上的水制备氧气提供了高效率、低能耗的解决方案，探索出一条在地球外星系就地取材研制化学品的新路。11月14日，国际知名学术期刊《自然·合成》发表了这一研究成果。

火星大气中的含氧量极低，无法满足人类生存。如何能在火星上制备出氧气？近年来，国际科学界发现火星上存在大量的水，那么在火星上利用太阳能发电，再用电从水中解析出氧气，成为可行的技术方案之一。

但是，"电解水"还需要使用催化剂来解决制氧速度慢、能耗高等问题，而从地球运送的成本非常高昂。因此，能否在火星上就地取材研制催化剂，成为一个关键技术问题。此外，低温、低气压、高辐射的火星环境，对人类登陆后"就地研发"很不利。

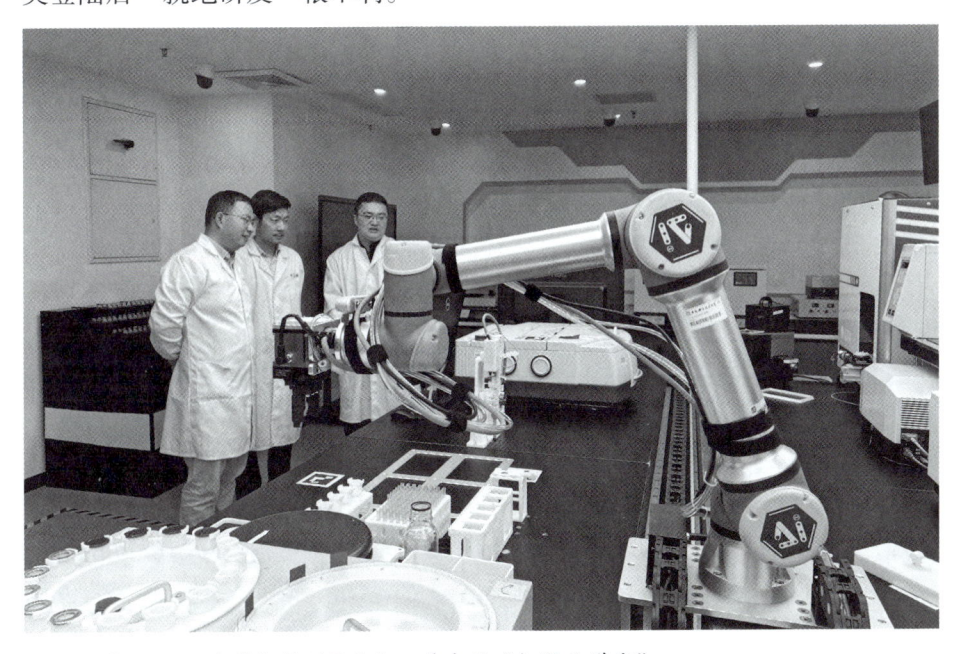

11月10日，中科大科研团队与工作中的"机器化学家"。　　　　　新华社记者 周畅 摄

针对这些问题，中科大和深空探测实验室科研人员合作，利用自主研发的智能机器人"机器化学家"，从火星陨石中分析并提取成分，研制出一种新型制氧催化剂。

中科大合肥微尺度物质科学国家研究中心主任罗毅说，这项研究成功验证了人工智能可以自动研制新材料，有望为人类在远离地球的星球上制备氧气、建造基地、生产食物等作出贡献，并利用火星资源研制出更多化学品，帮助我们进一步探索太阳系深处。

中科大研制的"机器化学家"名叫"小来"，它不仅"会学"还"会想""会做"。这次研制催化剂，根据火星陨石的多种化学成分，一共有376万多种可能的组合配方，如果靠人类科研团队一一实验验证需要两千多年。

"'小来'学习了5万多篇相关的化学论文，用'智能大脑'思考并设计出一个基础配方，然后做实验并根据结果不断调整配比，用6周时间找到最佳配方。"中科大教授江俊说，机器人自主发现并研制化学品，为人类探索星空提供了一条新路。

182. 中国科学院地球系统模式最新版发布

11月17日，中国科学院地球系统模式CAS-ESM2.0在北京发布。CAS-ESM2.0可通过"数值模拟"，探索气候与环境演变规律，预测地球系统未来变化，为防灾减灾及应对全球气候变化提供决策依据和科技支撑。

"地球系统模式是一种高度复杂的综合性数值模拟工具，是基于地球各圈层中的物理、化学和生物过程，及各圈层之间的物质、能量交换规律建立的数学模型，被称为地球系统科学研究的'实验室'。"CAS-ESM技术负责人、中国科学院大气物理研究所正高级工程师张贺说。

CAS-ESM2.0由中国科学院大气物理研究所牵头研发，是国家重大科技基础设施"地球系统数值模拟装置"的核心软件组成部分，总计约270万行地球系统模拟程序代码，包含完整的气候系统和生态环境系统分量，集成了大气环流、海洋环流、陆面过程、海冰、气溶胶和大气化学、植被动力学、陆地生物地球化学、海洋生物地球化学等8个分系统模式。

与2015年正式发布的CAS-ESM1.0相比，CAS-ESM2.0对当代气候具有更好的模拟能力，还可追踪计算大气二氧化碳的时空变化，并准确再现大气二氧化碳浓度的历史增加趋势和季节性变化。

中国科学院大气物理研究所还宣布开放 CAS-ESM2.0 的源代码。"我们希望通过 CAS-ESM2.0 代码开源，为地球系统科学研究提供一个协同开发的实验平台，助力提升相关研究水平。同时，为国家或地区的天气—气候—环境预测提供支撑，满足防灾减灾、生态环境治理等需求。"张贺说。

183. 中国科学家揭秘 1.3 亿多年前恐龙皮肤化石

据新华社 11 月 20 日报道，来自中国山东省的科学家研究团队，近日揭秘了在河北省承德市丰宁满族自治县发现的两具 1.3 亿多年前"热河生物群"植食性恐龙化石挖掘修复工作，其中一具骨骼、皮肤化石保存完整程度近 100%。研究团队已经完成化石前期主体修复工作，并取得阶段性成果。

临沂大学地质与古生物研究所张福成教授团队相关负责人介绍，2017 年有关人员在丰宁县发现部分裸露的恐龙化石骨骼，经过数年时间挖掘、修复出两具保存精美的恐龙化石。一具属于较为原始的角龙类，全身骨骼保存近乎完整；另一具属于剑龙类，其骨骼、皮肤印痕保存完整程度近 100%，保存面积和完整程度罕见。

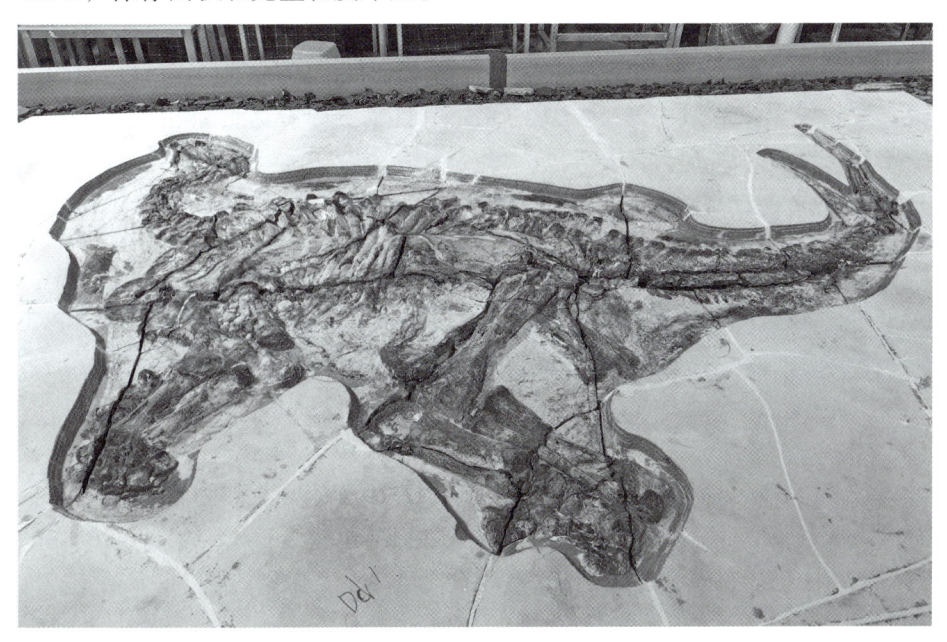

此次发现的剑龙类恐龙化石。

新华社记者 曹国厂 摄

临沂大学地质与古生物研究所教授、国家古生物化石专家委员会委员张福成说:"本次发现的角龙类恐龙化石是填补角龙类恐龙进化发展'断链'的重要一环。该标本近乎完整保存的骨骼,将为进一步研究原始的角龙类恐龙演化路径提供重要证据。"

本次挖掘修复的剑龙类恐龙体长约 5 米,骨骼化石四周散布着完整的皮肤化石,面积约为 3 平方米,似鳞片状排列的纹路十分清晰。"恐龙的骨骼和牙齿等硬体部分相对容易形成化石,但是皮肤、肌肉等软体部分因容易腐烂,形成化石的条件极为苛刻。"张福成说,其保存面积和完整程度在世界范围内都罕见。

临沂大学地质与古生物研究所副教授郭颖说:"这种似鳞片状的表皮不仅能保护剑龙的身体,还可以有效锁住体内水分,使恐龙在一定程度上减少对水源的依赖,提升它们对外界环境变化的适应能力。"

研究人员推测,剑龙类恐龙化石如此完整保存,源于当时频繁的火山活动。"当时恐龙可能是去河边或者湖边喝水,或者是年龄原因自然死亡直接躺到水里,被冲到水位比较深的地方。"张福成说,恐龙没有受到微生物或小动物的干扰,火山灰一年一年地往上落,使化石完整保存下来。

该具剑龙类恐龙化石在河北省首次发现,为早白垩世中国北方依然有剑龙类恐龙活动提供有力证据。研究人员认为,发现上述化石的丰宁县及其周边地区,在 1.3 亿年前曾分布较广阔的森林和水系,为当时群居生活的植食性恐龙提供有效的庇护场所及充足的食物资源,这是上述大型或群居恐龙在此生活的生态环境基础。

在完成恐龙化石前期主体修复基础上,研究人员后期将进行化石周边修复、科学研究和模型及复原图制作等工作。

184. 自然指数:中国科研城市持续提升影响力,北京再登榜首

11 月 22 日,英国《自然》杂志最新发布的增刊《2023 自然指数—科研城市》显示,中国科研城市的全球影响力持续提升。北京在全球领先的科研城市中仍居首位。全球前 20 强的科研城市中,中国占据 10 个席位,比 2022 年增加两席。

自然指数由国际知名科技出版机构"施普林格·自然集团"下属机构编制并定期发布,它追踪发表在 82 本高质量自然科学与健康科学期刊上的

科研论文，根据有关机构、国家或地区论文的数量和占比等，反映全球高质量科研产出及合作情况。

自然指数针对全球主要城市和都市圈 2022 年科研产出的分析显示，已多年位居全球科研城市榜首的北京排名不变，其次为纽约都市圈、上海、波士顿都市圈、旧金山湾区、南京、巴尔的摩—华盛顿、广州、东京都市圈和武汉。

进入全球前 20 强的中国科研城市还包括合肥（第 13 位）、杭州（第 16 位）、天津（第 18 位）、深圳（第 19 位）和西安（第 20 位）。

《2023 自然指数—科研城市》指出，地球和环境科学相关研究正在帮助中国科研城市在自然指数中快速上升，北京和南京是在该研究领域发展最快的中国城市。

185. 我国自主研发的新一代国产 CPU 发布

CPU 是计算机运算与控制的核心，如同人的"大脑"一样指挥各部件的运行。11 月 28 日，我国自主研发的新一代通用 CPU——龙芯 3A6000 在北京正式发布。工业和信息化部电子信息司副司长史惠康说，这标志着国产 CPU 在自主可控程度与产品性能上达到新高度，也证明我国有能力在自研 CPU 架构上做出一流产品。

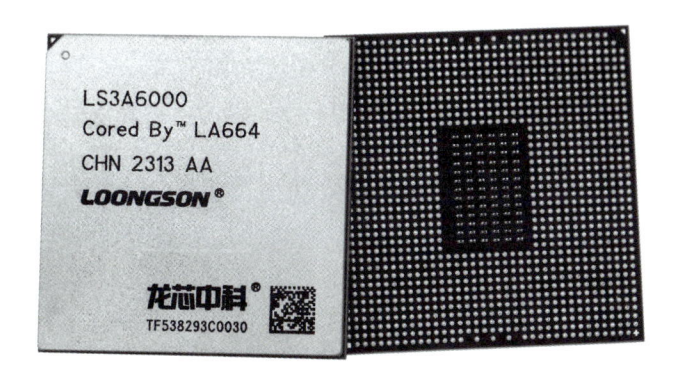

我国自主研发的新一代通用 CPU——龙芯 3A6000。

新华社发

此次发布的龙芯 3A6000，采用我国自主设计的指令系统和架构，无须依赖国外授权技术，是我国自主研发、自主可控的新一代通用处理器，可运行多种类的跨平台应用,满足多类大型复杂桌面应用场景。

一般而言,CPU 性能的提升主要有两条路径,一个是提升主频,一个是优化内核设计。龙芯 3A6000 性能的提升主要通过设计优化来实现。其主频达到 2.5GHz,集成 4 个最新研发的高性能 LA664 处理器核,支持同时多线程技术,全芯片共 8 个逻辑核。与上一代的龙芯 3A5000 相比,单线程通用处理性能提升 60%,多进程通用处理器性能提升 100%。

中国电子技术标准化研究院赛西实验室测试结果显示,龙芯 3A6000 处理器总体性能与英特尔 2020 年上市的第 10 代酷睿四核处理器相当。

龙芯 3A6000 的自主可控程度在国产通用 CPU 中首屈一指。围绕完全自主设计的指令系统龙架构,龙芯不仅推出了自研的 CPU 内核,其内部集成的 GPU 内核、加减密 IP、高速传输接口 IP、存储接口 IP、音视频接口 IP、UART 等其他接口 IP,以及各种规格的寄存器堆等硬核 IP 也均为自研。

"我国信息产业的根本出路在于构建独立于 X86 和 ARM 体系之外的自主生态体系。"龙芯中科董事长、中科院计算技术研究所研究员胡伟武说。经多年积累,龙芯中科从基于自主 IP 的芯片研发、基于自主指令系统的软件生态等方面夯实自主信息产业基础。

具有完全自主、技术先进、兼容生态等特点的龙架构目前已建成与 X86、ARM 并列的 Linux 基础软件体系,得到与指令系统相关的主要国际软件开源社区的支持,得到国内统信、麒麟、欧拉、龙蜥、开源鸿蒙等操作系统,以及 WPS、微信、QQ、钉钉、腾讯会议等基础应用的支持。

186. 我国科研人员构建首个黍稷高质量泛基因组

据新华社 12 月 1 日报道,历时十年持续研究,中国农业科学院作物科学研究所刁现民研究团队构建了首个黍稷高质量泛基因组和遗传变异图谱,发掘了 139 个黍稷重要农艺性状相关位点和基因,为未来黍稷分子育种和培育突破性品种提供了理论基础和技术路径。相关成果已在国际学术期刊《自然·遗传学》发表。

中国农科院作科所研究员刁现民表示,黍稷也称糜子、黍子、大黄米,是我国最早驯化的主要作物之一。随着水稻、小麦和玉米等主粮作物的兴起,黍稷逐渐成为非主要农作物,主要种植于亚洲和欧洲的半干旱地区。近年来,随着气候环境变化,农业面临新挑战。黍稷具有生长周期短、根系营养吸收能力强、需水量少、适应盐碱环境等特点,受到广泛关注,但由于缺乏系统性基础研究，育种和产业发展一直受到制约。

该研究在对全球 516 份黍稷核心种质资源群体结构进行解析的基础上，组装了 32 份高质量基因组，系统解析了黍稷驯化和改良过程中基因组变异，并构建了首个黍稷泛基因组和迄今最全面的高质量基因组变异图谱。这些成果为黍稷等禾谷类杂粮作物的研究利用提供了重要的数据基础。

同时，该研究系统性解析了黍稷品种资源的群体结构、起源演化历史与基因组驯化特征，为证实黍稷是中国单起源的作物、并通过我国西北地区传入中亚和欧洲提供了有力证据。

中国科学院院士钱前、中国工程院院士张献龙等专家表示，该研究通过应用高质量泛基因组等前沿技术，从分子水平证明了黍稷是中国起源作物，并构建了黍稷的重要种质及基因资源快速挖掘平台，为进一步提高我国作物种质资源的有效利用提供了新的思路和方法，有助于保障国家粮食安全，提高农业竞争力。

187. 我国考察队员在南极发现一块月球陨石

12 月 7 日，新华社记者从 12 月 2 日至 4 日召开的 2023 中国极地科学学术年会上获悉，我国考察队员在南极格罗夫山发现了一块月球陨石，已根据国际惯例将其编号为 GRV150357，并获得国际陨石协会陨石命名委员会审批通过。

负责本次陨石分类工作的桂林理工大学陨石与行星物质研究中心副主任、高级实验师夏志鹏博士介绍，这块珍贵的月球陨石由中国第 32 次南极考察队在格罗夫山收集，重 11.74 克，大小约为 18 毫米 ×22 毫米 ×28 毫米，整体呈黑色，具有明显的角砾结构。

"这块陨石不含金属，也没有熔壳，我第一眼看上去几乎认为它不像是陨石，但

我国在南极发现的月球陨石。
桂林理工大学陨石与行星物质研究中心供图

如果是，则一定是极为特殊的陨石。"夏志鹏说。他按照规范的陨石分类工作流程，将这块陨石的样品做成光薄片，用扫描电子显微镜观察，并用电子探针进行深入分析，结果令他喜出望外。

这块陨石的矿物组成与地球岩石有明显区别，大量的冲击熔融岩和玻璃碎屑表明，陨石经历过多次复杂的大型撞击事件，这在月球样品中十分常见。其在矿物化学成分等方面也与月球陨石一致。

"初步研究表明，这是一块复矿碎屑角砾岩，由来自月球高地和月海的不同岩石碎屑组成，是了解月壳的复杂岩性的理想对象，也是我国开展月球样品研究的重要补充对象，我们团队计划对陨石样品中的不同碎屑深入研究，尝试追溯其来源，以进一步了解月壳的演化历史。"夏志鹏说。

南极陨石除具有重要的天体化学科学研究意义外，还对南极冰盖演化历史有重要指示意义。格罗夫山是我国在南极最先发现的一个陨石宝库。自 1998 年以来，我国南极考察队员经过 7 次格罗夫山考察，共收集南极陨石 12665 块，截至目前已完成 6192 块南极陨石的分类工作。

我国在格罗夫山收集的南极陨石种类丰富，有火星陨石、灶神星陨石、碳质球粒陨石、铁陨石、石铁陨石等，大部分特殊类型的陨石均有发现。

188. 我国已累计培养 1100 多万研究生

12 月 11 日，教育部在上海召开新时代研究生教育教学改革座谈推进会。新华社记者从会上获悉，我国已累计培养 1100 多万研究生。我国有 117 个一级学科和 67 个专业学位类别，全国范围内布局了 1.9 万多个学位授权点。进入新时代，全国 780 多个研究生培养单位向经济社会发展主战场输送了 60 多万名博士和 670 多万名硕士。2022 年，在学研究生人数达 365 万。

近年来，数理化生等基础学科得到加强，理工农医类博士点、硕士点在全部博士点、硕士点的占比分别稳定在 70%、50% 左右。同时新增了量子科学与技术、先进能源等 39 个目录外一级交叉学科点和半导体材料与器件等 6196 个目录外二级学科或交叉学科点，增强研究生教育对科学前沿和关键领域的支撑能力。

出台《研究生导师指导行为准则》等制度、每年 10 余万人次导师接受专门培训、打破学位授权点"终身制"、加大学位论文抽检力度……近年来，导师指导能力和水平不断提高，学位论文质量持续提升，更高水平的研究生培养体系加快建设。学位点授权、招生、培养、评价等关键环节统筹联动，推进学术学位和专业学位分类发展。

教育部提出，在3年内培养一批厚基础、实战型、能集中解决企业最急迫技术难题的高层次创新人才。加快布局社会需求强、就业前景广、人才缺口大的学科专业，优化学科专业的区域布局。深入研究AI技术对研究生教育教学的影响，做好政策和技术储备。

189. 2023年中国十大科技新闻

12月25日，由科技日报社主办、部分两院院士和媒体人士共同评选出的2023年国内十大科技新闻揭晓。

一、中央科技委员会组建

3月，《党和国家机构改革方案》（以下简称《改革方案》）印发，提出加强党中央对科技工作的集中统一领导，组建中央科技委员会，重新组建科学技术部，聚焦科技工作前瞻性谋划、系统性布局、整体性推进，加快实现高水平科技自立自强。

科技创新在我国现代化建设全局中居于核心地位。面对国际科技竞争和外部遏制打压的严峻形势，必须进一步理顺科技领导和管理体制，更好统筹科技力量在关键核心技术上攻坚克难，加快实现高水平科技自立自强。

《改革方案》明确，组建中央科技委员会。加强党中央对科技工作的集中统一领导，统筹推进国家创新体系建设和科技体制改革，研究审议国家科技发展重大战略、重大规划、重大政策，统筹解决科技领域战略性、方向性、全局性重大问题，研究确定国家战略科技任务和重大科研项目，统筹布局国家实验室等战略科技力量。

《改革方案》明确，中央科技委员会办事机构职责由重组后的科学技术部整体承担。

二、作物主效耐碱基因及其作用机制首次揭示

盐碱地变良田，这是人类千百年的梦。如今，我国科学家的最新成果让人类朝这个目标更进一步——他们以耐盐碱作物高粱为材料，首次发现主效耐碱基因AT1及其作用机制。大田实验证明，该基因可显著提升高粱、水稻、小麦、玉米和谷子等作物在盐碱地的产量，有望大幅提升盐碱地综合利用水平。

该研究由中国科学院遗传与发育生物学研究所研究员谢旗、中国农业大学教授于菲菲、华中农业大学教授欧阳亦聃等领衔的科研团队与多家合

作单位共同完成。相关成果 3 月 24 日在《科学》和《国家科学评论》发表。

"世界范围内存在数亿公顷的盐碱地,优质耐盐碱作物品种的培育与推广,将有效提升盐碱地产能,对保障粮食安全意义重大。"谢旗介绍。目前,全球在作物耐盐研究方面已取得大量成果,但在作物耐碱机制方面,仍知之甚少。

研究团队对高粱遗传资源进行了全基因组大数据关联分析,发现一个主效耐碱基因 AT1。该基因与水稻的粒形调控基因 GS3 同源,研究团队还揭示了作物耐盐碱的分子机制。随后的研究发现,AT1/GS3 基因在主要粮食作物水稻、小麦、玉米、谷子中的调控机制也高度类似。

三、国产大飞机 C919 完成商业首飞

5 月 28 日,是一个值得载入史册的日子。这一天,国产 C919 大型客机圆满完成首次商业载客飞行,正式进入民航市场,开启市场化运营、产业化发展新征程。

大型客机被誉为"现代制造业的明珠",是一个国家科技能力、工业水平和综合实力的集中体现。C919 大型客机是我国首次按照国际通行适航标准自行研制、具有自主知识产权的喷气式干线客机,于 2007 年立项,2017 年首飞,2022 年 9 月完成全部适航审定工作后,获中国民用航空局颁发型号合格证。

从设计、研发、制造到完成数百个试飞科目、数千个小时飞行的适航取证审定工作,再到首次商业载客飞行,16 年来,C919 一棒接着一棒跑,闯过了一道道险关难关,让中国的"大飞机梦"一步步照进现实。

通过 C919 的设计研制,我国掌握了民机产业 5 大类、20 个专业、6000 多项民用飞机技术,带动新技术、新材料、新工艺群体性突破。

风雨兼程十余载,逐梦蓝天向未来。C919 首次商业载客飞行,标志着 C919 的"研发、制造、取证、投运"全面贯通,中国民航商业运营国产大飞机正式"起步",中国大飞机的"空中体验"正式走进广大消费者。未来,C919 必将在新征程上高飞远航。

四、"中国天眼"发现纳赫兹引力波存在关键证据

搜寻纳赫兹引力波是国际物理和天文领域备受关注的焦点问题之一。利用被誉为"中国天眼"的 500 米口径球面射电望远镜,我国脉冲星测时阵列(CPTA)研究团队发现纳赫兹引力波存在的关键证据。这是纳赫兹引力波搜寻的一个重要突破,表明我国纳赫兹引力波研究与国际同步达到领先水平。相关研究成果 6 月 29 日在线发表于《天文与天体物理研究》。

作为一种低频引力波,波长可长达几光年的纳赫兹引力波是宇宙里亘

古恒久的背景噪音。比起 2016 年人类最早发现的高频引力波，它们更难被"收听"到，需要基于长达数年的数据采集。

利用大型射电望远镜对一批自转极其规律的毫秒脉冲星进行长期测时观测，是目前已知唯一的纳赫兹引力波探测手段。

"利用'中国天眼'，我们对 57 颗毫秒脉冲星开展了长期系统性监测，同时将这些毫秒脉冲星组成了银河系尺度大小的引力波探测器，以搜寻纳赫兹引力波。"论文通讯作者、中国科学院国家天文台 / 北京大学研究员李柯伽说，功夫不负有心人，在深入分析"中国天眼"收集的 3 年 5 个月的数据后，CPTA 团队找到了纳赫兹引力波存在的关键证据。

北京大学讲席教授、美国艺术与科学院院士何子山认为，这一重大科学突破对星系演化和超大质量黑洞研究具有深远影响，也为引力波天体物理学打开了全新的窗口。

五、51 个超导量子比特簇态制备刷新世界纪录

继实现 10 比特、12 比特、18 比特的真纠缠态制备之后，来自中国科学技术大学等单位的研究人员又取得了重要突破——成功实现 51 个超导量子比特簇态制备和验证，刷新了所有量子系统中真纠缠比特数目的世界纪录。相关成果 7 月 12 日在线发表于《自然》杂志。

超导量子计算被普遍认为是最有可能率先实现实用化量子计算的方案之一，因而备受关注。作为量子计算的基本单元，量子比特不同于非 0 即 1 的经典比特，它可以"同时"处于 0 和 1 叠加态，即量子相干叠加态。

当人们把量子叠加拓展到多量子比特体系，自然就导致了量子纠缠的概念。多个量子比特一旦实现了相干叠加，其代表的状态空间将会随着量子比特的数目增多而呈指数增长。这被认为是量子计算加速效应的根源。多年以来，实现大规模的多量子比特纠缠一直是各国科学家奋力追求的目标。

然而，由于更大规模的真纠缠态制备要求高连通性的量子系统、高保真的多比特量子门以及高效准确的量子态保真度表征手段，此前真纠缠比特的规模未能突破 24 个量子比特。

该研究将量子系统中真纠缠比特数目的纪录由 24 个大幅突破至 51 个，充分展示了超导量子计算体系优异的可扩展性，对研究多体量子纠缠、实现大规模量子算法以及基于测量的量子计算等具有重要意义。

六、国家太空实验室正式运行

"天宫课堂"为我们带来了奇妙、有趣的太空实验，而更多关于太空奥秘的探索正在国家太空实验室里有序开展。

在 8 月 18 日举行的载人航天工程空间应用与发展情况介绍会上，中国载人航天工程新闻发言人、中国载人航天工程办公室副主任林西强表示，中国国家太空实验室目前已正式运行，并建立起独具中国特色的近地空间科学与应用体系，空间应用正有序展开、成果频现。

2022 年年底，中国空间站完成全面建造，进入为期 10 年以上的应用与发展阶段。在这一阶段，我国将常态化开展载人飞行，航天员将长期在轨飞行，在很多领域开展大规模的空间科学实验和技术实验任务。全面建成的中国空间站，是我国覆盖空间科学相关学科领域最全、在轨支撑能力最强、兼备有人参与和上下行运输等独特优势的国家太空实验室。

6 月 4 日，神舟十五号顺利返回地球。此次"太空出差"，神舟十五号 3 名航天员顺利进驻中国空间站，与神舟十四号航天员乘组首次实现"太空会师"。10 月 29 日，一场"太空会师"再次上演，神舟十七号与神舟十六号两个乘组在中国空间站胜利会面。这是在我国首艘载人飞船神舟五号实现中华民族千年飞天梦 20 周年之际，我国第一批、第二批和第三批航天员首次在中国空间站同框。

七、人体免疫系统发育图谱绘制

作为防止病毒细菌等病原体入侵的"卫士"，免疫细胞是人体免疫系统中不可或缺的组成部分。明确免疫细胞类型、分化及功能状态，对了解免疫力和揭示免疫相关疾病的发生发展机制具有重要意义。

9 月 12 日，《细胞》在线发表一项关于免疫细胞的重要进展。来自中国科学院深圳先进技术研究院等单位的科研人员成功绘制了覆盖组织范围最广、时间跨度最长、采样密度最高的人体免疫系统发育图谱，有望推动全球免疫学和发育生物学领域的发展。

在这项研究中，科研人员利用自动化、高通量的合成生物研究大科学装置，自主搭建单细胞转录组测序平台，对发育中的免疫细胞开展"解码"，并以这样的海量数据为基础绘制人体免疫系统发育图谱。

同时，他们还发现了免疫细胞的两个新类型：广泛存在于多个组织脏器、促进血管生成的巨噬细胞，以及存在于中枢神经系统之外的类小胶质细胞。

对于这项研究，中国科学院院士、厦门大学教授韩家淮给予了高度评价。他说："这项研究拓展了人们对人体免疫发育特别是巨噬细胞多样性、分化和功能的认知，有助于深入理解免疫系统的功能和调控机制，为疾病诊断、免疫治疗和新疗法开发提供重要的基础。"

八、新款忆阻器存算一体芯片成功研制

10月10日,一个消息不胫而走,冲上微博热搜:基于存算一体计算范式,清华大学集成电路学院教授吴华强、副教授高滨团队研制出全球首款全系统集成、支持高效片上学习(机器学习能在硬件端直接完成)的忆阻器存算一体芯片。相关研究成果在线发表于《科学》杂志。

"我们研发的这款存算一体芯片,展示出高适应性、高能效、高通用性、高准确率等特点,能有效强化智能设备在实际应用场景下的学习适应能力。"高滨在接受记者采访时介绍。

这款芯片包含支持完整片上学习所必需的全部电路模块,成功完成图像分类、语音识别和控制任务等多种片上增量学习功能验证。相关成果可应用于手机等智能终端设备,还可以应用于边缘计算场景,比如汽车、机器人等。

更重要的是,相同任务下,这款芯片实现片上学习的能耗仅为先进工艺下专用集成电路系统的3%,展现出卓越的能效优势,具有满足人工智能时代高算力需求的应用潜力;它揭示了人工智能时代下边缘学习的新范式,为突破冯·诺依曼传统计算架构下的能效、算力瓶颈提供了一种创新发展路径。

九、国产首艘大型邮轮命名交付

建造中国人自己的大型邮轮,是中国几代造船人的夙愿。2023年,造船人夙愿得偿。11月4日,我国首艘国产大型邮轮"爱达·魔都号"正式命名交付。这标志着我国从此实现了国产大型邮轮制造"零的突破"。

"爱达·魔都号"总吨位13.55万吨,长323.6米,宽37.2米,最大高度72.2米;全船搭载107个系统、5.5万个设备,包含2500万个零部件,完工敷设4750公里电缆;船上有客房2125间,可容纳乘客5246人……这艘庞然大物犹如一座"海上现代化城市"。

大型邮轮与大型液化天然气运输船、航空母舰并称为造船工业"皇冠上的三颗明珠",设计、建造难度极高,是体现一个国家工业实力和科技水平的标志性工程。此次"爱达·魔都号"的设计建造成功,标志着我国造船业自主实现了大型邮轮重量控制、减震降噪等主要核心技术的突破。

十、全球首座第四代核电站投产

12月6日,山东荣成传来好消息:华能石岛湾高温气冷堆核电站示范工程在稳定电功率水平上正式投产,转入商业运行。这是我国具有完全自主知识产权的全球首座第四代核电站,标志着我国在高温气冷堆核电技术领域已处于全球领先地位。

这座核电站由中国华能牵头,联合清华大学、中核集团共同建设,于2012年12月开工,2021年12月首次并网发电。目前,石岛湾高温气冷堆核电站首台(套)设备达2200多台(套),创新型设备有600余台(套),设备国产化率达到93.4%。

华能山东石岛湾核电站集聚了设计研发、工程建设、设备制造、生产运营等产业链上下游500余家单位,先后攻克多项世界级关键技术。核电站的商运投产,对促进我国核电安全发展、提升我国核电科技创新能力等具有重要意义和积极影响。

依托这一工程,我国系统掌握了高温气冷堆设计、制造、建设、调试、运维技术,中国华能和清华大学共同研发了高温气冷堆特有的调试运行六大关键核心技术,培养了一批具备高温气冷堆建设和运维管理经验的专业人才队伍,形成一套可复制、可推广的标准化管理体系,并建立起以专利、技术标准、软件著作权为核心的自主知识产权体系。

民生篇

190. 到 2025 年全面完成农村房屋安全隐患排查整治

据新华社 1 月 10 日报道，住房和城乡建设部、财政部、自然资源部等 11 部门近日印发《农房质量安全提升工程专项推进方案》，要求到 2025 年，农村低收入群体住房安全得到有效保障，农村房屋安全隐患排查整治任务全面完成，存量农房安全隐患基本消除，农房建设管理法规制度体系基本建立，农房建设技术标准体系基本完善，农房建设质量安全水平显著提升。

方案提出了七个重点任务，包括继续实施农村危房改造、深入推进农村房屋安全隐患排查整治、完善农房建设管理法规制度、建立农村房屋建设管理长效机制、提高农房建设品质、加强乡村建设工匠培育和管理、推进农房建设管理信息化建设。

在农村危房改造方面，要建立部门间数据共享和更新机制，精准识别农村低收入群体等 6 类重点对象，建立农村低收入群体住房安全动态监测机制和住房安全保障长效机制，及时支持符合条件的对象实施改造。

在农村房屋安全隐患排查整治方面，要以用作经营的农村自建房为重点，深入推进农村房屋安全隐患整治，指导各地细化分类整治措施，按照"谁拥有谁负责、谁使用谁负

安居有保障　　　　　　　　　新华社发　商海春　作

责"的要求，引导产权人或使用人在有效管控安全风险基础上，通过维修加固、拆除重建等工程措施，彻底消除安全隐患。

在建立农村房屋建设管理长效机制方面，要充实基层监管力量，依托乡镇既有管理机构，实施全过程一体化统筹管理。完善农村房屋建设管理机制，按照"谁审批、谁监管"的要求，落实审批部门监管责任，通过部门联动实现农村房屋建设闭环管理。

191. 保护和增进广大妇女健康 10 部门印发加速消除宫颈癌行动计划

据新华社 1 月 21 日报道，为加快我国宫颈癌消除进程，保护和增进广大妇女健康，国家卫生健康委、教育部等 10 部门日前联合印发《加速消除宫颈癌行动计划（2022—2030 年）》，提出普及宫颈癌防治知识，降低患病风险；加强宫颈癌筛查服务，促进早诊早治；规范宫颈癌治疗，加大医疗救治保障力度；完善宫颈癌综合防治体系，提高防治能力。

行动计划指出，宫颈癌的主要致病原因是高危型人乳头瘤病毒（HPV）持续感染，通过为年轻女性接种 HPV 疫苗、在适龄女性中开展宫颈癌筛查、及时治疗宫颈癌及癌前病变等三级预防措施能够有效防控并最终实现消除宫颈癌。

近年来，各地积极推动实施妇女"两癌"（宫颈癌和乳腺癌）筛查服务，建立分工协作、上下联动的宫颈癌防治体系，促进了宫颈癌早诊早治，宫颈癌诊疗不断规范，群众健康意识逐步提升。

提出主要目标　　　　新华社发 徐骏 作

根据行动计划，到 2025 年，试点推广适龄女孩 HPV 疫苗接种服务；适龄妇女宫颈癌筛查率达到 50%；宫颈癌及癌前病变患者治疗率达到 90%。到 2030 年，持续推进适龄女孩 HPV 疫苗接种试点工作；适龄妇女宫颈癌筛查率达到 70%；宫颈癌及癌前病变患者治疗率达到 90%。

行动计划要求，促进 HPV 疫苗接种。对于符合要求的国产 HPV 疫苗加快审评审批。加强 HPV 疫苗接种规范化管理，建立真实完整的疫苗购进、储存、分发、供应记录，及时公布有资质的接种单位名单，做好疑似预防接种异常反应监测和处置。积极发挥学校在组织动员方面的作用，提升适龄女孩HPV疫苗接种意愿。鼓励有条件的地区开展HPV疫苗接种试点，探索多种渠道支持资源不足地区适龄女孩接种。

192. 全国基本养老保险参保人数达10.5亿人

2023年1月22日，记者从人力资源和社会保障部获悉，截至2022年年末，全国基本养老保险参保人数达10.5亿，同比增加2430万人，失业、工伤保险参保人数分别为2.4亿人、2.9亿人。

按照党中央、国务院部署，自2022年起，企业职工基本养老保险全国统筹正式实施。这一改革有利于进一步完善养老保险制度、推动养老保险制度更加公平、更可持续。2022年全年社会保险基金收入7.1万亿元，支出6.6万亿元，年底累计结余7.4万亿元。

企业职工基本养老保险全国统筹已取得四方面进展：

一是在全国范围内基本实现政策统一，劳动者与退休人员的养老保险权益得到更好保障。指导各地逐步放开灵活就业人员参保户籍限制，将更多灵活就业人员纳入养老保险保障范围。

二是加大省际互济力度，养老金发放更有保障，增强了养老保险制度的公平性和可持续性。2022年全年共跨省调剂基金2440亿元，有效均衡了地区间基金当期收支压力，支

持了基金困难省份养老金发放。

三是建立了中央和地方养老保险支出责任分担机制，中央财政补助力度进一步加大，地方财政养老保险投入机制更加完善。

四是不断提高养老保险管理服务水平和公共服务可及性。建成了与全国统筹相适应的信息系统，实现了数据集中管理、部省经办联动。全国统一的社会保险公共服务平台功能不断完善，目前已开通83项全国性、跨地区社会保险服务，方便了参保企业和参保人员"跨省通办""一网通办"。

截至2022年年末，全国社会保障卡持卡人数13.68亿人，覆盖96.8%人口；电子社保卡领用人数7.15亿人，全年累计访问量112.85亿人次。

从城乡居民基本养老保险看，2022年，19个省份在中央提高城乡居民全国基础养老金最低标准的基础上，提高省级基础养老金标准。其中，江苏省连续11年调整城乡居民养老保险基础养老金省定最低标准。

从作为基本养老保险制度补充的个人养老金看，2022年11月25日，个人养老金制度在36个城市或地区先行启动实施。截至2022年年末，个人养老金参加人数1954万人，缴费人数613万人，总缴费金额142亿元。

193. 中国新增国际重要湿地18处

2023年2月2日是第27个世界湿地日。国家林业和草原局消息，中国再新增北京延庆野鸭湖、黑龙江大兴安岭九曲十八湾、江苏淮安白马湖等18处国际重要湿地，总数达82处；面积764.7万公顷，居世界第四位。

2023年世界湿地日的主题为"湿地修复"。当日，中国在浙江杭州西溪举办主场宣传活动，并发布2022年度中国国际重要湿地生态状况监测成果。结果显示，我国国际重要湿地生态状况总体保持稳定，湿地总面积比上一年有所增加，水质呈向好趋势，水源补给状况保持稳定；生物多样性丰富度有所提高，分布有湿地植物2391种；湿地保护

修复成效明显，黑龙江、湖北、山东和海南等地的退化湿地得到有效恢复。

《湿地公约》秘书长穆松达·蒙巴在活动视频致辞中感谢中国作为《湿地公约》第十四届缔约方大会东道国与主席国所发挥的领导作用；赞赏中国不断完善法律与政策框架，实施《中华人民共和国湿地保护法》和《全国湿地保护规划（2022—2030年）》，强化国内湿地保护管理；并期待中国作为《湿地公约》主席国在未来三年引领全球湿地保护事业发展。

自1992年加入《湿地公约》以来，中国积极应对湿地面积减少、生态功能退化等全球性挑战，"十三五"期间，安排中央投资98.7亿元，实施湿地保护与恢复工程53个，湿地生态效益补偿、退耕还湿、湿地保护与恢复补助项目2000余个，修复退化湿地面积46.74万公顷，新增湿地面积20.26万公顷。

活动现场还为2022年通过试点验收的国家湿地公园代表授牌，青少年代表宣读了湿地保护倡议书。

194. 医保局：支持定点零售药店开通门诊统筹服务

为更好推进职工医保门诊共济保障机制改革，国家医保局2月15日印发《关于进一步做好定点零售药店纳入门诊统筹管理的通知》，明确各级医保部门要采取有效措施，鼓励符合条件的定点零售药店自愿申请开通门诊统筹服务。

通知明确，申请开通门诊统筹服务的定点零售药店应当符合相关要求，能够开展门诊统筹联网直接结算。统筹地区医保部门要优化申请条件、完善服务流程，及时为符合条件的定点零售药店开通门诊统筹服务。

通知完善了定点零售药店门诊统筹支付政策，明确参保人员凭定点医药机构处方在定点零售药店购买医保目录内药品发生的费用可由统筹基金按规定支付。定点零售药店门诊统筹的起付标准、支付比例和最高支付限额等，可执行与本统筹地区定点基层医疗机构相同的医保待遇政策。

在加强处方流转管理方面，通知明确要依托全国统一的医保信息平台，加快医保电子处方中心落地应用，实现定点医疗机构电子处方顺畅流转到定点零售药店。定点医药机构可为符合条件的患者开具长期处方，最长可开具12周。

此外，通知明确要加强基金监管，通过日常监管、智能审核和监控等多种方式，严厉打击定点零售药店欺诈骗保等违法违规行为。

195. 中国专家团队完成首例全程机器人辅助冠状动脉造影

传统血管介入手术存在专业医生稀缺、辐射风险较大等痛点，而借助手术机器人不但可实现"室外"操作、让医生免受射线辐射，而且操作精度更高，大大降低术后并发症的概率。中国医学科学院阜外医院专家团队2月24日成功完成全程机器人辅助冠状动脉造影。

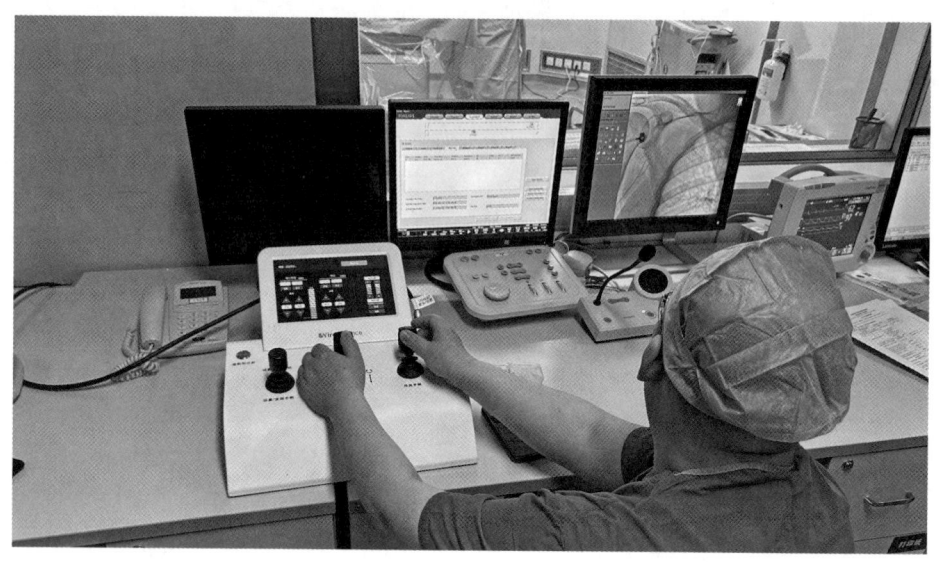

窦克非主任在导管间外操作机器手柄调整导丝、导管为患者进行冠脉造影检查，全程无辐射，不需要穿着沉重的防辐射铅衣。

中国医学科学院阜外医院供图

当日上午8点，此次手术在中国医学科学院阜外医院深圳医院导管室正式开始。由中国医学科学院阜外医院内科管委会主任窦克非主刀，使用的微创血管介入手术辅助系统是一款可同时开展造影及介入治疗的手术机器人。除去消毒、铺巾、穿刺、架设机器等准备工作时间，实际冠状动脉造影检查手术时间约10分钟即顺利完成，全程患者无不适主诉，对手术过程及结果非常满意。

窦克非说，在进行传统血管介入手术时，医生穿着的防护服重达20千克，全程在X射线下进行，对医生体力消耗极大，且当前防护手段只能有效屏蔽约50%辐射。而血管介入机器人优势明显，可实现"室外"操作，让医生避免受到射线辐射。同时，医生是坐姿操作，屏幕易于观察，手术更加稳定。另外，辅助机器人的机械臂具备点动能力，递送精度更高，导丝操控更容易，极大降低了术后并发症的概率。"这也为实施远程手术打下了基础，让使用场景更加广泛。"

根据《中国心血管健康与疾病报告2019》，我国心血管病患者人数3.3亿人，并且患病率及患者人数均处于上升态势。微创血管介入手术作为心脑血管疾病一线治疗手段，应用场景广阔。目前国内已有超过1800家医院开展血管介入手术，2019年仅冠脉介入手术量就达到504万例，其中约400万例仅做造影。

由于冠脉造影手术量大，临床医生一直期待手术机器人能够实现冠脉造影及经皮冠状动脉介入治疗一体化，且在操作上要快速、稳定。"此次冠脉造影手术的成功有助于推动手术机器人在冠脉介入手术应用上的临床推广，我们相信，血管介入机器人未来有望成为新一代介入手术核心工具，造福更多的患者。"窦克非表示。

196. 我国全面实现不动产统一登记

4月25日，自然资源部部长王广华在全国自然资源和不动产确权登记工作会议上宣布，我国全面实现不动产统一登记。这意味着经过十年努力，从分散到统一，从城市房屋到农村宅基地，从不动产到自然资源，覆盖所有国土空间，涵盖所有不动产物权的不动产统一登记制度全面建立。

我国以民法典为统领，以《不动产登记暂行条例》为核心，以实施细则、操作规范、地方性法规等为配套支撑的不动产统一登记制度体系基本成型。

2013年3月，党中央、国务院决定建立不动产统一登记机构，提出将分散在多个部门的不动产登记职责整合，实现登记机构、登记簿册、登记依据和信息平台"四统一"改革任务。

197. 十一部门联合发文加强医疗美容行业监管

5月4日，市场监管总局、公安部、商务部等十一部门联合印发《关于进一步加强医疗美容行业监管工作的指导意见》（下称《意见》），就进一步加强医疗美容行业监管工作，规范和促进医疗美容行业发展提出一系列针对性举措。

在加强医疗美容行业准入管理方面，《意见》明确，医疗美容服务属于医疗活动，未依法取得卫生健康行政部门发放的医疗机构执业许可证或者"诊所备案凭证"，不得开展医疗美容服务。卫生健康行政部门结合医疗美容诊疗特点，加强医疗美容诊所备案信息管理，强化诊疗质量控制，严把行业准入关。

《意见》指出，依托地方政务共享平台、"证照分离"协同平台、大数据管理平台等，强化市场主体登记注册和医疗机构许可（备案）信息共享。对经营范围含有"医疗美容服务"等内容但未及时取得医疗机构执业许可证或"诊所备案凭证"的市场主体，督促其依法落实主体责任。

在加强事中事后综合监管方面，《意见》要求，推进医疗美容行业跨部门综合监管，并将医疗美容诊疗活动、涉医疗美容经营活动以及医疗美容用药品、医疗器械等涉及多部门监管的事项纳入综合监管重点事项。

《意见》还提出，要加强关联领域与行业的监管，加强对医疗美容"导购"活动的监管，规范相关主体网上信息内容发布行为，严禁为未依法取得医疗机构执业许可证或"诊所备案凭证"的美容机构提供诊疗咨询、就医引导服务，严禁无相应医师资质或者医学药学知识的人员在线上线下从事医疗美容诊疗咨询、就医引导服务或利用互联网发布医疗美容知识科普等涉医疗领域专业信息内容。同时，依法加大对"医托""药托"的处置力度，查处商业贿赂，严厉打击违法开展诊疗咨询、就医引导的行为。

此外，严禁培训禁止类医疗技术或者无对应医疗美容科目的所谓医疗美容新项目、新技术；严禁对"零基础"等无行医资质人员提供医疗美容技术培训；严禁利用、冒用或者虚构国家机关、科研机构等名义对医疗美容培训机构进行推荐或者证明；严禁承诺发放所谓的"职业证书""职业资质"，严禁宣称学习医疗美容技术能够快速致富。

198. 我国基本建立制止餐饮浪费国家标准体系

5月6日，市场监管总局标准技术司有关负责人在该局召开的新闻发布会上介绍说，我国制止餐饮浪费国家标准体系已基本建立，标准兼顾了堂食、外卖等不同用餐形式，覆盖了旅游饭店、机关食堂等重点场景，能够基本满足各方落实反食品浪费工作的实际需要。

截至2023年，我国已发布《饭店业信用等级评价规范》等8项国家标准，正在研制《餐饮业反食品浪费管理通则》等4项国家标准，拟立项6项国家标准。此外，还将制止餐饮浪费的要求纳入旅游民宿、旅游度假区等其他标准中。

同时，针对各地餐饮业态和习俗不同，因地制宜，推动地方和学协会以团体标准和地方标准的形式，与国家标准形成"组合拳"。各地制修订制止餐饮浪费相关地方标准共61项；相关行业协会制定制止餐饮浪费团体标准20余项，规范企业生产经营行为。

199. 5月15日起全面恢复口岸快捷通关

5月11日，国家移民管理局发布公告，自2023年5月15日起实施全面恢复口岸快捷通关、全面恢复实行内地居民赴港澳团队旅游签注"全国通办"等四项调整优化出入境管理政策措施，进一步保障便利中外出入境人员往来，促进服务对外开放。

全面恢复口岸快捷通关。在1月8日恢复毗邻港澳口岸边检快捷通关的基础上，按照疫情前做法和标准要求，允许持中华人民共和国普通护照、往来港澳通行证、往来台湾通行证、港澳居民来往内地通行证、台湾居民来往大陆通行证（5年有效）、一年多次有效出入境通行证的中国公民；持外国护照和外国人永久居留证、外国电子护照及6个月以上外国人居留许可的外国人；在定期国际航班上工作的中国籍机组人员和可免签入境或已办妥1年以上（含）乘务、任职签证或居留证件的外国籍机组人员可经边检快捷通道通行。

全面恢复实行内地居民赴港澳团队旅游签注"全国通办"。内地居民可向全国任一公安机关出入境管理机构提交赴香港、澳门团队旅游签注申请，申办手续与户籍地一致。

实施内地居民申办赴港澳地区探亲、工作、学习证件"全国通办"。内地居民因探亲、工作、学习，以及因就医、诉讼、处理财产等事由拟前往港澳地区的，可向全国任一公安机关出入境管理机构提交与申请事由相应的探亲、逗留和其他三类签注申请，申办手续与户籍地一致。

调整在澳门就读的内地学生逗留签注有效期。公安机关出入境管理机构对赴澳门高等院校就读的内地学生，签发的逗留签注有效期由最长不超过1年，调整为与其在澳门就读的学习期限一致。

国家移民管理局相关负责人表示，政策措施调整优化后，出入境人员办证通关将更加便利。下一步将继续积极回应人民群众新期待新需求，持续深化移民管理政务服务改革创新，为广大中外出入境人员提供更加优质、高效、便捷的出入境管理服务。公众如需进一步了解公告内容，可以致电国家移民管理局12367服务平台详询。

200. 2023年退休人员基本养老金上调3.8%

5月22日，经党中央、国务院批准，人社部、财政部发布《关于2023年调整退休人员基本养老金的通知》，明确从2023年1月1日起，为2022年底前已按规定办理退休手续并按月领取基本养老金的企业和机关事业单位退休人员提高基本养老金水平，总体调整水平为2022年退休人员月人均基本养老金的3.8%。

人社部相关负责人介绍，这次调整继续采取定额调整、挂钩调整与适当倾斜相结合的调整办法。其中，定额调整体现社会公平，同一地区各类退休人员调整标准一致；挂钩调整体现"多缴多得""长缴多得"的激励机制，使在职时多缴费、长缴费的人员多得养老金；适当倾斜体现重点关怀，主要是对高龄退休人员和艰苦边远地区退休人员等群体予以照顾。

通知要求，各省、自治区、直辖市要结合本地区实际，制定具体实施方案，抓紧组织实施，尽快把调整增加的基本养老金发放到退休人员手中。

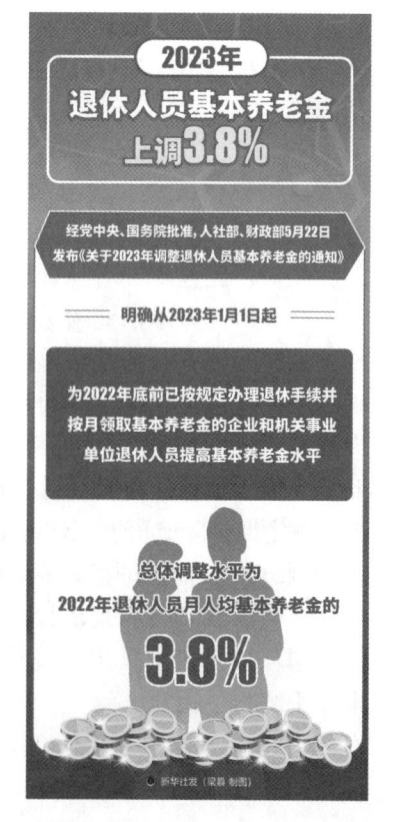

201. 我国将于 2025 年年底前基本实现垃圾分类全覆盖

5月24日，记者从住房和城乡建设部了解到，我国将力争在2023年年底前使地级及以上城市居民小区垃圾分类覆盖率达到90%以上，2025年年底前基本实现全覆盖。

住房和城乡建设部部长倪虹说，近年来，垃圾分类工作坚持从基层抓起、从娃娃抓起、从群众需求抓起，紧盯科学规划、设施建设、安全运行关键环节，注重依法建章立制、督促指导、评估评价，统筹推动垃圾分类抓点、连线、扩面，取得积极进展和成效。

截至2022年年底，297个地级及以上城市居民小区垃圾分类平均覆盖率达到82.5%，人人参与垃圾分类的良好氛围正在逐步形成；生活垃圾日处理能力达到53万吨，焚烧处理能力占77.6%，城市生活垃圾资源化利用水平实现较大提升。

住房和城乡建设部已在山东省青岛市召开全国城市生活垃圾分类工作现场会。倪虹说，垃圾分类工作是2023年全国住房和城乡建设工作会议部署的重点工作之一。要在完善法律法规上下功夫，进一步健全生活垃圾分类法律法规制度体系，加快地方立法进程，坚持教育和惩戒相结合，强化公民垃圾分类的责任义务。

倪虹说，要充分利用新一代信息技术，逐步构建生活垃圾分类管理平台，推动生活垃圾分类"一网统管"，大力推动环卫装备标准化、智能化改造和提升，推动环卫行业向科技智慧型转型升级。

同时，要补齐设施短板，扎实推进城市生活垃圾处理设施建设，补齐中西部地区焚烧处理短板，持续提升焚烧处理能力，开展县级地区小型焚烧试点工作，不断优化生活垃圾处理结构。

从2023年起，我国将于每年5月第四周开展"全国城市生活垃圾分类宣传周"活动。

202. 12306 网站试行在线选铺服务

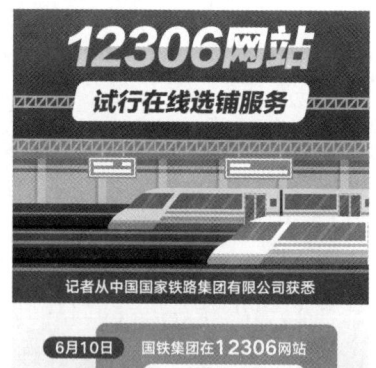

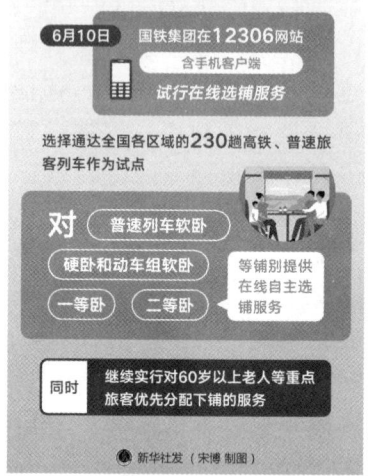

6月10日，国铁集团在12306网站（含手机客户端）试行在线选铺服务，选择通达全国各区域的230趟高铁、普速旅客列车作为试点，对普速列车软卧、硬卧和动车组软卧、一等卧、二等卧等铺别提供在线自主选铺服务，同时，继续实行对60岁以上老人等重点旅客优先分配下铺的服务。

国铁集团客运部负责人介绍，目前，旅客在铁路车站售票窗口、代售点等线下渠道购买卧铺车票可选择铺别，在12306网站购买卧铺车票由系统自动分配铺位。

在线选铺服务推出后，旅客在12306网站购买试点车次卧铺车票，可在线自主选择试点普速列车硬卧的上、中、下铺和软卧的上、下铺，动车组软卧的上、下铺，一等卧的上、下铺，二等卧的上、中、下铺等铺别，系统将自动为旅客分配符合要求的铺位，同时继续实行对60岁以上老人等重点旅客优先分配下铺的服务。如剩余铺位无法满足选铺需求，系统将随机分配铺位，旅客可根据自身情况选择接受或者取消。旅客线下购票仍可自主选择铺别。

203. 苏沪轨交互通 长三角核心城市进入"地铁同城"时代

6月24日，苏州轨道交通11号线正式投入运营，并与上海轨道交通11号线实现无缝换乘。中国长三角"经济双雄"实现"地铁同城"，也是该区域核心城市间地铁系统首次跨省互联互通。

这条地铁一头牵起中国的经济中心上海，一头牵起"最强地级市"苏州，交汇点是雄踞中国"百强县（市）"榜首18年的昆山——两座城市的地铁系统在昆山花桥站通过连廊互通，上下楼就能快捷换乘。地铁全线互通将满足两地日常稳定的通勤需求，从苏州市区到达上海市区约 2 小时。2013 年，上海轨交 11 号线延伸至苏州昆山，成为中国首段跨省地铁线路。

6月 24 日，乘客在苏州轨道交通 11 号线花桥站进站乘车。

新华社记者 李博 摄

　　苏州轨道交通 11 号线采用无人驾驶，列车车厢首尾贯通，车内外智慧屏随时提示到站信息和车厢拥挤度。站在车头隔着玻璃眺望，感觉仿佛穿越时空。

　　作为 GDP 在长三角排名前两位的城市，上海与苏州地缘相近、人缘相亲，合作紧密。如今，苏州着力打造的生物医药、电子信息等产业集群，皆与上海协同发展，很多世界 500 强企业中国区总部设在上海，工厂设在苏州。

　　未来，苏州轨交 3 号线西延将与无锡地铁 3 号线衔接，从上海出发的地铁有望向西延伸得更远。

204. 国家疾控局启用 95120 全国疾控电话流调专用号码

　　据新华社 7 月 6 日报道，国家疾控局会同工业和信息化部确定 95120 短号码作为全国疾控电话流调专用号码，已在全国各级疾控机构正式启用。

　　做好流调工作对于传染病病例的早发现、早报告至关重要。流调工作主要采用面对面现场流调的方式进行，同时电话流调是快速获取调查对象相关信息的重要手段。

为提高全国电话流调工作的权威性、规范性，确保准确、及时收集流调信息，为疫情风险研判和应对处置提供支撑，国家疾控局会同工业和信息化部确定95120短号码作为全国疾控电话流调专用号码，开发了电话流调系统，为各级疾控机构提供统一号码、身份可信、分级管理、安全可控、高效便捷的电话流调辅助工具。

该系统具有统一外呼号码、AI智能外呼、来电提醒和挂机短信、多终端应用等功能，可实现全时段、多场景开展电话流调，有效降低被流调人员拒接率和漏接率，减轻基层流调人员工作压力和强度，提升工作效率。

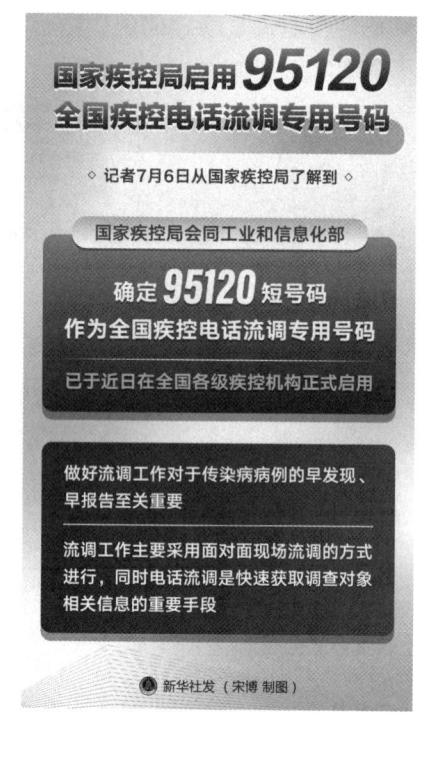

205. 国家医保局：及时将符合条件的养老机构内设医疗机构纳入医保

7月21日，立足于"保基本"的功能定位，国家医保局指导地方按程序将符合条件的医疗服务项目纳入医保支付范围，基本满足包括老年人在内的参保人员就医需求，并在政策上明确陪护费、护工费、洗理费等生活服务项目基本医保基金不予支付。

推进医养结合是优化老年健康和养老服务供给的重要举措。随着人口老龄化加速，失能老年人数量不断增长，国家医保局稳步推进长期护理保险制度试点，适应失能老年人基本护理保障需求。

国家医保局表示，总体看长护险试点工作进展顺利，截至2022年年底，长护险制度试点覆盖49个城市、近1.7亿人，累计有195万人享受待遇，在减轻失能人员家庭经济和事务负担，促进养老产业和健康服务业发展等方面发挥积极作用。

206. 全国校外教育培训监管与服务综合平台正式上线

7月24日,全国校外教育培训监管与服务综合平台正式上线。平台帮助家长甄别选择证照齐全的合规机构,确保交费安全、退费方便、投诉举报渠道畅通。

截至2023年,全国校外教育培训监管与服务综合平台已纳入首批10多万家白名单校外培训机构(含线上、线下和学科、非学科),各地主管部门已完成对入驻培训机构相关资质、资金、人员、材料、场地、课程等信息的审核备案。同时,全国校外教育培训监管与服务综合平台正式推出"校外培训家长端"App,提供全国统一校外培训官方购课服务。

下一步,教育部将不断巩固学科类培训治理成果,深化非学科类培训监管,促进校外培训成为学校教育有益补充;强化学校教育主阵地作用,进一步促进学生学习更好回归校园;持续减轻学生过重作业负担和校外培训负担、家庭教育支出和家长相应精力负担,进一步提升人民群众对教育的满意度。

207. 公安部交管局推出优化机动车登记服务新措施

8月14日,公安部交管局部署各地公安交管部门进一步细化措施、优化流程,简化优化车辆登记程序,更好便利群众、企业办事,促进汽车消费流通,更好地服务保障高质量发展。

简化新车注册登记手续,便利一站办理新车上牌。在前期试点基础上,进一步扩大国产小客车注册登记生产企业预查验试点,在36个城市33家生产企业实行新车出厂提前查验车辆,群众上牌免交验车辆,减少群众办事排队等候时间,适应互联网线上售车等汽车销售新模式,更好促进汽车消费。积极支持在银行、汽车金融公司等金融机构设立机动车登记服务站,便利群众一站办理贷款

便民利企新措施　　　　新华社发 朱慧卿 作

和抵押登记手续。

便利办理二手车转让登记，促进二手车交易流通。会同商务、税务等部门落实已推出的取消二手车限迁、二手小客车转让登记"一证通办"等便利措施。推行摩托车登记省内一证通办，对省（区）范围内异地办理摩托车注册登记、转让登记、住所迁入的，申请人可以凭居民身份证"一证通办"，无须再提交暂住地居住证明，便利群众异地购车登记。地方法规规章对购买摩托车实行单独管理政策的，按当地规定执行。

推行二手车出口登记异地通办，促进二手车出口发展。对二手车出口企业异地收购车辆的，允许在企业所在地申请注销登记，持续推进交管服务跨省通办。对具备开具二手车交易发票条件的二手车出口企业，积极支持设立机动车登记服务站，便利企业一站式办理登记，减成本、降负担，为二手车出口创造良好环境。

208. 三部门推动落实购买首套房贷款"认房不用认贷"政策措施

8月18日，住房城乡建设部、中国人民银行、金融监管总局联合印发了《关于优化个人住房贷款中住房套数认定标准的通知》，推动落实购买首套房贷款"认房不用认贷"政策措施。

通知明确，居民家庭（包括借款人、配偶及未成年子女）申请贷款购买商品住房时，家庭成员在当地名下无成套住房的，不论是否已利用贷款购买过住房，银行业金融机构均按首套住房执行住房信贷政策。此项政策作为政策工具，纳入"一城一策"工具箱，供城市自主选用。

住房城乡建设部有关负责人介绍，此项政策将使更多购房人能够享受首套房贷款的首付比例和利率优惠，有助于降低居民购房成本，更好满足刚性和改善性住房需求。

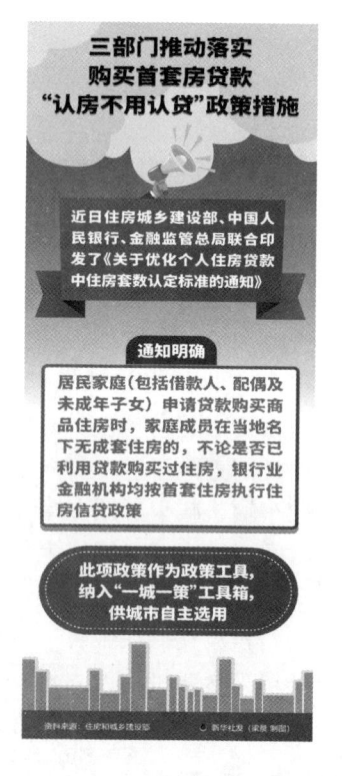

209. 教育部颁布《校外培训行政处罚暂行办法》

据新华社 9 月 12 日报道，教育部颁布的《校外培训行政处罚暂行办法》将于 2023 年 10 月 15 日起施行。

教育部校外教育培训监管司负责人表示，"双减"改革实施两年以来，校外培训治理取得了阶段性成效，但擅自举办校外培训机构、隐形变异开展校外培训等问题仍然不同程度存在，个别机构"卷款跑路"问题仍零星发生，人民群众合法权益仍不时受到损害，迫切需要健全校外培训法律制度，

规范管理　　　　　　　　　　　　新华社发 王鹏 作

明确执法责任、执法权限、执法依据等，提升校外培训执法规范化、法治化水平，让违法者付出代价，让合规者受到保护，保障"双减"改革不断取得实效。

《校外培训行政处罚暂行办法》共 6 章 44 条，对校外培训行政处罚的实施机关、管辖和适用对象，违法行为和法律责任，处罚程序和执行，执法监督等作出规定。

办法明确，自然人、法人或者其他组织面向社会招收 3 周岁以上学龄前儿童、中小学生，违法开展校外培训，应当给予行政处罚的，适用本办法。

办法规定校外培训行政处罚由县级以上人民政府校外培训主管部门依法按照行政处罚权限实施，分别对线下、线上校外培训的管辖作出规定。

办法规定自然人、法人或者其他组织未经审批开展校外培训，同时符合线下培训有专门的培训场所或线上培训有特定的网站或者应用程序、有 2 名以上培训从业人员、有相应的组织机构和分工的，即构成擅自举办校外培训机构。

办法明确了擅自有偿开展学科类隐形变异培训的情形，列举了"转线上""转地下""换马甲"等 3 种隐形变异行为及兜底条款，规定了警告直至 10 万元以下罚款的法律责任。

办法还提出，对中小学在职教师擅自有偿开展学科类培训的行为，依法从重处罚。

210. 国产大型邮轮发布首航日期：2024 年商业首航

9 月 19 日，国产大型邮轮运营商爱达邮轮有限公司在"2023 吴淞口论坛"上发布，旗下首艘国产大型邮轮"爱达·魔都号"将于 2024 年 1 月 1 日从上海吴淞口国际邮轮港启航，正式开始商业运营。首航船票自 9 月 20 日起发售，宾客可登录爱达邮轮官网和微信小程序订购。

"爱达·魔都号"全长 323.6 米，总吨位 13.55 万吨，拥有 2125 间豪华客房和套房，22 间各具特色的餐厅及酒吧，满载可容纳 5246 名宾客。

"爱达·魔都号"上的文化产品丰富，有"开心麻花"打造的多场经典喜剧和沉浸式音乐秀，可容纳千人的大都会剧院将上演《马可·波罗 – 丝路情缘》及精彩梦幻的《魔都 Magic City》歌舞秀。此外，AI-STEAM 海上探索营、AiS 积木课程、主题竞赛及多项特色活动，将给孩子们奉上寓教于乐的海上之旅。

"爱达·魔都号"实现 5G 覆盖，搭载最先进的无线技术，宾客可在旅途中体验多媒体、实时交互和个性化的服务。

融合东西方美学，交汇传统与现代灵感，"爱达·魔都号"致力于打造海上"丝绸之路"艺术空间，多幅艺术壁画和艺术装饰品从邮轮大堂延伸至大剧院等主要公共区域，重现昔日陆地、海上丝绸之路的壮观图景。

"爱达·魔都号"在论坛现场公布了从上海出发的东北亚航线，未来，还将开辟中国至东南亚国家的邮轮航线，并适时推出"海上丝绸之路"等中长航线，打造长、中、短相结合的多样旅行度假选择。

211. 强调家校社协同 多措并举促进儿童心理健康

10 月 10 日是世界精神卫生日。心理健康是儿童青少年健康的重要组成部分，是家庭与社会的共同关切。国家卫生健康委 9 日召开新闻发布会，介绍我国促进儿童心理健康有关情况。

国家卫生健康委医政司有关负责人在新闻发布会上表示，按照《全国社会心理服务体系建设试点工作方案》，国家卫生健康委会同中央政法委等部门在全国开展试点工作，试点地区 96% 的村和社区，100% 的高校和约 95% 的中小学都已设立心理辅导室或社会工作室。

近年来，我国持续加强精神专科医院、综合医院精神心理科建设，不断提高精神科医生诊疗水平。同时，从 2021 年起，在重大公共卫生项目中设置儿童青少年心理健康促进试点项目，组织开展儿童青少年心理健康促进的社会动员、科普宣传、筛查评估等试点工作，积累经验并不断推广。

教育部体育卫生与艺术教育司有关负责人表示，2023 年 4 月，教育部、国家卫生健康委等 17 个部门联合印发了《全面加强和改进新时代学生心理健康工作专项行动计划（2023—2025 年）》，明确各级政府部门加强学生心理健康工作的职责，强调多部门联合、医教体融合、家校社协同，共同促进学生心理健康。

212. "2023 中国最具幸福感城市"调查结果发布

11 月 24 日，"2023 中国最具幸福感城市"调查推选结果在成都举行的 2023 中国幸福城市论坛上发布。成都、杭州等 10 个省会及计划单列市，温州、台州等 11 个地级城市，北京市西城区等 3 个直辖市辖区，广州市天河区、杭州市富阳区等 10 个城区，太仓、瑞安等 11 个县级城市当选。

"中国最具幸福感城市"调查推选活动由《瞭望东方周刊》主办，迄今已连续举办 17 年，中国幸福城市实验室和百度研究院商业智能实验室提供技术支持。本年度调查推选活动以"高质量发展让城市更幸福"为主题，以城市如何以人民为中心，不断推进治理体系和治理能力现代化，实现高质量发展，走出一条中国特色城市发展道路为主线，对中国城市的幸福感进行调查，推介幸福城市建设的生动实践。

新华社副社长刘健在视频致辞中表示，城市作为市民幸福生活的载体，在实现高质量发展的过程中承担着新的使命、迎来了新的机遇，也必将创造新的辉煌。

2023 年度的调查推选活动历时近五个月，经过大数据采集、问卷调查、材料申报、实地调研、专家评审等环节的严格遴选，成都、杭州、宁波、南京、广州、长沙、沈阳、呼和浩特、青岛、太原被推选为"2023 中国最具幸福感城市"（省会及计划单列市）；温州、台州、泰州、苏州、鄂尔多斯、无锡、湖州、攀枝花、威海、营口、嘉峪关被推选为"2023 中国最具幸福感城市"（地级市）；北京市西城区、上海市闵行区、上海市黄浦区被推选为"2023 中国最具幸福感城区（直辖市辖区）"；广州市天河区、杭州市富阳区、成都市龙泉驿区、杭州市拱墅区、宁波市鄞州区、杭州市临安区、绍兴市越城区、成都市双流区、温州市鹿城区、成都市温江区被推选为"2023中国最具幸福感城区";江苏省太仓市、浙江省瑞安市、浙江省余姚市、浙江省乐清市、湖南省宁乡市、内蒙古自治区伊金霍洛旗、湖南省长沙县、河南省巩义市、山东省荣成市、湖南省浏阳市、浙江省宁海县被推选为"2023中国最具幸福感城市"(县级市)。

根据材料申报和幸福城市大数据单项调查,广东省云浮市、浙江省慈溪市、江苏省靖江市、东营市垦利区被推选为"2023中国最具幸福感城市之美丽宜业之城"。

# 第六编　年度大事

1月

2日 从四川省文物考古研究院获悉，考古学家利用数字三维模型实现了三星堆3号"祭祀坑"铜顶尊跪坐人像与8号"祭祀坑"神兽的成功拼对。此次拼合作业中，工作人员充分利用了数字三维模型技术，创新了保护、研究文物的技术手段。

3日 国家体育总局发布《关于公布高危险性体育赛事活动目录（第一批）的公告》，这份目录包括潜水赛事活动、航空运动相关赛事活动、登山相关赛事活动、攀岩相关赛事活动、滑雪登山赛事活动、汽车摩托车相关赛事活动。

3日 从中国铁路太原局集团有限公司获悉，2022年，西煤东运大通道瓦日铁路货运量达到1.03亿吨，中国再增一条年运量过亿吨能源运输通道。

3日 中国科学院古脊椎动物与古人类研究所消息，中国科学家在辽西热河生物群新发现一种长着恐龙头骨和怪异身体的白垩纪鸟类，命名为"朱氏克拉通鸷"。这一发现为解答鸟类如何由恐龙演化而来并演化出独有的形态特征提供了新的化石证据。相关成果发表于国际期刊《自然－生态与进化》。

5日 从国网江苏省电力有限公司获悉，国内首个全息数字电网在江苏建成，通过融合北斗通信、云计算、人工智能等前沿技术，全面提升电网智慧运检水平，推动中国电力系统加速转型升级。

5日 中国人民银行发布消息称，近日，人民银行、银保监会发布通知，决定建立首套住房贷款利率政策动态调整机制。新建商品住宅销售价格环比和同比连续3个月均下降的城市，可阶段性维持、下调或取消当地首套住房贷款利率政策下限。

6日 由应急管理部消防救援局和森林消防局整合而成的国家消防救援局正式挂牌亮相，这是中国消防救援事业的重要里程碑。

6日 新华社报道，中国古生物学家在云南罗平县发现了距今2.44亿年的全新爬行动物物种，将其命名为"奇异罗平龙"。这也是多指节型鳍龙类最早出现的化石记录。

7日 从中国科学院合肥物质科学研究院等离子体物理研究所获悉，近期该所核聚变大科学团队利用有"人造太阳"之称的全超导托卡马克大科学装置（EAST），发现并证明了一种新的高能量约束模式，对于国际热核聚变实验堆和未来聚变堆运行具有重要意义。相关成果发表于国际学术期刊《科学·进展》。

9日 国内首家国家级氢能动力质量监督检验中心在重庆建成投用。其检测范围覆盖氢能全产业链，将发挥检验检测、标准制定、科技研发等服务作用，进一步提升国内氢燃料电池汽车的测试评价和标准化工作能力，为中国能源和汽车产业发展提供有力保障。

9日 新华社报道，经地方培育、自主申报、专家评审和社会公示，商务部近日决定将北京市三里屯商圈等12个商圈和三里屯太古里南区等16个商店确认为"全国示范智慧商圈"和"全国示范智慧商店"，这是商务部公布的首批全国示范智慧商圈、全国示范智慧商店。

9日 新华社报道，中国科学家首次揭示了人类基因组序列中的内源性古病毒"复活"驱动衰老的机制，有望为衰老的科学评估，以及相关疾病的防治提供重要研究思路。相关成果日前在国际学术期刊《细胞》在线发表。

9日 从中国科学院南京地质古生物研究所获悉，该所古生物学者重新研究了中国澄江动物群中的一块标志性奇虾化石，发现这只"明星奇虾"形态奇特，不同于已经命名的奇虾类群。科研团队为其建立了一个新属新种，并命名为"帽天山开拓虾"。相关研究成果近日刊印在国际期刊《地质学会会刊》上。

9—10日 中国共产党第二十届中央纪律检查委员会第二次全体会议在北京举行。全会全面贯彻习近平新时代中国特色社会主义思想，深入贯彻落实党的二十大精神，研究部署2023年纪检监察工作，审议通过了李希同志代表中央纪委常委会所作的《深入学习贯彻党的二十大精神，在新征程上坚定不移推进全面从严治党》工作报告。

10日 新华社报道，住房和城乡建设部、财政部、自然资源部等11部门近日印发《农房质量安全提升工程专项推进方案》，要求到2025年，农村低收入群体住房安全得到有效保障，农村房屋安全隐患排查整治任务全面完成，存量农房安全隐患基本消除，农房建设管理法规制度体系基本建立，农房建设技术标准体系基本完善，农房建设质量安全水平显著提升。

11日 中国科学院"创新X"系列首发星（即空间新技术试验卫星）发布了第二批科学和技术成果，包括探测到迄今最亮的伽马射线暴、成功获得太阳过渡区图像和全球磁场勘测图等。

12日 陕西省文物局发布了2022年度陕西重要考古发现，其中秦始皇帝陵考古发掘又有新收获，考古工作者对陵园外围的大型陪葬坑——一号坑进行了持续十余年的第三次考古发掘，新发现陶俑220余件，并初步厘清军阵的排列规律，还明确了秦陵陶俑的制作程序。

12日 中国科学技术大学研究团队近期在常压条件下构建了碳60聚合物晶体以及长程有序多孔碳晶体，并实现了其克量级制备，相关研究成果发表于国际学术期刊《自然》杂志。

12日 从中国汽车工业协会月度信息发布会上获悉，2022年，中国汽车产销分别完成2702.1万辆和2686.4万辆，同比增长3.4%和2.1%，全年实现小幅增长。中国汽车产销总量已连续14年居全球第一。

14日 "二十世纪初中国古文献四大发现展"在国家典籍博物馆开始预展并面向社会公众开放。殷商甲骨文、居延汉简、敦煌遗书、明清内阁大库档案是20世纪初中国学术的"四大发现"。作为2023年的开年大展，这"四大发现"的相关文物在国家典籍博物馆荟萃一堂，这也是"四大发现"首次集结。

15日 新华社报道，《国家公园空间布局方案》日前印发，方案共遴选出49个国家公园候选区（含正式设立的5个国家公园），总面积约110万平方公里。方案还确定了国家公园建设的发展目标、空间布局、创建设立、主要任务和实施保障等主要内容，并明确提出，到2035年基本建成全世界最大的国家公园体系。

16日 新华社报道，近日，市场监管总局（标准委）批准发布一批重要国家标准。本批发布的国家标准与经济社会发展、生态文明建设、百姓日常生活密切相关，涉及信息技术、消费品、绿色发展、装备材料、道路车辆、安全生产、公共服务等领域。

16日 国内首艘具有破冰功能的大型航标船"海巡156"轮在天津列编，正式投入使用。

16日 复兴号家族中最"抗冻"、最智能的成员——CR400BF-GZ型复兴号高寒智能动车组落户黑龙江省，这是时速350公里的复兴号动车组目前到达纬度最高、气温最寒冷的地区。

17日 国家统计局发布数据表示，初步核算，2022年全年国内生产总值（GDP）1210207亿元，按不变价格计算，比上年增长3%。国民经济顶住压力持续发展，经济总量再上新台阶。

17日 新华社报道，中国科研人员首次在实验室实现激光驱动湍流磁重联物理过程，证实了湍流过程在耀斑快速触发中的重要性，为理解太阳耀斑高能粒子起源和加速过程提供重要依据。相关论文刊发在国际学术期刊《自然物理学》上。

18日 最新版国家医保药品目录公布。经调整，共有111个药品新增进入目录，3个药品被调出目录，谈判和竞价新准入的药品价格平均降幅达60.1%。最新版国家医保药品目录内药品总数达到2967种，其中西药1586种，中成药1381种；中药饮片未作调整，仍为892种。

19日 国务院新闻办公室发布《新时代的中国绿色发展》白皮书，全面介绍新时代中国绿色发展理念、实践与成效，分享中国绿色发展经验。

19日 新华社报道，中国科学家利用郭守敬望远镜（LAMOST）的超大光谱数据样本发现，恒星初始质量分布规律会随恒星金属元素含量和年龄的变化而发生显著变化，刷新了对恒星初始质量分布规律的传统认知，将对天体物理学多个领域的研究产生影响。相关成果在国际学术期刊《自然》发表。

21日 新华社报道，2023年1月至3月，人社部会同工业和信息化部、民政部等10部门联合推出"2023年春风行动暨就业援助月"专项服务活动，集中为全国有就业创业意愿的农村劳动者、符合认定条件的就业困难人员以及有用工需求的用人单位提供就业帮扶。活动预计将为劳动者提供3000万个就业岗位。

22日 新华社报道，截至2022年年末，全国基本养老保险参保人数达10.5亿人，同比增加2430万人，失业、工伤保险参保人数分别为2.4亿人、2.9亿人。

26日 新华社报道，由生态环境部会同工业和信息化部、农业农村部、商务部、海关总署、国家市场监督管理总局等部门联合印发的《重点管控新污染物清单（2023年版）》于3月1日起施行。根据有毒有害化学物质的环境风险，结合监管实际，经技术可行性和经济社会影响评估,清单明确了14种类重点管控新污染物及其禁止、限制、限排等环境风险管控措施。

27日 文化和旅游部公布2023年春节假期文化和旅游市场情况。经文化和旅游部数据中心测算,春节假期全国国内旅游出游3.08亿人次,同比增长23.1%。实现国内旅游收入3758.43亿元,同比增长30%。全国文化和旅游市场总体安全平稳有序。

28日 新华社报道,近日,国家发展改革委等19个部门印发《关于推动大型易地扶贫搬迁安置区融入新型城镇化实现高质量发展的指导意见》,明确了今后一个时期推动大型易地扶贫搬迁安置区融入新型城镇化、实现高质量发展的总体要求、主攻方向、主要任务和支持政策。

29日 长三角生态绿色一体化发展示范区智慧大脑(一期)正式上线运行。作为长三角一体化示范区新基建的重点项目,智慧大脑致力于让企业和市民办事更便捷、政府跨域协同治理更有效,同时将有力支撑示范区数字化转型发展。

30日 新华社报道,《北京中轴线保护管理规划(2022年—2035年)》近日正式公布实施,首次明确了北京中轴线遗产区、缓冲区具体范围边界,为北京中轴线的保护管理提供方向策略和基础依据。

31日 新华社报道,为推进会计诚信体系建设、提高会计人员职业道德水平,财政部近日制定印发了《会计人员职业道德规范》。这是中国首次制定全国性的会计人员职业道德规范。

31日 2022年减退税成绩单正式出炉。国家税务总局发布的数据显示,2022年全国新增减税降费及退税缓税缓费超4.2万亿元。

2月

1日 全面实行股票发行注册制改革正式启动。证监会就全面实行股票发行注册制主要制度规则向社会公开征求意见。

1日 中央组织部、人力资源和社会保障部发布《事业单位工作人员考核规定》,对事业单位工作人员考核工作的基本原则、内容标准、方式程序、结果运用等作出了新规定。

2日 新华社报道,市场监管总局、民政部、商务部近日联合印发了《养老和家政服务标准化专项行动方案》,围绕有效满足老年人多样化、多层次养老服务需求,促进家政服务业提质扩容,提出了到2025年养老和家政服务标准化工作的总体目标,以及四大方面、10项重点任务。

2日 当日是第27个世界湿地日,主题是"湿地修复"。国家林业和草原局宣布:2022年中国再新增北京延庆野鸭湖、黑龙江大兴安岭九曲十八湾、江苏淮安白马湖等18处国际重要湿地,总数达82处;面积764.7万公顷,居世界第四位。

3日 中国首条跨海高铁——新建福(州)厦(门)铁路进入静态验收阶段,标志着该条高铁全线主体工程及其配套工程建设已基本完成。

4日 北京至秦皇岛高速公路遵化至秦皇岛段正式运营,京津冀交通一体化重点项目京秦高速公路实现全线贯通。京秦高速公路全长约264公里，是京津冀协同发展交通一体化"四纵四横一环"骨架的重要组成部分。

6日 新华社报道，雄安新区日前印发系列住房相关政策文件，建立起"多主体供给、多渠道保障、租购并举"的住房制度，标志着具有雄安新区特色的住房保障体系基本形成。此外，首批承接北京非首都功能疏解市场化项目住房保障工作即将正式启动。

6日 新华社报道，中国将开展城市公园绿地开放共享试点，鼓励各地增加可进入、可体验的活动场地，完善配套服务设施，更好地满足人民群众搭建帐篷、运动健身、休闲游憩等亲近自然的户外活动需求。

6日 内地与港澳人员往来全面恢复。当日，深圳皇岗、罗湖、莲塘等口岸陆续全面"开闸"，内地与香港间陆路口岸全面恢复通行。

7日 新华社报道，中国石油大港油田公司旗下国内首座地下储气库群，累计采出天然气量正式突破300亿立方米，参与调峰的采气井达到100座。

7日 一列搭载19个冷链集装箱、约280吨新鲜蔬菜的中老铁路国际货物列车从云南省中铁联集昆明中心站驶出，标志着"中老泰"全程铁路运输往返班列成功首发。

7日 应土耳其政府请求，中国政府派遣中国救援队赴土耳其实施国际救援。中国救援队乘国航包机从首都机场出发飞赴灾区。

8日 由国家图书馆联合北京大学数字人文研究中心等单位研发的《永乐大典》高清影像数据库及《国家珍贵古籍名录》知识库在国家图书馆正式发布上线，即日起公众可从国家图书馆官网登录免费使用。

9日 新华社报道，近日中国科学技术大学潘建伟、陈腾云等与清华大学马雄峰合作，首次在实验中实现了模式匹配量子密钥分发。相关研究成果日前发表在国际学术期刊《物理评论快报》上。

10日 0时16分，经过约7小时的出舱活动，神舟十五号航天员费俊龙、邓清明、张陆密切协同，圆满完成出舱活动全部既定任务。航天员费俊龙、航天员张陆已安全返回问天实验舱，出舱活动取得圆满成功。

11日 新华社报道，中国地质大学（武汉）宋海军教授团队在中国贵州省贵阳市及其周边发现一个距今2.508亿年的特异埋藏化石库——贵阳生物群。相关研究成果10日发表在《科学》杂志上。

13日 21世纪以来第20个指导"三农"工作的中央一号文件由新华社受权发布。这份文件题为《中共中央 国务院关于做好2023年全面推进乡村振兴重点工作的意见》，全文共九个部分，包括：抓紧抓好粮食和重要农产品稳产保供、加强农业基础设施建设、强化农业科技和装备支撑、巩固拓展脱贫攻坚成果、推动乡村产业高质量发展、拓宽农民增收致富渠道、扎实推进宜居宜业和美丽乡村建设、健全党组织领导的乡村治理体系、强化政策保障和体制机制创新。

13日 新华社报道，中国石油西南油气田公司位于四川盆地蓬莱气区的蓬深6井顺利完钻并成功固井，井深最深达到9026米，刷新亚洲最深直井纪录。

14日 新华社报道，中国科研人员在鄂西十堰市竹溪县和神农架林区发现了一种豆科植物新物种。相关研究成果近日已发表在国际期刊 *PhytoKeys* 上。

15日 国家文物局在北京召开"考古中国"重大项目重要进展工作会，通报了河北尚义四台遗址、云南晋宁古城村遗址、甘肃礼县四角坪遗址、宁夏贺兰苏峪口瓷窑遗址、内蒙古巴林左旗辽上京遗址等5项重要考古成果。

15日 新华社报道，按照飞行任务规划，中国2023年将先后发射天舟六号货运飞船、神舟十六号载人飞船、神舟十七号载人飞船。同日，中国载人航天工程办公室正式发布《2023年度载人航天飞行任务标识征集活动公告》，面向社会公开征集2023年度载人航天飞行任务标识。这是中国载人航天工程历史上首次面向全社会公开征集任务标识。

15日 为更好推进职工医保门诊共济保障机制改革，国家医保局印发《关于进一步做好定点零售药店纳入门诊统筹管理的通知》，明确各级医保部门要采取有效措施，鼓励符合条件的定点零售药店自愿申请开通门诊统筹服务。

16日 中国一次性建设规模最大的原油商业储备库项目——东营原油商业储备库项目投油成功，标志着该项目正式进入试生产和商业运营阶段。

17日 中国证监会发布实施全面实行股票发行注册制相关制度规则，自发布之日起施行。这标志着注册制的制度安排基本定型，注册制推广到全市场和各类公开发行股票行为，全面实行股票发行注册制正式实施。

17日 新华社报道，中国铁建铁四院将牵头成立由7国专家加入的国际标准工作组，主持制订铁路电气化技术领域国际标准，这也是中国首次主持制订该领域国际标准。

17日 中国证监会发布境外上市备案管理相关制度规则。此次发布的制度规则共6项，包括《境内企业境外发行证券和上市管理试行办法》和5项配套指引，自2023年3月31日起实施。

19日 新华社报道，西南大学科研团队通过揭示蛛丝合成的生物学机制，绘制出首张蛛丝形成机制的分子细胞图谱，为人工合成蛛丝提供关键理论基础。相关研究成果已由国际学术期刊《自然·通讯》在线发表。

20日 新华社报道，海军近日全面启动2023年度招飞选拔工作，将首次在地方大学生和大学生士兵中选拔舰载机飞行学员，并首次选拔女舰载机飞行学员。

21日 新华社报道，《长三角生态绿色一体化发展示范区国土空间总体规划（2021—2035年）》近日获批，这是《全国国土空间规划纲要（2021—2035年）》印发后，首部经国务院批准的跨行政区国土空间规划。

21日 新华社报道，为实施积极应对人口老龄化国家战略，国家卫生健康委（全国老龄办）近日印发《关于开展2023年全国示范性老年友好型社区创建工作的通知》，该通知提出在2022年创建工作的基础上，2023年创建1000个全国示范性老年友好型社区，继续深入挖掘2022年全国示范性老年友好型社区的先进典型，为推动创建工作高质量发展提供参考借鉴。

22日 由中国社会科学院主办，中国社会科学院考古研究所等承办的"中国社会科学院考古学论坛·2022年中国考古新发现"在北京举行。湖北十堰市学堂梁子（郧县人）旧石器时代遗址、河北尚义县四台新石器时代遗址、甘肃庆阳市南佐新石器时代遗址、河南安阳市殷墟商王陵区及周边遗存、云南昆明市河泊所青铜时代遗址、宁夏贺兰县苏峪口西夏瓷窑址等6个考古项目入选"2022年中国考古新发现"。

23日 由中国航天科技集团有限公司所属中国运载火箭技术研究院抓总研制的长征三号乙运载火箭在西昌卫星发射中心点火升空，将中星26号卫星顺利送入预定轨道，发射任务取得圆满成功，这意味着安全可靠、覆盖更广的信息传输手段将向边远地区延伸。

23日 新华社报道，经过三年的考古发掘，被黄沙掩埋了300多年的陕西清平堡遗址渐露真容。这里发现的大量塑像和建筑遗迹实证了明代长城两侧的文化交流与民族融合。

24日 国新办举行的"权威部门话开局"系列主题新闻发布会上宣布，2022年全社会研发经费支出首次突破3万亿元，研发投入强度首次突破2.5%，基础研究投入比重连续4年超过6%。

25日 由中国航空工业集团有限公司自主研制的第四架大型灭火/水上救援水陆两栖飞机"鲲龙"AG600M在广东珠海成功首飞。这是研制批全状态新构型灭火机中最后一架完成首飞的，其首次飞行标志着AG600M研制批全面进入适航取证试飞。

25日 全国首个工业数据交易专区——北京国际大数据交易所工业数据专区上线。北京国际大数据交易所工业数据专区是为工业领域提供的集中数据交易平台，为工业企业提供数据资产登记、数据产品开发、数据资产交易等服务，发挥数据价值，降低交易成本，促进数据流通。

24—26日 中国出版协会、中国书刊发行业协会主管主办的第35届北京图书订货会举办。本届图书订货会展示图书40万余种、参展参观人数超10万人次、举办文化活动300余场，规模创历届之最。主题图书、少儿读物、人文历史等各类新书集中亮相，新书发布、全民阅读"红沙发"访谈、直播带货等活动人气火热。

26—28日 中国共产党第二十届中央委员会第二次全体会议在北京举行。中央委员会总书记习近平代表中央政治局向全会作工作报告。全会审议通过了党和国家机构改革方案（草案）、中央政治局拟向十四届全国人大一次会议推荐的国家机构领导人员人选建议名单和拟向全国政协十四届一次会议推荐的全国政协领导人员人选建议名单。

27日 新华社报道，神舟十五号航天员乘组近日使用由中国自主研制的空间站双光子显微镜开展在轨验证实验任务并取得成功。这是目前已知的世界首次在航天飞行过程中使用双光子显微镜获取航天员皮肤表皮及真皮浅层的三维图像，为未来开展航天员在轨健康监测研究提供了全新工具。

27日　中国科研人员在云南高黎贡山国家级自然保护区福贡段海拔1300多米的山坡草丛中，发现了一种野生的兜兰属植物。经中国科学院植物研究所兰科专家鉴定，该植物被确定为极度濒危物种——彩云兜兰。这是中国目前唯一已知的彩云兜兰野生居群。

3月

1日　文化和旅游部公布第二批国家级旅游休闲街区名单。根据中华人民共和国旅游行业标准《旅游休闲街区等级划分》，经有关省（区、市）文化和旅游行政部门推荐，文化和旅游部按程序组织认定并完成公示，北京华熙LIVE·五棵松旅游休闲街区等57家单位被确定为第二批国家级旅游休闲街区。

2日　新华社报道，近日白鹤滩水电站最后一台百万千瓦水轮发电机组9号机组顺利通过验收，生产运行单位已具备全面接管9号机组及相关设备的条件。至此，中国自主研制安装的白鹤滩水电站16台百万千瓦水轮发电机组全部通过验收。

2日　新华社报道，国际小行星中心日前最新发布了由该台近地天体望远镜观测发现的一颗新彗星C/2023 A3（Tsuchinshan-ATLAS）。这也是中科院紫金山天文台发现的第8颗彗星。

3日　新华社报道，文化和旅游部、体育总局日前公布第二批国家级滑雪旅游度假地名单。河北滦平金山岭滑雪旅游度假地、内蒙古喀喇沁美林谷滑雪旅游度假地、内蒙古牙克石滑雪旅游度假地、吉林永吉北大湖滑雪旅游度假地、吉林东昌万峰滑雪旅游度假地、河南栾川伏牛山滑雪旅游度假地、新疆富蕴可可托海滑雪旅游度假地等7地被确定为第二批国家级滑雪旅游度假地。

3日　新华社报道，中国水产科学研究院黄海水产研究所海水养殖生物育种与可持续产出全国重点实验室联合青岛华大基因研究院等机构，日前在南极磷虾超大基因组组装、极端环境适应和群体历史演化研究方面取得突破性进展。2日，相关研究成果被国际知名学术刊物《细胞》正式在线发表。

4日　新华社报道，国务院国资委日前以视频形式召开会议，对国有企业对标世界一流企业价值创造行动进行动员部署。

4日　中国人民政治协商会议第十四届全国委员会第一次会议在人民大会堂开幕。11日，中国人民政治协商会议第十四届全国委员会第一次会议圆满完成各项议程，在人民大会堂闭幕。

5日　第十四届全国人民代表大会第一次会议在北京人民大会堂开幕。13日，中华人民共和国第十四届全国人民代表大会第一次会议，在圆满完成各项议程，产生新一届国家机构组成人员后，在北京人民大会堂闭幕。

6日　新华社报道，多家网站平台近日集中发布防网暴指南手册，从风险提示、一键防护、私信保护、举报投诉等多个维度，帮助网民快速有效防范网暴侵害，倡导文明上网、理性表达，共建良好网络生态。

7日　自然资源部对外公布《智能汽车基础地图标准体系建设指南（2023版）》，从基础通用、生产更新、应用服务、质量检测和安全管理等方面，对智能汽车基础地图标准化提出原则性指导意见，强调推动智能汽车基础地图及地理信息与汽车、信息通信、电子、交通运输、信息安全、密码等行业领域协同发展，逐步形成适应中国技术和产业发展需要的智能汽车基础地图标准体系。

8日　新华社报道，在"三八"国际妇女节到来之际，中央宣传部、全国妇联向全社会宣传发布2023年"最美巾帼奋斗者"先进事迹。钱素云、陈雨佳、宋寅、孙金娣、王霜、杨浪浪、石丽平、宋晓玲、武桂珍、徐崇彦10位全国三八红旗手标兵光荣入选2023年"最美巾帼奋斗者"。

9日　新华社报道，北京量子信息科学研究院袁之良团队首创量子密钥分发开放式新架构，采用光频梳技术，成功实现615公里光纤量子通信。该架构在确保量子通信安全性的同时，能大幅降低系统建设成本，为中国建设多节点广域量子网络奠定基础。相关成果日前发表于国际学术期刊《自然—通讯》。

9日　新华社报道，三门峡陕州城墓地遗址发掘570座古墓葬，共出土3组青铜编钟，是三门峡正式建市以来首次发现战国铜编钟。

9日　位于新疆塔里木盆地富满油田的果勒3C井顺利完钻，以9396米井深刷新亚洲陆上最深油气水平井纪录。

11日　"探索一号"科考船携"奋斗者"号全海深载人潜水器抵达三亚，圆满完成国际首次环大洋洲载人深潜科考航次任务。

12日　当日是中国第45个植树节。全国绿化委员会办公室发布《2022年中国国土绿化状况公报》显示：目前，中国森林面积2.31亿公顷，森林覆盖率达24.02%；草地面积2.65亿公顷，草原综合植被盖度达50.32%。

12日　在韩国首尔进行的2023年短道速滑世锦赛男子5000米接力决赛中，中国队以7分04秒412的成绩获得冠军。

14日　国家重点研发计划"碳排放监测数据质量控制关键测量技术及标准研究"项目在北京启动。该项目将为碳排放监测数据质量制定"标尺"，为确保碳排放监测数据的真实准确和量值统一提供测量基础。

15日　由中国航天科技集团有限公司所属中国运载火箭技术研究院抓总研制的长征十一号运载火箭在酒泉卫星发射中心点火升空，成功将试验十九号卫星送入预定轨道，发射任务取得圆满成功。

16日　新华社报道，中共中央、国务院近日印发了《党和国家机构改革方案》，并发出通知，要求各地区各部门结合实际认真贯彻落实。

16日　国务院新闻办公室发布《新时代的中国网络法治建设》白皮书，全面介绍了中国网络法治建设情况，分享中国网络法治建设的经验做法。

17日　科技部高技术研究发展中心

(基础研究管理中心)发布了2022年度中国科学十大进展,涵盖数理天文信息、化学材料能源、地球环境、生命医学等领域。

18日 《河北雄安新区机动车上牌管理暂行办法》正式印发,这标志着"冀X"牌照即将落地雄安新区,对保障北京非首都功能疏解以及吸引创新创业人才、优化营商环境具有重要意义。

19日 6时许,位于南海珠江口盆地的中国海油恩平15-1平台正式开启二氧化碳回注井钻井作业。这是中国第一口海上二氧化碳回注井。

19日 在2023年无锡马拉松上,中国选手何杰以2小时7分30秒的成绩获得男子组亚军,并打破尘封近15年5个月的男子马拉松全国纪录。另一位中国选手杨绍辉以2小时7分49秒的成绩获得季军,同样超过原纪录。

19日 新华社报道,近日,云南西双版纳国家级自然保护区尚勇管护所在开展资源监测过程中,发现一未知乔木树种。经中国科学院专家鉴定,该植物为舟翅桐属大花舟翅桐,系中国首次发现有该属植物分布。

20日 一架型号为RX1E-S的双座水上电动飞机在甘肃省永靖县刘家峡风景区向阳码头滑出、起飞,标志着由沈阳航空航天大学辽宁通用航空研究院研制的全球首架双座水上电动飞机正式交付首家用户——甘肃黄河通用航空有限公司。

21日 新华社报道,北京市房山区史家营乡柳林水村等1336个村落被列入第六批中国传统村落名录。至此,全国已有8155个传统村落列入国家级保护名录。

21日 中国载人航天工程办公室发布2023年度天舟六号飞行任务、神舟十六号载人飞行任务、神舟十七号载人飞行任务三次飞行任务标识。

21日 新华社报道,国家卫生健康委近日发布公告,决定启用统一制发的新版出生医学证明(第七版)。出生医学证明(第六版)签发日期截至2023年31日。自2023年4月1日起,启用出生医学证明(第七版)。

22日 第一届全国学生(青年)运动会公布学青会会徽、吉祥物和主题口号。学青会主题口号为"逐梦新时代 青春更精彩"。

24日 新华社报道,教育部办公厅、财政部办公厅、科技部办公厅、文化和旅游部办公厅、国家体育总局办公厅近日联合印发了《校外培训机构财务管理暂行办法》,对校外培训机构财务活动提出了全面规范要求,明确了举办者的出资义务和不得抽逃出资的要求,同时禁止上市公司、外商投资义务教育阶段学科类培训机构,禁止中小学校举办或参与举办培训机构。

25日 新华社报道,农业农村部近日发布公告,公布了《可供利用的农作物种质资源目录(第一批)》,为种业科研教学单位、企业以及育种家提供更有价值的种质资源信息,切实加大共享利用力度,推动资源优势转化为创新优势和产业优势。

26日 新华社报道,中国首座深远海浮式风电平台"海油观澜号"在广东珠海福陆码头启航前往海南文昌海域。这标志着中国深远海风电关键技术取得重大进展,海上油气开发迈出进军"绿电时代"

的关键一步。

26日 新华社报道，古生物学者近期通过化石重新研究，发现了中国西北地区目前已知最早的被子植物，即人们熟知的"花"。这种远古植物距今约有1.7亿年历史，被重新命名为美丽青甘宁果序，此前一直被认为是裸子植物，这也为科学界继续追踪被子植物的起源和演化，提供了新的参考依据。

27日 新华社报道，位于河南商丘的宋国故城遗址考古取得重要进展，新发现6座唐代墓葬，其中一座墓葬出土的墓志砖完整记录墓主人的身份、出生地、去世年代等，为明确宋国故城"城摞城"的确切年代提供了重要佐证。

28日 新华社报道，中国石油大港油田公司旗下页岩油效益开发示范平台——沧东凹陷5号平台，正式投入生产。这标志着中国首个10万吨级页岩油效益开发示范平台在大港油田正式建成投产。

28日 新华社报道，教育部等八部门日前印发《全国青少年学生读书行动实施方案》，将通过3到5年的努力，促进中华优秀传统文化、革命文化和社会主义先进文化教育得到切实加强，科普教育深入实施；覆盖各学段的阅读服务体系基本完善，"书香校园"建设水平显著提高，青少年学生阅读激励机制建立健全，校内外阅读氛围更加浓厚；广大青少年学生阅读量明显增长，阅读兴趣、阅读能力持续提升，为养成终身阅读习惯打好根基。

28日 2022年度全国十大考古新发现在北京揭晓，湖北十堰学堂梁子遗址、山东临淄赵家徐姚遗址、山西兴县碧村遗址、河南偃师二里头都邑多网格式布局、河南安阳殷墟商王陵及周边遗存、陕西旬邑西头遗址、贵州贵安新区大松山墓群、吉林珲春古城村寺庙址、河南开封州桥及附近汴河遗址、浙江温州朔门古港遗址入选。

30日 中国在太原卫星发射中心使用长征二号丁运载火箭，成功将宏图一号01组卫星发射升空，卫星顺利进入预定轨道，发射任务获得圆满成功。本次任务的四颗卫星，由一颗主星及三颗辅星组成，是国际上首个四星编队飞行的X波段干涉合成孔径雷达对地成像系统，该组卫星在轨构成国际上首个车轮式卫星编队。

30日 新华社报道，自然资源部、中国银行保险监督管理委员会近日印发《关于协同做好不动产"带押过户"便民利企服务的通知》，对协同做好不动产"带押过户"做出全面部署。

31日 国家文物局发布通知，就启动《中国世界文化遗产预备名单》更新工作进行部署。

31日 新华社报道，郭守敬望远镜DR10数据集日前面向国内外天文学家和国际合作者发布，该数据集包含光谱总数2229万余条，郭守敬望远镜成为世界上首个发布光谱数突破2000万的光谱巡天望远镜。

4月

2日 16时48分，天龙二号遥一运载火箭在我国酒泉卫星发射中心成功首飞，将搭载的爱太空科学号卫星顺利送入预定轨道，天龙二号遥一运载火箭成功首飞开辟了我国商业航天从固体向液体运载火箭跨越的新时代。

3日　学习贯彻习近平新时代中国特色社会主义思想主题教育工作会议在北京召开。中共中央总书记、国家主席、中央军委主席习近平出席会议并发表重要讲话。他强调，强国建设、民族复兴的宏伟目标令人鼓舞、催人奋进，我们这一代共产党人使命光荣、责任重大。我们要以这次主题教育为契机，加强党的创新理论武装，不断提高全党马克思主义水平，不断提高党的执政能力和领导水平，为奋进新征程凝心聚力，踔厉奋发、勇毅前行，为全面建设社会主义现代化国家、全面推进中华民族伟大复兴而团结奋斗。

3日　国新办举行第六届数字中国建设峰会新闻发布会。从会上获悉，我国数字经济规模稳居世界第二，数字基础设施实现"市市通千兆、县县通5G、村村通宽带"，数字产业规模稳步增长，电子政务发展指数进入全球前列。

7日　12时0分，双曲线一号固体商业运载火箭在我国酒泉卫星发射中心成功发射升空，火箭按照预定程序安全顺利完成飞行，发射任务获得圆满成功。

8—10日　第58·59届中国高等教育博览会（以下简称"高博会"）在重庆举办。本次高博会以"校地聚合·产教融合：高质量发展"为主题，推出高新装备展览展示、高水平会议论坛、信息化及高端成果发布三大板块。

10日　中国海油对外宣布，"深海一号"超深水大气田完成远程遥控生产改造与调试工作，具备在台风期间保持连续安全稳定生产能力，成为世界首个具备遥控生产能力的超大型深水半潜式生产储油平台，向全面建成超深水智能气田迈出关键一步。

12日　21时，中国有"人造太阳"之称的全超导托卡马克核聚变实验装置（EAST）创造新的世界纪录，成功实现稳态高约束模式等离子体运行403秒，对探索未来的聚变堆前沿物理问题，提升核聚变能源经济性、可行性，加快实现聚变发电具有重要意义。

15日　当日是第八个全民国家安全教育日。2023年全民国家安全教育日的活动主题为"贯彻总体国家安全观，增强全民国家安全意识和素养，夯实以新安全格局保障新发展格局的社会基础"。

15日　世界最大跨度悬索桥——江苏张靖皋长江大桥关键控制性工程，南航道桥南主塔桩基施工完成，标志着这座拥有六个"世界之最"、六项"世界首创"的大桥索塔施工进入新阶段。六个"世界之最"指的是世界最大跨度悬索桥、世界最高悬索桥索塔、世界最长高强度主缆、世界最大复合地连墙锚碇基础、世界最长连续长度钢箱梁、世界最大位移量伸缩装置。

16日　9时36分，我国在酒泉卫星发射中心使用长征四号乙运载火箭成功将风云三号07星发射升空，卫星顺利进入预定轨道，发射任务获得圆满成功。

22日　当日是第54个世界地球日，以"珍爱地球 人与自然和谐共生"为主题的地球日主场活动在福建省福州市举行。自然资源部会同生态环境部、林草局等部门，结合《全国国土空间规划纲要

（2021—2035年）》编制，完成了全国生态保护红线的划定。全国生态保护红线不低于315万平方公里，其中陆域生态保护红线不低于300万平方公里，占陆域国土面积的30%以上，海洋生态保护红线不低于15万平方公里。

24日 国家航天局和中国科学院联合发布了中国首次火星探测火星全球影像图。国际天文联合会根据相关规则，将22个地理实体，以中国人口数小于10万的历史文化名村名镇加以命名，把中国标识永久刻印在火星大地。

24日 "中国宇航新动力铜川试验中心"所属亚洲最大推力700吨液体火箭发动机试验台考台试车圆满成功，标志着我国液体火箭发动机基础设施建设取得重大突破，试验能力大幅提升。

26—30日 第三届中国国际数字产品博览会在福州海峡国际会展中心举办。本届数博会以"数聚福州，智享全球"为主题，全新设置"数字生活、数字产业、数字治理"三大主题展区。

26日 十四届全国人大常委会第二次会议表决通过青藏高原生态保护法。该法自2023年9月1日起施行。

27日 在第六届数字中国建设峰会开幕式上《数字中国发展报告（2022年）》发布。报告指出，2022年我国数字经济规模达50.2万亿元，总量稳居世界第二，占GDP比重提升至41.5%，数字经济成为稳增长促转型的重要引擎。

28日 江苏扬子江船业集团公司新造24000标箱集装箱船"鑫福106"轮自江苏泰兴扬子鑫福码头安全顺利拖至太仓扬子三井码头。这是我国自主研制的全球最大装箱量集装箱船。

5月

1日 从中国石化获悉，公司部署在塔里木盆地的"跃进3-3XC油气井"开钻。该井预计钻探深度9472米，将刷新亚洲最深油气井纪录。

1日 我国北方首条跨海沉管隧道——大连湾海底隧道建成通车。这条隧道位于大连以东的大连湾海域，北起大连钻石湾地区，南至大连东港商务区，全长5.1千米，建设标准为双向六车道的城市快速路，设计时速为60千米，使用年限为100年。

1日 国网浙江电力利用"数字孪生"技术实现杭州亚运村主干网的全息数字化呈现，这在国际大型赛事的电网保障上是首次应用，也是国内首次建成覆盖整个区域性电网的数字孪生电网。

4日 位于河南安阳曹操高陵遗址博物馆正式向公众开放。

6日 国家文物局、文化和旅游部、国家发展改革委发布通知，就开展中国文物主题游径建设工作进行部署，明确"十四五"时期将试点建设3至5条中国文物主题游径。文物主题游径分为中国文物主题游径、区域性文物主题游径和县域文物主题游径。

6日 中国物流与采购联合会表示，2022年，我国社会物流总额达347.6万亿元，同比增长3.4%，我国物流市场规模连续7年位居全球第一。

8日 我国在酒泉卫星发射中心成功发射的可重复使用试验航天器，在轨飞行276天后，成功返回预定着陆场。此次试验的圆满成功，标志着我国可重复使用航天器技术研究取得重要突破，后续可为和平利用太空提供更加便捷、廉价的往返方式。

9日 凌晨，2023劳伦斯世界体育奖颁奖典礼在法国巴黎举行。中国自由式滑雪运动员谷爱凌荣膺年度最佳极限运动员奖，阿根廷足球运动员梅西、牙买加田径运动员弗雷泽分别获得年度最佳男、女运动员奖。

10日 2023年中国品牌日活动在上海开幕，活动主题为"中国品牌，世界共享；品牌新力量，品质新生活"。

10日 我国在文昌航天发射场用长征七号运载火箭成功发射天舟六号货运飞船。这是2023年我国载人航天工程任务的首次发射，也是我国空间站应用与发展阶段首次飞行任务。

10日 新华社报道，渤海湾首个千亿方大气田渤中19-6凝析气田Ⅰ期开发项目主体结构全部建造完成。

10日 国家重大科技基础设施——高海拔宇宙线观测站"拉索"（LHAASO）顺利通过国家验收。"拉索"集合了三项"世界之最"：最灵敏的超高能伽马射线探测装置，最灵敏的甚高能伽马射线源巡天普查望远镜，能量覆盖范围最宽的超高能宇宙线复合式立体测量系统。

12日 上午，西安航天动力研究所自主研究设计的130吨级重复使用液氧煤油补燃循环发动机在铜川大推力液体动力试验台试车取得圆满成功。这标志着亚洲最大液体火箭发动机试车台拓展试验型谱，在发动机研试技术领域取得新突破。

13日 在广东珠江口盆地水深近百米的海域，重量超过15000吨的中海油恩平20-4海上钻采平台与海底导管架对接成功，创造了我国海上油气平台动力定位浮托安装重量的新纪录，填补了国内技术空白。

16日 主题为"深化务实合作 携手共向未来"的第三届中国—中东欧国家博览会暨国际消费品博览会在宁波开幕，展现出开放合作新气象。

17日 10时49分，我国在西昌卫星发射中心用长征三号乙运载火箭，成功发射第五十六颗北斗导航卫星。该卫星属地球静止轨道卫星，是我国北斗三号工程的首颗备份卫星。

19日 上午，国家主席习近平在陕西省西安市国际会议中心主持中国—中亚峰会，在主旨讲话中就中国同中亚国家合作提出"八点建议"。习近平指出，这次峰会为中国同中亚合作搭建了新平台，开辟了新前景。中方愿以举办这次峰会为契机，同各方密切配合，将中国—中亚合作规划好、建设好、发展好。一是加强机制建设。二是拓展经贸关系。三是深化互联互通。四是扩大能源合作。五是推进绿色创新。六是提升发展能力。七是加强文明对话。八是维护地区和平。中国和中亚国家元首同意，以举办这次峰会为契机，正式成立中国—中亚元首会晤机制，每两年举办一次，轮流在中国和中亚国家举办。下次峰会将于2025年在哈萨克斯坦举行。

19日　从教育部获悉，2023年5月至12月，教育部将举办第八届全国学生"学宪法 讲宪法"系列活动，要求各地各校建立宪法宣传教育常态化长效化机制，有条件的地方要将法治实践教育纳入中小学课后服务范围，推动学生每年接受不少于2课时的法治实践教育。

　　26日　渤海湾首个千亿方大气田——渤中19-6凝析气田中心平台在青岛建造完成，该气田投产后可为京津冀及环渤海地区提供稳定可靠的清洁能源和化工产品。

　　29日　C919圆满完成商业航班首飞。刚刚，自上海虹桥国际机场起飞的东航MU9191航班平安降落在北京首都国际机场，标志着国产大飞机C919圆满完成首个商业航班飞行。

　　31日　2023数字经济论坛在北京举行，本次论坛主题为"发展数字经济，共建数字中国"。

6月

　　1日　从中国海油集团获悉，在距离深圳西南约200公里的恩平15-1原油钻采平台，实现长期稳定封存，标志我国海上首个百万吨级二氧化碳封存工程投用。恩平15-1平台是亚洲最大的海上原油钻采平台，所在海域平均水深约80米，同时开发恩平15-1、恩平10-2两个油田，高峰日产原油近5000吨。

　　2日　中共中央总书记、国家主席、中央军委主席习近平在北京出席文化传承发展座谈会并发表重要讲话。他强调，在新的起点上继续推动文化繁荣、建设文化强国、建设中华民族现代文明，是我们在新时代新的文化使命。要坚定文化自信、担当使命、奋发有为，共同努力创造属于我们这个时代的新文化，建设中华民族现代文明。

　　4日　6时33分，神舟十五号载人飞船返回舱在东风着陆场成功着陆，航天员费俊龙、邓清明、张陆全部安全顺利出舱，神舟十五号载人飞行任务取得圆满成功。

　　5日　国家自然博物馆在北京正式揭牌，标志着我国自然博物馆发展历程翻开崭新一页。

　　5日　当日是世界环境日，2023年聚焦于"塑料污染解决方案"，旨在减少全球塑料污染。六五环境日国家主场活动在山东济南举行，主题是"建设人与自然和谐共生的现代化"。

　　6日　首艘国产大型邮轮"爱达·魔都号"出坞，国产大型邮轮实现零的突破。这艘国产大型邮轮的交付运营，标志着中国将成为继德国、法国、意大利、芬兰之后，全球第五个具有建造大型邮轮能力的国家。

　　6日　教育部近日发布《基础教育课程教学改革深化行动方案》，该方案在重点任务部分提到，将开展科学素养提升行动，加强科学类学科教学，加强实验教学，强化学生动手操作实验，将学校实验课开设情况纳入教学视导和日常督导，将实验操作纳入中考。

　　7日　首届文化强国建设高峰论坛在深圳开幕。中共中央总书记、国家主席、中央军委主席习近平发来贺信，代表党中央表示热烈祝贺。习近平强调，我们要全面贯彻新时代中国特色社会主义思想和党的二十大精神，更好担负起新的文化使命，坚定文化自信，秉持开放包容，坚持守正创新，激发全民族文化创新创造活力，在新的历史起点上继续推动文化繁荣、建设文化强国、建设中华民族现代文明，不断促进人类文明交流互鉴，为强国建设、民族复兴注入强大精神力量。首届文化强国建设高峰论坛主题为"推进文化自信自强 促进文明交流互鉴"。

7日 力箭一号遥二运载火箭在酒泉卫星发射中心以一箭26星方式将试验二十四号A星、试验二十四号B星等卫星送入预定轨道，刷新了我国一箭多星最高纪录。

8日 位于珠江口盆地海域的我国首个自营深水油田群——流花16—2油田群累计生产原油突破1000万吨。流花16—2油田群平均水深412米，是我国海上开发水深最深的油田群，拥有亚洲规模最大的海上油气田水下生产系统。

9日 联合国教科文组织宣布中国"国家智慧教育平台"获得2022年度联合国教科文组织哈马德·本·伊萨·阿勒哈利法国王教育信息化奖。该奖项是联合国系统内教育信息化最高奖项。奖项2022年度主题为"利用公共平台确保包容性地获取数字教育内容"。

9日 10时35分，我国在酒泉卫星发射中心使用快舟一号甲运载火箭，成功将龙江三号试验卫星发射升空，卫星顺利进入预定轨道，发射任务获得圆满成功。

10日 当日是我国第18个文化和自然遗产日。2023年文化和自然遗产日活动主题为"文物保护利用与文化自信自强"，主场城市活动在四川成都举行。

10日 我国首批五个非遗学田野教学基地在天津大学冯骥才文学艺术研究院宣告成立。这五个基地为瑞安木活字印刷田野教学基地、西塘传统村落非遗田野教学基地、杨柳青年画田野教学基地、南通蓝印花布田野教学基地和天津皇会田野教学基地。

11日 8时，世界最长最宽钢壳混凝土沉管隧道——深中通道海底隧道最终接头顺利推出，与东侧E24管节精准对接，"海底长城"正式合龙，深圳和中山两市在伶仃洋海底"正式牵手"。

14日 空间站梦天实验舱首个出舱载荷——空间辐射生物学暴露实验装置出舱成功，已经开展实验。这是我国首次开展舱外辐射生物学暴露实验，对辐射生物学和空间科学研究具有里程碑式的意义。

14—15日 全球人权治理高端论坛在北京举行，论坛以"平等、合作、发展：《维也纳宣言和行动纲领》通过30周年与全球人权治理"为主题。

15日 13时30分，我国在太原卫星发射中心使用长征二号丁运载火箭，成功将吉林一号高分06A星等41颗卫星发射升空，卫星顺利进入预定轨道，发射任务获得圆满成功。

15日 杭州第19届亚运会倒计时100天，杭州亚运会奖牌正式发布。奖牌取名为"湖山"，它的设计灵感源自五千年良渚文明。

19—20日 第六届世界科技期刊论坛在陕西西安举行，本次论坛主题为"共建开放创新生态"。

20日 11时18分,我国在太原卫星发射中心使用长征六号运载火箭,成功将试验二十五号卫星发射升空,卫星顺利进入预定轨道,发射任务获得圆满成功。

21日 从中国海油天津分公司获悉,我国最大海上油田——渤海油田累产原油已突破5亿吨大关,为保障国家能源安全和推动经济社会发展作出重要贡献。

23日 科学家利用"中国天眼"FAST发现了一个轨道周期仅为53分钟的脉冲星双星系统,是目前发现的轨道周期最短的脉冲星双星系统,从观测上证实了蜘蛛类脉冲星从"红背"向"黑寡妇"系统演化的理论。

23日 新华社报道,我国航天领域首个大科学装置"地面空间站"正式建设完成。这是国际上首个综合环境因素最多、可实现多尺度和跨尺度环境效应研究的综合性研究装置,将为我国航天事业发展及人类太空探索贡献智慧和力量。

25日 位于新疆哈密的国家管网集团管道断裂控制试验场成功实施9.45兆帕全尺寸非金属管道纯氢爆破试验,标志着国内首次高压力多管材氢气输送管道中间过程应用试验圆满完成,为我国今后实现大规模、低成本的远距离纯氢运输提供技术支撑。

26日 我国首台16兆瓦风机已抵达福建平潭外海风电场,完成安装前的最后准备工作。16兆瓦的风机高度152米,叶片采用176套高强度螺栓在152米高空插接,起吊能力达到2000吨,作业水深最深可达70米。

7月

1日 新版《摩托车、电动自行车乘员头盔》强制性国家标准实施,在原有摩托车头盔的基础上增加电动自行车乘员佩戴的头盔,并对头盔固定装置稳定性、佩戴装置强度、吸收碰撞能量、耐穿透、护目镜等作出严格规定。

1日 《合同行政监督管理办法》施行,禁止经营者利用格式条款作出减轻或者免除自身责任、加重消费者责任、排除或者限制消费者权益的规定,要求经营者应当以显著方式提请消费者注意,切实保障消费者的知情权、自主选择权等。

2日 据新华社报道,《2023年汛期珠江流域水库群联合调度运用计划》获水利部批复。这是水利部首次批复珠江流域水库群联合调度运用计划,将为依法依规科学开展珠江流域统一调度提供重要指导。

2日 2023年女篮亚洲杯在澳大利亚悉尼落下帷幕,中国队在决赛中以73∶71险胜日本队,时隔12年再次捧起该项赛事冠军奖杯,同时终结对手亚洲杯5连冠。

5日 北斗三号全球卫星导航系统建设表彰大会在北京举行。这是北斗三号系统自2020年建成开通后首次全面总结成果经验、阐释弘扬新时代北斗精神,为北斗系统后续建设发展凝聚起意志力量。

6日 新华社报道,国家疾控局会同工业和信息化部确定95120短号码作为全国疾控电话流调专用号码,并在全国各级疾控机构正式启用。

7日 新华社报道，2023全球数字经济大会公布一批北京数据要素市场建设成果：北京国际大数据交易所首批数据资产登记证书发放、北京国际数据实验室成立、中国工业数据专区首批数据登记互认证书发放，数据要素市场根基更加稳固。

8日 亚奥理事会在泰国曼谷举行的第42届亚奥理事会全体大会上宣布，中国哈尔滨市获得2025年第九届亚洲冬季运动会举办权。

8日 中国华电第一批国家新能源大基地项目投产暨绿色发展推进大会在天津海晶百万千瓦光伏项目现场举行。其中，世界单体最大的"盐光互补"项目——华电天津海晶100万千瓦"盐光互补"光伏项目正式并网发电。

9日 《私募投资基金监督管理条例》正式对外发布，这是中国私募投资基金行业的首部行政法规。

10日 新华社报道，世界自然保护联盟在贵州省贵阳市为中国入选世界自然保护联盟绿色名录的13个自然保护地授予"世界最佳自然保护地"称号。

10日 "樊锦诗星"命名仪式在敦煌研究院举行。经国际天文学联合会（IAU）小行星命名委员会批准，中科院紫金山天文台发现的、国际编号为381323号的小行星命名为"樊锦诗星"。

12日 商务部等13部门研究制定的《全面推进城市一刻钟便民生活圈建设三年行动计划（2023—2025）》对外发布，提出到2025年，在全国有条件的地级以上城市全面推开，推动多种类型的一刻钟便民生活圈建设。

12日 中国载人航天工程办公室公布了中国载人登月初步方案，计划2030年前实现登月开展科学探索。

13日 全球首个陆上商用模块化小堆"玲龙一号"反应堆核心模块在一重集团大连核电石化有限公司完成出厂验收。这标志着中国在模块化小型堆技术创新和核电重大技术装备国产化方面实现零的突破。

14日 新华社报道，教育部印发通知，决定支持建设国家轨道交通装备行业产教融合共同体。这是教育部支持建设的首个国家级产教融合共同体。

16日 四川卧龙国家级自然保护区管理局对外发布兰科植物科考最新成果，兰科植物大家庭又增新成员——卧龙卷瓣兰。

17日 新华社报道，中国科学院古脊椎动物与古人类研究所科研团队应用CT扫描和3D重建等一系列新技术手段，从周口店第15地点的哺乳动物化石中识别出一块人类顶骨。

18日 《商务部等13部门关于促进家居消费若干措施的通知》对外公布。该通知提出，组织开展家居焕新活动，加大优惠力度，支持居民更换或新购绿色智能家居产品、开展旧房装修。

19日 16兆瓦超大容量海上风电机组在三峡集团福建海上风电场成功并网发电，标志着中国海上风电大容量机组研发制造及运营能力再上新台阶。

20日 新华社报道，住房和城乡建设部、国家发展改革委等七部门印发《关于扎实推进2023年城镇老旧小区改造工作的通知》，部署各地扎实推进城镇老旧小区改造计划实施，靠前谋划2024年改造计划。

20日 由北京市、天津市、河北省联合组建的京津冀协同发展联合工作办公室，在北京正式揭牌成立。

20日 中国首次在四川盆地开钻万米深井——"深地川科1井"，这是继塔里木盆地"深地塔科1井"后中国开钻的第二口万米深井。

21日 新华社报道，国家医保局及时将符合条件的养老机构内设医疗机构纳入医保定点范围，推进医养结合发展，不断增强老年人的获得感、幸福感、安全感。

24日 2023年江源综合科学考察队在长江南源当曲展开科考，研究证实斯氏高原鳅是记录到的长江南源"第六种鱼类"，长江南源已知鱼类种类由5种增至6种。

26日 新版国家行政法规库在司法部官网正式上线运行，面向公众提供在线查阅、检索、下载等服务。根据《行政法规制定程序条例》，国家行政法规库公开的行政法规文本是国家正式版本。

28日 第31届世界大学生夏季运动会在四川省成都市正式开幕。

30日 新华社报道，在长春举办的空军航空开放活动·长春航空展上，一架运油-20与2架歼-20、2架歼-16首次以空中加油构型低空震撼通场。这也是运油-20、歼-20、歼-16三型人民空军现役主战装备，首次以五机编队公开展示。

31日 在中国人民解放军建军96周年之际，中央宣传部、中央军委政治工作部联合发布"最美新时代革命军人"，分别是潘朝、陈刚果、叶升学、袁伟、孙金龙、张美玉、李阳、顾爱云、赵丽、向跃东、刘光明、张卫民、成林等13名官兵。

31日 新华社报道，《关于恢复和扩大消费的措施》经国务院同意，已由国务院办公厅转发各地方、各部门，并向社会公开发布。措施围绕6个方面提出20条具体政策举措，力求长短兼顾、务实有效。

8月

2日 京滨城际铁路首环管片开始浇筑，标志着中国规模最大、智能化水平最高的高铁盾构管片预制工厂在天津正式投产，京滨城际铁路建设按下加速键。

3日 位于海拔5000米以上的西藏措美哲古风电场首批5台单机容量3.6兆瓦的风力发电机组成功并网发电。

4日 东航接收的两架国产大型客机C919首次开启"双机商业运营"，同日共同执行"上海虹桥—成都天府"航线。C919的商业运营稳步向规模化迈进。

5日 在黑龙江省牡丹江市举行的侵华日军细菌战与毒气战学术研讨会上，侵华日军第七三一部队罪证陈列馆向社会首次公布《日军哈尔滨第一陆军病院原簿》。

7日 上证科创100指数正式上线，发布实时行情，科创板指数体系再添新成员。

9日 国家发展改革委等部门联合印发《国家基本公共服务标准（2023年版）》，这是自2021年国家基本公共服务标准发布实施以来的首次调整。

10日 黄河流域水权交易平台正式上线试运行。交易用户可通过黄河网门户网站进入"黄河流域水权电子交易大厅",注册登录开展线上全流程交易。

11日 第十一届茅盾文学奖在北京揭晓。杨志军《雪山大地》、乔叶《宝水》、刘亮程《本巴》、孙甘露《千里江山图》、东西《回响》5部长篇小说获此殊荣。

13日 新华社报道,国务院印发《关于进一步优化外商投资环境 加大吸引外商投资力度的意见》,要求更好统筹国内国际两个大局,营造市场化、法治化、国际化一流营商环境,充分发挥我国超大规模市场优势,更大力度、更加有效吸引和利用外商投资,为推进高水平对外开放、全面建设社会主义现代化国家作出贡献。

13日 第一届全国学生(青年)运动会(简称"学青会")主题活动在广西南宁市举办,正式发布学青会会歌,并对学青会奖牌、获奖证书及相关类别服装等进行了展示。

14日 新华社报道,公安部推出公安机关服务保障高质量发展若干措施,优化机动车登记服务、进一步促进汽车消费是其中重要内容。

17日 新华社报道,在江西省鹰潭市贵溪市境内的阳际峰国家级自然保护区,科考团队发现了一个景天科景天属植物新物种,将其命名为阳际峰景天。相关学术成果近日在国际植物分类学期刊《植物分类》上发表。

18日 中国期货市场又一国际化品种集运指数(欧线)期货在上海期货交易所全资子公司上海国际能源交易中心上市交易,成为国内期货市场上市的首个国际化航运指数期货产品,助力提升航运产业链企业风险管理水平和国际竞争力。

19日 在第二届国家公园论坛开幕式上,国家林草局发布了中国国家公园标识。标识由地球、山、水、人和汉字书法等元素构成,标识中连绵的山川构成汉字"众",造型特征鲜明,寓意山连山、水连水、众人携手保护自然资源,展现了生态功能和文化价值的有机融合,体现中国国家公园的全球价值和国家象征。

21日 随着国产首台16米级直径盾构机"运河号"在北京市通州区土桥新桥西北侧顺利接收,北京东六环改造工程东线隧道贯通,这也标志着中国最长盾构高速公路隧道实现双线贯通。

22日 新华社报道,江苏新发现一处距今约7000年的新石器遗址。该遗址总面积逾8万平方米,出土大量陶器、骨器和木器,是江淮东部地区目前已知年代最早的新石器时代遗址。

24日 新华社报道,国家卫生健康委员会同科技部、工业和信息化部、国家医保局和国家药监局,通过组织专家遴选、社会公示等,研究制定《第四批鼓励研发申报儿童药品清单》。第四批清单有24个品种,涉及30个品规、9种剂型,覆盖神经系统用药、消化道和新陈代谢用药、抗肿瘤药及免疫调节剂等治疗领域。

25日 新华社报道,住房城乡建设部、中国人民银行、金融监管总局联合印发了《关于优化个人住房贷款中住房套数认定标准的通知》,推动落实购买首套房贷款"认房不用认贷"政策措施。

26 日 新华社报道，中国自主研发的 2 项无线局域网接入控制技术——组网架构和调度平台技术由国际标准化组织和国际电工委员会（ISO/IEC）联合发布为国际标准。这是中国在无线通信网络云管理技术领域，围绕基础架构和组网模式提出并获得发布的首批国际标准。

26 日 新华社报道，中国原油开采行业大型双轴双槽集热系统在内蒙古巴彦油田建成，可实现年利用太阳能 450 万千瓦时。

28 日 新华社报道，中国首个非物质文化遗产领域的文化行业系列标准《非物质文化遗产数字化保护数字资源采集和著录》已由文化和旅游部批准发布，主要用于指导和规范我国各门类非遗代表性项目数字资源的采集和著录工作。

31 日 新华社报道，国务院印发《关于提高个人所得税有关专项附加扣除标准的通知》，决定提高 3 岁以下婴幼儿照护、子女教育、赡养老人个人所得税专项附加扣除标准。

31 日 贵南高铁实现全线贯通运营，中国西南和华南地区新增一条交通大动脉，黔桂两地间交通出行更加便捷、西南与华南地区联系将更加紧密。

9 月

1 日 由中交三公局施工建设的都香高速金沙江特大桥顺利合龙，主桥全面贯通，这也是中国最大跨径钢箱混合梁独塔斜拉桥成功合龙。

2 日 国家水网骨干工程大藤峡水利枢纽最后一台机组正式投产发电，标志着主体工程较国家批复的建设工期提前四个月完工。

2 日 2023 年中国国际服务贸易交易会在北京开幕。本届服贸会聚焦"绿色低碳"主题，其中环境服务专题汇集众多中外企业，集中展示全球环境服务领域的最新成果和技术应用。

4 日 新华社报道，中央编办正式批复在国家发展改革委内部设立民营经济发展局，作为促进民营经济发展壮大的专门工作机构，加强相关领域政策统筹协调，推动各项重大举措早落地、见实效。

6 日 新华社报道，中国科学院南海海洋研究所近期与中国地质大学（北京）科研人员合作，在南海中央海盆水深约 4000 米处，进行了中国第一条跨洋中脊深海人工源电磁与大地电磁联合探测剖面的实验，这标志着中国在复杂的深海地形条件下，大功率人工源电磁探测技术取得了进一步突破。

6 日 新华社报道，市场监管总局联合农业农村部印发《关于开展农作物种子认证工作的实施意见》，这标志着国家统一推行的农作物种子认证制度正式建立。

7 日 非物质文化遗产促进可持续发展论坛在甘肃省敦煌市举办，联合国教科文组织（UNESCO）在论坛上为敦煌研究院、常书鸿、段文杰和樊锦诗颁发了杰出贡献奖。

7 日 新建西宁至成都铁路西营坝隧道和新庄三号隧道同日贯通，这是全线首次实现隧道贯通，为后续工程建设打下坚实基础。

11日 新华社报道，中国地质调查局广州海洋地质调查局牵头研发的20kW海洋漂浮式温差能发电装置在南海成功完成海试，返回广州南沙。这是中国首次在实际海况条件下实现海洋温差能发电原理性验证和工程化运行，有力推进中国深海能源开发利用。

13日 由中国科协创新战略研究院联合中国城市规划学会等有关全国学会和高校共同遴选的第三批中国工业遗产保护名录在北京发布，100个工业遗产入选。

13日 新华社报道，文化和旅游部、公安部联合印发关于进一步加强大型营业性演出活动规范管理促进演出市场健康有序发展的通知，明确大型演出活动实行实名购票和实名入场制度，演出举办单位应当建立大型演出活动退票机制，面向市场公开销售的门票数量不得低于核准观众数量的85%。

15日 新华社报道，中央网信办印发《关于进一步加强网络侵权信息举报工作的指导意见》，对网络侵权信息举报工作进行系统谋划和整体安排。

15日 由中国科学院上海天文台牵头建设的西藏日喀则40米口径射电望远镜正式开工建设。

15日 中国首次发布地热能国家主旨报告——《中国地热产业高质量发展报告》。该报告指出，在清洁供暖需求的强烈作用下，中国逐渐形成了以供暖（制冷）为主的地热发展路径，带动中国地热直接利用多年稳居世界第一，为国际地热发展提供了新思路。

17日 中国"普洱景迈山古茶林文化景观"项目在沙特利雅得举行的第45届世界遗产大会上通过审议，列入《世界遗产名录》，成为中国第57项世界遗产。

17日 由中国科学技术大学和中国科学院紫金山天文台联合研制的墨子巡天望远镜正式启用，其首光获取的仙女座星系图片也于当日发布。

18日 "九一八"事变爆发92周年之际，侵华日军第七三一部队罪证陈列馆公开最新发现的重要史料——侵华日军军医将校名簿。

20日 一列装有50英尺集装箱的铁路多联快车从长沙北站开出，这标志着国内容积最大的民用集装箱正式上线发车。

21日 国家首批大型风电光伏基地项目、雅砻江流域水风光互补绿色清洁可再生能源示范基地标志性项目——位于四川省凉山州德昌县的腊巴山风电项目正式投产发电。

22日 由中国科学家领衔发起的"人体蛋白质组导航国际大科学计划"国际总部在广州揭牌成立，该计划将为人类健康管理、疾病精准防控诊治以及科学康养提供新理论、技术和方法。

25日 为进一步提升网络暴力治理成效，有效维护公民权益，最高人民法院、最高人民检察院、公安部联合发布《关于依法惩治网络暴力违法犯罪的指导意见》，依法严惩网络暴力违法犯罪。

28日 中国首条时速350公里跨海高铁——福厦高铁正式开通运营。

28日 青海"引大济湟"北干渠、西干渠工程先后成功通水，这标志着"引大济湟"工程实现全线通水。

28日 国家文物局举行"考古中国"重大项目重要进展工作会，通报了吉林和龙大洞遗址等4项重要考古成果。和龙大洞遗址年代距今5万—1.5万年，考古发现三个时期的文化遗存，出土石制品及动物化石近20000件。这是中国长白山地区年代最早、文化序列最完整的旧石器时代晚期遗址，也是目前东北亚最早利用黑曜岩制作石器的遗址之一。

29日 新华社报道，根据世界知识产权组织发布的2023年全球顶级科技集群排名，中国再次取得进步，拥有24个全球顶级科技集群，成为拥有最多科技集群的国家。其中深圳—香港—广州、北京、上海—苏州三个科技集群位列全球前五位。

30日 新华社报道，由科技部提出，全国科技平台标准化技术委员会（SAC/TC486）、国家科技基础条件平台中心组织制定的《数据论文出版元数据》国家标准正式发布实施，旨在支持科学数据开放共享新模式，解决数据出版领域缺少标准规范指导的问题。

10月

2日 中国和印度尼西亚合作建设的雅加达至万隆高速铁路正式启用。雅万高铁是中印尼两国务实合作的标志性项目，承载着印尼人民对美好生活的期盼。

5日 8时24分，我国在西昌卫星发射中心使用长征二号丁运载火箭，成功将遥感三十九号卫星发射升空，卫星顺利进入预定轨道，发射任务获得圆满成功。

6日 新华社报道，市场监管总局近日公布产业计量成果库首批入库成果，首批118项优秀成果入选，这其中既有计量技术方面的突破，也有计量管理和服务方面的创新。

6日 新华社报道，日前北京金中都遗址发现一处大型建筑基址，这是目前金中都考古发现的最大的"官式建筑组群"，其中部分建筑组群初步推断为皇家寺院。

7日 2023年世界客车博览会在比利时首都布鲁塞尔开幕。60多家来自中国的参展企业带来绿色出行"中国方案"，绿色低碳、电力驱动、智能网联等创新技术成为展会亮点。

8日 新华社报道，习近平对宣传思想文化工作作出重要指示强调，坚定文化自信，秉持开放包容，坚持守正创新，为全面建设社会主义现代化国家、全面推进中华民族伟大复兴提供坚强思想保证、强大精神力量、有利文化条件。

8日 第19届亚洲运动会在杭州圆满闭幕。在过去16天里，来自亚洲45个国家和地区的1万多名运动员在这里团结交流、收获友谊、奋勇拼搏、超越自我，累计15次打破世界纪录、37次打破亚洲纪录、170次打破亚运会纪录，共同创造了亚洲体育新的辉煌和荣光。中国秉持"绿色、智能、节俭、文明"办赛理念，以一流的场馆设施、出色的组织服务，赢得了亚奥理事会大家庭和国际社会的广泛好评。中国体育代表团获得201枚金牌、383枚奖牌，取得亚运会参赛历史最好成绩，第11次蝉联亚运会金牌榜榜首。

8日 一列满载印尼起酥油、越南红薯淀粉、海南椰子汁等110个集装箱的海铁联运班列，从广西钦州铁路集装箱中心站开出，驶向重庆团结村站，标志着西部陆海新通道海铁联运班列第30000列成功发车。

8日 满载着东南亚水果、橡胶等产品以及云南特色商品的货运班列，从云南省昆明市王家营西站驶向上海。这标志着"沪滇·澜湄线"国际货运班列正式开行。

8日 科技部会同教育部、工业和信息化部等10部门印发了《科技伦理审查办法（试行）》。审查办法是覆盖各领域科技伦理审查的综合性、通用性规定，重点解决科技伦理审查职责不明确、审查程序不规范、机制不健全等问题。

10日 国务院新闻办公室发布《共建"一带一路"：构建人类命运共同体的重大实践》白皮书。

10日 国务院正式批复，同意将莆田市列为国家历史文化名城。至此，莆田市自2018年启动的名城申报之旅圆满到站，成为全国第142座、福建省第5座国家历史文化名城。

11日 国务院印发《关于推进普惠金融高质量发展的实施意见》，明确了未来五年推进普惠金融高质量发展的指导思想、基本原则和主要目标，提出了一系列政策举措。

11日 中央精神文明建设办公室、教育部、共青团中央、全国妇联、中国关工委在湖南长沙联合举办2023年全国"新时代好少年"先进事迹发布仪式向社会推出50名优秀少年的先进事迹。

11日 中国科研团队宣布，成功构建量子计算原型机"九章三号"，再度刷新光量子信息技术世界纪录。"九章三号"求解高斯玻色取样数学问题的速度比目前全球最快的超级计算机快一亿亿倍。这是继2020年实现"量子优越性"后，中国科研团队再次确立量子算力的新里程碑。

11日 由中国科学院上海天文台牵头建设的长白山40米口径射电望远镜项目正式启动。该望远镜将在中国探月工程和深空探测工程中，承担甚长基线干涉测量（VLBI）测定轨任务，并进一步提升中国现有VLBI网的构型和观测能力。

13日 "圆明园石柱回归展暨2023北京公众考古季"开幕式在北京圆明园博物馆举行。展览集中展示7件圆明园流失石柱文物，呈现了我国流失文物追索返还工作的最新成果。

14日 当日是世界标准日，《救助保护和儿童福利机构未成年人心理评估规范》京津冀区域协同地方标准正式发布。这是京津冀三地发布的首个基本民生保障领域区域协同地方标准。

15日 教育部颁布的《校外培训行政处罚暂行办法》正式施行，旨在加强校外培训监管，使校外培训成为学校教育的有益补充。

15日 新华社报道，在北京市延庆区八达岭长城西段，一处建筑基址出土摆放整齐的59枚石雷，考古工作者综合判断该建筑基址为长城沿线存放武器的库房。这是北京长城考古首次发现此类性质的建筑。

17日 新华社报道，科研人员成功绘制了基于一万余份水稻样本的群体变异图谱，这意味着水稻育种从此有了万份级样本的"数字地图"，为进一步研究水稻基因的自然变异尤其是稀有变异提供了强有力的工具。

18日 国家主席习近平在人民大会堂出席第三届"一带一路"国际合作高峰论坛开幕式并发表题为《建设开放包容、互联互通、共同发展的世界》的主旨演讲。习近平宣布中国支持高质量共建"一带一路"的八项行动，强调中方愿同各方深化"一带一路"合作伙伴关系，推动共建"一带一路"进入高质量发展的新阶段，为实现世界各国的现代化作出不懈努力。

18日 采用大断面、长距离矩形顶管法下穿京杭大运河的城市干道——苏州胥涛路对接横山路大运河隧道建成通车，这是江苏苏州首条京杭大运河下穿通道。

19日 联合国世界旅游组织全体大会第25届会议在乌兹别克斯坦撒马尔罕公布2023年联合国世界旅游组织"最佳旅游乡村"名单，我国江西篁岭村、浙江下姜村、甘肃扎尕那村和陕西朱家湾村入选。加上2021年入选的浙江余村、安徽西递村和2022年入选的广西大寨村、重庆荆竹村，我国入选乡村总数达到8个，位列世界第一。

19日 国家文物局召开新闻发布会，介绍"考古中国"重大项目重要进展。会上通报，在威海湾陆续发现定远、靖远和来远三舰，出水刻有"来远"舰名的银勺等，填补了我国大型近现代沉舰水下考古工作空白。

20日 新华社报道，在中国援外医疗队派遣60周年之际，中央宣传部向全社会宣传发布中国援外医疗队群体代表的先进事迹，授予他们"时代楷模"称号。

20日 新华社报道，《居家养老上门服务基本规范》国家标准近日发布实施，将为居家养老上门服务内容、服务组织条件及相关流程要求等提供基本指引，是我国针对居家养老上门服务的首个国家标准。

21日 2023雨果奖在2023成都世界科幻大会上揭晓，共评选出17类雨果奖奖项和2类非雨果奖奖项，中国作家海漄凭借《时空画师》获得最佳短中篇小说奖。这也是雨果奖首次在中国揭晓和颁奖。

22日 在安徽合肥举行的第二十五届中国科协年会主论坛上，中国科协发布了具有前瞻性、创新性和引领性的10个前沿科学问题、9个工程技术难题和10个产业技术问题。

23—26日 中国妇女第十三次全国代表大会在北京召开。

23日 新华社报道，国内规模最大车网互动示范中心日前在江苏无锡投运，能聚合50辆新能源车对电网反向送电，对促进电网供需平衡、提高电力系统整体运行效率、实现分布式新能源可靠并网等具有重要意义。

25日 国家数据局挂牌。根据《党和国家机构改革方案》，国家数据局负责协调推进数据基础制度建设，统筹数据资源整合共享和开发利用，统筹推进数字中国、数字经济、数字社会规划和建设等。

25日 经国家文物局授权，中国驻澳大利亚大使馆举行仪式，接收澳方向中国返还的4件流失文物艺术品与一件古生物化石。其中，北朝至唐彩绘陶制人物骑马俑、隋晚期至唐铜鎏金佛立像和晚侏罗世至早白垩世潜龙化石，均为澳大利亚艺术部文化财产、收藏品和文物办公室在海关入境环节截获；明清或近现代牺尊和清代发簪分别由澳大利亚国家美术馆和澳友人约翰·麦克唐纳捐赠。

26日 11时14分，搭载神舟十七号载人飞船的长征二号F遥十七运载火箭在酒泉卫星发射中心点火发射，约10分钟后，神舟十七号载人飞船与火箭成功分离，进入预定轨道，航天员乘组状态良好，发射取得圆满成功。

26日 新华社报道，自2016年以来，我国已累计创建116个"国家多式联运示范工程"，基本覆盖国家综合交通枢纽城市和国家综合立体交通网主骨架。

27日 中国石油国际事业有限公司通过交易中心达成的国内首单原油跨境数字人民币交易完成结算。我国油气国际贸易领域应用人民币结算的探索再进一步。

27日 新华社报道，为全面推进乡村振兴，实施文化产业赋能乡村振兴计划，文化和旅游部、教育部、自然资源部、农业农村部等四部门日前联合印发通知，确定了首批63个全国文化产业赋能乡村振兴试点名单，北京市平谷区、门头沟区等入选。

28日 杭州第4届亚洲残疾人运动会闭幕式隆重举行。在28日的最后一个比赛日，共决出46枚金牌，中国队收获其中的18枚，金牌总数达到214枚，高居榜首。伊朗队和日本队分别以44金和42金位列第二、第三。

28日 上午10时56分，随着鄂州至大阪国际货运航线正式开通，我国首个专业货运枢纽机场——鄂州花湖机场国际货运航线总数达到10条，国际货运能力进一步增强。

30—31日 中央金融工作会议在北京举行。中共中央总书记、国家主席、中央军委主席习近平出席会议并发表重要讲话。习近平在重要讲话中总结党的十八大以来金融工作，分析金融高质量发展面临的形势，部署当前和今后一个时期的金融工作。李强对做好金融工作作了具体部署。

31日 8时11分，神舟十六号载人飞船返回舱在东风着陆场成功着陆，现场医监医保人员确认航天员景海鹏、朱杨柱、桂海潮身体健康状况良好，神舟十六号载人飞行任务取得圆满成功。

11月

1日 中国（新疆）自由贸易试验区揭牌仪式在乌鲁木齐市举行，标志着新疆自贸试验区建设全面启动。

1日 中国第40次南极科学考察队乘坐"雪龙"号和"雪龙2"号极地科学考察船，从位于上海的中国极地考察国内基地码头出征，奔赴南极执行科学考察任务。

4日 安徽七门堰调蓄灌溉系统、江苏洪泽古灌区、山西霍泉灌溉工程、湖北崇阳县白霓古堰成功入选2023年（第十批）世界灌溉工程遗产名录。至此，我国的世界灌溉工程遗产达到34处。

4日 我国国产首艘大型邮轮"爱达·魔都号"正式命名交付。中国船舶集团有限公司旗下上海外高桥造船有限公司与中船邮轮科技发展有限公司及其所属爱达邮轮有限公司正式签署相关交船文件，运营准备工作全面启动，"爱达·魔都号"将于2024年1月1日开启商业首航。

4日 第36届中国电影金鸡奖在福建厦门揭晓。《封神第一部：朝歌风云》获最佳故事片奖，梁朝伟、何赛飞分别获得最佳男主角奖和最佳女主角奖。

5日 第一届全国学生（青年）运动会在广西壮族自治区南宁市开幕。学青会由全国青年运动会和全国学生运动会合并举办。本届学青会共设39个大项、805个小项，报名参赛运动员近1.8万人。

5日 第六届中国国际进口博览会在上海开幕，上海市青浦区市场监管局为沙朗爵士供应链管理（上海）有限公司和云仟牧食品（上海）有限责任公司分别颁发本届进博会参展商的首张营业执照和首张食品经营许可证。

6日 由中华全国新闻工作者协会主办的第33届中国新闻奖评选结果揭晓。来自全国各级各类媒体的377件作品获中国新闻奖，其中，特别奖3件，一等奖73件，二等奖114件，三等奖187件。

7日 在重庆闭幕的首届"一带一路"科技交流大会上，我国首次提出《国际科技合作倡议》，倡导并践行开放、公平、公正、非歧视的国际科技合作理念，坚持"科学无国界、惠及全人类"，携手构建全球科技共同体。

8日 世界互联网大会领先科技奖颁奖典礼在浙江乌镇举行，15个项目获奖，涵盖人工智能、车联网、网络安全、智慧医疗等前沿领域。

8日 以"更好的中国，更好的世界——加强金融开放合作，促进经济共享共赢"为主题的2023金融街论坛年会在北京开幕。围绕年会主题，与会嘉宾深入交流、凝聚共识。

8日 中国石油西南油气田公司蜀南气矿牟家坪、老翁场储气库群日注气能力达到130万立方米，先导试验工程全面投运，标志着我国复杂缝洞型储气库关键核心技术取得重大突破。

10日 国务院新闻办公室发布《新时代党的治藏方略的实践及其历史性成就》白皮书。

10日 第六届中国非物质文化遗产传统技艺大展在安徽省黄山市开幕。本届大展以"一辈子·一件事"为主题，设有非遗美食品鉴展、金属工艺作品展、刺绣类作品展、草柳藤编织类作品展、雕刻类作品展5大展区，来自全国各地150余个国家级、省级非遗项目现场展示展销350余位非遗传承人带来的1200余件（套）作品，吸引了众多参观者。

11日 从农业农村部获悉，河北宽城传统板栗栽培系统、安徽铜陵白姜种植系统和浙江仙居古杨梅群复合种养系统通过专家评审，正式被联合国粮农组织认定为全球重要农业文化遗产。我国全球重要农业文化遗产增至22项，数量继续保持世界首位。

11日 国家能源集团宣布，公司所属金沙江旭龙水电站当日成功实现大江截流。电站建成后，年发电量约105亿千瓦时。

12日 2023年度邵逸夫奖颁奖典礼在香港会展中心举行。包括华裔数学家丘成桐在内共7位国际科学家分获数学科学、天文学、生命科学与医学3个奖项，每项奖金为120万美元。

13日 2时02分，Y421次"中老铁路—云贵鄂"旅游专列从北京丰台站准时发出。这趟旅游专列以"打卡中老铁路的'网红列车'体验老挝深度游"为主题，是首趟北京发车至老挝的跨境旅游专列。

13日 连接北京—武汉—广州、总长3000多公里的超高速下一代互联网主干通路在清华大学正式开通。

14日 新华社报道，工业和信息化部等8部门近日印发通知，在北京、深圳、重庆、长春、银川等15个城市启动公共领域车辆全面电动化先行区试点，鼓励探索形成一批可复制可推广的经验和模式。

15日 中国石化宣布，公司部署在塔里木盆地的中国石化"深地一号"跃进3-3XC井测试获得高产油气流，日产原油200吨，天然气5万立方米。该井完钻井深达9432米，刷新亚洲最深井斜深和超深层钻井水平位移两项纪录。

15日 南水北调东线一期工程迎来通水10周年。10年来，南水北调东线调水入山东61.4亿立方米，直接受益人口超过6800万人。

16日 11时55分，我国在酒泉卫星发射中心使用长征二号丙运载火箭，成功将新一代海洋水色观测卫星01星发射升空，卫星顺利进入预定轨道，发射任务获得圆满成功。

17日 为期四天的2023年国家医保药品目录谈判在北京正式启动，最终结果于12月公布。在经过申报、评审、测算后，共168个药品进入谈判竞价环节，为历年来品种最多的一次，涉及肿瘤、罕见病、慢性病等领域。

17日 当地时间上午，亚太经合组织第三十次领导人非正式会议在美国旧金山莫斯科尼中心举行。国家主席习近平出席会议并发表题为《坚守初心 团结合作 携手共促亚太高质量增长》的重要讲话。

19日 中国载人航天工程办公室发布2024年度天舟七号飞行任务、天舟八号飞行任务、神舟十八号载人飞行任务、神舟十九号载人飞行任务四次飞行任务标识。

19日 新华社报道，为大力培育和践行社会主义核心价值观，弘扬中华传统美德，树立时代新风新貌，中央宣传部、中央精神文明建设办公室、全国总工会、共青团中央、全国妇联、中央军委政治工作部近日印发了《关于评选表彰第九届全国道德模范的通知》及实施办法，部署启动第九届全国道德模范评选表彰，要求广泛开展道德模范学习宣传活动，引导人们崇尚道德模范、学习道德模范、争当道德模范，推动形成崇德向善、见贤思齐、德行天下的浓厚社会氛围。

20日 新华社报道，包含北斗卫星导航系统标准和建议措施的《国际民用航空公约》附件10最新修订版日前正式生效，这标志着北斗系统正式加入国际民航组织标准，成为全球民航通用的卫星导航系统。

21日 中国科学技术发展战略研究院发布的《国家创新指数报告2022—2023》显示，全球创新格局保持亚美欧三足鼎立态势，科技创新中心东移趋势更加显著，中国创新能力综合排名上升至第10位，进一步向创新型国家前列迈进。

21日 农业农村部水生生物资源养护暨水生野生动物保护工作推进会在上海举行。从会上获悉，"十四五"以来，我国近海重要渔业品种产量保持总体稳定，长江生物完整性指数提升2个等级，斑海豹、绿海龟、中华白海豚等旗舰物种种群数量稳中有升，长江江豚种群数量首次止跌回升，重要渔业水域生态环境质量总体向好。

22日 中国科学院、中国工程院公布2023年院士增选结果，分别选举产生中国科学院院士59人，中国工程院院士74人。

23日 从交通运输部获悉，截至2022年年底，我国公路总里程达到535万公里，10年增长112万公里；高速公路通车里程17.7万公里，稳居世界第一。

24日 "2023中国最具幸福感城市"调查推选结果在成都举行的2023中国幸福城市论坛上发布。成都、杭州等10个省会及计划单列市，温州、台州等11个地级城市，北京市西城区等3个直辖市辖区，广州市天河区、杭州市富阳区等10个城区，太仓、瑞安等11个县级城市当选。

24日 新华社报道，我国已制定发布共1563项食品安全国家标准，涉及2.3万余项安全指标，涵盖我国居民消费的所有30大类340个小类食品。

24—25日 国家文物局在北京举行全国文物科技工作会议，提出到2025年，建设一批国家级和地区性文物科研机构，初步建成国家文物考古标本资源库和文物保护科学数据中心；到2035年，建立跨学科跨行业、有效分工合作的文物科技创新网络。

25日 国家电投"暖核一号"三期核能供热项目正式投运。作为国家"十四五"规划重点项目，"暖核一号"采用具有完全自主知识产权的核能零碳供热技术，供暖区域从原来的山东烟台海阳市延伸至威海乳山市，实现跨地级市核能供热。

26日 C9518次"复兴号"动车组列车从云南迪庆藏族自治州香格里拉站出发，向昆明方向飞驰而去。这标志着丽江至香格里拉铁路开通运营，丽江至香格里拉最快1小时18分可达，昆明经大理、丽江可直达香格里拉。

27日 新华社报道，中国人民银行等八部门近日联合印发通知，明确金融服务民营企业目标和重点，并提出支持民营经济的25条具体举措，持续加强民营企业金融服务，努力做到金融对民营经济的支持与民营经济对经济社会发展的贡献相适应。

27日 新华社报道，从航天科技集团获悉，首张完整覆盖我国国土全境及"一带一路"共建国家沿线重点区域的高轨卫星互联网初步建成。

28日 云南大山包黑颈鹤国家级自然保护区最新监测发现，截至11月27日18时，2023年飞抵该保护区越冬的黑颈鹤数量达2342只，较上年同期增加82只，创该保护区自1990年建立以来历史新高。

28日 中国载人航天工程代表团出席由香港特区政府组织的媒体见面会。会上，首次发布神舟十六号乘组返回地面前手持高清相机，通过飞船绕飞拍摄的空间站组合体全景照片。

30日 中国科学院西双版纳热带植物园陈占起团队最新研究发现，兰花螳螂具有滑翔能力，它的花状腿瓣对滑翔至关重要。这一成果于11月29日发表在国际期刊《当代生物学》上。

12月

1日 新华社报道，经过两年多时间的勘探攻坚，中国石油天然气股份有限公司长庆油田分公司在甘肃省庆阳市环县洪德地区发现地质储量超亿吨级整装大油田。

2日 国家电网宣布，我国首个国家级海上风电研究与试验检测基地1日在福建开工建设。

2日 首届中国国际供应链促进博览会在北京闭幕。首届链博会实现了促进上中下游衔接、大中小企业融通、产学研用协同、中外企业互动的预期目标。据不完全统计，共签署合作协议、意向协议200多项，涉及金额1500多亿元人民币。

2—6日 第五届世界媒体峰会（广东主会场）在中国广州南沙举行，来自全球100多个国家和地区的近200家媒体、智库、国际组织等机构的450余名代表出席。3日，在峰会开幕式暨全体会议上，发布了《第五届世界媒体峰会广州南沙共识》。

4日 第十个国家宪法日，各地举办多种形式的活动弘扬宪法精神，提升公民法治素养。

5日 从中国科学院南京地质古生物研究所获悉，中国、黎巴嫩、法国、美国古生物学者在距今约1.3亿年的黎巴嫩琥珀中发现了两枚远古雄性蚊子化石。这是目前已知最古老的蚊子化石。这项新发现还显示，在蚊科动物演化的早期阶段，雄性蚊子也会吸血。相关研究成果在线发表在国际期刊《当代生物学》上。

6日 国家发展改革委发布消息，按照《国家碳达峰试点建设方案》工作安排，经有关地区城市和园区自愿申报、省级发展改革委推荐、省级人民政府审核、国家发展改革委复核，确定张家口市等25个城市、长治高新技术产业开发区等10个园区为首批碳达峰试点城市和园区。

6日 作为年度"汉语盘点2023"活动重要组成部分，国家语言资源监测与研究中心发布年度"十大流行语"，分别是：中华民族现代文明、高质量共建"一带一路"、全球文明倡议、数字中国、杭州亚运会、核污染水、巴以冲突、大语言模型、神舟十七号（神十七）、村超。

6日 在广州举行的2023年超算创新应用大会上，国家超算广州中心发布新一代国产超级计算系统"天河星逸"，在通用CPU计算能力、网络能力、存储能力以及应用服务能力等多方面较"天河二号"实现倍增，以满足日益增长的高性能计算、人工智能大模型训练以及大数据分析等多种应用场景的需求，进一步提升该中心的多领域应用服务能力。

6日 从国家能源局和中国华能获悉，华能石岛湾高温气冷堆核电站完成168小时连续运行考验，正式投入商业运行。

7日 中国锦屏地下实验室二期极深地下极低辐射本底前沿物理实验设施（简称"锦屏大设施"）土建公用工程完工，具备实验条件。这标志着世界最深、最大的极深地下实验室正式投入科学运行。

8日 从侵华日军南京大屠杀遇难同胞纪念馆举办的2023年新征文物史料新闻发布会上获悉，2023年该馆又新征集到文物史料1103件（套），包括侵华日军《从军日志》《野炮兵第十二联队本部战斗详报》以及一批南京大屠杀期间的美国报纸原件等。

9日 国家文物局举行新闻发布会，文化和旅游部副部长、国家文物局局长李群发布了中华文明探源工程最新成果。从距今约5800年开始，中华大地上各个区域相继出现较为明显的社会分化，进入了文明起源的加速阶段。可将从距今5800年至距今3800年划分为古国时代。与中华文明探源工程第四阶段相比，对古国时代文明内涵的认识更加深化。

10日 在《清华大学藏战国竹简（拾叁）》成果发布会上获悉，"清华简"新整理出5篇竹书，均为传世文献未见佚籍。其中的两篇竹书再现了战国时期礼书的原始面貌，是散失的先秦礼书在战国竹书中的首次发现。

11日 国家统计局发布的数据显示，2023年全国粮食生产再获丰收，全年粮食产量再创历史新高。全国粮食总产量13908.2亿斤，比上年增加177.6亿斤，增长1.3%，连续9年稳定在1.3万亿斤以上。

12日 水利部规划计划司负责人在国务院新闻办新闻发布会上表示，2023年以来，水利部会同有关部门和地方，全力推进国家水网工程建设。全国31个省份的省级水网建设规划已经完成。

13日 第十个南京大屠杀死难者国家公祭日，南京大屠杀死难者国家公祭仪式在侵华日军南京大屠杀遇难同胞纪念馆举行。

13日 2023年国家医保药品目录在北京发布，此次调整共有126个药品新增进入国家医保药品目录，1个药品被调出目录，谈判或竞价成功的药品价格平均降幅61.7%。新版医保药品目录内药品总数达到3088种，其中西药1698种、中成药1390种；中药饮片仍为892种。新版国家医保药品目录以及国家医保谈判药品配备情况，可以在国家医保局微信公众号、国家医保局官方网站查询。

13日 新华社报道，贵州大学贵州射电天文台、中国科学院国家天文台和北京大学的研究团队近日利用中国天眼巡天数据，构建并释放了世界最大的中性氢星系样本，向全世界的星系与宇宙学研究人员共享了高质量的大样本观测数据。相关成果在学术期刊《中国科学：物理学　力学　天文学》以封面文章的形式发表。

14日 中国海油对外发布消息，"深海一号"二期工程压力最高的开发井——A12井钻井作业已完成，刷新国内深水开发井压力等级纪录，有效验证了我国自主建立深水油气勘探开发技术体系的可靠性和先进性。

15日 位于江西南昌的汉代海昏侯国遗址国家考古遗址公园刘贺墓主墓遗址向公众开放。刘贺墓主墓遗址展陈运用原貌展示、考古复原、数字演绎等多种手段及技术，全方位展现刘贺墓现场遗迹及墓园考古发掘、保护展示工作及成果。

16日 国家语言资源监测与研究中心发布2023年度"十大新词语"，它们分别是：生成式人工智能、全球文明倡议、村超、新质生产力、全国生态日、消费提振年、特种兵式旅游、显眼包、百模大战、墨子巡天。

16日 中国第40次南极考察内陆队在中山站举行出征仪式，29名队员将分别前往泰山站、昆仑站和格罗夫山地区，开展相关科学考察。

16日 经过72小时的试运行，国家电网福州—厦门1000千伏特高压交流工程正式投运。

19日 新华社报道，国家开发银行日前向福建省福州市双龙新居保障性住房项目授信2.02亿元，并实现首笔贷款发放1000万元。这标志着全国首笔配售型保障性住房开发贷款成功落地。

19—20日 中央农村工作会议在北京召开。

20日 国家语言资源监测与研究中心、商务印书馆、新华网联合主办的"汉语盘点2023"揭晓仪式在北京举行。"振""高质量发展""危""ChatGPT"分别当选2023年度国内字、国内词、国际字、国际词。

20日 新华社报道，为加强陆生野生动物种群及其栖息地保护，我国发布了首批789处陆生野生动物重要栖息地名录，保护了82.36%的国家重点保护陆生野生动物种类。

21日 神舟十七号航天员乘组圆满完成第一次出舱活动。我国首位重返空间站的航天员汤洪波时隔两年再度漫步太空，航天员唐胜杰成为我国目前为止执行出舱任务年龄最小的航天员。

21日 国家文物局举行第四季度例行新闻发布会，通报湖北省荆州市秦家咀墓地等4项"考古中国"重大项目重要进展。其中，秦家咀墓地M1093是目前所知出土楚简数量、文字最多的单座墓葬；墓葬出土的乘法口诀实物——楚简《九九术》，较此前所知最早的湖南里耶秦简乘法口诀《九九表》，时间要早约一个世纪。

22日 第78届联合国大会协商一致通过决议，将春节（农历新年）确定为联合国假日。

25日 新华社报道，中国科学院古脊椎动物与古人类研究所邓涛研究员和青藏高原研究所方小敏院士率领的团队，近日对青藏高原及其周边的新近纪地层和化石群进行总结，建立和完善了可用于国际对比的青藏高原地区新近纪高精度综合地层框架，并查明了青藏高原及其周边地区新近纪的古气候环境演化特征。相关成果已发表在学术期刊《中国科学：地球科学》上。

26日 由始建于1916年的棠溪站升级扩建而成、面积相当于4个广州南站的"超级车站"广州白云站投入运营。

27日 北京市、天津市、河北省、山西省和内蒙古自治区自然资源部门签订

"跨省通办"合作框架协议，聚焦不动产登记领域企业群众高频事项，围绕重点热点难点问题，将转移登记、抵押登记、预告登记、其他登记和不动产登记信息查询等5大类、16项高频业务事项纳入首批"跨省通办"事项清单，逐步覆盖国有土地上全部房屋登记网办业务。

27日 我国自主设计建造的首艘大洋钻探船"梦想"号，在珠江口海域顺利完成首次试航。试航结果表明，"梦想"号主动力等船用系统的性能及各项指标全部合格。

27日 新华社报道，根据中华人民共和国旅游行业标准《旅游休闲街区等级划分》，经省级文化和旅游行政部门推荐，文化和旅游部按程序组织认定并完成公示，文化和旅游部近日发布公告，确定西藏自治区拉萨市城关区八廓街等53家单位为第三批国家级旅游休闲街区。

28日 京雄高速公路北京五环至六环段顺利贯通。至此，京雄高速全线通车运营。

28日 中国第40次南极考察"雪龙2"号大洋队在西风带开始投放抛弃式温盐深仪，进行水文环境走航调查，这也是大洋队首次开展考察作业。

29日 十四届全国人大常委会第七次会议表决通过《中华人民共和国粮食安全保障法》，自2024年6月1日起施行。这部旨在保障粮食有效供给，确保国家粮食安全的法律共11章74条，包括总则、耕地保护、粮食生产、粮食储备、粮食流通、粮食加工、粮食应急、粮食节约、监督管理、法律责任、附则。

31日 国家统计局发布2022年《中国儿童发展纲要（2021—2030年）》统计监测报告。报告显示，我国儿童健康水平进一步提高，安全环境持续向好，受教育权利得到全面保障，儿童法律保护机制加快健全。